燕京论坛
2013

Yanjing Forum 2013

首都师范大学文学院/编

社会科学文献出版社
SOCIAL SCIENCES ACADEMIC PRESS (CHINA)

目录 CONTENTS

时间：**2013 年 3 月 20 日**

地点：**首都师范大学北一区图书馆学术报告厅**

主讲人简介

周志强　南开大学文学院教授、博士生导师，兼任《中国图书评论》执行主编，南开大学语文教育研究中心主任，天津美学学会副会长，中国图书评论学会常务理事，天津文学学会理事，台湾明道大学客座教授。入选教育部 2012 年度"新世纪优秀人才支持计划"。主要从事文艺美学、中国大众文化与中国现当代文学研究。著有《汉语形象中的现代文人自我》(2009)、《大众文化理论与批评》(2009)、《我点击我存在》(2005)、《这些年我们的精神裂变》(2013) 等，主编《经典悦读》(2011，2012) 12册，发表学术论文、文化时评等 200 余篇。

唯美主义的耳朵

——《中国好声音》与《我是歌手》的声音政治

周志强

前　言

（一）研究动因：对听歌意义的追问

近些年流行音乐的发展让我们不得不思考听歌到底有什么意义。我们曾经很迷恋歌曲，我们都是听着歌长大的。陶东风老师有一篇博文讲道，我们这一代跟年轻人不是两代人而是两种人，现在年轻人有自己独立的文化，跟老一代人是完全不一样的。但是至少有一点是一样的，就是我们从小都爱听歌。我已经听了三十年歌了，现在还在听。对流行音乐一直保持着门外汉的热情，因为它曾经给了我欢乐，伴我度过最孤单的夜晚，在我得意时给我冷静，在我灰心丧气的时候给我信心。但是，我现在听歌越来越糊涂，想把心中的疑惑与在座各位交流一下。早在 5 年前我就有写一本叫《用社会学听歌》书的计划，因种种原因没有写。但是依然想对流行歌曲的感受做一个交代。这是今天讲座的原因。另一个原因是以朝圣的心态来到首都师范大学，这里有中国最好的文化研究中心，有中国最优秀的文化研究学者。

（二）技术的政治：从听觉到视觉

1. 听觉更容易激活极权主义吗？

对于技术的热爱，催生了今天的一些话题：一是，视觉和听觉的不同；二是，视觉和听觉的政治会产生什么影响，即从听觉到视觉到技术性社会，压抑性获得解放。

首先谈从听觉到视觉。

有一个人说过一句话，就是你可以闭上眼睛，但是你无法闭上耳朵。耳朵是很容易被控制的，很多条件下它不属于你，它是一个开放的器官。弗洛伊德研究梦的时候发现，梦的保护机制就是让人在做梦的时候不醒来，它是为了保护听觉的，就是通过听觉的转换，让你把听到的东西转换成梦境里面可以理解的东西，用学术的词来概括就是合法化。上课铃在响，梦中就会梦到短信的铃声，把短信打开回复完后继续睡觉；被闹钟的声音吵醒了，你就会梦见你已经坐在教室里，外面响着上课的铃声。这是杰姆逊举的很有名的一个例子。耳朵是一个很有趣的器官，它惊醒我们的身体，只要把耳朵叫醒，人就被叫醒了。可是很多学者都注意到一个有趣的现象，当人类发明了听觉技术的时候，人类有可能出现一个比较可怕的政治形式，就是极权主义。自由主义的学者，也包括伪马克思主义学者，他们认为极权主义要么来自人的内心的欲望，要么来自人想要过多占有的利润。很少有人注意到极权主义除了需要这种社会心理的条件之外，它还需要一个技术的条件，就是听觉技术。在听觉时代，人类的社会政治遭遇到空前的危机。在听觉技术出现之前，人类从来没有遭遇到一种全球性的大屠杀，这个问题给 20 世纪 50 年代和 80 年代的学者带来了困惑。直到今天，我读到一个人的书——巴迪欧关于全人类屠杀解释的书，才知维持法西斯极权主义政权很重要的技术手段，是声音向远方的传播。教堂为了使人感觉到上帝的声音，使用了很多声音的技术，如风孔的设计，如用水滴在回音壁上不断滴出回荡的声音。现代科学证明，次声波发生器会让人产生恐惧感。世界上最好的恐怖片的声音次声波的饱和度是非常高的。而且心理学实验发现，令人吃惊的是，当你闭上眼睛什么也不看，只有次声波的时候，你依然会有恐惧感。声音会如此震慑我们的心灵，它会激活很大的想象力。我在这里举两个例子。第一个例子与我有关，很多人都表示我在电话里的声音听上去比实际的人要年轻。声音是靠不住的，声音总是激活人好的想象。第二个例子，美国有一个心理学实验，把一块幕布放到前面，后面坐一个人，用不同的声音说话，前台的听众要写下你想象的这个人的样子，结果发现，所有的人通过声音来判断这个人样子的时候，都会判断这个人的模样比他实际的模样要稍好。大部分人总是把声音的发出者想得比较好，声音容易令人产生服从感。苏联的早期文献在讲文艺的时候总是不忘记对声音的控制和要求。声音一旦有了可以借助技术进行广泛传播的时候，发自于抽象空间的声音就更具有引导性。当你看不见声音的发出者的时候，它的诱导性就更加强烈。声音的时代正好是一个极权主义的时代。

　　2. 眼睛与政治世俗化

　　当人类告别了以声音为主导的文化形态的时候，当视觉的技术占据了文化主流的时候，政治永远地告别了极权主义。在以前听觉主导时代，超级大国竞选总统时，竞选的双方不断借助收音机发出自己的竞选令，攻击对方。在过去空间技术没有发明的时候，选举的时间是很长的，美国的预备期要三年多，因为跑遍各州是要花很大力气的。现在美国的选举期可以缩短到三个月，可以坐飞机到各地演讲、宣传。所以空间技术的改变对政治有很大的影响。在漫长的选举拉锯战中，电视机进入美国社会，民众从听声音到直接看见人。在电视普及的过程中，当人们发现支持率高的那个人是个大胖子，支持率低的那个人比较帅的时候，支持率发生了天翻地覆的变化，人们迅速将票投给瘦一点儿的人。调查结果发现，人们不选胖子的原因是，胖子给人的印象往往是懒惰、嗜睡、好色、不负责任。

　　自从 20 世纪 60 年代，发达国家的民主选举进入视觉文化时代以后，全球的民选总统里胖子、衰朽的老人、四肢不健全的人，以及像希特勒一样有神经质的人，越来越少。越来越多的全球性的明星、政治家与偶像、影视明星何其相似。资料显示，奥巴马在选举的时候，其团队为奥巴马做动作设计，会提醒奥巴马注意，在黑人区，要用强化坚定的手势。因为他们需要一个坚强的领袖，特定的手势能让他们感觉到，奥巴马是他们的同胞，是和他们在一起的。

广告政治和资本主义民主政治之间到底是怎样的关系？我欣赏的一个学者王绍光，写过一本书叫《民主四讲》，其中提道，资本主义的民主作为一种民主的形式，最可怕的地方是它并不是一种有效的、实质性的民主，而是一个被媒体化的、可控的、在感觉上有真实感的虚假民主。其中一个很重要的原因，我们从听觉到视觉的转化中就可以看到。

3. 视听霸权时代的文化体验

今天我们遭遇空前的技术围困的状况，就是视听霸权。在视听霸权面前，我们的文化体验发生了很大的改变，我们被视觉、听觉技术手段所修改、所塑造，甚至感觉不到。不妨说一些好玩的例子，这些例子中既包含了视觉技术控制人的力量，也包含了听觉技术控制人的力量。今年是伊战十周年，这场战争改变了全球的历史。各国领导人都意识到在强大的炮火面前，军心、民心可能会瞬间崩溃。伊拉克战争显示现代技术对人的感受和文化体验的塑造。

举几个例子。第一个，第二次海湾战争是美军战争综合征最低的战争。这次战争炮火的消耗量是很大的，精确弹药使用量是65万多枚，占了总弹药量的80%以上；而在第一次海湾战争中，常规火药占了92%，精确打击火药只占了8%。就是这些数字极大地消除了战争综合征。精确打击就是用数字定位呼唤火炮。先侦察，然后经过 GPS 测定。在第一次海湾战争中，美国投入了16颗卫星；在第二次海湾战争中，美国投入了92颗卫星。第二次海湾战争中，美国士兵几乎可以看到自己坦克车尾部的硝烟。所以，当根据数字定位技术，把一个生命体用一发炮弹消灭掉的时候，前线的士兵什么也看不见，血肉都被高爆的炸弹炸得什么都没了，战场不是血腥的，而是非常"干净"的。第二个例子，美军在进入巴格达的时候，使用了心脏情报探测器在方圆多少米之内探测心跳。如果发现心跳，就通过卫星电话联系，只要对方不是友军，就立刻把有心跳之处用数字火炮打掉，以免陷入游击战、巷战的苦海中。在为期一周的巴格达巷战中，美军几乎没有伤亡，而且几乎看不到对方士兵的尸体。因为只有常规弹药才会把人打得像筛子，而数字火炮可以把人打没了。美国在技术高保真的时代，最先进的轰炸机安装的竟然是像素图像设备，这种图像是没有色彩的。从图像上，美国士兵可以很快看到他有没有炸掉目标，但是看不见被炸之后的场景。第二次海湾战争后，以鲍德里亚为代表的一群人开始了对战争的社会学调查。他们在研究中发现，对视觉技术的巧妙使用，对视觉和声音的控制，比如，对敌方爆炸的炸药，消除声音的力度，减少自己士兵对战争的恐惧感。正是这种视听技术的控制使这场战争在美国战争史上出现了很少见的情景，士兵们可以抽着雪茄，打着牌，接到命令后，起飞，轰炸，然后几十条生命消失了，很安静，士兵们回来继续打牌，吸烟。虐囚事件也使得社会学家发现，视听技术的使用使得美军对伊拉克士兵没有生命感，美军所能见的全是数字的点。当战争就像电子游戏一样，可以用消灭掉一个数字的点方式消灭敌人的时候，美军即使接触到伊拉克人，对他的生命感知也是非常弱的。这时我们看到视听技术影响了我们的政治，影响了一场战争。

这些话题跟我们今天的主题有什么关系呢？我们接下来不妨看两个片段，它们来自《叶问1》和《叶问2》。电影就是视听的技术，我们很多人爱看打日本鬼子，爱看痛打汉奸，这些让我们快乐。但是你的民族情绪、民族主义在很大程度上是视听技术的结果。我们这一代人并没有见过日本人对我同胞的屠杀，我们对日本人的了解都是由关于日本的影像塑造出来的。

这里插一个例子，社会学家有一个调查，在海湾战争期间，他们给美国人发了两张问卷。一张问卷的内容是说，伊拉克人在萨达姆的控制之下背井离乡，纷纷乘船远离家园，我们要不要派兵？另一张问卷是，伊拉克人在萨达姆的控制之下背井离乡，纷纷乘火车离开家园，我们要不要派兵？最后，乘火车的这一张问卷中，同意派兵的多，乘船的问卷中同意派兵的少。为什么？因为美国人从1945年起就启动了著名的反法西斯宣传，好莱坞成了全球最大的电影生产商，在这个前提下，人们觉得乘火车就像犹太人被送到毒气室里面去，乘船就是坐诺亚方舟嘛。视觉印象修改了他们无意识的记忆。

（播放电影《叶问1》中叶问和日本人打斗的视频）

在这一段中，导演使用了很多视听手段让我们来同情、认可叶问对日本人的攻击，同样导演用了很多手段让我们忽略了被攻击者的体验。导演让整个事件发生在自然光的世界里，而且用了大自然的外景，观众觉得这是一个明朗的、舒畅的、怡人的天气。当拍到叶问的时候，镜头都用仰拍方式，给人英雄感；拍日本人的时候，用了过肩镜头，镜头打到日本人的眉、鼻子以下，让人看不到日本人脸上的表情。当叶问疯狂攻击日本人的时候，导演对声音做了置换，让它成了打木桩的声音，让我们觉得打得不是人体。导演在用光上用了自然光，而且用了高光，强度很大，让人有喜剧感。日本人被打死了，但是导演不让你看见他的死态，而是把镜头摇过来，拍叶问打完后摆的 Pose，给人以痛快淋漓的感受。日本人的死态丑陋不堪，不给人同情感，因为它是坐在那儿死的。而日本人剖腹、坐死在我们的印象中是应该的。

另外，导演用了很多有轨拍摄技术，摇镜头是抒情的。当李安拍《断背山》的时候，就用了摇镜头来拍两个男人在大自然里接吻的场景，而当男人回到家的时候，镜头打进阴阳里，让声音从里屋传进来，里屋的女人在唧唧喳喳地说话，男人的脚步很迟疑，不愿回家。李安说当两个男人相爱的时候，是因为感情，当男女相爱的时候就不一定是因为感情了。所以李安用《断背山》来反资本主义，它认为资本主义把一切都购买了，但是同性恋购买不走，因为只有感情才会产生同性恋，所以李安用这个逻辑拍了《断背山》。《叶问》也是这样，用大量的摇移镜头给人抒情欢快的感觉，同时用弦乐，在社会学上这就是中产阶级的音乐。从奴隶制时代到资本主义时代，音乐发生了天翻地覆的变化。在奴隶制时代，音乐追求宗教仪式、敲击乐、各种形状的音阶和谐的神秘化的使用，形成了神秘的感觉。而在资本主义时代，中产阶级、贵族社会在不同的历史阶段出现的时候，钢琴、弦乐、和弦慢慢成了中产阶级追求理性、信息科学、秩序化生活的象征。在第一段当中，《叶问》用了弦乐，弦乐击打身体的声音被置换，所以我们对那个日本人没有同情感。

再来看这段（播放《叶问 2》中洪金宝被英国拳王打的视频）。这一段，如果大家看过《第五元素》，可能就比较熟悉。首先，导演把场景控制在一个密闭的空间里；其次，导演用了顶光，光从顶上压下来，使人感觉压抑，觉得这不是个打人的时间，而是个挨打的、受罪的、屈辱的时间，整个空间变成一个隐喻，一个中华民族不断被切割、凌辱的隐喻。拍中国人的时候，用中景加特写，镜头推进去，使人感觉他沉重而悲哀，内心里有悲剧式的崇高感。拍外国人的时候，外国人就像一只老虎一样在镜头前晃来晃去，给人的感觉就是野兽，好像随时会扑上来，不是用拳头，而是用牙齿去撕咬别人。拳头击打的时候，是一种"夸夸"的声音，当这个声音被突出的时候，我们就会感觉到深深的痛苦。另外，当他被打的时候，他两手紧紧握住绳索不动，中国人在喊："松开，松开。"这就像耶稣受难的姿势，人类最无辜的姿态。所有优秀的拳击电影要想使观众产生同情感，都有这个镜头。导演用这种镜头，用俯拍、压抑的灯光、密闭的空间，加上被击打时发出的被夸大了的血水四溅的声音，这个时候就让我们觉得这个外国人太可恨了，这不是打中国的一个武师，而是打全中国人的脸。在这个时刻，它变成了民族灾难的隐喻。

通过讲这个片子，想告诉大家，原来在一个视听时代，如果只懂意识形态批评，只懂得文化的政治批评，只懂得马克思的社会学批评，而缺少了对技术的观察，我们有可能得出错误的结论，因为没有比技术更能塑造一个仿佛是自然而然发生的幻觉，这样一种幻觉像天籁一样地发生。

（三）技术社会的解放性压抑

对声音的政治分析，来自对技术的警惕。首先给了我这个警惕的是马尔库塞坚定不移地支持革命的运动。与阿多诺相比，马尔库塞多了一个认识。阿多诺认为，资本主义的欺骗性来自它制度化、理性化体系的完成。而马尔库塞认识到，有一个东西比政治体系和理性化的秩序更加可怕，这就是高技术：发达社会使得人的感觉细胞、身体的每个点都发生了变化。他把技术社会称为解放性压抑。这个世界上有两种压抑。一种压抑是"我不让你干"。比如，弗洛伊德说，很小的小孩就有性冲动，遭到了父亲严厉的干预，因此禁止就变成了人生的第一律例。因此，压抑就是不允许，你爱上了自己的母亲，父亲出现了，你懂得了不允许。另一个压抑就是解放性压抑。马尔库塞发现，发达社会就是技术发达，民主体制发达，经济发达，这个社会跟中国目前的社会何其相似，我们的经济和科技水平在不断提高。但是，马尔库塞说，我们会遭遇一个解放性压抑，就是当你生活在一个非常自由的国度里面的时候，你却丧失了想象另外一种生活的可能性。我们中国人的想象力消失了。当英国经济水平达到最高的时候也是它创造力最差的时候，它成了一个作坊式的国家，小富即安，谁也不愿创新，因为那个成本太高了。现在中国也是这样，马尔库塞说，男人们天天可以看到热气腾腾的杂志封面上的性感女郎，可是在现实生活中他却永远找不到这个女郎，因此男人因为得到了视觉的解放而长期处在性压抑的状态中。这是"nobody"，这只是一个符号，因此你就在发达社会中追求那个你永远追求不到的文化为你生产出来的目标。我把这称为精神分裂。现在中国人正处在集体精神分裂的时期，文化为我们生产的解放性的符号、浪漫的符号非常过剩，可是我们的生活非常可怜。我们的生活越困顿，我们的文化应该越发达，以掩盖生活中的困顿。马尔库塞说："如果工人和他的老板享受同样的电视节目并漫游同样的游乐胜地。如果打字员打扮得同她雇主的女儿一样漂亮，如果黑人也拥有卡迪拉克牌高级轿车，如果他们阅读同样的报纸。这种相似并不表明阶级的消失，而是表明现存制度下的各种人在多大程度上分享着用以维持这种制度的需要和满足。"这种解放性压抑的逻辑是非常复杂而有趣的。资本体制的社会在创造了工业社会的同时，更多地创造着杂志女郎和热气腾腾的肉体欲望。没有什么比白皙苗条、宛若天仙的女星身体更能显示这种"解放性压抑"的精神分裂症的症候了：杂志女郎撩拨了男人们的欲望，让任何男人觉得这是一个没有性压抑的国度，"性"是私人的和自由的，是允许公开和自然表达的；但是，杂志和电影中的曼妙女体，说到底乃是一个"nobody"，是一个现代男人在日常生活永远也无法得到，却在想象里面不断得到的欲望——没有人可以在现实的生活中遇到那个杂志女郎，这个女郎是平面的、纯粹的和无形的，所以，最终也是对刚刚被解放出来的性欲进行压抑的。在这个世界上不仅高压可以统治人民，用感觉解放也可以形成权力的统治和控制。

一　中国流行音乐的声音政治

中国的流行音乐其实早就发生了，早在 20 世纪三四十年代，就有一些耳熟能详的歌曲，如《幸福不是毛毛雨》《夜上海》《美酒加咖啡》《玫瑰玫瑰我爱你》。我们从 20 世纪 70 年代末到 80 年代初开始关注流行音乐，那个时候最开始流行的是校园民谣。我们小时候，老师会控制学生，禁止听流行歌曲，这就是一种声音政治。我们的教育电影里面，常常有国共战争故事，共产党员的声音是高亢有力明亮的，而国民党的声音是软绵绵的，是一种享乐的奢侈的声音。

（一）李谷一与邓丽君的时代

1. 李谷一

声音曾经是一种禁忌，像我们这一代人，长到这么大，没有听过有性别感的声音。当声音被控制得非常严厉的时候，邓丽君、张明敏、费翔这些人的声音的出现就有其特殊意义。那个时代，唯美主义声音的政治内涵就是反国家主义，反泛政治主义，在某种意义上就是反极权主义。是声音把人的感觉和欲望解放了出来，而人只有在有欲望的时候才懂得什么叫自我，什么叫个性，什么叫价值，才懂得去寻求自己的生活。

　　这个时候声音进入了李谷一和邓丽君的时代。1980 年，在没有电子邮件和手机短信的时代，中国搞了一个"你最喜爱的 15 首通俗歌曲"活动，收到了 25 万封回信，选出了 15 首歌曲，其中有一首就是《妹妹找哥泪花流》，这首被现代人认为是情歌的歌曲其实是亲妹妹找亲哥哥。这首歌让我想起了费斯克。费斯克提出大众文化有两个特点，即是它既可以对抗又偷偷地顺应——它既符合主流的意识形态的要求，但有时它又会偷偷地抵抗一下。当然他讲的是一个动态的过程——收编和抵抗。可是大众文化真的有这个天性，就是它一方面总是符合政治的要求，另一方它又常常釜底抽薪式地进行抵抗。这首歌就是这样，当时人们为什么喜欢这首歌，绝对不是因为它的内容，而是因为它的声音。李谷一用了唱爱情歌曲的方式来唱这样一支红色歌曲。换句话说，很多人的耳朵偷偷地把她的声音跟它的内容慢慢地切开，大家听的是第一次向我们的耳朵透露的这支歌里的那一点点缠绵悱恻的情爱之意。这个声音怎么能用来呼唤亲哥哥呢？直到今天李谷一都不知道为什么当年人们对她那么疯狂喜爱。她在一次访谈当中说，她去天津小白楼——天津的小白楼音乐厅——到了以后发现她进不去了，因为里三层外三层的人围得密密麻麻的，最后在警察保护下，李谷一才挤进去，她唱了《乡恋》和《妹妹找哥泪花流》。李谷一不明白其原因，她说："那个时候观众好啊！"不是观众好，是当年这个声音是在合法的框架之内唯一能让人们感觉有一点点政治反叛的情爱主义的声音。

　　2. 邓丽君

　　前有李谷一，后有邓丽君，在《妹妹找哥泪花流》之后，紧接着就是邓丽君的《甜蜜蜜》。郝健教授写了一本书，叫《邓丽君，我们这一代人的情感启蒙》。我去台湾时，台湾的朋友到桃园机场接我；我一下飞机，第一句话就问："这儿离邓丽君的墓近吗？"那天下着绵绵细雨，我们去邓丽君的墓前拜祭，了却一番浪漫之情。台湾人不理解我们对邓丽君怎么会有这么浓郁的情感，我们是被声音解放了情感的一代人，台湾人是被电视解放了情感的一代人。台湾人谈情说爱、与人交往，首先是从电视中学来的，而我们是从邓丽君那儿学来的。有一部电影，不知道有多少人看过，叫作《甜蜜蜜》。有个情节是黎明对张曼玉说："我们要发财了！这儿到处有邓丽君的盒带，我们把它趸下来，一卖不就发财了吗。"趸是趸来了，卖是卖不了了。因为香港人对邓丽君没有那么大的热情。我们对邓丽君的这种感情是因为她的声音，她的颤音、弱声，她的弱化了的尾音，她的共鸣方式，使得那个时代她的声音呈现一种"絮语模式"，她第一次创造了这样一种声音，就像在耳边说的那种感觉。这个声音和女高音歌唱家、男高音歌唱家发出的声音有什么不同呢？这个声音追求的是，在电子技术的控制之下创造一种耳边絮语的幻觉。很多人说，流行音乐已经有五千年的历史了，中国的第一首歌是大禹他老婆唱的，叫作《候人》，等候人，就是"候人兮猗"，这不是流行音乐。什么时候有流行音乐？有了电子传声设备后才会有流行音乐，因为流行音乐追求的宛在耳边的亲切感是以前的任何声音都创造不出来的。传统的歌剧院都是扩音的；现代的音乐厅都是吸音的，不能让声音传出去，而电子器乐改变了这一切。邓丽君给大陆人带来的第一个感觉，就是耳边的幻觉。这个幻觉太美妙了，让人痴迷，因为从小到大，无论是已年过四十的人，还是尚在青春年华的人，都从来没有听过这么一个异性的声音，它能于深夜在你的耳边喁喁私语，向你倾吐心事。我和我的上一代人，其实在人生当中很少有机会在月下倾听异性的喁喁私语，但在邓丽君那里可以听个够，随便听。

3. 张蔷

邓丽君的声音很快就在中国非法化了。当时，北京有个叫张蔷的女孩，她就创造了个声音。她翻唱邓丽君等人的歌，她翻唱的时候把邓丽君这些人的声音拉直，这些人包括邓丽君、高凌风、刘文正。她把这些"靡靡之音"的颤音去掉，把尾音拉直，把它变成一个欢快的声音。张蔷把所有的"违法的声音"抹掉，这是一个声音自我伪装的过程。尽管她做了这么多的处理，但她仍旧备受我们这一代人的喜爱。因为张蔷的声音是赖赖的，她有一个很长的甩腔，是用假嗓子甩腔，来突出小女孩的赖赖的声音。这个赖赖的声音在我们那一代人中是不允许的，我们觉得那种声音是病恹恹的，不是健康人的声音，而张蔷就是用那种病恹恹的、柔弱的声音打动了好多少男少女的心。

（二）罗大佑的摇滚与崔健的噪音

渐渐的，一批人就对邓丽君和张蔷的这种卿卿我我的声音表达了不满，其中第一个就是台湾的罗大佑，他首先对邓丽君的这种缠绵悱恻的声音表示了不满，他认为邓丽君的声音和歌曲太没有境界，内涵太单薄了。接着是崔健，在大陆也发出了反叛的声音。罗大佑对声音进行了改造。他把柔美的、唯美的声音变成了噪音。大家可以听他的《鹿港小镇》。这首歌对大陆人的影响非常大，北京、上海、天津都有"鹿港小镇"酒店，台湾的鹿港是个著名的旅游区，很多大陆人之所以去这个地方，就是因为这首歌曲。这首歌当时在台湾播出时，一部分人为之疯狂，一部分人觉得莫名其妙，说这怎么能叫唱歌呢，这不是在念吗。罗大佑使用电贝司、电吉他、电子合成器、沙锤，而崔健把古筝、唢呐引入他的音乐当中，使得弦乐，这种中产阶级温柔的和弦退出了我们的耳朵，他创造了另外一种噪音似的东西。

　　摇滚可能是这个世界上最有政治性的一种音乐，直到今天还有很多艺人用摇滚来反抗他们所生存的这个世界。当一个摇滚歌手一边唱歌，一边把鲜血洒在他的吉他上的时候，他想告诉大家的是，摇滚不仅仅是吐痰、粗口，而且是我们的鲜血和生命。当列侬去世以后，他的后继者把他的骨灰分成几份放在酒里，大家一饮而尽，表示要继承列侬的反资本主义的、对抗资本主义的这个内在的精神，坚持摇滚的这个精神。在这样一个前提之下，摇滚进入了中国台湾，台湾创造了中国的摇滚音乐，摇滚随后进入大陆。有趣的是，我们看到当罗大佑用摇滚的声音进行反叛的时候，摇滚也作为一种新型的左翼政治形式来到了中国，但是崔健和罗大佑对摇滚的政治内涵进行了改造。在他们那里摇滚是用来摧毁中国人长期信奉的国家主义的价值体系的，同时又分化为抽象的嘶喊和反现实的激情。我把罗大佑称为中国流行音乐的第一代教父，第二代教父是周杰伦。他们并不是等量级的，可是他们共同创造了新的音乐形式，而且后面的人不断地模仿罗大佑，并没有走出他那个模式。罗大佑的声音分裂出两个意象：一个是他用狂放不羁的嘲笑和批判，来反思现代资本主义的精神围困。他的《鹿港小镇》说："假如你先生来自鹿港小镇？请问你是否看见我的爹娘？我家就住在妈祖庙的后面，卖着香火的那家小杂货店。假如你先生来自鹿港小镇，请问你是否看见我的爱人，想当年我离家时她已十八，有一颗善良的心和一卷长发。"在罗大佑的笔下，台湾正在台北化，一切地方城市都像台北一样崛起，钢筋水泥越来越多，肉身被挤得越来越狭窄，而鹿港作为一个古老的空间，罗大佑把它看作充溢美丽的乡情、温暖的亲情、浪漫的爱情以及温馨的民俗之情的一个空间。所以罗大佑认为现代社会是彷徨迷离的，是充满了罪恶的，是需要我们去批判和反思的。他在一首歌里面说，"到底是世界改变了我们，还是我们改变了世界？为什么现在月亮越来越少，而霓虹灯却越来越多"。在另外一首歌里他用彷徨迷离的曲调来让人们反思、质疑现代社会人们的生存价值。他说，生活在城市当中的人就像生活在迷宫里面，人生的价值漂浮着，就像海上的花，像海上的泡沫，随时绽放，瞬间崩溃。这首纪念三毛的歌激起了一代人的彷徨迷离感。三毛的死可以称为现代性之死，就是她深刻地感受到现代性对人的围困和挤压，罗大佑的很多歌曲都是对这个的批判。

为什么我说罗大佑是中国流行音乐的第一代教父呢？因为后来的流行音乐中略有价值和精神内涵的歌曲都是复制这个主题——反现代性、反城市化的。"……宁静的小村外，有个笨小孩，出生在六〇年代……努力在七〇年代……他们说城市里什么男不坏女不爱……"还记得这歌叫《笨小孩》；周传雄在《黄昏》里面也唱，经过那个夏季，一个困倦的夏季，我独自一个人，在这儿觉得很痛苦；李宗盛在他的《阴天》里面也唱，在一个阴天的下午点上一根烟，看着烟雾氤氲而起。这种空虚无聊，这种无价值感，是罗大佑的歌曲第一次揭开的奥秘。

有意思的是罗大佑的歌还有另外一个内涵，就是他一方面说现代社会到处都是罪恶，另一方面他又用他的声音创造一种非常柔美的声音去让人感受一种古典社会的浪漫。他写了一首歌，叫作《野百合也有春天》，他说，当你懂得浪漫的恋爱，当你识破了一切谎言，当你知道城市当中到处是流言蜚语，我只好困在你的谎言的笼子里就像一只囚鸟，请你不要忘记在那寂寞的山谷里野百合也有春天。他让我们在人生当中去寻找那个寂寞的山谷，找那种大自然的、传统的、古朴的黄金时代。他义无反顾地把传统的生活看作春意盎然和生机勃勃的生活，他把童年看成最浪漫的时期，在那个童年里，"我"希望长大，"盼望隔壁班的女孩走过我的窗前"，而"我"长大了，"我"不得不接受成人社会的规则，而这一切是"我"不愿意的。

罗大佑一方面在批判，另一方面在幻想中不断地赞美，而这两大主题主宰了中国流行音乐二十年，一直到周杰伦出现，所有的歌没有逃脱这两大主题，包括后来李宗盛的新的歌曲。罗大佑的歌词基本都是诗词体，而李宗盛用日常语言写歌。李宗盛就是把罗大佑的城市精神困顿变成了城市生活的爱情困顿，齐秦也是重复罗大佑的主题。罗大佑后期也提出柔情主义。齐秦早期也是罗大佑式的，如唱我宁愿做北方的一匹饿狼，我也不愿意在城市当中被人豢养，我认为外面的世界最精彩，我认为这是一个离别的时代；不要困在这里，离开这个世俗的生活，离开当下，重新寻找更好的、更自由的未来。后来齐秦放弃了，提出了所谓的柔情主义主张。

与之相反，崔健比罗大佑多了一点东西，因为崔健耳朵里更多的是齐声合唱，所以崔健创造了一种更含愤怒的东西，就是噪音。噪音的使用在崔健那里是创造性的，因为摇滚本来是一种亚文化的形式，可是在崔健那里，在当时中国人的特殊的历史语境下——我后来专门写过一篇文章，叫《先锋的被发现》——人们把崔健当成是先锋，当成现代主义来接受。这真是一个很奇怪的时代，中国人是先知道后现代性，后知道现代性，我们是把摇滚当成现代主义来玩的，所以当时玩摇滚的人都觉得"我是个艺术家"。所以现代主义、意识流、先锋、粗口，这些东西统统都被划到了现代主义这个笼子里面去了，而崔健很自觉地运用了现代主义的艺术哲学来改造和修正他的音乐。崔健大量地消除了摇滚的反资本主义的色彩，他把粗口中对中产阶级即资产阶级的中产律令、生活律令的侮辱、欺诈成分抹掉了。我们知道摇滚其实和"二战"期间黑人的不守规矩有很大的关系，美军大量地发钱，士兵要么自娱自乐，要么嫖妓，要么自己围在一起唱歌，在这个时候出现了一种超态化的音乐。而摇滚早期本来是一种民族音乐，容纳了很多民族音乐的元素，后来逐渐成为一种全球化的声音。那不勒斯海湾的声音、钢鼓、摇滚、爵士，各种元素调和在一起的时候，为什么会成为一种全球化、超民族的声音呢？是因为这个声音满足了一代人的抵抗感及反对律令、压制的幻觉。所以崔健更多地使用摇滚来反政治，他的《新长征路上的摇滚》嘶喊出了一种反政治的姿态。崔健用他的声音告诉我们，我不愿意过一种有规矩的生活，花房姑娘说让我留在她的身边，崔健说 no，我不要像他们一样，我愿意走下去，我不要在花房里面被你豢养，我宁愿走下去，虽然我不知道未来是什么，但我知道大海的方向。他说，我其实是一个假行僧，我不是要修炼自己，我只是不满意现在的生活，我要从南走到北，我要从白走到黑。假如你看我有点累，请你给我倒碗水；假如你已经爱上了我，就请你吻我的嘴。这个歌词脱胎于《唐璜》，可是《唐璜》的贵族调情意味到了崔健的嘴里竟变成了用摇滚反抗世俗、反抗当下的意味。这首歌里，崔健激动不已地表达对当下、对世俗的那种极度地不满：我不要花房的姑娘，我不要过被豢养的生活，我要去追求更好的未来。

更有意思的是，崔健在声音的改造上故意造成我们听觉上的沮丧感。一个外国记者来到中国后大吃一惊，他以为"文化大革命"又来了，因为在西安演唱会上所有人流着泪，拿着打火机激动地用崔健歌曲的二声部去嘶喊。崔健用他的声音告诉我们说，也许我不知道该去向哪里，但是我至少要表达我对现在是如此不满意。所以崔健在他的歌曲里才有这样一首很有趣的歌，它似乎很典雅，这首歌叫《快让我在雪地上撒点野》。他觉得中国人早已没有生机，早已没有生气，早已丧失了生活的意志力。我在2012年5月4日写过一篇文章，向中国宣布青年消失了，中国没有青年了。青年是什么？青年是直正而有抵抗感，有责任感的一群人，这群人没了，走掉了。崔健同样是这样认为的，他觉得中国人再也不敢担当了，再也没有反抗的正直的这种力量了，于是他在歌曲中试图恢复这种革命的声音，试图恢复带有冲击力的声音。

我曾经形容崔健的嗓音，就像一个出土的文物，好像含着黄土，却嘶哑地、努力地喊出被淹没了几千年的故事。这种嗓音哪怕嘶哑也要告诉你，这几千年中国人没有血，没有肉，没有生命感。在歌中我们见到了崔健后来称为"无能的力量"。所以崔健其实采用了现代主义距离消融的态度。什么叫距离消融？这是丹尼埃尔·贝尔提出的一个概念，就是现代主义和现实主义相比，现实主义仿佛发生在一个自然的空间里面，发生一个自然的故事里面；而现代主义就发生在我们旁边。崔健的歌曲就把现代主义的热情张扬变成了对秩序的强烈的对抗，对理性主义世界观、宇宙观的质疑和摒弃。他这种对现代主义的借壳，让人们可以肆无忌惮地挥霍对当下的不满甚至愤怒，并且在其震撼性的嘶喊当中将生命的疑问烙在每个人的心间。另外还有一个信息，崔健1989年成名，你可以想象那个时代。那可是在一个被噪音围裹的时期，人们从崔健那里得到一种力量，出走、离开、愤怒、绞杀，用有意义的声音的拼杀来讲述一个崭新的生活模式。

（三）齐秦、齐豫的声音哲学

齐豫和齐秦这姐弟两个很奇怪，他们两个追求一种非常精致的声音。齐豫演唱会精致到了让人昏昏欲睡的程度，唱了三分之一时她突然感觉不对，重唱，谁也不搭理，她就开始唱。而且齐豫用小提琴作伴奏，把世界名曲唱了一遍，《四个小天鹅》《悲怆》等，她追求的就是精致、典雅的声

音。对齐秦和齐豫来说，他们正处在一个反国家主义和反现代主义的双重
跨越的时代，略带沙哑的北方的狼粗犷式的和宗教般纯洁的声音雕刻出来
的音乐，致力于将现代都市阐释为自由的牢笼和世俗的空间。齐秦对声音
的虔诚追求和宁做荒野中饿狼也不愿做城市中豢养的宠物的主题一脉相承。
在齐秦提出的柔情主义的主张当中，音乐内涵开始了对耳朵进行拒绝。齐
秦在拉萨的告别演唱会上发着 39℃ 的高烧。为什么要在拉萨搞这样一个演
唱会？他觉得声音应该像宗教一般，以一个仪式化的形式，以盛典的形式
告诉我们：这个世界上可以有不曾被污染的东西。后来齐秦为什么采用柔
情主义主张？他把沙哑的声音去掉，用非常柔和的声音来表达这样一个有
趣的主题，即他认为，在现代社会当中一切都钢筋水泥化了，人和人的感
情日益陷入了冷漠的、冰凉的世界，只有一种声音可以让人得以拯救，那
就是深情的、柔媚的声音，所以齐秦才唱出了他的柔情主义主张。《读书》
杂志上有一篇文章，谈齐秦的哲学，讲齐秦为什么用宗教的虔诚来改造优
美的声音，追求对世俗化世界的抵抗。

这个时代是一个意义拼杀的时代，从邓丽君无意为之的喁喁私语到崔
健刻意构造的噪音反叛，20 世纪流行音乐的声音内部充满了道德对抗的能
量和意义拼杀的冲动。人们用"温婉的声音"告别了国家主义的政治，再
用"暴躁的声音"表达崭新的政治欲望。在这个激情四溢的年代，声音的
政治如同它所处的历史，焦躁不安而又奋然前行。

意外发生了，罗大佑得了非常严重的"恐惧症"，他害怕创造不出好的
音乐，跑到美国去留学，滚石遭遇到空前的危机，于是找来了李宗盛。后
来，崔健也陷入令人无能的力量中，无论怎么嘶喊都改变不了这个世界，
所以摇滚突然之间急转直下。1991 年校园民谣开始登陆。校园民谣其实是
对"八九动乱"的一场告别，是对理想主义时代的告别。校园民谣所有的
主题都是，校园是美好的、浪漫的，但是你却走向了社会。美好的校园时
代就像 1980 年代充满激情的象牙塔一样，在歌曲中它用一种怀旧的惆怅的
形式向人们做了告别。之后大陆人就迎来了在台湾已流行了三四年的李宗
盛音乐。

（四）李宗盛时代的日常生活政治：低音与声音的商品拜物教

李宗盛的歌改变了我们对声音的体验，早期在人们唱歌的时候旋律曲
调非常重要。但是李宗盛要改变这些。在李宗盛的《那一夜我喝了酒》中，

他唱到："那一夜我喝了酒，带着醉意而来，朦胧中的你不知道该不该将门打开……我这样的男人要的不只是爱，什么时候该给我关怀，什么时候你又应该走开。"这是一种小男人。罗大佑那种纵横天下、评判历史、反思现代的主题消失了；崔健呼唤五千年的压抑，讲述中国人情感的那个伟大的主题消失了；李宗盛带来了一个普通人的时代，他的歌声里到处是普通人的感情。也许最能代表这个时代生活情感并逐渐代替社会热情的就是李宗盛的《她来听我的演唱会》，这首歌把一个女人成长的历史紧紧捆绑在音乐的柔美、凄凉、迷醉的曲调中。他唱道，她年轻的时候来听我的演唱会，她失恋了来听我的演唱会，后来她的人生灰色了、平淡了还来听我的演唱会，最后嫁人了有孩子了，男人打着鼾呼呼大睡，她在深夜里听我的演唱会。这首歌告诉我们，李宗盛把声音当成了做梦的机器，而在崔健和罗大佑那里，他们从来不认为声音是用来造梦的，他们认为声音是用来反抗的，是用来对某些政治进行质疑的。

而时间到了 20 世纪 80 年代末 90 年代初，怀旧的校园民谣和真挚的李宗盛歌谣，让中国流行音乐逐渐走向世俗化政治，声音第一次以毫无政治内涵的方式呈现其娱乐政治的功能。吉他逐渐代替电贝司，钢琴与弦乐的配合塑造出不同于电子合成器的壮观旋律，而对低音的迷恋里面，则隐含了消费社会里对纯粹声音的欲望。"发烧友"让声音政治逐渐变成商品拜物教，声音第一次以毫无政治内涵的方式呈现其娱乐政治的功能。

于是，在商品逻辑和资本体制的推动下，声音开始变成一种"纯粹的能指"，用千差万别的差别来去差别化，用种种色彩斑斓的个性来塑造普遍的无个性，正是这种特定的抽象的声音，才如此丰富多样、灿烂多姿而又如此空洞无物、苍白单调。

在这样一种背景下，齐秦唱《贝多芬听不见自己的歌》，齐秦说最好的歌是用心去体验的，而现在我们不得不用耳朵来听歌。齐秦说，贝多芬听不见自己的歌，我们也听不见他的歌，我们现在越来越听不见歌，我们只能听见声音。当杨宗纬被击败后，他很不满地说，我不是歌手，我是歌者。他想把歌唱出内涵、沉静、反思，但是现场不同意，现场要 High 起来，要激动，要煽情，认为这才是好歌。齐秦就很聪明，他选了一首《张三的歌》，采用了婉约柔美的方式，突出了歌曲悠扬的曲调；而其间那种卑微与向往并重、略带伤感而充满信心的情调，却在这种优雅的处理中消失了。

二 对《中国好声音》与《我是歌手》的解读

（一）精致的重复

只有重复的歌最受人欢迎，我的师兄赵勇有一篇文章，讲两个中关村男孩，一个被人忘了，另一个被人记住成名了。第一个被忘了的原因是他唱原创，第二个是翻唱。人们走过时听到熟悉的歌难免停住脚步听一听。原来人的耳朵就像老马识途一样，喜欢听老歌，所以这两个节目的第一个秘诀就是老歌精致地重复。

我们来听一听《花房姑娘》是怎样被慢慢地修改掉的。（放音乐，林志炫的《花房姑娘》和崔健的《花房姑娘》）在《我是歌手》中林志炫能够把任何歌当成声音来唱，能把任何歌唱下来，并且带有他的特色。于是人们反复欣赏着一种精致的改造，从中得到无尽的快乐。很难想象《花房姑娘》会有这样一个尾音。所以这里我们看到了什么是精致的重复。多体混杂的乐风，像欲望日益胀满的摇滚；而杂耍一样的幽默感与"发烧友"式的 High 歌，又注定这个时代的声音是一个失去了国家隐喻和文化内涵的符号。摇滚的嘶喊、Rap 的琐碎、Gospel 的宁静甚至 Black Metal 的粗暴……任何音乐都可以成为 21 世纪流行音乐工艺化的唯美元素。除了听不到肉嗓真声外，今天的音乐可以把任何对音乐的背叛都当作耳朵的浪漫消费品，可以把任何噪音的现场都变成张爱玲所说的那种精美的怨怼。《中国好声音》不过是这种唯美主义耳朵所推崇的一种"精致的重复"；而《我是歌手》则以新的竞争的形式，让这种"声音的迷恋"变成可以用"专业""学术"和"感受"同时考量的对象——似乎"声音"的内涵、信息如此丰富，值得教授（山河）、媒体人（张漫）和乐评人（宋柯）反复研究、分析和讨论，也值得现场的观众为之流泪、欢呼和沉醉。

这两档节目都属于翻唱类节目。人们听到熟悉声音的时候，总是比听到陌生声音的时候更容易产生认同。从节目对声音的选择来看，如何激活人们的热情回应，成为这两档节目的核心语句。《中国好声音》的核心主题就是"导师"背对选手，只通过其声音的识别来确定其"价值"；《我是歌手》则通过对成名歌手声音的评论，完全将他们声音背后所依托的历史内涵和时代背景抽空，变成对"唱法"是否成功、"处理"是否得当和"节奏"是否合理的评价。有趣的是，杨宗纬不无反讽地说，自己不愿意仅仅做"歌手"，还想做"歌者"，这之间的区别未必有意义，但是，他对纯粹"歌手"的不满显露无遗。

（二）声音的悬念

更有意思的是，这两档节目还创造了声音的悬念。我们都想知道，黄绮珊唱刘欢的歌会怎样，黄贯中是怎么用摇滚处理张学友的《吻别》的。事实上，正是声音构造了这两档节目的悬念。到底哪个声音堪称"中国好声音"？到底怎样的声音、技巧才适合歌星、歌手的特点？重要的不是歌曲本身的社会意义，重要的是歌声的现场效果。在这两档节目中，我们可以听到 20 世纪 80 年代的摇滚与民谣，可以听到 20 世纪 90 年代的日常俗语，也可以听到 21 世纪的情爱歌曲，但是，所有歌曲的唱法几乎都有同一个主题：煽情。

相对而言，没有比摇滚乐更具有煽情功效的了，"摇滚乐所唤起的反响是精神饱满和动觉的美学"。因此，在两档节目中，摇滚题材的歌曲总是被镶嵌在 PK 的关键时刻，用来聚人气，博彩声，以求取得转机或者突进。李皖曾经这样描述摇滚时代的音乐："1986 年至 1989 年，整个社会呈现出泛政治、泛先锋又举国崇拜的色彩，四处弥漫着精神解放、艺术探索和启蒙主义的味儿，人们眼里满含着普遍的委屈，全社会热情、激动、激进而严肃，关注着国运，忧国忧民。摇滚乐是文化英雄的一部分，不只它有，诗歌、小说、艺术、电影、哲学也分别有它的英雄，代表着精神解放的力量，有一种意义不明虚张声势的大气，有一种欲说还休又诉说不尽的苦闷、反抗和发现的狂喜。摇滚乐手不像是音乐家倒像是战士，摇滚乐场景不像是演唱会倒像是神坛，充满了象征和仪式意味。"而在这两档节目中，摇滚不外乎成了煽动观众情绪的一剂兴奋剂。崔健的"危险的声音"，变成了极具感染力的空洞的声音。

"流泪"也是这两档节目必须渲染的主题。在《我是歌手》中，每一个段落场景，都会出现一个流泪者的画面。无论是掩面而泣的少女，还是合目流泪的男子，都暗示观众这是一个充满了真情的时刻。当黄绮珊用"哭腔"唱老歌《离不开你》时，先用钢琴铺垫，再用弦乐烘衬，每一句尾音"呀"或者"耶"形成大回环，让听者顿生凄凉、悲怆之意。事实上，"呀"和"耶"的尾音，不是黄绮珊独创的技巧，而是这两档节目反复出现的节奏韵律。正如 1986 年吉安德隆在《阿多诺遭遇凯迪拉克》文中所说的那样，流行的歌曲可以像凯迪拉克一样，看起来花样繁多，可是其内在零件却是可以互换的："人们可以替换节奏、和弦的进程，表演的速度，曲调的片断，重复的节拍，抒情的风格和主唱或乐器。"在这两档音乐综艺节目中，各类歌曲也呈现这样的特点：外表的旋律形式是"个性"的，其组织形式和节奏声音等则是雷同的。

我们总结了这两档节目成功的原因。

首先，两档节目都是一种寄生性的音乐节目。即都大量使用人们耳熟能详的歌声作为其主打产品。30 年来的中国历史和不同时代成长的人们，都在这歌声的记忆和回味中沉浸，并流连忘返。

其次，这两档节目都极其有效地突出了"屌丝"群体的情感内涵，赋予日常生活中无权的人们一种权威感。尤其是《我是歌手》，采用 500 位观众投票的形式来决定明星的命运，即使是专家和著名媒体人，也对这个结果无能为力。一档无关痛痒的娱乐节目，却激活了人们最富有政治抱负的改变世界、决定历史的幻觉。

最后，这两档节目都巧妙地使用了悬念来吸引观众。无论是《中国好声音》中草根歌手的成长，还是《我是歌手》中明星偶像的遭遇，编导都巧妙地通过剪辑的手段，造就曲折情节和成长历程。在《我是歌手》的剪辑中，多机位的转换、观众激情情态的捕捉与电影蒙太奇手段的使用，都使这一款娱乐综艺节目令人耳目一新。这些手段成功地让这档节目变成了情景剧：每一场有每一场的胜败悬念。这种连续剧肥皂剧的结构，自然也是吸引人的关键原因之一。

（三）成功者的神话

这两档节目最吸引我们的地方，还在于它们通过故事悬念的控制，向当前中国社会存在生存焦虑感和生活脆弱感的人们，提供一个伟大的神话情节：在一个看起来压力巨大、生活道路日益狭窄的国度里，只有依靠自身实力进行拼搏，才能摆脱窘境，进入人生的辉煌；无论是草民，还是已经功成名就的大腕，都无不遵守这个逻辑。

尽管即使遵守了拼搏的逻辑，在现实生活层面也还是缺少成功的机会；但是，几乎所有走投无路的人，都只能依靠、相信拼搏的逻辑才有支持自己的生活动力。这正是这两档节目在当下中国成功的根本原因。

简单地说，越是在现实生活中匮乏成功的机会，《中国好声音》和《我是歌手》提供给我们的成功神话就越是光采夺目，令人难以放弃。

（四） 俯瞰的主体感

这两档节目中，观众在为其唯美主义的声音所迷醉的同时，更为它们所鼓吹的当下没有潜规则、没有权与利狼狈为奸的纯粹竞争规则与路径所倾倒。现场参与者在网上堂而皇之地以主人翁的姿态讲述自己投票的心路历程的时候，我们分明看到了现实卑微的人们如何在娱乐的场景中上升为一个毫无实际内涵却有意识形态内涵的强者的形象。

尤其是《中国好声音》的故事处理，更是沿用了"现场亲见丑小鸭变天鹅"的过程，活灵活现，热气腾腾。编导有意突出每一个歌手背后的情感伦理故事，让他们的身世成为任何一个普通家庭的情感故事；当大家看到他们在日常生活中的悲哀喜乐的时候，胃口立刻被吊足了：这个跟我一样的人会成功吗，我将来会有这种难得的机会吗？

《我是歌手》则突出了明星的紧张。一首短短几分钟的歌，导演需要为之铺垫十几分钟的场景。歌手唱歌前的紧张表情、忐忑不安的样子以及演唱会上患得患失的情态、失魂落魄的眼神。当一个成功者高高在上的时候，《我是歌手》偏偏让他跟普通人一样，毫无豪言壮志和气势宏大的机会，这让观众在无形中滋生鲜见的同情，立刻拉近了明星与观众的距离。当我们觉得自己跟成功人士距离很近的时候，我们就会不免觉得自己似乎已经身处成功之中。

（五） 伪经验时代的声音政治

这两档节目的成功，正是建基于用唯美主义的方式处理现实主义的逻辑基础之上的，用感染人代替触动人，用歌唱曲调代替讲述的噪音，用有节制的、工艺化的周晓欧的呼喊，代替不合作的、故意破坏的崔健的撒野。也就是说，用一种虚假的经验（情感）代替对现实生活处境的真实体验（处境）。

"歌唱着的成功"与"为了成功而歌唱"，情感泛滥到了泪水肆意流淌、双臂热情高扬。不是备感压抑之后的摇滚所激活的愤怒，也不是哀叹生活卑微时刻的凄怆和质疑。人们需要的是成功神话里歌唱的欢欣鼓舞，而不再是周云蓬那种嘶哑而毫无美感的声音的撞击。

唯美主义的耳朵凸显了空前虚假的政治美学：只要好听而美，不要撞击而痛。而这一点恰恰是唯美主义的声音早期舍弃的政治内涵。虚假经验的生产，变成了现代社会美学意识形态的体系化生产。告诉你一个神话，而在现实生活中只有一部分人可以体验这个神话。从这个角度来说，《中国好声音》和《我是歌手》构成了当前中国社会娱乐文化生产的"解放性压抑"的特定形式：它把每个人放到了一个可以感受到的虚假的成功神话里面，也就让人们在遗忘现实处境的同时，永远无法真正实现这种成功。自由的歌唱代替歌唱的自由。

《我是歌手》《中国好声音》告诉我们，声音是大众的，是民主的，是没有政治、民族界限的，是可以共同欣赏和鉴赏的。我们忘记了它正是用民主的声音，用多元主义的声音来代替我们想象和体验日益狭窄现实生活之路的一种办法。在一个娱乐繁盛的时代，虚假的经验正在掩盖真实肉身的体会及我们真正的生活处境，而从这种真正生活处境发出的文学的、电影的、艺术的体会越来越少。现在还有什么东西能让我们感受到真正肉身的经验呢？不妨推荐几部小说：焦冲的《俗世男女》、许春樵的《屋顶上空的爱情》、易清华的《窄门》、慕容雪村的《原谅我红尘颠倒》。这是近五年来我觉得多多少少能够表达我们自己真实生活处境的几部小说。最后，感谢各位。谢谢！

（录音整理：杨宇静）

时间：**2013 年 3 月 25 日 15:00**
地点：首都师范大学北一区文科楼 **602**

主讲人简介

孙逊 上海师范大学人文学院教授、上海高校都市文化研究院首席研究员，博士生导师。长期致力于中国古代小说研究，近年来将研究视野拓展至域外汉文小说。代表作有《日本汉文小说〈谭海〉论略》《"中学西传"与中国古典小说的早期翻译》《中国古代小说的城市书写及现代阐释》等，主编有《域外汉文小说集成》"域外汉文小说研究丛书""大学文科英汉双语教材系列"等。论著多次获省部级哲学社会科学优秀成果奖。1994年起享受国务院特殊津贴。

主持人 今天，我们非常荣幸地请来了上海师范大学的孙逊先生来给我们做一场学术报告。我想大家对孙先生都不陌生，孙先生不仅是我们国内古典文学领域的著名学者，而且是一位具有领袖气质的学者。孙逊教授不仅学问做得很好，而且近几年带领着上海师范大学古代文学学科以及上海高校都市文化研究院取得了很大成绩。上海师范大学的古代文学和我们首都师范大学的古代文学是兄弟学科，两所学校同为地方师范大学，而上海师范大学比我们学校起步要早，可以说是我们的老大哥。今天下午我们请孙先生为我们做一场报告，题目就是《从外部世界看中国——中国古代文学研究的域外视角》。孙先生这些年在域外文学领域的研究工作做得十分有影响，可以说我们把古代文学的视角向海外进行扩展，我们的眼前就会是另外一个新的世界，就会认识我们中国文学在世界的影响。如此之后，再反观中国文学，就会发现中国文学具有更多有价值有意义的东西。实际上这对我们这个学科的发展，对我们每一个人形成独特的学术视角是大有好处的。下面我们就用热烈的掌声欢迎孙先生为我们做报告。

从外部世界看中国

——中国古代文学研究的域外视角

孙　逊

　　近几年，首都师范大学发展迅速，十分受人关注，同学们应当为自己能在首都师范大学学习而感到自豪。我来到首都师范大学和大家进行交流和沟通，感到十分荣幸。我今天给大家带来的交流题目是"从外部世界看中国——中国古代文学研究的域外视角"。任何国家和民族的文学的发展都不是孤立的、封闭的，而是开放的、相互影响的。中国古代文学的发展也不例外，它既受外部世界的影响，也深刻影响着外部世界。因而从外部世界看中国，是我们今天中国古代文学研究的一个非常重要的视角。特别是随着我国政治、经济和文化地位的不断提高，随着我们文化自信心的不断增强，这一视角更具有当代意义和现实价值。

　　所谓中国古代文学研究的域外视角，具体包含了两大块领域：一是域外汉文学，一是域外汉学。前者是指古代外国作家和文人用汉语书写和创作的文学作品，后者则是指国外汉学家用他们的母语译介和研究有关中国文学和文化的著作。这虽然是两个不同的范畴，但都和中国文学与文化有关，它们同属于中国文学和文化在外部世界的投射与影响。今天，我们要看清和认识我们自己，除了了解我们自己，还必须了解别人是如何接受和审视我们的。所谓"不识庐山真面目，只缘身在此山中"，我们还必须跳到另外的山上来反观我们自己，这样才能更好地看清自己。下面我们就以古代小说为例，介绍一下有关这方面的研究情况。主要有三个问题。第一，域外汉文学：汉文学整体研究不可或缺的一部分。第二，域外汉学：中国古代文学的"他者审视"。第三，"华夷之辨"与"中国形象"的历史嬗变。

一 域外汉文学：汉文学整体研究不可或缺的一部分

先讲第一个问题"域外汉文学：汉文学整体研究不可或缺的一部分"。说到域外汉文学，首先必须厘清两个概念，即"域外汉文学"和"域外汉籍"，这是两个不同的范畴。如上所述，域外汉文学是指古代域外作家和文人用汉语书写和创作的文学作品，而域外汉籍则具体包括三个部分：流传到域外的中国典籍，在域外刊刻的中国典籍，以及域外作家用汉文书写的包括文史哲在内的各种书籍。域外汉文学只和最后一个部分有交集，因此它只是域外汉籍的一部分。

域外汉文学就其地域和创作主体来划分，又可分为两大块：一块是历史上原汉字文化圈内的东亚地区国家的汉文作品，一块是西方来华传教士的汉文作品。前者主要指越南、朝鲜和日本三个国家，作品则包括诗文、小说和游记等；后者则包括早期天主教和后来基督教传教士的作品，主要有小说、游记等。

在域外汉文学中，汉文小说是重要的一块。之所以重要，一是因为数量大，二是因为内涵丰富。关于数量，其中越南部分已由上海古籍出版社以《越南汉文小说集成》的书名出版，全书约 600 万字；朝鲜部分和日本部分不久也要出版，前者约 1200 多万字，后者约 600 多万字，东亚一块共约 2500 万字。来华传教士的汉文作品这一块数量还未见底，粗略估计，大约有 500 万字。这样总共加起来是 3000 多万字。这是一个不小的数字，相当于 30 部《红楼梦》的规模。

当然，其重要性还在于其内涵的丰富。首先，这些汉文小说是所属国文学的一部分，亦即我们今天所说的外国国别文学的一部分。越南汉文小说是越南文学的一部分，而且几乎是越南古代小说的全部；朝鲜汉文小说是韩国文学的一部分，也几乎是韩国古代小说的全部；日本汉文小说也是日本文学的一部分，但日本同时有片假名文学，即世界最早的用片假名写的长篇小说。就如同我国古代小说是我们宝贵的文化遗产一样，东亚汉文小说也是东亚地区相关国家的文化遗产，其中相当部分还是所属国屈指可数的文学经典，如越南的《岭南摭怪》《传奇漫录》，韩国的《金鳌新话》《六美堂记》，日本的《大东世语》《谭海》等。因而研究外国文学视域中的东亚国别文学，理应把它们纳入研究视野，而不能只是关注这些国家后来用本国文字书写的作品。离开了这些国家历史上存在的汉文小说，我们的越南、韩国和日本文学研究就不能说是完备的。同样，来华传教士汉文小说也是西方文学的特殊部分，它虽然很难归到某个国别文学中，但它无论从思想属性还是从创作主体来说，都是西方思想文化和文学的一部分。

其次，域外汉文小说也是古代汉文学整体的一部分。中国本土的汉语文学作品和域外的汉语文学作品一起，共同构成了汉语文学不可分割的一部分。我们今天的《中国文学史》作为中国文学，其实只是中国的汉语文学史，并没有包括中国汉民族以外的少数民族文学；而作为汉语文学史，又没有包括域外汉文学这一块。所以法国的陈庆浩教授提出"汉文化整体研究"的思路，认为应将中国本土的汉文学和域外汉文学放在一起进行整体研究。从这个意义上讲，我们也许可以先编一本《域外汉文小说史》，最终形成一部完整的汉文学史。这个目标难度很大，未必能够完成，但作为汉文学整体的一部分，纳入我们的研究视野是应有的题中之义。

再次，域外汉文小说又是比较文学的一部分。由于域外汉文小说和我国本土汉语文学的亲密血缘关系，它提供了大量有实证意义的比较文学研究的对象。其影响既有思想文化层面的影响，如儒家思想文化，它不仅统摄东亚三国的汉文小说，而且渗透到西方来华传教士的汉文小说中；又有佛道神仙思想，它也深深浸染着域外汉文小说。此外，还有古代小说层面的影响，它更是渗透到域外汉文小说的骨髓和肌理，如我国明代初年（14世纪）诞生的瞿佑的《剪灯新话》，传到朝鲜后于15世纪初诞生了金时习的《金鳌新话》，后又传到越南，于16世纪产生了阮屿的《传奇漫录》，并衍生出《传奇新谱》《传闻新录》《新传奇录》等一系列作品；再如我国清初刊刻的著名文言小说集张潮的《虞初新志》，也深刻影响了日本汉文小说菊池纯的《奇文观止本朝虞初新志》、近藤元弘的《日本虞初新志》的编选，以及依田百川的《谭海》的创作；其他诸如我国明代"玉堂春"小说对韩国汉文小说《王庆龙传》等的影响，《三国演义》对整个东亚三国历史小说的影响；凡此种种，随处可见我国古代小说和域外汉文小说之间的血缘关系，这些都是非常有实证意义的比较文学研究内容。

最后，域外汉文小说还是汉语文字学研究的重要对象。由于域外汉文小说都是用汉字写成，其所用汉字自然是汉字字库里不可或缺的一部分。特别是在东亚汉文小说中，存在着大量的汉字俗字，它们有的是我国古已有之的异体字，如"竜"与"龙"、"卆"与"卒"、"酔"与"醉"等；有的是古代的通假字，如"政"与"正"、"门"与"们"、"所谓"与"所为"等；有的是我国草书的写法；有的和我们今天的简化字一样；更多的是他们自己创造的异体字。如果我们的汉字字库里缺少了这最后一部分，那就是很大的一块缺失。同时，我们校勘时也必须非常小心，稍不留意，就会想当然地随意改动而出错，留下硬伤。至于他们的异体字写法有什么规律，这也是我们必须研究的问题。

要而言之，域外汉文学作为汉文学整体不可或缺的一部分，是一个有待深入开掘的丰富宝藏，它为东亚国别文学研究、古代汉文学整体研究、比较文学研究和汉语文字学研究四个领域提供了大量的新资料，拓展了新的视域。

二 域外汉学：中国古代文学的"他者审视"

我要讲的第二个问题是"域外汉学：中国古代文学的'他者审视'"。从外部世界看中国，除了域外汉文学一块，还有域外汉学一块。如上已述，域外汉学是指域外汉学家用各自母语译介和研究有关中国文学和文化的著作。域外汉学主要也有两大块：西方汉学和东亚汉学。它们各有家数，特点不同，但都以译介和研究中国文学和文化为旨归。

西方汉学也可称为欧美汉学，早期大本营在欧洲。最先出现的是有关中国古代文化典籍的译介，如 1592 年前后在菲律宾刻印出版的由西班牙道明会宣教士高母羡翻译的《明心宝鉴》西班牙语本，被伯希和称为现存最早的汉语著作西译本，其内容主要辑录了孔子、孟子、荀子、老子、庄子和朱熹等历代圣贤的言论，向西人展现了中国古代文化的精髓。之后，意大利耶稣会士罗明坚、利玛窦又将"四书""五经"分别于 1594 年和 1626年翻译成拉丁文，引发了西人翻译中国古代典籍的潮流。但明清来华传教士对文学作品多不注意，所以早期传教士中无人翻译中国文学名著。直到 18 世纪早期，中国古典小说才开始进入西人视野。1735 年，法国人杜赫德编撰的《中华帝国全志》在巴黎出版，该书第三卷收录了耶稣会士殷红绪从《今古奇观》中选译的三篇中国短篇小说，它们分别是《庄子休鼓盆成大道》《怀私怨狠仆告主》《吕大郎还金完骨肉》，这是迄今所知最早译成西文的中国古典小说。18 世纪，西人翻译和出版的中国古典小说以《好逑传》

声名最著，最早问世的是 1761 年伦敦出版的英译本，1766 年出版了法译本和德译本，1767 年又出版了荷兰语译本，在欧洲引发了翻译出版《好逑传》的热潮，以至这部作品引起了德国大文豪歌德和席勒的高度关注。1769 年歌德在同席勒的通信中提到了这部小说，当时席勒不满意德语译本，想自己重新改编《好逑传》，但不知什么原因写了几页就搁下了。1827 年爱克曼辑录的《歌德谈话录》，则记录了歌德那段著名的谈话。此外，歌德还提到这部中国小说和他自己的作品《赫曼与窦绿苔》有许多类似的地方。透过《好逑传》的翻译和出版，我们不难窥见西方汉学家在译介中国古典小说方面所做的努力。

西方汉学家在译介中国古典小说的同时，往往也会通过撰写序言和注释发表他对所译作品的看法，这些序言和注释就具备了研究中国古典小说的论著性质。它们或说明选译小说的动机和标准，或介绍所译小说的作者和内容，或对小说人物进行分析和评论，或解释小说中出现的中国人物，或阐述小说的审美旨趣，融小说翻译与研究于一体，有效地提高了译文的学术价值。有的译者还注意到版本的选择和校勘，既提高了译文的质量，又增加了译文的学术含量。此外，西方汉学家还通过在报刊上发表相对独立的长篇论文，从总体上把握和探究中国小说的诸多学术问题。有的探讨中国小说的分类，有的归纳中国小说的叙事模式，有的分析中国小说的价值功能，有的发掘中国小说的审美旨趣，并由此探讨中国人的生活情调。这些长篇论文或结集出版，或日后扩充为一本著作，和译文以及随同译文流传的序言、注释一起，共同构成了域外汉学的主干内容。

东亚汉学也有悠久的传统，其内容也大致包含了中国小说的翻译和研究，其实东亚汉文小说本质上也是东亚汉学的一部分，汉文小说作者是名副其实的汉学家。由于古代东亚地区大多使用汉字，因而翻译的成分比较少，只是到了近现代，由于所使用的文字发生了根本的变化，这方面的译介工作才多起来。东亚地区的汉学研究重镇主要是日本和韩国，其中日本的汉学研究历史久远，由于其具有藏书丰富的独特优势，其特点是重视书目的搜集和整理，版本的目验和比勘，以及文本的细读和爬梳，对我国的古代文学研究具有重要的借鉴意义；韩国的汉学研究后来居上，充满活力；越南的汉学研究正在兴起，值得期待。他们都同样体现了东亚汉学共同的特点，和西方汉学重文本的阐释有着明显的区别。

域外汉学从本质上讲，是中国文学和文化的一种"他者审视"。中国小说的翻译首先是中国小说的一种"主观投射"，因为翻译必须忠实于原著，但在什么时候选择什么样的作品进行翻译，在翻译过程中因价值观念差异而对人物和情节进行不同程度的添加和删改，这就加进了"他者审视"的成分。因此，文学作品的翻译不只是两种语言文字的转换，而且还承担了更深层次的文化转换功能，是一种文化的再创造。至于西方学者的中国小说研究，就更是一种"他者"的审视和思考。这种"他者"的审视和思考对于我们研究中国古典小说是一个重要的借鉴和参照。有这样的借鉴和参照，就可以帮助我们看到站在原来视角上所看不到的、被遮蔽了的东西，从而启迪我们更全面、完整地认识自我。

域外汉学也是一个非常宽广的学术领域，中国各个时代、各种文体的翻译和传播，各个时期、各个国家和地区的汉学家及其作品，不同时期在世界各地创办的以中国和亚洲为对象的报刊和出版机构，都有大量的材料需要我们面对和处理，可供我们选择的研究对象和角度也很多，有足够的空间让我们驰骋。

三 "华夷之辨"与"中国形象"的历史嬗变

下面，我简单讲一下"'华夷之辨'与'中国形象'的历史嬗变"。从外部世界看中国，其中一个有趣的话题是关于"华夷之辨"和"中国形象"的构建与嬗变。中国受儒家思想文化影响，自古就形成了一套华夷观，诸如"裔不谋夏，夷不乱华"（《左传·定公十年》）、"夷狄之有君，不如诸夏之亡也"（《论语》）、"《春秋》大旨，其可见者，诛乱臣，讨贼子，内中国，外夷狄，贵王贱伯而已"（《朱子语类》）。凡此都强调了"华夷之辨"的必要性和重要性。因而在历代统治者眼里，中国是居于世界中心的中央之国，其他都是"四夷"和"夷狄"，这一界限决不可紊乱。

东亚地区受儒家思想文化影响，也建立了一套有自己特色的华夷观。首先，他们全盘接受儒家的华夷观，并有了自己的发挥，即以自己为"华"，以其周边为"夷"。如越南陈英宗兴隆八年（1300），兴道大王在檄诸将文中云，"汝等……为中国之将，侍立夷首，而无忿心"（《大越史记全书》），此为越南以"中国"自尊其国见于史籍之始。陈朝末年，胡季犛篡位自立，明朝出兵讨贼，原约定平定后扶持陈氏后裔为王，但后食言，在越南重置郡县，招致越南人民的反抗。后来在民族英雄黎利的带领下，终于光复越南。黎利在当时也多次提及所谓"贼在中国""凡中国豪杰之士"（《大越史记全书》）云云，此处"中国"也都是指越南。在越南汉文小说中，更有大量以"中国""中华""中朝"指称越南，而以"蛮夷""蛮獠""夷獠"指称其周边小国和西方国家，以"北国""北人""北客"指称中国，并自称"我国家混一区宇，统御华夷"。1842 年，还发生过越南使节李文馥拒绝进入北京"越夷会馆""令行人裂碎'夷'字，乃人"的事件，李还"愤而作《辨夷论》"，论证"越南原圣帝神农氏之后，华也，非夷也"。其次，出于民族情感，他们对中国始终抱有一种实用主义的矛盾心理。当越南陷入内部政治斗争时期，他们视中国为"天朝"，称中国皇帝为"皇上""陛下"，请求中国出兵；而当越南被侵犯时，则把中国视为"贼寇""北寇""明寇"，汉文小说中充满了大量有关明朝"君臣狼性，士卒兽性""杀戮甚酷""民命弗堪"的描写。在越南和东亚国家眼里，其主权问题始终是个微妙、敏感的历史问题，政治上的独立和文化上的认同，可以说贯穿了整个东亚汉文小说的始终。

在儒家华夷观中，西方国家自然也是"蛮夷"，西人则称"红毛夷"，所谓"非我族类，其心必异"，认为西人"狡而诈"，不能轻信。但西方并不接受儒家华夷观那一套，他们根据自己的经验和想象，构建起他们眼中的"中国形象"。这种经验和想象主要来自于西方旅行家的游记、传教士的书信、外交使节的报告、西人翻译的中国儒家经典，以及西人翻译和创作的有关中国主题的文学作品。其中，中国古典小说的翻译就是构筑西人眼中的"中国形象"的重要文本依据。这种构筑具体有四种方式：一是西人对中国古典小说的选择，二是西人在翻译过程中的改写，三是译本中前言和注释的添加，四是中国小说译本在西方的刊印和传播。

西方通过古典小说翻译所构筑的"中国形象"，历史上先后经历了三次嬗变：首先是"道德理性之乡"，其次是"浪漫的中国情调"，最后是"落后愚昧的中国"。这三种"中国形象"的话语谱系大抵和西方的启蒙主义运动、浪漫主义思潮与现代性的历史进程相一致。18 世纪，"中国形象"在启蒙主义的背景下进入西方的文化视野，中华帝国作为"道德理性之乡"被西人定格并放大，在一定程度上反映了西人在启蒙主义影响下对理性的推崇，《好逑传》在欧洲的风行就是一个典型的例案。进入 19 世纪，随着浪漫主义思潮的蔓延，西方发出了一种自由抒发人的感情的呼唤，对人为进行理性地反弹。在这样的文化语境下，中国作为"道德理性之乡"的形象逐渐隐退，代之而起的是一种作为异国风尚而出现的"浪漫的中国情调"。至19世纪中叶，随着中西交流的频繁和一些重大事件的发生，特别是19世纪40年代以后，中英鸦片战争的爆发及战后签订的不平等条约，为西人开辟了在中国更为广阔和自由的活动空间，一个真实落后的中国裸露在西人的视野之中。同时，伴随着中西力量对比的悄然变化和西方现代主义的推进，西方中心主义逐渐形成，西人对中国的态度从仰慕变为俯视。诸如中国女子小脚、男子蓄辫的体貌特征，喜食鸦片、广蓄妻妾的恶习，以及中国人呆滞的目光和狡诈的内心，都被定格放大为中国人的典型形象而反复渲染，于是"愚昧落后的中国"成为西方眼中典型的"中国形象"，这种印象直到今天由于某些有偏见的人——包括西方人和国人的宣传而还没有完全成为过去。

在中国古代文学研究领域，我们以往关注较多的是"西学东渐"带来的影响，其实任何文化交流都是双向的，与之相对应的，还有"中学西传"的影响。从外部世界看中国，就是通过研究"中学西传"，看历史上中国文学和文化如何走向世界，然后通过外部世界如何看中国，再反观我们自身。这种反观很有必要，它不仅可以帮助我们更好地看清自己，而且能为今天中国文学和文化走向世界提供借鉴和启迪。我今天的汇报就到此结束，谢谢大家。

互 动 环 节

主持人 大家还有什么问题可以向孙老师请教，这是一个十分难得的机会，有什么相关的问题都可以提问。

问：孙老师您好，我的毕业论文想写白居易的诗歌，我知道日本对白居易诗歌的研究做得很好，我想研究白居易诗歌中的饮食文化，我想咱们中国对白居易诗歌的研究和日本对他的诗歌研究一定有不一样的地方吧？

答：首先白居易的诗歌在日本文学中有很大的影响，其影响包括对汉文学和片假名文学的影响。日本人对唐诗接受最充分的其中之一就是白居易。所以你首先一个视点就是注意白居易诗歌在日本古代文学中的反映，包括片假名诗歌和汉语诗歌中的反映。另一个视角就是日本人对白居易诗歌的研究，其中包括其对日本文学创作和研究视角的影响。《源氏物语》中有很多文字涉及白居易诗歌的意境等。

问：孙老师您好，我想问一下域外对朱熹的研究情况，即朝鲜，日本和西方对朱熹的研究情况。

答：首先，朝鲜和日本的古人在对我国儒家文化的研究就包含了对朱熹的研究，这是古人的研究情况。其次，当代西方或东亚的汉学家有对朱熹的研究。尤其应当把东亚古人对朱熹的研究纳入进来，不应忽视。现在相关书籍还没有影印出版，但是你可以注意一下，有一套韩国人编写的思想史著作，已经影印出版了，你可以从中找找有没有可用的材料。如果可用，很可能是首次引用，因为大家都不太注意这块。朝鲜的儒学非常发达，它继承和发展了中国的儒学，甚至比中国同时代的儒学还要进步。

问：孙老师，您能介绍一下咱们中国的四大名著在西方的介绍及影响情况吗？

答：王丽娜女士写过一本书，叫《中国古典小说戏曲名著在国外》，这是一本基本的工具书，介绍了有哪些译本等。但具体的研究还没有，实际上这个空间还很大。当然这些古典小说不只有四大名著。据我所知，《三国演义》对东亚地区文学创作的影响最大，而对朝鲜、日本和越南的汉文小说创作影响最大；《金瓶梅》在这个地区的影响也比较大，比较早；《西游记》从某种意义上说在西方的影响最大。就是说，在东亚地区，四大名著中《三国演义》的影响最大；在西方影响最大的可能《西游记》；《红楼梦》虽然在国内地位非常高，但未必在域外影响大。你们将来如果有条件，到国外访学一年，就某一本名著做材料收集工作，就可以做得非常深入，就可以了解得非常具体了。我的一位学生明年就打算去哈佛大学访学一年，就准备研究《西游记》在欧美世界的接受情况，这种"接受"包含了再创作和研究。

问：孙老师您好，我想问一下现在西方汉学界尤其是美国汉学界对金圣叹小说评点的研究，应该从哪几个方面来看？

答：据我所知，研究小说评点的有蒲安迪先生，他做过关于《红楼梦》评点的研究工作，这本书是否已译成中文我不是很清楚。他们对金圣叹还是比较关注的，也关注到了"才子书"的观念。"才子书"是金圣叹发明的一个文章分类的概念，他把小说和戏剧打通，叫"六大才子书"，西方对

"才子书"的概念还是比较关注的。他们对古典小说理论的研究著作都是早期的，最近没有什么新的研究著作问世。应当注意，在西方研究汉学的毕竟是少数人，我们不要把中国文学对西方的影响想象得过大。

（录音整理：孙端）

时间：**2013 年 4 月 3 日**（周三）**18：30**
地点：首都师范大学北一区图书馆学术报告厅

主讲人简介

刘一曼　1940 年 6 月生，广东佛冈人，中国社会科学院考古研究所研究员、博士生导师。1972 年以来，长期在河南安阳殷墟参加考古工作。主持和参加了《小屯南地甲骨》《殷墟花园庄东地甲骨》《殷墟小屯村中村南甲骨》的编写工作，与人合著《殷墟的发现与研究》《甲骨文书籍提要》《安阳殷墟郭家庄商代墓葬》《中国书法全集·甲骨文卷》《中国古代铜镜》等著作。其中《小屯南地甲骨》《殷墟的发现与研究》《殷墟花园庄东地甲骨》获中国社会科学院优秀科研成果奖。发表学术论文、记述性文章等 100多篇。

主持人（陈英杰）　今天我们非常荣幸地请到了中国社会科学院考古研究所研究员、博士生导师刘一曼先生。刘先生自 1972 年以来，长期在河南安阳殷墟参加考古工作。主持和参加了《小屯南地甲骨》《殷墟花园庄东地甲骨》《殷墟小屯村中村南甲骨》的编写工作。了解甲骨学的人都知道，小屯南地甲骨和殷墟花园庄东地甲骨是 1949 年以来殷墟甲骨的两次重大发现。刘先生不但是这两批甲骨的发掘者，而且是整理者和研究者。刘先生以甲骨学家的视角去审视甲骨文中的书法之美，相信一定会带给大家不一样的精彩。让我们以热烈的掌声欢迎刘先生发表精彩的演讲。

殷墟甲骨文书法精粹赏析

刘一曼

同学们，晚上好，今天很高兴来到首都师范大学做这个讲座。先说句题外话吧，我主要是从事考古研究的，后来发掘到了甲骨文，就边学习甲骨文，边整理甲骨实物资料，写过一些甲骨文方面的文章。说起甲骨文书法，我接触的时间比较短，主要是几年以前，应《中国书法全集》编委会的邀请，与我研究所的冯时先生共同编写了《中国书法全集·甲骨文卷》，从此就对甲骨文书法产生了浓厚的兴趣，在以后的学习中慢慢地有了自己的体会。

甲骨文是商代后期刻或写在龟甲兽骨上的文字，主要出自安阳殷墟小屯村，在殷墟以外的地方也有，只是比较少，所以今天主要讲的是殷墟甲骨文书法。甲骨文出土数量达 10 多万片，单字 4300 多个，其中可释读的文字有 1600 多个。殷墟甲骨文是我国目前发现较早的有一定规律、一定体系的文字。它的内容非常丰富，涉及商代的政治、经济、社会、生活各个方面，对我国商代史、古代史、考古、科技史的研究都有重要的价值。同时殷墟甲骨文形体古朴、典雅，不但是一种实用文字，同时也是一种艺术文字。因为它在文字的结体和章法上富于变化，多姿多彩，对中国书法史的研究有重要意义。这里选取了一些甲骨文拓片、摹本，通过具体的例子来赏析甲骨文书法的艺术性。

一　各期甲骨文书法赏析

（一）商代中晚期

首先，我要说明"商代晚期"的概念，商代晚期是从盘庚迁殷一直到帝辛殷纣王亡国二百多年的历史时段，有的学者说是 273 年，《夏商周断代工程 1996—2000 年阶段成果报告》认为是 254 年。

　　这一片骨匕刻辞，下部残断，1999 年发现于洹北商城遗址。其时代，一说是商代中期晚段，一说是商代晚期偏早时段。它是殷墟所出的甲骨文中年代最早的一片，其上有"戈""亚"二字，书风雄健。

　　"戈"字，如对照安装木柲的铜戈，非常象形，其结体横竖线条相交偏右，使得重心偏右，看起来右重左轻。"亚"字，一般横竖相交，中部比较对称，但是这个"亚"字横竖线相交偏左，显得左重右轻。两个字上下搭配，起到了平衡的作用，富于艺术性。

（二）商代晚期

　　考古学将殷墟文化可分四期：第一期盘庚、小辛、小乙、武丁；第二期祖庚、祖甲；第三期廪辛、康丁、武乙、文丁；第四期帝乙、帝辛。

　　甲骨文一般分为五期，细分为十组。董作宾先生的五期为：第一期盘庚、小辛、小乙、武丁；第二期祖庚、祖甲；第三期廪辛、康丁；第四期武乙、文丁；第五期帝乙、帝辛。这是甲骨学老的分期，后来甲骨文学者又对五期进行分组，共分了十组。其中第一期有宾组卜辞、师组卜辞、子组卜辞、午组卜辞、花东子卜辞。这几组大体上相当于武丁时期，当然第一期卜辞最晚可能延伸到祖庚时段。第二期有书组卜辞，第三期有何组卜辞、无名组卜辞，第四期有历组卜辞，第五期有黄组卜辞。下面选用的卜辞都是每期比较典型、书法很好的甲骨文片，供大家欣赏。

1. 宾组卜辞

《合集》（《甲骨文合集》的
简称）11497 正拓片

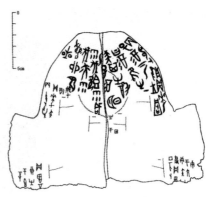

《合集》11497 正摹本

《合集》11497 出自 YH127 坑，现藏于台湾。全版有五条卜辞，卜辞内容是关于祭祀祖先的。我们主要欣赏卜甲上部的大字卜辞。主要内容是乙巳这一天，是否使用酒来祭祀先王下乙，后又记录了当时的天气状况：乙巳这一天进行酒祭，天明下雨了，进行伐祭，雨停了……陈设祭品，天变晴了。李学勤先生认为"鸟星"指天变晴了。

从书法角度来看，这片是圆笔大字，双刀。比如申、酒、佳、出、明、鸟字。它们都是圆笔，富有毛笔字的风韵。结体浑厚，线条圆润、流畅。模仿甲骨文书法的人都要学这片卜辞。该片中有些字很象形，比如明字，本片写法较特殊，用月亮的弯弧把日包在其中，很有艺术感。殷人为什么造该字呢？我们知道每月农历廿一至廿四或廿五的早晨，太阳升起时，月亮还挂在空中，正好日月交辉。殷人从这一自然现象得到灵感，造出这一字形。我们再看鸟字很象形，就像一只小鸟静静地站在那儿，瞪着眼睛，看着远方，很有意思。

书法讲字要注意变化，不要死板。这片有三个"乙"字。从右往左看，第一个"乙"字是折笔，第二个"乙"字有弯钩，像个菱角形，第三"乙"字像个 S，弯曲不大。三个同样的"乙"字，线条都有变化。再看"酒"字，作酒祭讲，从右往左看，第一个"酒"字，酒瓶短一点，左边的三点酒液密聚于中下部。第二个"酒"字，酒瓶比较长比较大，三点比较均匀。第三个"酒"字比较小，酒瓶的横画没出头。三个字大小不一，搭配不一。另外看"伐"字,作伐祭讲,像戈砍脑袋。从右往左看,第一个"伐"字比较宽短,第二个"伐"字比较长,大小也不一。再看"巳"字,从右往左看,第一个"巳"字,头有点椭圆形,手平伸,身子往右。第二个"巳"字,头圆的,身子往左,手右高左低。还有"屮"字,从右往左看,第一字小,第二个字大,均匀好看。"雨"字虽然都是底下三点,但是搭配也略有差别,从右往左看,第一个"雨"字下面三点比较窄,第二个三点比较长,第三个的三个雨点离得更开些。总之,同样的字注意变化,叫避复。另外在章法上注意呼应。我们看"卜"字和"下"字,"卜"字比较窄、比较长,"下"字比较宽、比较短,相互照应。"殼"字大,其上"卜"字小,形成巨细对比。文字有大有小,整体来看,就不会感到很突兀。我们看"既"字,它上面的"伐"字短小些,左上是"亦"字,"亦"字的右腿短些,这样就给"既"字左边的偏旁留下空间,使其能穿插进来。整篇文章比较生动,行款也错落有致。

《合集》11497 正照片

本片照片,现在看得不太清楚,上面大字红色,下面小字黑色,红黑相配,非常漂亮。

我们再看第二片,《合集》10405 正,这些片子都收于《中国书法全集》,其内容是关于卜旬、梦幻、祭祀、田猎的。本片主要有三段卜辞。这片卜辞跟《合集》11497 正风格不一样,字大,书风雄健宏伟。文字多方折,但也有圆笔。有的字折中见圆,比如"乃"字,上边是方折,下边是圆笔,"兹"字也是上边方折,下边圆弧。有的字是圆中见折,如"马"字。同出的文字注意变化,《合集》10405 正的三段卜辞中,三个"旬"字姿态不一，注意变化。左边的不出头，跟蜗牛一样；中间的上边露头，末端内折；右边的弓背。"祟"（整理者按：根据裘锡圭先生的观点，该字释为"求"，即"蛷"字的初文，这里读为"咎"）字指不好的事情，有的六笔，有的七笔。笔画的多少和姿态都有变化。

《合集》10405 正

A. 合 584正
B. 合 9498正

《合集》附 A 合 584+B 合 9498 正

现在我重点说一下"车"字，两个"车"字也是不一样的，一个是车轴断了，一个是简笔，没画车辕。历史研究所肖良琼女士认为，这句中的第一个"车"字释为"辍"字，本辞的大意是：王打猎追逐兕牛，小臣驾的车坏了，车轴断裂，导致马失前蹄，撞着了王的车厢，使与王同车的子央从车上掉了下来。在《合集》附 A 合 584+B 合 9498 正卜辞里，也有一个车字，是车辕断裂了。当时这样造字就是表达车坏了的意思。在殷墟车马坑里也发现过车轴、车辕坏了的现象。商代后期的车子为木质结构，不太结实，遇到不好走的路，就容易损坏。

从布局上讲，天头齐平，错落有致，使人感到不单调。

我们主要讲《合集》10405 反图，这条卜辞主要是记录了卜旬、天气状况。该片内容是："王固曰：有求。八日庚戌有各云自东面母，昃有出虹自北饮于河。"该片字体以方折为主，又有圆笔，如"东"字、"虹"字。有的折中见圆，圆中见折，如"出"字、"面"字。我们再看互相照应的字，如"八"字左边的弧线跟"东"字相照应，"东"字弧线和

"自"字弧线也是相呼应的，"各"字和"出"字中止部分相呼应。还有穿插的字，如"云"字下部的弯钩偏左，正好填补了"出"字和"虹"字之间的空缺，"虹"字的两个头正好穿插在"自"字的上面。另外，"虹"字很象形，身体弯曲，像座桥，两个头似龙头。商代人认为虹是有生命力的神物，所以"虹"字的两端作龙头状。"饮"字又象形又会意，从酉从人从舌。人伸长舌头去舔酒，又怕酒器倒了，就用手扶住酒器，这就把当时人们嗜酒如命的姿态很好地表现出来了。同时"饮"字中的人部靠右，填补了"饮"字的偏旁"酉"与"母"字的空缺。整片文字和谐统一，很有艺术感染力。

《合集》10405 反　左为局部　　　　　　　《合集》9693

　　《合集》9693 这片比较简单，内容都是关于农业、妇好往来的内容。有三段文字相同，都是"贞：乎妇好往，若"。用笔方折，线条棱角分明。文字注意变化，如"贞"字，大小、宽窄不一。"好"字写法有变化：在最上面的"好"字，"子"高于"女"的头部，手左低右高；第二个"好"字，"女"和"子"齐头，手的姿势也不一样，"女"头部倾斜，大小也不一；最后一个"好"字，"子"头部比较大。总之，同出的文字大小都有变化。再看"乎"字，通常的"乎"字，最下笔会往右弯曲，而这个"乎"字横平竖直，写得很端正，很有力量。这三个"乎"字也注意变化，大小不一，三个点的稀密不一。此版文字之竖画，落笔较重，线条粗实，收笔较轻，露出锋芒，像楷书中的悬针。横画行笔较轻快，较竖画若细，全版线条粗细轻重之变化灵活自然，很有节奏感。

《合集》14002 正拓片

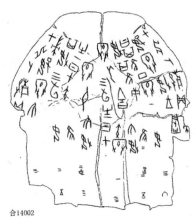

《合集》14002 正摹本

　　《合集》14002 这片，学甲骨文的人就比较熟悉了，它是关于妇好生育之事，占卜生男还是生女，结果过了三旬又一日，生了个女孩。文字大多用笔方折，如"甲""申""王"等，但也有部分字是圆笔字，如"允""旬"，还有的字方圆兼备，如"不""唯"字。"妇"字比较有意思，通常"妇"字像笤帚，本版此字，结体中正，竖笔很直，呈撑住挺立之势，很有力量。另外同出的字也注意变化、避复，如"妙"，特别是"娩"字，同版有好几个"娩"字，差别很大，有的字扁，有的字长，而且手的姿态也不一样。另外行款也是错落有致，有高有低。

合补4833

《合补》4833

　　《合集》4833 这片是卜旬辞。它的内容都是说贞人争相询问未来的十天是否有灾祸。同版八个字，七个字都相同，只是地支有区别。如果同样的字不变化，每个字写得都跟算盘珠一样，就会显得很单调，所以刻写者把相同的字写得大小、姿态不一。如"争"字有宽有窄，有长有短，有正有斜。再如"旬"字，有的最上边出头，有的不出头，有的朝左弯，有的朝右弯。通过这些变化使人联想到健美比赛中的模特们不断改变身体重心，塑造出不同的精美造型。同样的八个字给人生动活泼之感。

宾组卜辞的文字特点可做如下总结：大多数卜辞用笔方折。大字粗壮健劲，雄伟豪放；中小字瑰丽端庄，规矩整齐；少数圆笔大字，结字浑润，线条婉转流畅。

2. 师组卜辞

《合集》19813 正

《合集》19813，全片有三条卜辞，主要内容是祭祀先公、先王。"马"字很象形，画出了鬃毛、斑纹、马蹄和炯炯有神的眼珠。"延"字用圆润的笔法画出了脚趾。"申"字像卷云文。大丁的"丁"字用圆圈表示。本片卜辞是以圆笔字为主，点画丰润饱满，安适自然。搞书法的人很注意布局：该片的骨板很大，三条卜辞零散地上中下分布着，甲骨文书法家贾书晟先生指出，这种布局"如蜻蜓点水一般，透出一种清爽消闲的逸致"。另外，最上面两卜辞行款不一样，一个上条下行而左，一个中条下行而右。中下两卜辞，同样八个字，分两行，但每行字数不一，一条是前三后五，一条是前四后四。

《合集》20582 也是师组大字卜辞，"申"字由两个圆弧组成，像殷代铜器上的卷云纹，"王"字像斧钺，"于"字不同于一般的"于"字，其右边是一条多折的曲线，嵌进"于"字两横画的空当，两个偏旁呈峰谷交错，线条配合非常巧妙。"四"字上一字是"祝"字异体字，一般"祝"字为侧面人形，这个"祝"字为正面人形，像人张开大嘴，扭动着腰身，跳舞祈祷之形。

《合集》20582 正 　　　　　　"祝"字比较

《合集》19798 的"戌"字也是象形字，像殷墟出土的铜钺之形。我们再看"盘庚"二字，一般"盘庚"两字左右排列，而这个卜辞的"盘庚"上下排列，"凡"侧书，"庚"字置于"凡""殳"之空当，这样配合别具一格。

《合集》19798 正 　　　　　　"盘庚"二字比较

师组有大字也有小字，《合集》21290 是师组小字，全版共十一条卜辞，完整的五条，以祭祀内容为主。文字方正工整，书风古朴，同出的文字注意变化。如"族"字，有的"矢"在旗子的左侧，有的在旗子的右侧。

《合集》21290

师组卜辞书体特点：大字书风多近象形，结体宽绰古拙，点画丰润饱满；小字挺拔劲健，工整方正。

3. 子组卜辞

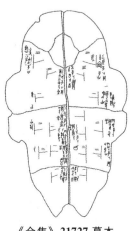

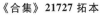

《合集》21727 拓本　　　　　《合集》21727 摹本

《合集》21727，共十七条卜辞，内容是关于往来、妇子命名的事情。字小而秀润，点画婉转，纤细妩媚。行款为同一方向，全部都是下行而左。它跟宾组卜辞不同，宾组卜甲，中部的卜辞由内而外，边缘的卜辞由外向内，章法整齐有序。

4. 午组卜辞

《合集》22072

《合集》22072，全版四条卜辞，内容是关于祭祀的。午组卜辞好用折笔和尖锐斜笔。我们看"弜"字，通常是两弓整齐并列，但本片此字弯折很厉害，下蹙上展，它的里弓短、外弓长，里弓被外弓包在里面，非常夸张。"若"字像人跪着梳理头发之形，本片"若"字人身上身倾斜，大腿与上身成直角状，给人不稳定的感觉，好像人要倒下。人的膝盖应该是圆弧形的，此字改弧线为短直线，这样人的大腿、膝盖、小腿构成一直角三角形，有力地支撑着人的身体，稳定不倒。这个独特的"若"字，使人过目不忘，印象深刻。

午组卜辞书风方折削劲，结体新颖，刀锋外露，少数卜辞结体内敛谨饬，体势方正。

5. 花东子卜辞

为什么要讲《花东》14 卜辞呢？因为这片卜辞非常著名，它到过很多国家展览，另外它还于 20 世纪 90 年代被印成邮票。全版 50 多个字，内容是关于卜问子去打猎是否有猎获之事。很多人都对《花东》卜辞进行过研究，在这里我就不再细说内容。

我们看它的字，比如说"鹿"字很象形，头上有分叉的大角，身体前倾，前肢外伸，后肢上提，作奔跑之状，很生动。"陁"字，从阜从心，通常是两个偏旁左右并列，而此片将心形倒写，将阜形置于其下，更为象形。"罞"，像用双手张网捉野猪之状。此片字体折笔很多，也有圆笔字，有的折中带圆，有的圆中带折，工整秀丽。

《花东》14　　　　　　　　　　　《花东》14 摹本

　　《花东》50 为右背甲，全版有六条卜辞，卜问子打猎的布阵是在左边还是在右边，是否会碰到野兽。文字平正工整，用笔方圆兼备，而且它是根据背甲的不同位置来设计行款的。我们知道背甲中部有八块肋板，该部位比较宽，所以其上的三条卜辞，两条横行，一条作曲尺形，字稍大。而背甲的缘板和颈板较窄，其上的卜辞呈侧置的凹字形排列，字较小，排列紧密。

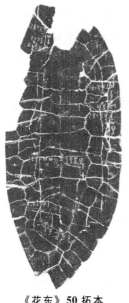
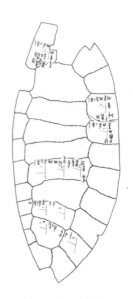

《花东》50 拓本　　　　　　　　　《花东》50 摹本

《花东》50 有两条卜辞，内容为"子立于左""子立于右"，分别刻在肋甲的左部和右部，使得卜辞位置跟内容相配合。说明刻辞者在刻字之前是有一定考虑的，能够依据卜甲各个部位的形态来安排文字行款和字的大小。

《花东》103 拓本

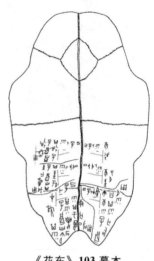

《花东》103 摹本

《花东》103，内容是关于天气的，字数相当多，有 89 个，布置得很密。通常在 70 个字以上的卜甲，其上的文字会整版布局，而这版上部全空，所有字全刻在下面的后甲和尾甲上。这种布局是很新颖、独特的。

6. 出组卜辞

《合集》24718，全版只有四条，卜问是否下雨。字体工整谨饬，结体方正，用笔以方折为主，可是也有折中见圆的，如"酉""其"。同出的文字也注意变化，如"贞"字、"雨"字（雨点的稀疏、长短有所不同）。整片比较工整，章法均齐，四条卜辞都是一个方向，但也注意变化，每条卜辞的字数不同，总体给人谨饬感。

《合集》23120，内容关于祭祀，卜辞之间有界划，用笔方折，笔触短劲，同出文字注意变化，字距疏密均衡有序。

此片字体大小适中，书风工整谨饬。

《合集》24718

《合集》23120

7. 何组卜辞

《合集》27221

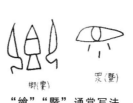

"飨""暨"通常写法

《合集》27221，内容是关于祭祀先王祖乙、小乙的。用笔以方折为主，方折中有圆笔，方圆兼施。同出文字也注意变化，有的字挺有意思。我们来看"飨"字，通常"飨"字，像殷人跪着对坐在食具（簋）前吃饭，食具平稳地放着。而本片甲骨中的簋具是尖底的，而且一个簋大，一个簋小，人的姿态也不一样，一个倾斜弯折，一个背部挺起，一个字大，一个字小。"眔"字，通常该字是眼球居中，而本片故意把眼球放大，还点出瞳孔，结体新颖奇特。由于字体有变化，使得通篇文字富有韵味。

《合集》30529

"遘"字通常写法

《合集》30529，也是何组卜辞，内容是关于祭祀的，折笔非常显著，"艺"字相当夸张，手很长、很弯，腿弯折显著。"遘"字通常字形如上图，而这个"遘"字上下两部分压得非常厉害。这两个字与同版的"雨""不""贞"等结体平正的字形形成了强烈的对比。

何组书法风格是：有的书风整齐俊秀，字形结构严整；有的结体险绝，文字欹侧多姿。

8. 无名组卜辞

《合集》30391 是关于祭祀的卜辞，全版只有三条卜辞，字体小，刚劲秀丽，以折笔字为主。同出的字注意变化，比如"臣"字，眼球有的是长方形的，有的是方形的，眼球鼓出来了，有的线条是弧状的。如"帝"字，上面的"帝"字是很方正的，下面的"帝"字是倾斜的，其上部还增加了一横画。另外两个"雨"字，写法略有不同。由于同一个字注意变化，显得比较活泼。

《屯南》817，内容是关于祭祀的，书风也是刚劲秀丽，此片文字值得注意之处就是有断笔，如五个"牢"字，笔画交接处留有空隙，笔断意连。同时同出的文字也注意变化，一个字有大有小，有长有短，比如"牢"字、"曶"字。字数相同的卜辞行款也有变化，如上面一条六个字分两行，下面一条分三行，整片卜辞给人以错落有致、节奏明快的感觉。

《合集》30391　　　　　　　《屯南》817

9. 历组卜辞

（1）父丁类卜辞。《合集》33273＋《英藏》2443，有的学者说它是历组父丁类，有的说它是历组二类。内容是关于天气、祭祀的。我们主要分析文字，从字形来讲，它工整严谨，中规中矩，一丝不苟，好用折笔。但是也有少数字，比如"隹""云""豕"等字，圆折兼施。这片卜辞文字比较小，但卜辞很多，达21条，排列整齐。从章法来讲，它也注意虚实对比，如骨右边中部两条卜雨的卜辞，上条仅五个字，排至骨边，占的空间大。下条七个字，却密排如织，使右侧留出一倍的空白，疏密得当，透出秀丽感。

《合集》33273＋《英藏》2443　　　　　2443 局部

《合集》32087，字体大。内容是祭祀祖先的。该卜辞是标准的方折书风，书法粗犷苍瀚，用笔方折劲峭，斩钉截铁，气势磅礴。全版一条卜辞分为三直行，上方的字小，下方的字渐大，行距也由紧密变稀疏，这种布局跟骨版上窄下宽有关。从书法角度看，这种安排别具匠心，有很好的艺术效果。它使人感到如同山中的瀑布"飞流直下三千尺"，一泻千里，表现出了雄健奔放的气势。

《合集》32087

《合集》33018

《合集》34217

（2）父乙类卜辞。《合集》33018 为历组父乙类卜辞，内容是有关伐"召"方的。用笔方圆兼施，这里的"召"字跟通常的"召"字不一样，上方的"刀"字，竖笔直而长，而下部的"口"字压得很扁，这种蹙展变化，对比强烈，给人一种跌宕起伏的感觉。

《合集》34217 也是历组父乙类卜辞，内容是有关卜雨的，它比上条卜辞用笔圆润一些，点画纤秀，优美流畅。

10. 黄组卜辞

《合集》39393 全部都是卜旬辞，用笔方圆有度。文字俊逸工整，笔意稳健，结体和谐优美，全版卜辞注意互相照应。可以具体分析一下，先来看"丑"字竖斜画跟"旬"字之长弯弧相照应。"旬"字和左边的"固"字相顾盼。另外看"旬亡祸"（按："祸"现在读为"忧"）的"祸"是第五期的写法，增加"犬"旁，形体较大，这个"犬"字正好插在"亡""卜""王"字中的空当。此片字数虽多，但是相同的字有变化，且排列工整。虽然六条卜辞之间没有界划，但书风始终如一，纵有行，横有列，章法严谨。说明刻辞者技艺高超，是经过长期训练的，否则一般人很难写出这么漂亮的字。

《合集》39393

《合集》37848 正反

　　《合集》37848 是一片虎骨刻辞，内容是有关田猎的。正面雕刻的是很精美的花纹，反面刻字中镶着绿松石。文字丰满圆润，具有毛笔字书写的风韵。我们看字体，"鸡"字很象形，"日"字中锋用笔，完全看不出线条起点与终点的交界处，均匀流畅。

　　我们来看布局：此片雕骨上面比较窄，下面比较宽，这也使得上面的字小，下面的字越来越大，这就是按骨的形状来分布文字。殷墟青铜器的纹饰也是一样，铜鼎的腹部比较宽，饕餮文就比较大，上口或圈足比较细，则配置带状花纹，这就是所谓的因器施文。雕骨刻辞一般是先写出文字，后进行刻字，再镶嵌上绿松石。

　　下面将殷墟甲骨五期十组字体风格的特点归纳为《甲骨文字体风格表》。

甲骨文字体风格表

期　别	卜辞组别	字　体　风　格
一　期	宾　组	大多数卜辞用笔方折，大字粗壮健劲，雄伟豪放； 中小字瑰丽端庄，规矩整齐； 少数圆笔大字卜辞，结字浑润，婉转流畅。
	师　组	大字书风多近象形，结体宽绰古拙，点画丰润饱满； 小字挺拔劲健，工整方正。
	子　组	文字细小谨饬，笔画柔曲秀润。
	午　组	书风方折削劲，结体新颖，刀锋外露；少数卜辞结体内敛谨饬，体势方正。
	花东子卜辞	用笔方圆兼备；文字较小，平正工整，秀丽自然。
二　期	出　组	字体大小适中，书风工整谨饬。
三　期	何　组	有的书风整齐俊秀，字形结构严整；有的结体险绝，文字敧侧多姿。
	无名组	书风刚劲秀丽，文字多出尖锋，常见断笔。
四　期	历　组	一类：用笔方折，刚劲险峻，结体新颖，蹙展分明； 另一类：用笔方圆兼施，点画纤秀，优美流畅。
五　期	黄　组	卜辞字体细小，书风工稳遒劲，匀称隽美； 记事刻辞书风丰满圆润，潇洒飘逸。

二　略论甲骨文书体

（一）对董作宾关于甲骨文书风的评述

董氏认为甲骨文五期的书风是：第一期雄伟；第二期谨饬；第三期颓靡；第四期劲峭；第五期严整。

他的观点对于第一、二、四、五期的王卜辞来说，大体上正确，但过于简略，不能反映各期甲骨文书体的全貌。如第一期，除宾组卜辞外，还有师组、子组、午组、非王无名组、花东子卜辞几种，各卜辞组书风不同，呈现多样化的局面。

董氏谓第三期书风"颓靡"是不妥的。他选了《甲》2605 作为此类书风的例子，认为该期的书风是"颓靡"的。他选片就选错了。后来屈万里在《〈殷墟文字甲编〉考释》中提到这是一片"习刻"，不是卜辞，所以不能以它作为该期书风之代表。第三期卜辞有何组与无名组二种。何组卜辞用笔方圆相兼，文字或整齐俊美或敧侧多姿；无名组卜辞，用笔以方折为主，文字笔画纤细刚劲秀丽。

（二）殷墟甲骨文早晚期书体之差异

早期卜辞文字象形性强，在师组大字卜辞及花东子卜辞中，这一特点更为突出。如下面的六个字：

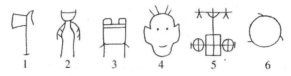

1. 戉（《合集》19798）　　2. 祝（《合集》20582）　　3. 貞（贞，《合集》20577）

4. 首（《花东》304）　　5. 車（车，《花东》416）　　6. 璧（《花东》180）

"戉""贞"都是师组大字，前者像带把的斧钺，后者象鼎。《花东》的"车"字，画出了车辕、车轴、车轮、车衡。"首"字和"祝"字非常生动。最后一个"璧"字，圆周外缘有三个牙，酷似殷墟出土的牙形玉璧。

宾组卜辞仍有较强的象形性，有关动物的字大多较写实，有的近似图画（见下表左）。晚期（黄组）卜辞，象形性减弱，笔画较简省，有关动物的字，改腹部的双线为单线，只描绘最主要的特征。

期别	字形
一（宾）鹿	（字形图）
五（黄）	
一（宾）马	
五（黄）	
一（宾）虎	
五（黄）	
一（宾）象	
五（黄）	

字形\期别	鹿	馬	虎	象	兕	犬
一（宾）						
二（出）						
三（何楷）						
四（历）						
五（黄）						

早期（师、宾组）卜辞，异体字多，一个字往往几种甚至十几种写法，晚期（黄组）卜辞，异体字较少，一个字只有两三种写法，文字趋于定型，

比较规范。

宾组及出组卜辞，书风平正工整，何组、无名组、历组卜辞，打破平正、追求奇险，到了晚期的黄组卜辞，又恢复平正严整的风格，但不是简单的重复，晚期黄组文字，结体精致，隽逸自然。

甲骨文早、晚期书体之变化，是从第三期（何组、无名组）开始的，历组卜辞书体，距宾组、出组较远，处于无名组、黄组之间（上表右）。从书体的角度看，历组卜辞之时代不应提前。

互 动 环 节

主持人（陈英杰） 刚才刘先生用丰富而精彩的实例向我们展示了甲骨文的书法之美，让我们看到了不同时期、不同刻手的多样风格，令我受益匪浅，相信大家听后也会深受启发。现在还有二十分钟的时间，大家还有什么问题，想向刘先生请教和交流，希望大家提出来。

问：刘老师，您好，我想问一下商代的人起名有什么寓意吗？比如说"商纣"的"纣"字。

答：商代的人名跟族名是一致的。铜器上的名字往往是族徽。比如贞人㱿，既是人名也是族名；有些人名和地名相同，他住在淮水就叫淮；有些人名和所任职的官名一致，如史，既是人名、族名，又是官名。总之，商代人名常常是与族名、地名、国名、官名相一致的。至于"纣"字起名的寓意，我也不大清楚，他是商代最后的帝王，帝乙之子，名纣。《史记》的《集解》中引《谥法》谓"残义损善曰纣"，可能因其残暴无道，天下谓之纣。如是，则此名有贬义。

问：商代贞人有用蓍草占卜，也有用龟甲占卜，各用于什么情况？

答：占卜在商代是很流行的风气，多数用龟甲、兽骨。龟甲就是龟壳，兽骨主要是牛的肩胛骨，猪、羊骨也有，但很少。当然也常用蓍草占卜，这在民间尤为流行。占卜之后，有时将卦象符号（数字）刻于陶器、卜甲、卜骨、铜器、石器之上，这就是我们在殷墟文物上看到的数字卦。比如787676、671679、666等。以六个数字的为多，三个、四个数字的少。至于什么情况下用蓍草，什么情况下用龟甲，还不太清楚。一般估计蓍草很容易获得，老百姓多用蓍草占卜，而龟甲不容易获得，特别是大的卜甲是从外地进贡来的，只有王和高级贵族才拥有，可能商代身份高的人以甲骨占卜为主，间也用筮占卜。

问：刘老师，我想问一下，哪一组卜辞书法风格，您最喜欢？

答：我喜欢宾组和历组。第五期比较拘谨，它的大字刻辞比较好，小字卜辞虽然整齐，但是严谨。第二期太谨饬工整。书法讲求变化，如果每个字都写得跟算盘珠一样，就没了新意，要是每个字大小穿插错落，避复，刚柔相济，感觉就会非常美。宾组和历组结体、章法都较好。所以我还是喜欢宾组和历组。

问：同一片甲骨文有的刻辞很满，有的刻辞很稀，这是刻骨者的爱好，还是有什么讲究呢？它们的内容都是同一件事情吗？

答：一片甲骨有时只记一件事情，有时记好几个内容，有的记录了几天或者几个月的事情。如记有关于生育、田猎、梦幻、战争等多个事情。《花东》103 有近 90 个字，上部无卜辞，就像天空很晴朗，万里无云。与宾组不同，《花东》的字体、行款都有独特的风格。王卜辞大的规定要遵守，但也可以有自己独特的风格。

问：甲骨文美感的合理性更多体现在什么地方？

答：对于甲骨文书法，学界有不同的看法。有的认为西周铜器铭文才有书法美，有的认为谈书法要从春秋战国开始，更多人认为甲骨文就具备了书法的美。书法三要素包括用笔、结体、章法，这些甲骨文都具备。甲骨文对中国书法史有重要的影响。《中国书法全集》第一卷就是关于甲骨文书法的，就是考虑到这些因素。

注：以上讲座的内容，主要依据刘一曼、冯时编著《中国书法全集·甲骨文》（荣宝斋出版社，2009）

（录音整理：杜庆华）

时间：2013 年 4 月 18 日（周四）19：00
地点：首都师范大学北一区文科楼

主讲人简介

　　陈炎　山东大学副校长兼本科生院院长、研究生院院长，山东大学文艺美学研究中心副主任，教授，博士生导师；国务院学位委员会中文学科评议组成员，教育部社会科学委员会委员，教育部中文教学指导委员会委员，中华美学学会副会长，中国文艺理论学会副会长，中国墨子学会常务副会长。主要从事文艺学、美学教学与科研，兼及中国传统文化的理论探讨。曾于海内外学术刊物发表论文逾百篇，出版《反理性思潮的反思》《多维视野中的儒家文化》等多部学术著作，主编《中国审美文化史》（四卷）。研究著作《儒、释、道的生态智慧与艺术诉求》入选"国家社科基金成果文库"。

　　主持人（王德胜）　今天我们非常有幸请到国内的著名学者、山东大学副校长，同时也是山东大学研究生院院长、本科生院院长、继续教育学院院长陈炎教授来做学术讲座。陈炎教授十年前曾经来过首都师范大学，过了十年又一次到访，我们感到十分荣幸。陈老师有很多学术职务，希望我们的研究生通过这样一个讲座能够领略到陈老师的学术风采，同时也树立起考陈教授的博士或者跟陈教授做博士后工作的信心。下面让我们欢迎陈炎教授！

文明与文化

陈　炎

　　谢谢王老师的介绍。非常有幸也非常高兴来到首都师范大学。因为这次时间相对较短，所以我讲的是短一些的题目《文明与文化》，我试图用一个小时的时间把这两个概念及它们的关系讲清楚。

一

"文明"和"文化"这两个概念都是我们习以为常、从小就开始使用的概念。我们经常会说某个人不"文明"或是某个人没"文化"。但"文明"与"文化"的概念究竟是什么？且不说老百姓不清楚，就是在学术界也存在诸多说法。我在七八年前写《"文明"与"文化"》这篇文章之时发现，西语中 culture 的概念大概就有 240 种，可见这是一个不易说明的问题。我们常说某个人没"文化"，但不能说某个人没"文明"。我们说某个人不"文明"，但不能说某个人不"文化"。这之间是存在微弱差异的。按照索绪尔的观点，语言存在能指和所指，当能指和所指是一一对应的时候，其意义是较为清楚的，比如 computer 就是指"电脑"。但是当所指不是某一具体事物，而是包含了事物的总体概念之时，情况就较为复杂，对这个概念的理解就包含了对文明与文化基本观念的理解。这中间存在一个解释学循环的问题，但我今天想把我个人对文明与文化的理解讲给大家听。《"文明"与"文化"》这篇文章写成之后被《新华文摘》《光明日报》等多家媒体转载，也被写进了苏教版的高中教材，因此可以算作一种观点。

什么是文明（civilization）？在我看来，"文明"是指人类依靠科学技术等手段来改造客观世界，通过法律、道德等制度来协调群体关系，借助宗教、艺术等形式来调节自身情感，从而最大限度地满足其基本需要，实现其全面发展所达到的程度。这个世界上有很多人，如男人和女人、老人和小孩、黑人和白人。但是，所有人都必须依靠科学技术等手段来改造客观世界，否则他就没法活；所有人都必须依靠法律或道德等形式来约束人与人之间的关系，否则就形成不了一个群体的社会；所有人都需要用宗教或艺术等形式来调节自身情感，否则就不成其为人。所有人都必须达到这个尺度，并且这个尺度是具有一维性或者唯一性的。因此，人类的文明有着统一的价值标准，文明是一元的。正因为文明是一元的，我们才会说某个人不"文明"，这是对其的否定。当人类沿着共同的方向发展，一个人的层次越高，他就越文明，反之一个人离这个方向越远，他就越不文明。比如随地吐痰、乱扔纸屑，无论在哪种文明、哪个区域里，这都是不文明的行为。所以，文明是应该有统一标准的。

什么是"文化"（culture）？在我看来，"文化"是指人在改造客观世界、协调群体关系、调节自身情感的过程中表现的时代特征、地域风格和民族样式。人类是由不同民族在不同时代、不同地域下分别发展起来的，因而必然表现不同的特征、风格和样式，所以文化是多元的。文明是人类寻求的一个共同目标，而文化则是不同地区的人在寻求这种目标的过程中呈现的地域风格、时代特征和民族样式。地域风格、时代特征、民族样式不一样，文化也就不一样。在学术界有很多关于人类起源的不同说法，最普遍的观点认为，人类有一个共同的起源——非洲古猿。这个观点建立在DNA的分析之上，男性身上携带的基因是XY，对Y的分析就形成了一个图谱。大约六万年前，人类从非洲开始向世界各地迁徙，迁徙活动延续到大约一万年前，世界上的主要地方都有了人的踪迹。从人类历史上看，这段时期大约相当于旧石器时代。旧石器时代的人分散在世界各地，但是都在敲石头，这是因为人类要制造工具、改造客观世界。改造客观世界兴起了文明。但是，敲敲打打的旧石器时代里，文化形式的差别并不大，不同人敲出来的石头只有微弱的差别，或许这在考古学家那里可以划分出很多派系、风格，但是在老百姓看来，石头的差别不大。所以我认为，在旧石器时代，"文明"和"文化"是同一个概念，"文明"就等于"文化"，它没有地域风格、民族样式的区别，而是我们改造世界过程中形成的一种共同的事物。但是约一万三千年后，不同地方的人开始进入新石器时代，情况就发生了变化。新石器时代的人不仅敲石头，而且还磨石头，他们把石头磨成各种各样的有差别的东西。更重要的是，新石器时代不仅有石头，而且有了陶器。由于火候、燃料、图案不一样，烧制出来的陶器就不尽相同。这时，文明在不同地方开始形成不同文化样式、民族特点，这就出现了所谓的"文化"。因此在考古学上，旧石器时代并没有"文化"这一称谓，而是都称为"人"，例如蓝田人、北京人等。而从新石器时代开始，就出现了仰韶文化、龙山文化、大汶口文化、马家窑文化等称谓。这时，"文明"和"文化"这两个概念就分离了。不同的地方都在实现一个文化的目标，但是彼此的风格和样式都不尽相同。当说到仰韶文化的时候，我们会想到彩陶；当说到龙山文化的时候，我们会想到黑陶；当说到良渚文化的时候，我们会想到玉器。新石器时代的人类虽然都是为了实现共同的文明目的，但人类的地域风格、民族样式已经开始显现，也就是这一时期，"文明"与"文化"这两个概念开始分家。

分家以后,"文明"与"文化"之间的关系是什么?在我看来,文明是文化的内在价值,文化是文明的外在形式。文明的内在价值,要通过文化的外在形式得以实现,而文化的外在形式要借助文明的内在价值才有意义。文明和文化是内容与形式的关系、目的与手段的关系、一元与多元的关系。例如,穿衣服是一件文明的事,假如我今天赤身裸体来做报告,人们就会说这个老师不"文明"。但是穿什么样的衣服,这就是一个文化问题了。我可以穿西装、中山装甚至民族服装。我们无法设想自己穿一件抽象的、没有任何地域和民族色彩的服装,因为只要是服装,就带有地域、民族文化的色彩。所以,在实现文明目的的过程中,我们需要借助文化这一形式。从这个意义上讲,衣衫褴褛是不文明的表现,但是不能因此说穿中山装没有文化。因为,中山装代表中国的文化,西装代表西方的文化,其实现的都是相同的御寒、保暖、卫生等文明目的,因而它们都是有文化的。如果服装不卫生、不保暖,其文明价值就比较低。但是穿什么样式的服装,这是个文化的问题。各国领导人开 APEC 会议时,专门穿上当地人的民族服装,这是对当地文化的一种尊敬。因此,文明与文化是一种内容与形式的关系。再如交通,人类迁徙时可以选择很多交通工具,如坐飞机,坐火车,坐马车,开汽车等。交通工具的速度和安全有一个共同的文明标准,那就是交通工具是否安全、有效、便捷。越安全越便捷的交通工具,其文明的含量就越高。但是使用何种交通工具就包含了文化问题,如在一些旅游城市,游客偏要坐滑竿,坐轿子,坐雪橇,骑马。就交通工具的便捷和安全来说,确实存在共同的标准,但就交通工具的多样性来说,又是具有地域、民族特色的。所以文明与文化又是目的和手段的关系。再如,吃饭是一个文明的事件,无论身处何地,所有的文明人必须吃安全的、有营养的、卫生的食物。从这个意义上,茹毛饮血是不文明的。但是吃中餐、西餐还是吃日本料理,这是一个文化的问题。我们无法设想吃一种抽象的、没有任何民族和地域色彩的饭。一旦吃饭,就已经含有了民族和地域的特征。而且人们到一个旅游景点,恰恰要追求的就是这样的民族、地域特征。人们吃的是营养,但是营养所依附的具体菜肴样式则是一个文化问题。所以,我们可以说茹毛饮血是不文明的,但不能说吃日本料理就没文化。按照这一理解,旧石器时代的人们生活在文明和文化一体化的情况下,到了新石器时代,文明与文化开始发生变化,有了区分。文明通过文化的形式得以实现，文化因为负载了文明的内容而有意义，这是一种变动关系，并且这种变动关系的演绎使得不同地区、不同环境产生出了五彩缤纷的文化。人类的衣食住行不同，社会组织、信仰、语言等都不同，但最终实现的目的是相同的，即人类共同的文明。

二

到了一万年前，人类相继在世界各地落户，扎根下来，并慢慢在各个地方用不同的文化形式繁衍出自己的文明。这时人类之间的差别很大，因为社会组织、衣食住行都不同，人们之间基本也没有过多往来。因为地域的关系，人类的部落之间甚至国家之间都是隔绝的。但是后来，这种情况发生了变化。在西班牙的著名城市巴塞罗那的海边，我们可以看到高高柱子上矗立着的哥伦布的雕像，他于1492年发现了美洲新大陆。当时的西方人经常要到印度去做生意或购买香料，有些人认为地球是圆的，所以哥伦布相信向西走也能够到达印度。他先找到了葡萄牙国王，希望葡萄牙资助他去发现新大陆，却遭到了拒绝。接着，哥伦布说服了西班牙女王，他带着一支船队出发，最终到达了巴哈马群岛，并且他至死都认为自己到达的是印度。哥伦布的航行产生了世界历史上的"地理新发现"。其实，六百到一万年前，人们早就到达了这个地方。比如，那时的人类从彼此相连的阿拉斯加冰川上过去，发现了印第安文化。但由于彼此是隔绝的，所以后人认为新发现的大陆其实早已被发现过了，可以说这只是第二次发现。由此，地球开始被视为可能是圆的了。为了证明地球是圆的，又一个人出现了。麦哲伦是西班牙人，他基本上完成了环球航海。他从西班牙出发，绕过南美，到达菲律宾，但是麦哲伦的船队和菲律宾当地土著发生了矛盾，麦哲伦被土著人杀掉了。他的船队接着走，最终回到西班牙，完成了人类第一次环球旅行。这时候人类真正确信地球确实是圆的。自此以后，"全球化"开始了。

什么是"全球化"？首先，人类要发现地球是圆的；其次，人类能够到彼此的地方去，把这里的文化带到那里去。这时，只有澳大利亚和新西兰还没有被发现。现在，我们能够在澳大利亚看到库克船长的小屋。库克船长被视为发现澳大利亚的第一个英国人。为了纪念库克船长对澳大利亚的发现，英国人把库克在英国的住宅拆除之后进行编号，又原封不动地送到澳大利亚，盖了一所一模一样的小屋。库克船长的航海与麦哲伦的路线相似，但是因为库克船长继续向南走，因而发现了新西兰和澳大利亚。至此，全球主要的五大洲就都已被发现。之后便开始了全球的殖民运动，最早的殖民者就是西班牙、葡萄牙、荷兰、法国等。但是在 1588 年，英国战胜了西班牙的无敌舰队。拥有无敌舰队的西班牙原是海上的霸主，英国人采用了小船打大船的群狼战术，就取得了战争的胜利，并因此控制了海上的霸权。之后，英国人又在陆地上打败了拿破仑，开始了对整个非欧洲地区的殖民。经过 18、19 世纪的工业革命，英国进一步奠定了强势国家的地位，并且成了所谓的"日不落帝国"：地球上的 24 个时区都插有英国人的旗子，太阳永远照在大英帝国的版图上。时至今日，美洲的很多建筑仍然是英国风格的建筑，人们讲的是英国人的语言，澳大利亚和新西兰亦然，这表明英国把自己的文化带到了其他陌生的土地上并不断进行扩张。随着英国在两次世界大战中的胜利和美国在"二战"之后的崛起，整个世界都已处在英语的统治之下。我们现在不得不学英语，因为英国完成了全球化。在 16 世纪以前，英语只是英格兰岛上几百万人的母语，但时至今日，它已是世界上最强势的语言，虽然它并不是母语人口最多的语言（用英语作母语的人大概有 3.75 亿人，其数量少于中文人数），但是用英语作为第二语言的人口（包括印度）约有 13 亿人，而把英语作为主要的外语来学习的人口约有 20 亿。全世界中三十六七亿的人口都在学英语，这是全球化的一种结果。语言如此，和语言相关的衣食住行也是如此。我们现在在正式场合穿的已不是中国人的传统服装而是西服了，我们周围建筑已主要不是中国人的传统建筑了，而是西方人的建筑，中国也已经被全球化了。作为一种强势语言，英语在全球化的过程中成为人们彼此沟通交流的工具，这一文化形式承载的文明含量是极高的。但是，英语在带来好处的同时，也产生了某些坏处，一些地方性的文化在消失。比如，我在云南旅行的时候看到一种"东巴文字"，这是云南当地纳西族人使用的文字。纳西族是一个走向衰落的小民族，他们使用的文字是一种象形文字，这种文字作为一种文化行为应该受到尊敬。但是它包含的文明内容相对较少，掌握起来相对困难，因而在全球化过程中，它会被类似英语这样的强势语言所覆盖，甚至淹没。

文明是一元的，文化是多元的。文化的多元都是应该受到尊重的，但并不是所有的文化包含的内容都一样多。换言之，文化有强势文化和弱势文化之分。强势文化是包含文明价值较多的文化系统；弱势文化是包含文明价值较少的文化系统。人类的语言如此，人类的衣食住行也是如此。地球上有很多语言文字，但是现在强势语言、强势文化正在不断地侵蚀和覆盖着弱势语言、弱势文化。有人说，地球上现存 7000 多种语言，但是其中一半的语言，使用者已不超过 2000 人了，基本处于消亡状态，并且语言的数量还在不断减少。还有人预测，到公元 3000 年的时候，世界上将只剩下四种语言——英语、汉语、西班牙语、阿拉伯语，其他如法语、俄语等，几百年以后就将不复存在。全球化有一种加速度发展的趋势，随着资讯、交通的发展，全球化也在逐渐加速渗透，全球化越来越容易了。以前哥伦布到新大陆是一件九死一生的事，但现在我们坐十几个小时的飞机，可以安全地降落到肯尼迪机场；过去我们寄一封信到欧洲要一个星期，但现在我们可以随时收发免费的 E-mail。全球化加速导致文化之间同化的速度不断加快，因而有人预测几百年以后全世界只剩下四种语言了。

　　全球化有两大结果。第一，全球化的历史进程即是人类文化不断提高其内在文明总量的过程，这是它的好处；第二，全球化的历史进程也是人类文明不断减少其外在文化差异的过程，这是它的一个坏处。全球化导致人的生活方式越来越接近，人们早上起来穿上西装、打上领带、开着丰田牌汽车到信息化管理的写字楼上班，打开 IBM 公司生产的电脑，用比尔·盖茨的微软操作软件，用英语说话，这就是现在越来越多人的生活方式。这种生活方式的好处在于，我们一天处理的信息所产生的生产效率比过去一个月甚至一年还高，人类内在的文明总量在提升，人类创造的财富在提升。然而，坏处就是人类越来越趋同了，许多地域性文化消失了。工业化进程产生的一个负面效应是物种的消失和减少，自从有了世界上第一根烟囱后，世界上的物种逐渐减少，而且是加速地减少。同样，自从哥伦布发现美洲新大陆后，地球上的文化方式在减少，而且在加速度地减少。现在，我们到很多地方去就等于是在参观他们的文化了，在夏威夷的波利尼西亚群岛（太平洋上的一个三角区地带，约有十一个地区，包括夏威夷、大溪地、斐济、汤加等），生活在这里的波利尼西亚人有自己的文化和生活方式，这种文化和方式是值得尊敬的。但是，我们到夏威夷的波利尼西亚文化中心，花一百美元可以买张票去参观他们，消费他们。我们是参观者，他们是被参观者，波利尼西亚文化已经是一个化石般的文化，波利尼西亚人离开外人已经无法独立生存。其实，世界上很多地区的文化都已经变成这样，比如我和王德胜老师去参观过的纳西古乐（云南纳西族的一种音乐），奏乐的人平均年龄在 80 岁以上，在他们死后，古乐可能就不复存在。一种文化包含的价值一旦消失就不能复原。如同药物一样，按照中医的观点，所有的物种都是药，其独一无二的微量元素一旦消失就永远找不到了，甚至在人们还不知道其含有何种元素时就已经消失了。文化也是一样，比如纳西古乐，其音乐中包含有中古音，它所保留的发音方式和我们中古时代的发音方式是一样的，通过它我们可以研究中古时代吟诗作赋的声音，而其一旦消失，我们就缺失了了解中古音的一个途径，而这种文化中包含的微量元素也无法再复原了。这种消失是人类文明进步所付出的一种代价。按照欧洲人的观点，美洲是哥伦布发现的，但其实在很早之前，印第安人已经发现美洲了，他们创造的印第安文化是独一无二的。美国人建立了印第安人保护区，把他们封在里面生活，于是印第安文化就慢慢成了一种死的文化、石化的文化。在澳大利亚和新西兰，人们也发现了毛利人的保护区，在库克船长发现新西兰之前，那里曾是毛利人的天下，毛利人也像印第安人一样拥有独特的文化形式，但是这种文化形式在慢慢变成一种被我们欣赏的对象，这也是全球化带来的负面影响。

三

全球化最后就变成了同质化。现在所有的城市都成了同一个样子，无论是北京还是上海，无论是法兰克福还是纽约。人类生活样式逐渐成了同一个样子，衣食住行文化慢慢地向一致化发展。这是全球化带来同质化的一种悲哀。面对同质化的悲哀，每个民族都在做着一些对抗和努力。中国抵抗的方式是传统文化的现代化。我们不能用传统来抵制现代，例如，现代化的建筑节约成本、采光好、实用，因而现在的楼房都是现代化的建筑，我们不能盖古色古香的木头房子，搞一些飞檐之类的东西，这样既浪费又不实用。但是为了保持传统文化的特色，我们又在上面盖了一个大屋顶。我们所熟悉的北京两个火车站都显示了传统文化现代文化的一种中国式特色的努力，它们把传统文化拿过来点缀现代文化。日本是跟中国完全不同的一种抵抗现代化的方式。一方面，日本人不遗余力地引进西方文化；另一方面，日本人又十分顽固地维护自己的传统。于是，在这个太平洋的岛国上，我们随时可以看到一种奇妙的文化景观：西式的摩天大厦与和式的木质建筑同时并存，西服革履与和服木屐并行不悖。在日本，既可以发现握手的场面，也可以看到鞠躬的场景；既有地球上速度最快的电气化火车，又有世界上节奏最慢的茶道仪式；既可以看到标准的芭蕾舞、西洋歌剧，又可以欣赏到传统的能乐、狂言。不仅旅馆、饭店，就连厕所也能分出西式与和式两种，真可谓是泾渭分明，并行不悖。假如到韩国去，我们看不见汉字，看到的全部是韩文，但我们并没有出国的感觉。但我们到了日本，满街都是汉字，但我们觉得自己出国了。这是因为，韩国已经西化得跟中国一样，但是日本完全地保留了它的传统。它从唐代引进了中华文明，把其作为自己的和式文化，一丝不苟地保留下来。在日本，传统与现代是并行不悖的。我到日本开会，第一天住西式五星级宾馆，第二天改为带榻榻米的和式宾馆，大家进门之后穿上拖鞋，然后席地而坐，盘着腿做报告。只有在日本才真正有了出国的感觉，而即使是在中国，传统的亚洲文化也几乎看不到了。我在日本看相扑比赛，从早上九点一直看到晚上十点，日本人以家庭为单位到场子里买一个榻榻米的空间，一家人坐在榻榻米上从早上看到夜里，一直看到最高级别的大相扑出来，他们一直饶有兴趣地在欣赏相扑比赛。在日本吃最隆重的料理，客人要在吃饭之前先泡汤（温泉），泡完汤以后，客人换上日本服装，一人坐在一张小桌上，同时有人为客人表演能乐和狂言，这就是日本最高档、最有传统特色的料理。

全球化以后出现了这样一个问题：强势文化对弱势文化进行侵略，而弱势文化在顽强地抵抗强势文化。西方学者罗伯特·路威做了一个研究，他到餐馆随机捡到一张菜单进行研究，结果发现菜单上四分之三的原料都是由外地引进的。哥伦布出世之前，欧洲的厨师们从未见过番茄、土豆、四季豆、玉米、菠萝蜜，这些都是从美洲新大陆引进的。而 1500 年前，欧洲人不知道什么是可可、咖啡、茶，前者是西班牙人从墨西哥带来的，中者最初只生长在非洲的埃塞俄比亚，后者则是从中国和印度引进到欧洲去的。如此说来，如果没有对外贸易和掠夺，没有文化的交流和渗透，欧洲人的餐桌上便只剩下三样东西：面包、白米布丁和牛奶。欧洲人殖民的结果就是把全世界的资源及文化样式拿过来供自己享受。其实全球化不仅对欧洲有好处，对我们亚洲也有好处。比如，我们现在早上起来既可以吃中式的烧饼、油条，也可以喝西式的咖啡，甚至可以吃日本、韩国料理。我们走上大街，随处可见异国他乡的饮食。全球化时代中，每一个人都可以享受到全世界的文化样式，比如人们健身可以选择打太极、练拳击、练跆拳道、学瑜伽等。作为一个现代化、全球化中的人，我们可以享受全世界的文化样式，进而实现自己的文明目的。在我看来，全球化完成之日，也就是"文明"与"文化"的概念重新重叠之时。只不过这个重叠就像黑格尔说的一样，它是一种"否定之否定"，是一种螺旋式的上升。在最初的旧石器时代，"文明"与"文化"是一个概念；新石器时代以后，"文明"与"文化"开始分离了，不同地区的人开始有了不同样式的文化；而全球化以后，一种文化样式为全球的人所共享，以至于让人们分不清你我，时间长了以后，我们觉得瑜伽是生活的一部分，跆拳道也是生活的一部分，一个全球化中的人可以享受全球不同地域环境下的不同文化产品；到全球化完成之日，一个人所享有的文化样式是五彩缤纷的，那时的"文明"与"文化"又回到一个概念上来了，只不过这个概念比过去更加丰富、复杂、多样了。

在全球化完成之前，我们还有很多事情要做。如果我们做好了，便可以达到那一天，我们都是全球化中的人；如果我们做不好，就会出现理论、实践上的诸多问题。面对全球化，我们在理论上面临着两个问题。第一，如果我们只承认文明的一元性而不承认文化的多元性，就可能陷入欧洲中心主义中去。欧洲人认为，只有欧洲人的文化是文明，其他文化都是不文明的，都是需要被拯救的。在欧洲人的殖民活动中，有些人是为了掠夺财富，有些人则是真正想要解救被殖民者，有些传教士甚至为此献身。但是欧洲人不懂得尊重文化的多样性，而只强调文化的一元性，这种情况即使在今天也是存在的。作为中国人，我们不会蔑视欧洲文化，但我们是否存在蔑视非洲文化的倾向呢？第二，如果只承认文化的多元性而不承认文明的一元性，就可能陷入文化相对主义的误区。这是弱势文化中经常产生的一种现象，弱势文化强调自己文化的价值，用文化的多样性来抵御文明的一元性，这种抵御仅仅是强调了民族的特色而已，这种观点把文化的多样性和文明的一元性对立起来，反而导致了另外一种问题。这除了有理论上的误区，还有很多其他的误区。比如，我们经常会蔑视一种不熟悉的文化，认为它是野蛮的、不可理解的、需要被铲除的。一个典型的例子是，人类学家在赤道附近发现那里的人有一种习俗，当妇女生了孩子以后，她在较长一段时间内不能和丈夫同房。人类学家认为这是一个没有道理的风俗，而经过研究发现，尽管当地人说不出道理，但是这种现象并不是没有道理的：赤道地区的植物生长周期很短，速度很快，植物的蛋白质含量很低，而食用这些植物的人蛋白质就比较缺少，如果这里的妇女生了一个孩子以后不久再次怀孕的话，前一个孩子就会饿死，因为妇女的奶水里没有足够多的蛋白质。其实，我们认为很多事情是无法理解的，但事实证明是有道理的。比如，西藏人不爱洗澡，但是在那种环境下，如果人天天洗澡就会被冻死。因此，不要轻易否定我们不了解的事物，尤其是对一种陌生的文化。还有一个易犯的错误是，弱势文化在引进强势文化的时候经常机械地离开了外在文化本身的系统去吸收外在文化的元素。比如，我们用刀叉去吃水饺和用筷子去吃牛排都是很荒诞的，同理，我们在引进一种文化的时候，一定要把它放在特定环境中去考虑，把全部的相关因素都想好，把它系统地引进来才能做好，否则就会产生很多问题。此外，文化是有代偿作用的，我们不能简单地计算文明中某种因素的多少或有无。当我们到西方去，别人问我们信仰什么宗教，当我们回答什么宗教都不信仰时，他们就认为我们是野蛮人。但是西方人不知道中国人也有自己的追求，我们的儒家思想也有超越，也有"三不朽"——太上有立功，其次有立德，再次有立言，我们也有"修身、齐家、治国、平天下"，我们也有"迩之事父，远之事君"，我们有一套自己的形而上的追求和内在的超越。中国之所以没有成为宗教国家，是因为原始伦理道德系统的代偿功能过于强大。中国没有史诗，因为我们的历史过于完整。不同的文化形式、文化要素之间有代偿作用，我们要了解一个民族的文化，就不能这么简单地计算文化中某种元素的多少或有无。

四

最后一个问题是有关文明冲突的。亨廷顿先生在 1996 年出版了《文明的冲突》一书，在这之前，他写过一篇很长的文章也叫《文明的冲突》。在"冷战"时代，世界上的冲突主要来源于意识形态的冲突，也就是以英美为代表的资本主义和以苏联为代表的社会主义之间的冲突，但是自从柏林墙倒塌、"冷战"结束之后，意识形态的冲突虽然存在，但已不是主要的冲突，占主要地位的已换成了所谓"文明的冲突"，也就是不同地区文化与信仰的冲突。亨廷顿认为，不同的信仰价值系统之间是无法通约的，一个人可以既是美国人也是沙特阿拉伯人，如果两个国家允许双重国籍的话，人可以同时拥有两个国籍。但我们不能想象一个人既是基督徒又是穆斯林，因为文化的价值系统无法通约，所以把不同的价值系统放在一起就必然会导致冲突。他认为这种冲突是在所难免的，因而在"冷战"之后已上升为世界的主要冲突。为此，他画出一张地图，而巴尔干、中东地区是最容易发生冲突的区域，因为这里是不同文化之间交流最多的区域。他认为"冷战"以后世界的冲突会变成以基督教为主的强势文明和以儒家、伊斯兰文明为代表的弱势文明之间的冲突。亨廷顿的这本书在1996年出版之后马上出现了"9·11"事件，看起来像是亨廷顿预言了文明的冲突一样，因此有人认为亨廷顿的理论是正确的。但我个人不完全同意亨廷顿的观点，我不认为这是"文明的冲突"，在我的语言谱系中，这其实是一个"文化的冲突"而不是"文明的冲突"。文明是一元的，人类的文明应该是没有冲突的。无论是基督教、伊斯兰教还是其他教派，其基本教义都是劝人向善，只不过其信仰方式不尽相同。然而，教徒们固守着宗教的外在形式而没有接近宗教的本身，这就导致了文化的冲突。这种冲突并非是不可避免的，然而以西方为代表的基督教这种强势文明只承认文明的一元性，不承认文化的多样性，再加上背后物质利益的驱动，最终导致了冲突的爆发。事实上，所有的宗教都是人类文明的一种形式，这些不同的文化样态追求的都是真善美，都是对有限生命的一种超越，都是情感的一种寄托。不同文化都是人类文化的一部分，没有必要因此形成难解的死结。因此我认为，人们现在要处理好文化多样性和文明一元性之间的关系。处理好这个关系，人类才能向着全球化的方向尽可能健康地前进，尽可能减少文明一元性带来的文化多样性的减少等负面影响。但是，自然界的每一次进化同时也是退化，人类文明也是如此。因此全球化一定是双面的，既有正面的作用，又有负面的影响，我们所做的只不过是让正面的作用显现得更多一点，让负面的影响尽可能地减少一点，这样才能实现人类最大的福祉。

因为时间关系，只能讲到这里。大家有兴趣的话，我们还可以继续交流。谢谢大家！

互 动 环 节

主持人（王德胜）： 非常感谢！下面进入互动环节。同学们有什么问题都可以向陈老师当面请教。不只是就今天的演讲，以前看陈老师的书和文章时，发现或者存有的颖问，今天都可以提出。

问：陈老师您好！您刚才讲到全球化的两种结果：一种是内在文明总量的提升，另一种是外在文化差异的减少。我想问的是，内在文明总量的增加体现在哪些方面？您刚才说到，与之相反的是外在文化的差异处于减少的趋势中，不知道这两点之间是否矛盾？

答：这两点之间是不矛盾的。强势文化是包含着文明价值较多的一种文化，有些文化学者曾经以卡路里的方式进行测算，认为文化包含、消耗的能量越大就越强势。同样，全球化的过程会使人类的卡路里能量增加。现在全球化的过程中，强势文化会吞并弱势文化，就是因为强势文化的总量多，弱势文化的总量少，强势文化兼并弱势文化就是对后者的一种提升。恩格斯曾讲过英国人对印度的入侵，虽然人们眼看着传统土崩瓦解，多年流传下来的文化消失殆尽，但无论如何，人类得到了进步。1840 年以后，中国的发展也是这样：中国文明的总量在提升，如果没有这个过程，文明的总量不会提升，或者提升得没有这么快，我们现在可能还在吟诗作赋，备考进士。中国现在的文明总量显然提升了，但文化样态也减少了，中国已经十分西化了，独特的文化样态已经消失。所以全球化的过程导致了两个结果，一个正面结果是文明总量不断提升，另一个负面的结果就是人类的文化样态在逐渐减少。

问：陈老师您好！有一种观点这样认为："文明"的词源是"城市"，"文化"的词源是"农村"，请问您怎么看待这一观点？

答：这种观点是从英文词源的角度来看的，认为 civilization 跟 city 相关，culture 和 country 相关。这是一种观点，但是我有另外一种解读方式。我认为我的解读方式更能解决全球化过程中的一系列问题。当然也不妨碍你接受那种观点。我认为，对文明和文化的不同解释，本身就代表着不同人的文化观和对文明的理解，所以很难判断孰是孰非。这两个可以是同根的，只不过是解释的方式不一样。

问：陈老师您好！20 世纪流传一种后现代思潮，这种思潮在文学、哲学等诸多领域得到了广泛应用，现在的解构主义等理论在国内也十分热门。请问您怎么看待后现代视域下文明与文化之间的辩证关系？

答：我们首先要明确，后现代是相对现代而言的，现代化实际上是科学化、标准化、集约化的一种结果。比如，我们盖的房子都是现代化的火柴盒样的房子，这种房子最好用、最节约、最人性化、最科学化。现代化导致的一个负面结果就是单一化。我理解中的后现代主义最初恰恰就是从建筑中来的。人们觉得现代化好，但之后又出现问题了，人们生活在同一种房子里，住宾馆也都是订一个标准间，这就意味着人被设定在一个标准内。人们各种各样的需求都是标准化的需求，为了满足这种需求，宾馆为旅客提供一张床、一个电视机、一个写字台、一个浴室，这样基本的需求都满足了，但所有的房间就都变成了一样的了。当人们的衣食住行都得到了满足，就不再满足于现代化了，人们就要开始追求后现代化。后现代化的最大好处就是多样性、多元性，我们开始建筑"鸟巢"、水立方、国家大剧院，这些都是很浪费的，建造"鸟巢"所消耗的东西可以建造三个同样大小的体育场。后现代化的东西是非常不规则的，所以每个构造都需要设计，不像我们的房子只用一种砖头就可以盖起来。后现代是非常浪费的，但是它满足了人们多样性的需求，一种事物的超出功用的追求越多，其后现代化程度也就越高。从艺术角度来看，当人类满足了现代生存需求之后，必然会产生对后现代主义的要求，尤其是在艺术上要求多元化、个性化。比如一个人开始穿不起裤子，穿得起裤子之后又觉得太一般了，一定要拉一个口，这个口就成为后现代主义的了。

问：陈老师您好！请问您认为枪炮、原子弹等东西算是文明吗？它们是文明中的一部分吗？

答：所有的工具都是为了改造和征服世界，从这个意义上来说，它是一种手段。对主体来说，当用这个手段去实现目的的时候，它就是文明。我们不能说原子弹本身是文明，用原子弹去炸人的时候，它就不是文明。但是开发原子能本身显示了人类对世界认识的加深，我们用以控制世界的可能性在增加。有一天我们可以通过它把人类送到外太空去，可以用它实现人类的目的。所以说科学的进步本身还是文明的，但用文明反过来做一些不文明的事就另当别论了。

问：您刚才提到文明与文化的各种关系，如内容和形式、目的和手段、一元和多元等，那么文明和文化之间有可能发生冲突吗？

答：我认为像亨廷顿所说的冲突是虚假的。文明和文化之间本来不应该冲突，目的和手段之间本来不应该冲突。人们用不同的手段实现相同的目的，按道理说是不应该冲突的。就像宗教一样，只有人不理解其他宗教而认为自己的宗教是唯一可信的时候，才会出现冲突。就像我们生产的原子弹，在造型上可能不一样，但是这种文化上的差异是微乎其微的。就像我们穿衣服是为了御寒一样，原子弹都是为了实现爆破，这些都是手段。

当我们用这种手段去对抗其他文化的时候，就可能会对其他文化造成侵略。全球化过程中有很多这样的侵略，在没有原子弹之前，这种侵略也是存在的，枪炮、盾牌、刺刀等都可以实现侵略。当你掌握的文化比别人先进的时候，就有可能去侵略别的文化，这是全球化中普遍存在的。

问：如果文明是文化的目的，那我们文明的目的是什么呢？是为了人能活得更好吗？

答：人类的文明是一元的，是为了人类能活得更好，至少是为了将人类生活质量能够提得更高；至于个人的要求，就是不尽相同的了。比如一个人喜欢吟诗作赋、隐居山林，那是个人的事情，但是阻挡不了人类整体的物质追求。我认为，人类的生活质量有一个大致恒定的标准，它是一个人在时间和空间内获得的自由度，其自由度越高，生活质量就越高。人是生活在时间和空间中的动物，日本是全球平均寿命较高的地区，日本人能活到八十几岁，索马里人只能活到四十几岁，从这个意义上说，日本人比索马里人更文明，他们的生活质量更高。空间上也是这样，一个人生活在北京，连天津都没去过，这种生活质量并不是很高，自由度空间小，生活质量也不会高。在这两个维度下，我们可以大致衡量一个人、一个社会的文明程度，这个文明程度是社会共同追求的一个自由的限度，所以我认为它是一元的。

问：陈老师您好！我想问的是，虽然我们现在发展得很快，科技也很发达，但就儒家观点来看，现代社会是礼崩乐坏的，他人不敢做好事，人的精神空虚，经常疲于奔命，等等。这是不是文明的冲突？是不是我们发展得太快了，人的心灵跟不上节奏？作为一个有责任的中国人，我认为这样的发展是有问题的。中国人不像中国人，古人都是读古书长大的，但是我们现在学的都是一些科技方面的知识，很少学习中国的传统知识，对中国历史也不甚了解。您认为这样的发展是否是有问题的？

答：这样的发展是有问题的。我们发展的速度太快，透支太多，这种透支包括体力、精神上的透支，导致我们有入不敷出的感觉。中国改革开放 30 多年来变化极大，我和王老师这个年龄段的人在这一点上感受很深。我们年轻的时候，中国人穷得家徒四壁，每家都不用锁门，因为家里什么都没有。但是这 30 多年来变化极大，以至于中国成为金砖五国之一，这是我们以前做梦都没有想到的。中国人的财富多了，但是在这个过程中，我们确实透支了许多，每天都在为金钱忙活，不仅是我们，我们的孩子也在忙活。中年人失去了应有的健康，孩子们失去了应有的欢乐，这都是我们付出的代价，但这确实是没有办法的事。有一个美国人到我们山东大学来，他认为中国没有必要发展这么快，这一点我同意，但是如果没有美国，中国人宁愿活在唐代吟诗作赋。然而如果我们真的如此，美国人就会把我们当成印第安人，就会来参观我们了。我们现在进入了一种资本主义逻辑中，这种逻辑出现了问题，我们解释不了以国家为单位的国家利益的冲突，也解释不了以文化为单位的文化之间的冲突。但是随着全球化的不断深入，这个问题必须解决。这个问题解决以后，人类可能会活得更加理性、自觉、健康，但是现在不一样，我们确实活得不健康。

问：陈老师您好！我有两个问题。首先，您提到了日本和中国走向现代的过程。在日本，相扑活动在明治维新初期实际上是被禁止的，后来在日本重新寻找自己的过程中又恢复了，在这种活动恢复的同时，日本传统文化中的一些糟粕（比如武士道等）也得到了强化，这个过程导致了日本的民族主义泛滥，甚至在现代化的过程中日本也在推行其民族主义，比如说钓鱼岛事件、日本右翼的猖獗等。我想问的是，应该如何把握吸收外来文化的度？第二个问题是，中国在引进先进文化的过程中，也试着向传统儒家文化吸取一些合理的内容，但实际上民主在中国已经被异化了，走向了民粹主义的道路，中国怎样能才能不走这条道路，且在吸收先进文化的同时保护中国的民族性？

答：这个问题确实存在，弱势文化受到强势文化冲击时会产生一种自我保护意识。在现代中国，确实存在民粹主义上升的趋势。从1840年以来，中国一直受人欺侮，现在终于开始腾飞，成了金砖五国之一，我们觉得应该把传统拿回来了。拿回来的过程其实无可厚非，但是当我们认为这种传统能够统治世界的时候，就已经走入了误区。就像西方人认为用基督教可以统治世界，他们把文化的有限性与文明的无限性等同，我在《古希腊、古中国、古印度：人类早期文明的三种路径》一文中认为，所有文化的产生都不是从天上掉下来的，也不是从地下长出来的，而是一代代人在特定环境中建构起来的，它一定有其合理性支撑，但同时也有其有限性。当我们把有限文化夸张成无限的时候，就会犯民粹主义错误。民粹主义、西方中心主义都是把有限说成是无限，现代中国确实存在这一倾向，认为老祖宗解决了一切，21世纪已成为中国的世纪，儒家文化可以覆盖全球，这都是应该警惕的。

　　主持人：谢谢陈老师！今天的讲座信息量很大，陈老师对文明与文化的概念进行了界定、对比和阐释，并讲述两者之间内在的关系，也提出了全球化过程中产生的一些现实问题。这与我们文学理论似乎没有关系，但是我们做文学理论或美学研究的时候时常会碰到的问题。让我们再次感谢陈炎老师！

（录音整理：张千）

时间：2013 年 4 月 22 日（周一）18：30

地点：首都师范大学北一区文科楼 509 教室

主讲人简介

丹·沃尔曼　毕业于纽约大学电影系，从影四十余年，拍摄过《被缚的手》《瑞典少女》《天涯姐妹情》等十余部著名电影及众多电视剧、纪录片，被公认为以色列最成功的独立导演兼制片人，在戛纳、柏林、威尼斯等电影节都曾获奖或获得提名。曾执教于纽约大学、特拉维夫大学纽约视觉艺术学院，他还是很多国际电影节和以色列电影节的评委，曾获耶路撒冷国际电影节终身成就奖。

我和以色列电影

〔以〕丹·沃尔曼

非常感谢这次讲座的组织者，首先我向大家介绍一下以色列电影的情况。

1912 年俄籍犹太人雅可布·本多夫拍摄了第一部短纪录片《埃尔兹的犹太人生活》。从 1923 年至 1947 年生产了一些半纪录性影片，主要有《犹太军团》（1923 年，导演雅可布·本多夫）等。以色列第一部故事片《休战》拍摄于 1950 年，导演是阿玛尔。此后，海尔兹利亚兴建了第一个制片厂，陆续拍出了不少故事片。1950 年代拍摄的希伯来语故事片有《琼哈丹与泰利》（导演亨利·许内德）、《丹娜不知怎么办》（导演巴鲁奇·迪厄纳尔）。

以色列在 1960 年代摄制的 18 部故事片中，较为知名的有《月球上的一个洞穴》（1965 年，导演乌里·佐哈尔）、《牢记》（1964 年，导演阿尔特维斯）等。所以，通常在谈论以色列电影发展史时，往往把 1960 年前出品的电影定位为以色列电影史的"前历史时期"，而以 1960 年作为以色列电影史的开始。

以色列在 1954 年通过了奖励民族电影生产和必须放映以色列短片的法令，1961 年成立海法电影资料馆，1969 年成立民族电影生产基金供给协会。

1970 年代，以色列年产故事片大约 15 部，主要有《小木鸟》（1977 年，导演罗辛比尔克）、《维恰尔案件》（1979 年，导演阿弗拉姆·赫弗纳）等。其大部分影片是反映非犹太人的情节剧和喜剧，而这些内容使得以色列观众对本土电影热情高涨，促使以色列各个电影院的上座率达到史无前例的水平。

1980 年代，以色列电影行业深受政治因素主宰，观众对本土电影的热情也随之消退。在这段岁月里，以色列电影工作者们力图把视点主要放在涉及巴以冲突的题材上，并讲述着严肃和意义深刻的故事。

早年以色列电影多为充满政治意味的纪录片和剧情片，在很长一段时间，以色列电影绝大多数遵循主流路线，视角大部分集中于政治和宗教主题。近年来，大量充满人文气息，具有不同风格的艺术电影不断涌现。多位活跃影坛的以色列导演，不再将政治和宗教的主题放在首位，而是转向对周边人的关注，如人的基本生活和尊严等问题。他们的作品也在各个国际电影节上获奖，如《阿维娅的夏天》曾获得 1989 年柏林国际电影展杰出艺术贡献银熊奖；新写实主义作品《妓海苦雏》曾获 2004 年戛纳电影展金摄影机奖等。应该说，政治与社会现实在以色列电影中得到了充分的反映。但是不管国家如何变化，也不管电影的发展经历了多少曲折的道路，以色列电影始终保留着传统的民族电影风格，以色列电影人也以制作、拍摄具有民族特质的艺术作品为己任。

随着以色列电影的发展，以色列新《电影法》的公布促使每年的本土电影拍摄量大幅度增加。电视台在注意到播放本国收视率不错的电影同时，也逐渐为电影行业注入数目可观的资金。以色列与其他国家的文化交流活动也对本国电影工作者产生了很大的影响，使得电影艺术家们从单一的民族主义和民族风情题材的创作风格，逐渐转向多元素的国际化的创作形式，并开始注重内心世界，表现人性。

由以色列导演约瑟夫·斯达执导的《脚注》，去年入选第 84 届奥斯卡最佳外语片提名电影，这是以色列电影在过去 5 年里第 4 次获得该奖项的提名，以色列是同期获得此项提名最多的国家。以色列电影在过去几年进入了繁荣期。在此之前，《波弗特》《和巴什尔跳华尔兹》《阿亚米》这三部以色列电影也获得过奥斯卡最佳外语片提名。以往，以色列在国际上给人的印象就是与阿拉伯世界的冲突，而《波弗特》《和巴什尔跳华尔兹》《阿亚米》三部电影也是从冲突中取材。《脚注》表现的同样是冲突，但变成了父子之间的冲突。

1979 年以色列国家电影基金设立，鼓励从业者打造高质量的影片。此外，以色列在 1980 年代也有很多私人企业和公共基金会资助电影行业，不过以色列电影在随后的 20 年内依然没有起色。1995 年，政府大幅削减了对电影的财政拨款，每年只够拍摄 5 部电影。三年后，以色列电影进入了有史以来的最低潮，只有 0.3% 的观众买票去看希伯来语电影。

到 2000 年，以色列国家电影基金请求议会拯救以色列电影，后来政府答应每年给电影业投入 1000 万美元，这给了年轻的以色列电影人一个获取成功的机会。《脚注》以及《波弗特》的导演约瑟夫·斯达便是其中的受益者，他走出电影学院校门后所制作的第一部电影《战时》，就得到了国家电影基金的资助。而在以往，该基金会是根本不会对从未有过作品的导演进行资助的，而斯达的成功也使以色列大力支持年轻人制作自己的第一部电影。在国家大力支持之余，来自欧洲和加拿大的资金也看中了以色列电影产业的前景，一共有 1500 万美元的资金流入，使得以色列一年的电影产量可以接近 20 部。

以色列是个比较小的国家，人口 800 万，大概只有北京的一半。靠国内市场回收成本很困难。以色列电影中心是工商部下属的一个机构，旨在促进本地和外国制片人在以色列拍电影，并提供各种服务，如安排业务洽谈、提供鼓励资金等，这些都很有利地推动了本土电影走向国际化，促使以色列电影出口量年年增加，赚回了更多的外汇，还吸引了一些外国影片、合拍影片纷纷在以色列选拍外景。

你们有些人已经看过了 Gey-oni 这部电影，所以我会介绍一下这部电影的制作背景与情况，大家有什么疑问的话，欢迎和我交流。

电影 Gey-oni 也叫《力量之谷》，改编自 Shulamit Lapid 的同名畅销小说。故事的背景设在 19 世纪末期动荡不安的巴勒斯坦，Fanya 是当时犹太移民潮中的一员，她的许多家人在俄罗斯惨遭屠杀，17 岁的 Fanya 带着年幼的女儿、上了年纪的叔叔、智障的弟弟来到了雅法。在那里，她遇到了在一场疟疾中不幸失去妻子的 Yechiel。Yechiel 的妻子死于疟疾，给他留下了两个孩子。为了重新开始自己的生活，走投无路的 Fanya 尽管不爱 Yechiel，仍然同意与其结婚。他们搬到了萨费德的一个新定居点。Yechiel 终日忙于耕种一块贫瘠的土地。Fanya 心中深藏着一个秘密，不能告诉任何人。但是如果不告诉 Yechiel 这个秘密，他们的婚姻生活就无法美满，所以，当她在与命运抗争的道路上逐渐与他产生感情之后，她告诉 Yechiel 亲人被杀、自己被凌辱的痛苦经历。

以色列拥有悠久的历史，这片土地被不同的民族侵略过，许多犹太人曾流散到全世界各地，比如波兰、非洲、中国等。Gey-oni 这部电影描述的是犹太人回流到以色列这片土地的一些故事。原作是以色列的一个女作家写的，她说过，回看以色列的历史，便发现它书写的大都是男人，似乎女性的地位不重要，但是她想要书写女人的历史。这本书的主角是一个女性，她是一个有秘密的女人，与一个她不爱的男人结婚，这其中发生了什么，对我来说很有趣，因此我选择了用这部小说来改编成电影。女主人公是一个斗士，当她的丈夫说她不需要书的时候，她说"不"；当丈夫不想让她照顾她的弟弟的时候，她拒绝了。她是一个真正的斗士。

接下来我会回答你们所提的问题，例如怎样选择演员，怎样制作等。我认为一部影片中摄影师的工作非常重要。在制作这部电影前，我与摄影师长时间地看了许多照片，讨论、考虑这部电影的色调，即以冷色调还是暖色调为主。最后由于影片发生地属于干旱的地方，所以选择了暖色调。当 6 月份开始制作电影时，其实最适合拍摄的时间是 8 月份，我还没有选定女主角，几乎所有人都说我疯了。我用尽了各种方法，看戏剧作品，看电视，但是都没有找到合适的人选。因为没有多余的时间，所以找到演艺中介，希望他们提供合适的候选人。我需要在两天之内浏览 250 人的简历，并进行面试。由于时间有限，所以与每个候选人面试的时间只有五到六分钟。很多人质疑在这么短的时间内决定人选是不公平的。那么，我是如何区分好演员与坏演员的呢？

我通过几个场景的表演来选择演员。一个是日常生活场景，另一个是非常情绪化的场景。通过让女演员在不同场景中进行表演，来检验女演员是否能快速地转换情绪。这部电影的女主演在面试的时候，表现得非常好，并且能打动人心，因此最终我选择了她。尽管她是第一次出演电影，但她没有让人失望。

　　我同时身兼这部电影的制作人，事无巨细，需要做很多事情，比如找到骆驼、羊、小乌龟等，甚至是找人抚育电影中出现的小老鼠。因此也发生了一些趣事，每次拍摄喊 cut 时，小老鼠不好控制，到处乱跑，工作人员只得一只只抓起来，再投到下个环节的拍摄中去。对于这部电影，我没有采用传统的推广渠道，即利用发行方或者电影院去播映，反而是利用网络的力量进行传播。

　　关于以色列的电影教育和电影制作，我想大家知道我不是来自一个盛产电影的大国，每年都会产出很多好片。中国有很多好导演，例如谢飞、陈凯歌。但是以色列有自己独特的地方。在以色列，许多高中有电影制作课程，例如电脑操作等，教育了很多学生，许多十四五岁的孩子掌握了基本的电影制作。甚至还有专门为高中生开设的电影节。几乎每个大学都有很好的电影专业，培养出很多优秀的学生。影响最大的是萨姆·斯皮尔伯格电影艺术学院。该学院以导演过获奥斯卡奖影片《辛德勒的名单》的著名美籍犹太裔导演斯皮尔伯格的名字命名，也是以色列的第一所影视专业的高等学校。该校由耶路撒冷基金会和以色列政府文教部联合创办，以电影短片作为主要创作类型。每年报考该校的学生上千人，但只录取 25 人，虽然学费昂贵，但所有录取的学生都能得到学校的全额奖学金资助，实际上相当于免费学习。但在考试方法上，该校的招生有着鲜明的以色列特色。没有设定任何申报的前提条件，申报人可以不具备任何专业或艺术特长，只要热爱电影艺术，就可以制定出自己的学习计划和艺术设想，学校组织专家组从学生的申报方案中遴选出候选人进行面试，然后决定录取人名单。学院面试不分专业，学生入校后，同一学级的学生必须全面学习影视剧作、摄影、录音、美术设计、导演、剪辑、制片等所有专业知识，在电影短片的实践作业中，每个人要轮流负责不同的工种进行工作。

　　由于强调学生的短片创作能力，学院为学生创作提供了良好的外部条件。学院将提供经费，经费主要用于购买电影胶片、支出差旅费以及外景地的开支等。学生前期拍摄和后期制作需要的设备则全部由学院免费提供。与中国不同的是，大部分的学生短片均由职业演员担任主角，且同一般演员一样不索取任何报酬。尽管如此，由于经费限制，影片的拍摄周期一般很短，而且由于摄影棚开支较高，绝大部分影片都是外景制作。与以色列国内舆论的开放程度一致，学院的学生在作业题材的选择和风格表达方面有很大的自由度。与老一辈的艺术家不同，他们往往追求大胆而独创的艺术风格，艺术题材的视野也十分宏阔。正因为如此，学生作品扭转了观众对待电影短片的认识，国内外电视网争相购买并播放他们的作品。在电影院里，他们的作品也能够得到优先放映。目前，萨姆·斯皮尔伯格电影艺术学院的学生作品每年都被选送全球大约一百个电影节，并进行展映，与由专业人士或独立制片公司制作的电影互比长短。在大家耳熟能详的柏林、威尼斯、伦敦、旧金山等电影节上都曾展示过它们的风采，至今该校学生的作品已经获得了多项国际大奖。

之后我将给大家展示一部由以色列电影学校学生制作的短片。我想通过这部电影让我们感受到，制作电影并不困难，重要的是想法和内容，其实人人都可以制作自己的电影。这部电影展示了短电影的概念和形式，我希望能让你们感到制作电影的魅力，与朋友行动起来，投入电影制作的实际行动中去。

我在你们出生之前的1976年就开始制作短电影，并因此赢得了800美元的奖金。除了大电影，我很喜欢拍摄小规模的电影。就像很多作家，他们会写长篇小说，但是他们的短篇诗歌也有其独特之处。曾经有一次，我被邀请到印度新德里去参加电影节，住在一家很有感觉的酒店。有一天早晨起来，我走出酒店来到街上，突然灵感闪现，便拿起摄影机开始拍摄一部短片。这部短电影的名字是《从床到床》，一气呵成。为什么叫这个名字？我拿着我的摄影机，从我的床开始拍起，镜头随着我走到了街上，街上有许多印度人，有的身着美丽的纱丽，有的坐在街旁的咖啡馆，友善地冲镜头打招呼。接着我继续走，街上车水马龙，很是拥挤。走着走着我发现了一个在街上露宿的印度人正在睡觉，把镜头定格在那里，就完成了从我的床到他的床的拍摄。

我认为电影不只是一种理念，还是一种武器，不仅能反映日常生活中贫富差异一类的东西，还可能传达更多的东西。例如，印度有大量的穷人，如果把镜头对准他们，一定能有更多可以挖掘的材料。不要受限于财力或者精力，如果你有好友支持，有一架摄影机，那么你就可以行动起来，去拍摄一些东西。

现在请你们发挥想象力，有一个与我同龄的男人，他可能是一个渔夫，手持一个篮筐，这样走着，在电影中我们需要用多长时间来表现他的行走？也许需要10秒钟，表现他行走在桥上，或者走到树林中。在拍摄电影时，导演所选择的演员的表演必须让大家有信服的感觉，他每天去海滩捕鱼，从夏天到冬天，一天不落。这个渔夫从桶里拿出鱼饵，在鱼竿上扎上鱼饵，摄影机镜头是从海边的角度拍摄，我们可以看到渔夫焦急地等鱼上钩。这时渔夫感觉到鱼上钩，他拉起鱼竿却空无一物。那么镜头如何表现他等待的时间？用一个镜头就可以表现，例如，鱼饵只剩寥寥，或者天空云朵的变化。当渔夫只剩最后一条鱼饵时，他把鱼饵抛了出去，在沙滩走动，发现沙滩上有一个纸盒，打开来看竟是一块三明治。他高兴地吃了起来，却被三明治里面一个尖的东西勾住了。原来里面有一个鱼钩，钩上拴一条细线，海里面的某个东西将挣扎中的渔夫拖进了海水里。

这样一个想法，岂不很有趣。它可能反映的是鱼类向人类复仇的事情。你们作为学生，有好的想法和创意是很重要的，不需要多么复杂，你只需要做一些可以掌控的事情。像刚提到的这个创意，也许只需要一个演员，甚至演员不需要说话。我去过上海等中国许多地方，很多年轻人告诉我在中国拍电影是很困难的事情。我也曾经遇到很多困难，但我认为好的艺术家总会找到自己的方法，战胜困难。

我们国家比较小，人口有限，人口构成复杂，电影很难做到把投资有效地收回来。所以我会向大家介绍一下电影产业的运作。以色列电影最近十年来取得了很大成就，也有不少片子获得了世界性的奖项。不少人提出建议希望国家进行资助，最终九年之前以色列通过了新《电影法》。以色列没有政府所属或经营的电影制片厂，制作公司全部为私营，电影作品的创作题材完全自由。以色列政府只有一个下设于国家教育和文化部的以色列电影推展中心，该中心的职能主要是促进以色列电影业基础设施的建设和影片生产（包括合作拍片）。该中心只负责制定影片等级标准并对影片进行分级，不对影片的内容进行审查。这意味着暴力片和色情片可以自由发行，只要影院按照分级标准放映和公司影片有相应的需求市场。因为语言障碍，以色列电影进入国际发行的空间也很小，所以以色列的电影生产一度萎缩严重，为了促进以色列电影的振兴，以色列政府由国家教育和文化部设立了专门的国家电影基金资助国产故事片的制作和发行。迄今已经有48部故事片得到了该基金的资助。

以色列政府还采取了一些刺激电影生产的税收和补贴政策，但到目前为止，效果不是很好。如政府规定，在同一个财政年度内投资电影生产所获得的所有利润免税，但政策的实际效果是，没有多少投资人在电影上是能够有利润的。政府还规定，外国电影制片者到以色列拍片，其间发生的费用一半可以得到报销，但即使这样，外国人到以色列拍片的费用还是比很多国家高。

导演可能首先会拍摄一些商业广告，政府将收入投入已建立的三个基金会，并且审核剧本，选出计划投资的电影。审核机构的人并非出于政治目的而完全是根据故事好坏来筛选剧本，因此这给电影制作人提供了很大的空间。每隔三年审核会的人员会流动更换，以保证审核的公正。以色列同许多其他国家一样有不好的一面，但是在电影上是非常自由的。我认为环境越发艰难，就越容易产生优秀的作品。

Gey-oni 这部电影，制作经费来自基金会，但是我平时也拍很多小片子，却不是这样的，所以这并非我的典型作品。我认为我很需要向在座各位传达一种积极的力量，就是不是靠钱就可以做出好作品，好的思想和内容对做出好作品更重要。接下来我要讲述一个低成本小制作的电影，希望大家注意这个电影所讲述的故事。这部电影叫作《49 米》，是土耳其裔德导演拍摄的。它讲述了一个在德国工作的土耳其劳工，他在柏林工作，与妻子一同生活在一个很小的公寓。他们来自遥远的土耳其乡村，男人非常善妒，且患有癫痫，他不允许自己的妻子走出这个小公寓，与外界接触。因此他出门工作时将妻子锁在公寓。所以在这部电影中我们可以看到妻子一直在小公寓里活动，如做饭、清洁。在电影最后一个镜头中，男人发病倒地，妻子没有先去救他，而是成功地打开了公寓的门，在被困在公寓四年之后，她终于踏出了这一步。

试想一下，如果你们想在北京拍一部电影，不要抱着什么都做不了的心态，而要挑战自己的极限，在有限的条件里，发挥最大的可能去做这件事。下面我将给大家放一部电影，叫作 *Guided Tour*。我认为，这部片子里，导演把人作为一种物品来拍摄，这是很不寻常的视角。

美国一些商业大片，会给观众愉悦的感觉。但这部电影带给我们一些惊喜。当我看完这部电影，我发现电影的男主人公撒了谎。当男主角与女人交换号码时，他说等一下，却并没有真的记下号码。男主角几次提到他的父亲，但是很多内容都是他想象出来的，其实他在愚弄所有人。但除去欺骗观众的成分外，这部电影让观众感受到了其他的一些东西。它让我想到了自己的生命，我认为它的主题是生命的空虚，充满了寂寞和绝望。无论从影片中哪个人的视角来看，都呈现一种空虚的状态。这部电影并不令人轻松，而是一部很严肃的电影。

2012 年我在中央戏剧学院拍摄了一部有关于京剧的短片，我对中国文化、中国音乐都不甚了解，但是抱着好奇和严肃的态度仔细地进行考虑和研究。为什么他们要选择我来拍？因为之前我拍过一个片子，讲述一个身患 HIV 的以色列舞者的故事，展示了舞蹈世界。因此他们选择了我。当时他们给了我许多京剧资料，我看了许多资料后，发现了一部我很感兴趣的京剧《杨门女将》。你们知道以色列是个经历过许多战争的国家，而《杨门女将》讲述的就是佘太君等女人作为战士走上前线保卫国家的故事。"二战"时期，德国人屠杀了很多犹太人，当时我们为了民族的延续保护许多男性的生命，而我认为佘太君也是为了保留杨家的香火所以带领女人走上战场。

当我开始制作这部电影时，有学生对我说，你来自另外一个国家，对中国一无所知，又怎能去理解和拍摄另一个国家的文化。就像一个诗人在海边写诗歌时，渔夫走过来对他说，你不懂得这里有多少鱼及它们的名字，又怎能写诗。但其实诗人只要有自己的观点和视角就可以写诗。平时生活中我们有许多盲点，如果换成别人来看待，会发现一些不同的地方。如果明年这部电影能拍摄完成，希望你们可以看到这部电影。

我的剧本是一个男京剧演员即将去梅兰芳大剧院演出，在演出前两周，他却失声了，事实上后来发现他喉咙中有个肿瘤。如果男主角坚持演出，不及时做手术，那么他可能永远失去他的声音。这个故事讲述了家人的帮助，就像《杨门女将》中的一样。当我开始在北京拍摄时，有人对我说在北京很难得到他人的帮助，会遇到很多困难。但事实是相反的。我们去咖啡馆、地铁等地方拍摄时，得到了很多人的帮助，他们非常友善。当我向他们传达想法时，他们非常积极地帮助我。

接下来在座各位有问题可以提问。

互 动 环 节

问： *Gey-oni* 结尾时女主人公弟弟躺在草地上，许多鸟群飞过天空，这些鸟有什么寓意？

答： 鸟从欧洲迁徙过来，给影片带来了一丝欧洲的感觉。女主人公的弟弟精神有问题，但是当他躺在那里，安静地看着鸟群飞过，意味着他似乎已经变得正常，他找到了心灵的宁静，他属于这片土地。

问：您认为电影是一种武器，那么您用这个武器来做什么，抗争什么？

答：你看过了 *Gey-oni*，里面的女主角是一个斗士，她从遥远的地方来到陌生的以色列，遇到了很多困难。所以我运用电影这种武器，要为女主人公这样的人物而战。当我拍摄《从床到床》时，我希望为印度的穷人而发声。

问：我非常欣赏您的勇气，您理想的世界是什么样的？

答：这是个严肃和宽泛的问题，当前的世界充满不公正、不幸，我想我能说的理想的世界就是比现在的世界要好一些。

问：您认为电影与其他艺术形式，如绘画或者文学相比有什么不可取代的力量？

答：电影融合了音乐、绘画、文学等多种形式，是集大成者，因此它的力量是成倍的。

问：您认为 21 世纪电影有何不同之处？

答：现在的电影技术更加发达，电影也焕然一新，与几十年前完全不同，我们很幸运活在这个时代，拥有如此发达的技术。

（录音整理：王萃）

时间：**2013 年 4 月 24 日（周三）18：30**

地点：**首都师范大学北一区图书馆学术报告厅**

主讲人简介

赵勇 北京师范大学文学院教授，北京师范大学文艺学研究中心副主任、专职研究员、博士生导师，入选 2008 年度教育部新世纪优秀人才支持计划。主要从事文学理论与批评、大众文化理论与批评的教学与研究工作。在《中国社会科学》《文学评论》《外国文学评论》《文艺研究》《文艺争鸣》等刊物发表论文 100 余篇。出版过学术著作《大众媒介与文化变迁：中国当代媒介文化的散点透视》《整合与颠覆：大众文化的辩证法——法兰克福学派的大众文化理论》《透视大众文化》等，散文随笔集《书里书外的流年碎影》，文化批评集《抵抗遗忘》；主编的教材有《大众文化理论新编》等。

怎样对"红色经典"做文化研究

——以《〈红岩〉是怎样炼成的》一书为例

赵　勇

感谢首都师范大学，感谢胡疆锋老师给我提供了这样一个机会跟大家交流。在选择所讲话题的时候，胡老师说听众主要是研究生，最好做学术性强但不一定热闹的话题，所以我就选择了这样一个讲座题目：《怎样对"红色经典"做文化研究——以〈《红岩》是怎样炼成的〉一书为例》。这本《〈红岩〉是怎样炼成的》恰好是一部在博士论文基础上形成的著作，所以可能会对在座的研究生同学有一些针对性启发。当然我也想到，首都师范大学是国内文化研究的重镇，我在这儿谈论怎样做文化研究，好像有点班门弄斧的意思，是不是胡老师？

一 作者是如何写作这篇博士论文的

这本《〈红岩〉是怎样炼成的》我 2012 年前后读了两遍，前半年读了一遍，后半年的时候准备写个东西，又读了一遍，读得应该说很细致。当然，选这本书来细读并且做成文章，我也有点私心。我跟这本书的作者钱振文是非常熟悉的，他是我读研究生时候的同学。20 世纪 80 年代后期读研究生的时候，我们曾在一块儿待过两年。他低我一级，我是 1987 级的，他是 1988 级的。专业也不一样，我是文艺学，他在现当代文学。他研究生毕业以后一直在河北的一家媒体工作，如果我没有记错，应该是在《石家庄日报》。工作了好多年之后，2003 年的一天，我突然接到他的电话，他说考起了中国人民大学程光炜先生的博士，来北京读博士研究生了，想见见面聊聊天。我当时说，你既然来到北京了，咱们以后有的是机会，可以经常见面聊天，不急。过了一段时间，他又给我打电话，见我的心情特别迫切。原来我以为好多年没见面，他是过来叙旧的。当时我住在北京师范大学的一个"团结户"里，和另外一位老师一起，两家人合住一个六十多平方米的房子。就是在那里，我们两人喝酒聊天，炒了两个菜，做了一大锅面条，喝的红星二锅头。我现在还能记得当时钱振文饭量不小，吃了一大盆面条。他一边吃饭喝酒，一边问我关于博士论文选题的事情。那个时候是 2003 年的 9 月份，也就是说他刚刚入学不久就急于跟我见面聊博士论文怎么选题，选什么来做。记得他当时对我说："我在媒体工作了那么多年，跟学术界离得比较远了，你是刚刚博士毕业不久，一定有很多想法。"这等于说是来向我请教来的。我问他有什么想法，他说最近看了一些文化地理学方面的书，能不能从文化地理学的角度做大众文化？他知道我之前在做大众文化研究。我现在已经想不起来当时是怎么答复他的了，毕竟这是十年前的事情了。可能的回答是：先别着急，刚入学，再摸索一段时间，再读一阵子书，然后再确定选题。

我记得在 2003 年的那个学期，他还给我打过几次电话，其中说到能不能从文化地理学的角度做沈从文。他的导师程光炜也说过："他曾与我讨论过研究铁路与中国现代文学生产与传播的问题，似乎要投入对资料的阅读、发掘、整理，继而发现一条研究现代文学的新路径。"这是《〈红岩〉是怎样炼成的》这本书序里面的话，这里也能看出有文化地理学的视角。当然，无论是做大众文化、做沈从文，还是从铁路入手来谈现代文学，最终都被他的导师否掉了。之后，可能也是在他导师的建议之下，他最终选择了《红岩》这样一个论题。

我再引他导师的一个说法，因为这也是我想谈到的一个比较重要的问题。他的导师曾经说过，钱振文在定了《红岩》的选题之后，"他马上行动起来，先是与我的朋友、重庆师范大学的周晓风教授联系，自费去重庆实地了解、考证相关资料，访谈了不少小说写作时候的当事人和见证人。接着又到小说《红岩》责编、中国青年出版社已故老编辑张羽先生家附近的小旅馆中'潜伏'了半个多月，运用记者善磨的能力，说服了张先生的夫人，每天去她家里，在张先生遗留的手稿、资料中寻找有价值的东西，这使他收获颇丰"。后来我又偶然得到了一本书，不是正式出版物，是一本自费出的书，叫《〈红岩〉与我》，是张羽的夫人整理出来的一些和《红岩》有关的东西。我看到这本书开篇就是这样的文字："2005年，中国人民大学有位研究中国现当代文学的博士生钱振文先生，因写博士学位论文，要调查《红岩》的成书过程。……幸好钱振文通过某个渠道，知道《红岩》责任编辑张羽的妻子我还活着，而且也正在调查《红岩》的知情人，就找到了我的门上。我听说他要研究《红岩》，非常高兴，立即向他提供了张羽保存的所有材料，包括中青社书稿档案的复印件、抄录件、张羽的日记、来往书信、他和其他人发表的有关文章等等，总之是未加整理的全部材料，整整一大格书柜，毫无保留。这些材料我自己当时尚未来得及看，我希望有更多的人来研究《红岩》，能把《红岩》的真实历史写出来，公之于世。钱振文在中青社的招待所（就在我住的楼旁）租了一间房间，白天黑夜在我家查阅、摘录了一个星期的材料。"后来，我在书中果然看到钱振文引用了很多材料，而那些材料都是没有公之于众的，在报纸、杂志等出版物中根本找不到的材料，可以说是真正的第一手材料。

这里我还想提供一个细节，2004年、2005年的时候，我还在北京师范大学校园里住着，有一段时间，我总是能在北京师范大学主楼巨大的顶棚下与钱振文不期而遇。他当时的形象是斜挎书包，形销骨立，目光游离，状若幽灵。问他为什么在此游荡，他说刚从中国电影资料馆查资料回来。跟他说话他也只是"嗯"一声，好像整个沉浸在他的论文的世界里。在座的各位研究生同学也都会经历这样一个阶段，可能会被论文折磨得形销骨立。我也经历过那样的阶段，所以很理解钱振文当年做论文的状态。最终就有了他在博士论文基础之上写成的这本书——《〈红岩〉是怎样炼成的——国家文学的生产与消费》（北京大学出版社，2011）。在出版这本书之前，书中大部分篇章已经以论文的方式发表出来了，引发的反响很不错。他的论文出来以后，可能一些写中国当代文学史的人就有点下不来台，因为他们使用的一些史料是错的。美国哈佛大学的王德威教授也注意到了他的论文，由此可见他的博士论文是真的下了功夫的，真的做得不错。

二 这篇博士论文写了些什么

有了以上的开场白之后我们现在就来进入正题。既然钱振文的这篇博士论文下了很大功夫，做得不错，那么这本论文究竟写什么，怎么写？这个问题我其实没有跟作者本人做过很多的交流，我是在读这本书的时候自己琢磨的。《红岩》这本小说是大家耳熟能详的，当时非常轰动，据说累计印数达 1000 万册，这在那个年代是一个非常大的数字，这个纪录很难被打破了。现在是个商业时代，莫言又获了诺贝尔文学奖，借助这个因素，他的书已经卖得非常好了，但是他的某一部小说能不能卖到 1000 万册，我说不清楚。但是 20 世纪 90 年代以来，《红岩》被人冷落了，不光是被普通读者冷落，而且也被专业人士悬置，像样的研究少之又少。我看到钱振文的书中也提到了这样的情况。2004 年左右，当钱振文想来做《红岩》研究的时候，他面对的就是这样一种比较尴尬的研究格局。我也在琢磨，当出现这样一种研究格局的时候，怎么办？它给作者提出了怎样的一些难题？他应该形成什么样的问题意识？下面是我当时面对这本书的时所思考的问题：为什么《红岩》曾被热捧而后来却遭冷遇？如果它是经典则意味着常读常新，但为什么 20 世纪五六十年代的这种经典失去了"可读性"？作家之所以是作家，首先意味着他们从事的是一种个体的精神活动，所以才有了所谓的"创作"，但《红岩》从最初的讲述到最后成为小说，除罗广斌、杨益言两位署名作者外，还有那么多人参与了它的生产过程，这能算严格意义上的创作吗？如果不算文学创作，我们把它定性为文学生产，那么它又是如何被生产出来的？这样的生产具有某种典型性吗？而面对这种文学生产，我们是否还有必要动用文学研究的传统思路单单对它做文本分析？如果作为有缺陷的文本它已失去了某种解读价值，那么最适合它的研究路径究竟是什么？我这是为作者思考，但是我想作者本人肯定思考得更多。当这样一些问题摆在面前的时候，怎么对《红岩》做研究？采用的研究路径究竟是什么？最终这些问题会集中到作者那里，让他形成相关的思考。后来他采取了一个非常正确的选择，就是做文化研究。

做文化研究其实是我自己的判断，作者在他的书里面并没有明确亮出文化研究的旗号。但是我读了两遍之后发现，他就是在做文化研究，虽然他没明说，但是从他借用的理论资源——如英国文化研究霍尔的"接合"理论等，使用的研究方法——民族志，关注的研究层面——文学生产与消费等方面来看，我觉得他就是在做文化研究。从整个论文的设计来看，即从他的重心和侧重点、他的兴奋点来看，都可以看出他就是在做文化研究。后来我想或许不是作者选择了用文化研究来面对《红岩》，而是《红岩》的生产方式、组织形式等召唤着作者只能如此选择。于是我想到了张承志在《心灵史》中曾经说过："正确的研究方法存在于被研究者所拥有的形式之中。"现在我们再来研究《红岩》或《红岩》这类作品的时候，很可能只有这种方法才能逼近问题的本质。

我在面对这本书的时候，非常欣赏作者这种掰开来揉碎式的梳理和分析方式，他真的分析得非常细致。刚才已经提到，他的资料搜集得非常完备充分，好多是别人闻所未闻的资料，同时他又很擅长把资料运用到他的分析的过程当中，把它呈现得非常清晰，非常饱满。在普通读者的心目中，《红岩》就是那部长篇小说，但是在钱振文看来，小说只是文学生产过程的最终结果，他要呈现的是在这个过程中，种种"前文本"（如杨益言的"私人写作"《我从集中营出来——瓷器口集中营生活回忆》等，罗广斌、刘德彬、杨益言的"集体写作"《圣洁的血花》等）的讲述是如何一步步被规范化和意识形态化的；在这之前还有种种口头讲述活动（如罗广斌、刘德彬、杨益言在1950～1956年做报告达数百次之多）如何与书面写作相互渗透，又如何为受众后来的阅读活动做了先期铺垫；种种被组织的写作活动如何突破了文体底线而抛弃了"审美成规"，结果是"有用或无用"的"事实成规"逻辑便统摄了全部写作（如名为报告文学或革命回忆录，但虚构的小说笔法进入写作之中）。从回忆录《在烈火中永生》到长篇小说《红岩》，其中的"过程"也令人触目惊心——"大跃进"带来的机遇，党组织对小说写作的介入，马识途的意见，沙汀的慧眼，"毛泽东思想"的作用，中国青年出版社将之作为重点稿的投入，责任编辑张羽对《红岩》的修改和加工等，它们构成了小说生产过程的一道道程序和一个个环节。

我举几个书中的例子。第一，《红岩》中实际情况是，江姐得知了丈夫老彭牺牲的消息，但并没有看到挂在城门上老彭的人头。江姐确实受到了严刑拷打，但并没有被钉过竹签。然而，从《在烈火中永生》的回忆录开始，种种夸张描写出现了：江姐看到"木笼里面挂着一颗颗血淋淋的人头"，"一根根竹签子，从她的手指尖钉进去，竹签碰在指骨上，裂成了无数根竹丝，从手背、手心穿出来……"（p.86）。这种描写也一直延伸到小说《红岩》之中。对于这种现象，作者提出了如下问题："'讲述革命故事'为什么可以同时占用'真实'和'虚构'这两个看似矛盾的范畴？"书中提供的资料显示，在报告和演讲中，添油加醋就已经开始了，如后一遍讲和前一遍讲就不太一样，加进去了一些虚构，而虚构的成分也得到了观众的配合。比如，给江姐施刑如果不够残酷，观众好像就不答应。这两者之间开始配合，确实是一个很有意思的现象。就是说观众允许他们虚构，有时候他们讲得不太圆满的时候，观众还要替演讲者圆一下。面对这样的状况，作者思考之后给出的答案是："真实"和"虚构"是审美成规，这种成规在"讲述革命故事"的文化行为中是需要被抛弃和被超越的，取而代之的则是"有用"或"无用"原则（p.88）。也就是说，凡是对我的讲述有用，我就拿过来，没用的我就可以抛弃。只要有用我就可以虚构，越做越大。当时这样操作是被允许的。

书中的另一个例子是，当年禁闭和关押革命者的地方本来叫"瓷器口集中营"，但在 1950 年代初期的故事讲述中已变成"中美特种技术合作所"，后来简称"中美合作所"。历史上确实存在"中美特种技术合作所"这样一个机构，那是在太平洋战争爆发之后成立的，当时是为了对付日本，一方面是获取情报，一方面干扰日方，但在抗战结束后"中美合作所"就被解散了。讲述活动之所以要借用这个机构，是因为朝鲜战争开始了，激发人们的反美情绪成为主要的政治意图，而讲述发生在"中美合作所"中的那些血债故事便成为合适的"讲义"和"教材"。

还有一个例子是，《红岩》第二稿写出后，因"低沉压抑"和"满纸血腥"而饱受审读者批评，为了帮助作者从渣滓洞"跳出来"，敢于"大胆虚构、大胆想象、大胆创作"，沙汀建议作者到北京参观刚刚建成的军事博物馆和革命历史博物馆，开阔眼界。而罗、杨两位作者不但参观了两个博物馆，而且还看到了毛泽东没有正式结集出版的写于解放战争的一些文章。

作者"读过毛主席的著作，认识了战争形势，认识到敌人是处在全民包围中这一真理时，思想解放了，笔下也就自由了"（p. 121）。罗广斌甚至说："三稿以后出现的转机，就是毛泽东思想照亮的。"（p. 130）从此，"魔高一尺，道高一丈"就成为《红岩》描述敌我关系的基本模式，甚至成为革命文学的一个公式，敌人厉害，我比你更厉害；敌人越猖狂，我们越强大。于是作者分析道："把'道高一尺，魔高一丈'翻过来，改成'魔高一尺，道高一丈'，是革命文学生产中'处理''敌人'时具体的操作方法和常用'公式'，是对'纸老虎''原理'的延伸。"（p. 127）

这里我还可以做一些旁证，我在研究《沙家浜》的几个文本时也遇到了这种情况。文牧写出的《芦荡火种》初稿很不成熟，原因在于他写反面人物，写阿庆嫂与敌人智斗时虎虎有神，但一写到芦荡中的战士生活时就无法出彩。如何解决这一难题呢？剧团党支部领导同志建议他们学毛主席著作。而他们也正是从《论持久战》和《星星之火，可以燎原》等文章中受到了启发，于是"他们设想，毛主席这两篇文章，在芦荡中指挥斗争的指导员郭建光也看到，因而他是以毛主席的思想教导战士，而使战士们在暂时性的敌强我弱的形势前，个个精神振奋，斗志昂扬。从这一思路前进，他们觉得十八伤病员的情形是可以理解的了。这样，一段段符合毛主席战略思想的唱词也写出来了，就一改剧本初稿写到芦荡时所流露的抑郁气氛，而把指导员的高瞻远瞩，以及他在困难面前的革命乐观主义精神和革命坚定性有力地表现了出来。剧本提高了一步"。① 现在想想，毛泽东的著作文章的确隐含着文学生产的一些"配方"，如"魔高一尺，道高一丈""星星之火，可以燎原"等。大众文化的生产很讲究配方，找到一个好用的配方以后，就可以反反复复使用，开始批量生产，批量制作。这种配方无法处理复杂的文学问题，但是简便易学，很容易成为革命现实主义和革命浪漫主义创作方法中的秘密武器。而一旦采用这种配方，便不是把简单的问题复杂化，而是把复杂的问题简单化。这种配方走到极端，"三突出""高大全"和"红光亮"之类的创作原则也就呼之欲出了。

---

① 徐洁人：《在集体关怀下成长——沪剧〈芦荡火种〉创作记事》，《文汇报》1964 年 3 月 21日。笔者在《大众媒介与文化变迁：中国当代媒介文化的散点透视》（北京大学出版社，2010）中有过分析，参见该书第四章。

三 这篇博士论文给我带来了哪些启发

我看这篇博士论文的时候，主要想到了两个关键词，一个是"红色经典"，一个就是"文化研究"。由此形成的问题是："红色经典"是如何被经典化的？它在今天是否还具有某种文学价值？究竟该如何为"红色经典"定位？而这些问题又牵涉到文化研究层面的问题：为什么要对"红色经典"做文化研究？做这种文化研究行之有效的方法是什么？

顺着这样的思路，我来谈论几个问题。第一，"红色经典"是如何被经典化的。先从书里的内容谈起。此书专设《红岩》的阅读与评论"一章内容，把评论家与普通读者阅读和解读《红岩》的盛况呈现了出来。《红岩》出版后，中国青年出版社利用自己的资源优势，先是在主流大众媒体《中国青年报》和《中国青年》上展开宣传攻势——发表书讯、书评和整版的读者座谈会发言记录。在那个年代，《中国青年报》和《中国青年》的影响是非常大的。然后又得到"两报一刊"（《人民日报》《文艺报》和《人民文学》）文学权威的评论和推荐，这样就更加扩大了其影响。凑巧的是，《红岩》大批量印出的第一个月，正好赶上了纪念毛泽东《在延安文艺座谈会上的讲话》20 周年的大会的筹备会，文艺理论界大腕云集，在侯金镜的推介下，何其芳、王朝闻、张天翼、张光年、陈荒煤等 17 人让人买来了《红岩》进行阅读，同时侯金镜也组织王朝闻、李希凡、王子野、罗荪写出《〈红岩〉五人谈》并发表于《文艺报》1962 年第 3 期（pp. 172—173）。有了文学权威的大力推荐和最初解读，《红岩》开始在 1962 年走红，多家报纸也开始连载这部小说，以至于 1962 年的报纸副刊可称为"《红岩》年"。1963 年，《文学评论》《哲学研究》等权威刊物进一步发表专家解读文章，上海文艺出版社和天津人民出版社也分别出版了《悲壮的〈红岩〉》和《永葆革命青春——从〈红岩〉中学习些什么》的小册子（p. 174）。与此同时，普通读者的"读后感"也大量见诸报端，他们的解读与专家的解读活动目标一致，"都是从人物和故事中抽象出一种'思想'。只不过普通读者所'发现'的'思想'往往是大理念下的一些小道理，分析的对象也是小说中所描写的一些小细节"（p. 177）。作者指出，这种状况"是《红岩》走上经典化过程的重要标志"（p. 175），但他并没有在理论层面加以论述。

我为什么要向大家呈现专家、学者、普通读者解读《红岩》的盛况呢？

因为我觉得这里面有一个秘密。为了说清楚这一问题，这里有必要引入赵毅衡先生对经典问题的相关分析。几年前我读过他的一篇文章《两种经典更新与符号双轴位移》，受到很大的启发。赵毅衡是我们国内做新批评、符号学研究比较早的也很到位的一位学者。他其实借用了符号学当中的说法，用横组合轴和纵聚合轴来谈论两种经典。一种是传统的经典，这种经典的生成方式，用他的话说，是在专业之内，通过一些专业人士、权威人士的比较分析，也就是在一个纵聚合轴上的操作。一部作品出来后能不能成为经典，够不够经典的资格，是通过和此前的作品进行比较来确认的，在比较的过程中有商榷有争议有交锋，这是正常的现象，因为这是传统的文学经典在形成过程中必然要经历的过程。还有一种经典是在横组合轴上展开的，而横组合轴上的操作进程很快，一些作品很快就会成为经典之作，这就是所谓的"群选经典"：大家伙儿都来投票，聚集人气，依靠网上的点击、投票、海选，在很短的时间内就可以把一部作品捧红。按照我的理解，赵毅衡所论及的两种经典：一是传统意义上的文学经典，这种经典要经历一个漫长的过程才能被认可。比如，现在我们都承认《水浒传》《红楼梦》是经典之作，承认鲁迅的作品是经典之作。二是当下商业大众文化时代的"群选经典"。我思考的问题是，这种经典的成形方式可不可以运用于"红色经典"？当年是不是也是这样的情况？我把赵毅衡的思考移植到"红色经典"的分析当中，发现"红色经典"在成形过程中是双管齐下的。按照赵毅衡的思路，这两种经典成型方式不一，受众群体有别，似乎是井水不犯河水。但是在"红色经典"的形成过程中，我们看到专家、学者、权威人士在里面起着非常重要的作用，他们在推荐，他们在引导；普通读者也在不断地把自己的读后感呈现出来，这又是群选经典的盛况，这两种经典的生成方式都参与到了《红岩》的生产过程中，形成了纵横交错的图景。

第二，既然"红色经典"是这样生产出来的，那么我们该怎样面对"红色经典"，"红色经典"在今天是不是还具有某种文学价值？毫无疑问这个问题依然存在争议。比较官方的观点是承认"红色经典"的价值，但是这种观点在学术界又受到质疑，甚至否定。比如，我们知道北京大学洪子诚先生的《中国当代文学史》是很有名气的一本教材，他虽然在教材中没有正面回答这一问题，但是对《红岩》的组织生产持否定态度，这也就意味着他对这种生产模式是持否定态度的。

另外我也看到了一些情况。2002年，在当代文学"经典"重读的第二课堂教学活动中，海南师范学院中文系的一些本科生倒是读了《红岩》，但首先这是一次有组织的阅读活动；其次，这些本科生读后，大都对《红岩》的文学价值持质疑和否定态度。2012 年，我在北京师范大学的本科生课堂上放映电影《我最好的朋友江竹筠》时，曾问及学生是否读过小说《红岩》，结果应者寥寥。时过境迁，现在的年轻人对这样一种小说已经没有太大的兴趣了，除非是老师在中国当代文学课上布置阅读。由此我想到了美国学者布鲁姆（Harold Bloom）在《西方正典》中的一个说法："一项测试经典的古老方法屡试不爽：不能让人重读的作品算不上经典。"① 如此看来，普通读者对此类作品的远离，也反证"红色经典"与真正的经典存在着不小的距离。但是，也有学者为"红色经典"的文学价值极力申辩，并把《红岩》等作品放在文学价值的第一档次。此档次"既有文学史价值，又有超越时空的文学价值，即使与此前及后来的杰出作品摆在一起，也具有无可取代的艺术魅力"。而具体到《红岩》，其文学价值则体现在"它有引人入胜的故事，有生动感人的人物。确实，里面的正面主人公，其意志、品质都是超常的，与我们身边人物距离较大，但大部分读者并未因其过于完美而对之彻底怀疑以致厌弃，像对待《金光大道》那样"。② 我们在谈论一部作品的价值的时候，会关注其文学价值和文学史价值。比如，这些"红色经典"无疑具有文学史价值，但是有无文学价值，我觉得还是需要商榷的。

我想，在当下研究界，可能只有对"红色经典"有着特殊情结或以此成功申报课题的专业人士才会真正投入其中做文本分析，做非常正宗和纯粹的文学研究。否则，自发自愿的文学研究很难展开。比如，李杨之所以会写《50—70 年代中国文学经典再解读》，是因为做博士论文时受到某些限制，所以他"希望在完成自己的论文之后，能够有机会延续我在博士论文中未能完全展开的思路，做一次纯粹的红色经典解读，尝试一种完全从文本进入历史和阅读历史的方式"。③ 这其实是源于他的某种情结。阎浩岗之所以会写《"红色经典"的文学价值》，是因为他从小熟读"红色经典"，多年之后依然认为"'红色经典'的作品给我带来的审美愉悦和精神资源，

---

① 〔美〕哈罗德·布鲁姆：《西方正典》，江宁康译，译林出版社，2005，第 21 页。
② 阎浩岗：《"红色经典"的文学价值》，人民出版社，2009，第 48、50 页。
③ 李杨：《50—70 年代中国文学经典再解读》，山东教育出版社，2003，第 364 页。

是其他类型的作品不能代替的"。而当他 2005 年以此为题申报国家社科基金并通过立项后，他甚至"非常激动：这些过去曾给我这个地处偏远乡村，物质匮乏、精神寂寞的少年带来极大审美愉悦和精神陶冶，让我热爱生活，教我以远大理想、高尚心灵和坚强意志的作品，就要由'国家'委托我堂而皇之地进行专门研究了！"① 这种研究心态其实也是一种文化症候，值得深入分析，但我在这里就不再展开了。我想指出的是，这种研究很可能是最后一轮具有某种"建构"色彩，依然把它们看作经典的文学研究，试图挖掘出其中的文学价值、美学价值。

而近年来尽管也有少数学人触及"红色经典"并出版了专著，但这些专著大都是博士论文，就我看到的情况，除钱振文的博士论文外，近年出版的博士论文还有周春霞的《解读红色经典——〈青春之歌〉的文本张力与生产机制》。周春霞是北京师范大学的博士生，她为了做博士论文也下了很大的功夫，专门去采访了杨沫的儿子老鬼，后来取得了老鬼的信任，老鬼就把杨沫的日记全部交给了周春霞。这篇论文做得不错。另外还有一些博士论文，於曼的《红色经典：从小说到电视剧》，姜辉的《革命想象与叙事传统："红色经典"的模式化叙事研究》，姚丹的《"革命中国"的通俗表征与主体建构——〈林海雪原〉及其衍生文本考察》。这些研究著作的特点，第一是研究者年纪较轻，他们已能与研究对象拉开一定距离，并能以客观冷静的姿态形成他们的问题意识，这些问题意识又和 20 世纪五六十年代出生的研究者是不一样的；第二是他们的研究大都具有某种"解构"意味，且不同程度地呈现文化研究的思路和路径。所以我的基本判断是，当这样一些年轻的研究者、博士生还在做"红色经典"的研究，但是都不约而同采用了解构的、文化研究的思路时，文学研究界的"红色经典"研究已出现了或隐或显的从文学研究到文化研究的位移。

紧接着的问题是为什么会出现这样一种情况？原因很复杂，但是这很可能跟"红色经典"失去了某种文本解读价值有关。如果还能够从文学研究的角度去挖掘它的价值，那么文学研究还有施展的空间，但是问题是它们在这一方面无所作为了。理论家在谈及文学经典时，大都把有无阐释空间看作其中的一个重要特征或要素。经典之作之所以常读常新，不同年代的人再读的时候能够读出不同的意味来，如《红楼梦》，一代代人再读

---

① 阎浩岗：《"红色经典"的文学价值》，第 283 页。

它时，都能被其感动，这就证明它有阐释的空间，阐释的空间很大。但是像《红岩》之类的"红色经典"，如果在共产主义教科书的层面去阐释是有可阐释性的，而当年包括那些专家学者在内的人士，他们也是在共产主义教科书的框架之内进行解读的，但是这样一个阐释空间毕竟是有限的，在这个阐释空间中其意义已经释放殆尽，那么现在面对这种"红色经典"的时候，就不能在这个框架之内解读了。进入一个新的历史语境之后，人们已经不再需要这个层面上的意义了，而释放其他层面上的意义又少得可怜，这样对它进行纯粹的文学研究会遭遇尴尬。这很可能意味着，"红色经典"在文学价值层面的贫困已导致了文学研究的贫困；或者反过来考虑，传统文学研究的价值观和方法论也对其自身研究构成了某种限制，面对"红色经典"这样的文学作品，它的十八般武艺已很难派上用场。

当文学研究的空间日益萎缩之时，文化研究便有了它的用武之地。在文学研究的极限处，文化研究闪亮登场了。然而，如此一来，相关问题马上也接踵而至：在文学研究的框架中，即便"红色经典"难以成为真正的经典之作，研究者也依然会把它们看作文学作品，但文化研究的对象往往是文化产品。与此相对应，文化研究的思路常常涉及产品的生产与消费，或者像霍尔等人研究索尼随身听那样，通过"接合"的社会学研究模式，呈现表征、认同、生产、消费和规则等"文化的循环"。① 既然如此，"红色经典"能否适应文化研究的游戏规则？这就牵涉对"红色经典"的重新定位问题。除"红色经典"这一定位外，革命历史题材的文学如今也被称为"国家文学"。但我的一个想法是，我们不妨把"红色经典"看作一种特殊形态的大众文化。

大众文化一般被认为是商业时代的产物，"红色经典"如果被看作大众文化，不是为了迁就文化研究而为药找病，而是因为"红色经典"确实呈现了大众文化的诸多特征。而如此定位，我还是从钱振文的书中所论受到的启发。他指出："中国当代的文学生产当然和资本主义条件下的文学生产不可同日而语，但是，作为政治文化产品的中国五六十年代的文学生产和被商品逻辑支配的资本主义的文化生产在生产方式上却具有异曲同工之妙。……从这样的角度出发，笔者认为这一特殊时段的文学首先是一种政

---

① 〔英〕保罗·杜盖伊等：《做文化研究——索尼随身听的故事》，商务印书馆，2003，第2～3页。

治文化产品，其次才是单纯的文学作品；另外笔者也认为，这一时段的文学生产符合一般的文化生产规律，如生产过程的社会化、组织化和集体生产的性质等，而且在某种意义上，这种'文化生产'的特征在这里表现得更为明显和直接，程度也更高。"（p. 12）

这就带来了一个值得深思的问题：如今我们谈论大众文化，往往删除了政治维度，而把那种商业化的文化工业看作大众文化的生产机器。阿多诺那个非常著名的文化工业理论就是从这样一个角度来思考问题的。但是我觉得思考这一问题时要考虑一下"冷战"时期的特殊语境和背景。资本主义国家如美国，在"冷战"时期，大众文化获得蓬勃发展，蒸蒸日上。1930 年代后期，阿多诺到了美国，美国的大众文化已成规模。"二战"之后大众文化发展得更快、更猛。我们一般认为美国是大众文化最发达的国家，一般认为社会主义国家没有大众文化，我们当时说我们的文化是大众化的，我们走的是民族化、大众化的道路。但是如果把我们那个年代的文化产品也看作大众文化的话，能不能成立？我认为是能成立的，虽然它运作的方式不太一样。资本主义国度是商业化的操作，社会主义国家是政治化的运作。而无论是商业化还是政治化，它们殊途同归，最终都具有了文化工业的典型特征，就是大规模地集体生产，投入了很多人力物力，寻找到了某种配方，然后按照这种模式投入批量生产中。"红色经典"当然有好赖之分，但都是模式化的东西，基本上是按照一种模式生产出来的。比如，我们经历了"二战"，我们也有"二战"的创伤，但是我们没有写出好的战争题材的作品来。为什么我们没有出现《静静的顿河》那样伟大的作品？我们 20 世纪五六十年代的作家都干吗去了？为什么没有写出好作品来？我觉得说白了就是那个时候大家都去做大众文化了。这样就可以理解我们那个年代的文学状态，因为要想把大众文化做成伟大的艺术作品是不大可能的。

最后是如果刚才的设想可以成立，那么怎样对"红色经典"做文化研究？而在这一问题上，《〈红岩〉是怎样炼成的》一书也具有某种示范性。从《〈红岩〉是怎样炼成的》的正文部分看，作者征引的材料非常丰富，而且好多材料以前没有公开发表过，是作者亲手挖掘所得之物。从序言（程光炜）和后记看，作者又在"田野调查"上下足了功夫。作者说，我们现在能够在公开出版物上看到的当代文学史料只是冰山一角，而大量纸质的资料或尘封在文学生产机构的档案柜里，或保存在当事人的书房之中，甚至珍藏在他们的心里。这种状况"决定了我们研究者不应该仅仅满足于传统的书斋式学问，而应该走出去，到文学生产现场去，进行大量的当然也是艰苦的'田野调查'"。这是作者在后记中呈现的思考。作者也提道，近些年来也常有现当代文学的研究生过来切磋学问，切磋到最后，作者就会告诉他们一个很简单的道理："当代文学研究工作固然是一种脑力劳动，但也是一种需要付出艰辛劳作的体力劳动。"（p. 283）"体力劳动"的说法我是第二次听到。以前有一位做现代文学研究的老师，有一次在一个公开场合说过：我们现在做学问常被认为是脑力劳动，实际上也是体力劳动。查资料、跑图书馆都是体力劳动。我记得童庆炳老师给罗钢的博士论文写的序里面特别提道，罗钢当年骑着一辆破自行车一趟一趟往北京图书馆（今国家图书馆）跑，带着干粮，一待就是一天。这也是一种体力劳动。钱振文所付出的体力劳动可能更大，他做访谈，做田野调查，不仅在北京，还要去重庆，来来回回，只要当事人还健在，他就努力找到他们，进行访谈，尽量把资料搜集得非常完备。后来我们私下聊的时候，他说还有好多资料没有用完。现在只要谈到跟《红岩》相关的东西，他就会说："我这儿资料是最全的，好多东西别人没有，就我这儿有。"

于是我想到了文化研究的方法。有一个文化研究学者叫巴克，他曾经指出，文化研究本身并不致力于方法或方法论问题，如果必须谈论其方法，则更应该关心文化研究的哲学方法而不是方法的技术性问题。在认识论层面，文化研究的方法有三：民族志（ethnography）、文本方法（textual approaches）和接受研究（reception studies）。① 而所谓民族志，就是"主要来自于人类学的一种田野调查研究（fieldwork research）方法，研究者努力进入到某个特殊的群体文化之中，并'从其内部'提供有关意义与行为的解说"。② 从实际情况看，英国的文化研究者（伯明翰学派）最初更擅长采用的就是民族志方法。而种种事实表明，钱振文的"田野调查"已融入了文化研究的方法——以民族志为主，同时兼顾到了接受研究。与此同时，他还采用了文化人类学所谓的厚描（thick description），即把"那些在任何

---

① Chris Barker, *Cultural Studies: Theory and Practice*, London, Thousand Oaks and New Delhi: Sage Publications, 2000, pp. 26-27.

② Tim O'Sullivan et al., *Key Concepts in Communication and Cultural Studies*, London and New York: Routledge, 1994, p. 109.

文化实践中都会出现的、看上去无足轻重却又丰富的细节"得到呈现，从而"揭示在某种文化中正在起作用的内在的矛盾力量"。①

这里我想特别谈一下细节呈现和厚描的问题。每年我都在看一些博士论文、硕士论文，看多了之后总是对一些论文感觉不太满意，当然每篇论文的问题都不太一样，但是其中的共性是，当我们看到一些论文的选题时，常常会知道它会得出什么结论。在这样一种情况之下，研究者要大量做的事情是用丰富的细节把它撑起来。就是其结论不研究大家也能想到，这个时候就要看细节上的功夫，看能不能用一些细节把论文支撑得血肉丰满。我觉得有时候论文写作和文学写作在某种程度上有相似性。比如，一个没有细节的文学作品一定是粗线条的，读了之后难以给人留下深刻的印象。文学作品想要感人，没有细节怎么可能？塑造人物需要细节，呈现特征也需要细节。论文写作也是需要细节的。当然不同题目的论文写法不太一样，但是如果能够用细节把文章呈现得饱满，那么论文就会生动很多，就活了，而且论文的质量也就相应地提高了。但是细节从哪儿来？肯定要去做一些调查。大家可能也知道，从事文化研究的好多学者是从文学研究转行过来的，他们很擅长使用文本分析的方法，但是民族志的方法相对来说较生疏。这并不是说民族志的方法如何难做，如何难以掌握，而是因为民族志的方法确实需要研究者投入更多的时间、经历，乃至体力，笨功夫下到了就能做出来了，功夫没下到就是做不好。材料如果很丰富，分析甚至都成了次要的东西了；很重要的材料摆出来，事实就可以说话了。我们的文化研究做不到位固然有多种原因，而在我看来，举证缺少田野调查的第一手材料，厚描没有可资利用的资源，文化生产的细节无法呈现等，很可能是更重要的原因。

通过以上的分析，我来谈一下结论：我觉得对"红色经典"做文化研究不仅是可能的，而且是必需的，而一些年轻的学人在此方面已做出了某种示范。这种"研究范式"的转换从小处讲是对"红色经典"祛魅，从大处讲是对当代文学生产与消费机制的一次重新评估。在计划经济时代，文学的生产与消费尚且云谲波诡，而在今天的市场经济年代，介入文学与生产与消费中的因素就更加丰富复杂了。假如当代文学研究者能够借用文化

---

① Charles E. Bressler, *Literary Criticism：An Introduction to Theory and Practice* (5th ed.), Boston, MA；London：Longman, 2011, p.325.

研究的路径与方法去面对已经生产和正在生产的文学作品，甚至去面对正被建构的文学经典，可能会形成与此前研究不尽相同乃至截然不同的结果。这种结果或许会对某些作家和学者的感情构成伤害，但是对于学术研究来说无疑是功德之举。

这就是我今天给大家带来的话题。谢谢大家！

互 动 环 节

问：我有两个问题，先问一个吧。您最后说的那个田野调查的问题，我觉得"红色经典"之所以还有光彩就是因为有那些附加的东西，那些公开出版、发表的材料是有原因的。如果一个学者之前去做田野调查，他把材料都收集起来，没办法实现怎么办？举个例子，一个学者跑到一个县城把整个的网络都了解得很清楚，但是最后他的论文还是在北京大学被存放了起来，没办法呈现。我不知道文化研究会不会遇到这样的问题。

答：我想刚才举钱振文的例子能够说明一些问题。按理说"红色经典"是比较敏感的一个话题，他搞到这些资料以后尽可能地让它呈现出来了，书已经出版了。我的想法是呈现要讲究一个技巧，在目前的环境下，呈现尤其要讲究技巧。再一个是我们要相信环境会越来越宽松，即使我今天呈现不出来，只要我把资料能搞到手，最终我是能把它呈现出来的。我觉得有这样一种想法也是不错的。

问：我还有一个问题，就是您说的那个横轴和纵轴的问题。您说专家和读者共同建构一个经典。但是在我看来，这个作品能够让专家和读者同时读懂的时候，就具备了成为经典的条件，经典从来都是专家和读者共同建构的。您刚才举到的例子有《红楼梦》、鲁迅作品。在《红楼梦》的时代，它的读者直接就是专家群体，鲁迅的作品也是这样，在那个时代，读鲁迅作品的也就是搞文学的那一批人；如果放到19世纪，像巴尔扎克、勃朗特姐妹，他们的作品大多由报刊进行长篇连载，他们对应的读者既是专家，也是普通读者，就是专家与读者一块儿建构经典，就变成经典了。所以我觉得绝大多数情况下经典都是专家和读者共同建构的结果，只有个别作品例外。

答：你说的这种情况肯定是存在的，我们能找到这样一些例子，但是也会找到一些反例，像现代主义文学的一些作品，它就是拒绝普通读者的。

作家在写文学作品的时候可能已经有了这样一个意图。当然这个问题比较复杂，涉及一个雅俗共赏的问题，涉及一个我们如何看待雅俗共赏的问题，涉及文学作品在成为经典的过程中普通读者、专家学者究竟扮演着什么角色的问题，等等。我刚才那么讲，实际上是从赵毅衡的横组合轴和纵聚合轴的概念受到一些启发，他是把这两种截然分开的，我后来想，这个"红色经典"在那个年代里，确实呈现了那样一种盛况。我们经常会看到一种情况，就是纯文学和通俗文学有分野。你可以想想这个情况。我们今天依然存在这种局面，纯文学的作品普通读者会看，但是看得很少；通俗文学的作品专家学者会看，但是相对来说也看得比较少。莫言属于纯文学的作家，他获奖之前好多人不知道莫言是谁，获奖之后在一个巨大的诺贝尔文学奖的效应下，一下子大家都知道了莫言和他的作品，这才找他作品来读，但究竟能不能读进去或者读出了什么滋味，那就是另外一个问题了。所以，其实你说到的那个情况是存在的。但是我们在纯文学通俗文学的这样一个框架里边去考虑的话，这样一种东西也一直是存在的，就是各有各的读者圈。当然也有一些作品，专家也喜欢，普通读者也喜欢，但这种作品我觉得还不是太多。

问：赵老师，我想问您一个问题，就是文化研究也是文学理论介入文化生产的一种尝试，理论通过怎样一种角色真正介入文化生产环节里面。毕竟文化研究是希望有所作为、有所作用的。如我自己想这个问题的话，我想到的就是一方面作为理论家的角色，另一方面是作为出版策划这样一种商业角色。我不知道您是不是接触过这样的角色，他一方面在学院里面当教授，是一个学者，另外一方面在出版圈当商人，现实之中有没有真的这么做的。因为我非常看中文化研究的作用。

答：据我所知，让学院里面的一个学者、教授同时扮演文化商人的角色，在西方世界里好像有，但也不是太多，目前在国内这种扮演者好像不多，或者几乎没有。为什么会出现这种情况，可能涉及一个阵营的问题吧，学者在一个学院的圈子里面，而外面那个文化商业的圈子对他来说比较陌生。另外，说到文化研究的作用，我没有想过它非得立竿见影不可，作用于这个时代、这个社会，有时候是要经过一个迂回曲折的过程。

问：赵老师，您今天讲这个"红色经典"，把它定义为一个特殊形态的大众文化，然后谈到了大众文化有商业操纵的，有政治运作的；从商品生产的方面来讲，这都是生产过程的社会化；从消费层面来讲的话，"红色经典"的消费，我觉得很有意思的是，您刚才提道，在反馈过程中，官方、专家和普通读者，他们都是作用于消费，但是在商业化的大众文化里面，文学消费反而会作用于生产。我想到我的论文《1990 年代的女性写作》，对女性作品的消费很多时候是影响到女性作家生产的。所以，从消费层面来看，"红色经典"能不能看作大众文化？"红色经典"的消费是怎样的？

答：这个可能涉及对大众文化定位。从哪个角度来定位？是从生产的层面来定位，还是从消费的层面来定位的。怎么定位大众文化，可能不同的人在不同的框架里面对它有不同的思考，有些人可能更多的是在生产层面来定位，但是有的人会把它移到消费的层面。我明白你的意思，就是说把"红色经典"从消费层面来定义，有点说不通，是不是？我可能更多的是从文化生产的角度来定义的。一个文化产品，首先有一架文化工业机器把它生产出来，它更多的要呈现生产文化层面的特征。你说的是被生产出来的产品在消费的时候再生产的问题。它在再生产的这个过程中反馈出的东西对作者有作用、有影响，这个层面还可以再琢磨一下，就是究竟怎么来定义大众文化，怎么定位大众文化更合适、更妥帖。

对《红岩》的消费跟我们商业化时代的消费显然是不可同日而语的，在特殊的历史语境之下的，对《红岩》消费基本上是大同小异的，它没有什么太多的差异性，但是我们承认这也是一种消费，它也是一种消费的形式，就是说这是在一个特殊的历史年代里面，我们的文化消费是以这样一种扭曲的方式出现的，那个年代的"消费"要打上引号，就是这个"消费"和我们一般意义上理解的"消费"还是很不一样的。我们一般理解消费，就是在商业时代，比较自由的拿钱逛商场，买东西；那个年代不是这样的，消费也是组织化的一个形式。接受是一个文学、美学层面的问题，消费和生产对应，有生产就要有消费，虽然这种消费是不健全的消费，一种扭曲的消费，但是它也是一种消费的形式。我觉得无论我们从文学生产和消费的角度来看，还是从一般意义上生产和消费来看，把它看作消费的特殊形式是成立的。回到马克思关于生产和消费的经典论述中来看应该说也能成立。

问：赵老师，您刚才提到《红岩》成为经典的一个双管齐下的过程，如果考虑到评论家的官方身份，以及报纸背后的政治，其实这两方面是一致的。那么这从根本上说是不是意味着并不是双管，而是单管，即是一种力量呢？

答：在当年那个特定的年代，基本的话语模式是差不多的，而且阐释的基本框架也有一个共同的东西，比如说共产主义式的教科书。我说双管齐下指的是，一边是专家学者高高在上，另一边是普通读者只能从细枝末节的东西上做文章。就是说专家学者和普通读者他们看问题的角度和方式上是存在差异的，但是那个年代的特殊情况下，它们都必须去吻合当时的政治形式，遵守一个共同的游戏规则，否则它们也不可能公之于众。在那个年代，人们平时说话都是小心谨慎，唯恐说错了，说错了就会惹来灾祸，那对《红岩》的解读肯定要在一个允许的范围之内来展开思考，这一点是毫无疑问的。也就是说如果专家学者是高级读者的话，那么还有一种是普通读者，他们对这样一个作品的消费、接受在一个不同的层面，即在不同的层面上及作用于它，于是一种文学消费的盛况就出现了。我想表达的是这样一个意思。

问：赵老师，我有一个问题，在"红色经典"解读的时候，说它失去了文本解读的价值，所以就有了文化研究，那么在文学研究导向文化研究的过程中，动机就是因为没有文本解读价值了吗？

答：我觉得是这样的，"红色经典"本身是文学作品，一般思路就是来做文学研究，在文学研究的层面上来面对它，这就涉及有没有文学研究的价值的问题，因为做文学研究，我们往往面对的是有价值的作品。为什么《红楼梦》研究会成为红学，且不断有人在研究？为什么有人反复对莎士比亚作品进行研究？就是因为它们是有文学价值的。如果它的文学价值都成了问题的话，那文学研究的立脚点在哪里，研究建立在什么样的基石之上，这些就会打上一个问号。所以我刚才说，"红色经典"的文学价值如果值得商榷的话，那么再对它做文学研究就成了一个大的问题。但是在这种情况下，如果还要来对它做研究，文化研究就派上了用场。我想表达的是这样一个意思。

问：赵老师，我一直不太理解文化研究，像它的范围啊，概念啊，研究对象啊，这个文化研究与以前所熟悉的文学理论各个流派之间有怎样的一种关系，它还属于文学理论中的一种吗？还是说它是另外一种领域？您怎样看待文化研究？

答：这个问题太大了，可能需要一个专门的讲述时间。简单来说吧，最初的文化研究者也是一些做文学研究的人，像英国的文化研究者，最初他们是研究文学作品的，但是当新兴的文化现象出来后，如大众文化现象、青年亚文化现象出来之后，怎么解释它？人们老是对此一顿臭骂，骂那些剃了光头，穿着奇装异服，留着长发之类的人和现象。其实，你光是情绪化地谩骂、宣泄是解决不了问题的。所以这些文学研究者，就是伯明翰学派，就从文学研究转向了文化研究，来面对这样一种文化现象，把它看成文化文本来进行研究。比如说，以前流行音乐不会进入文学研究者的视野，但是转到文化研究的思路上来的话，那流行音乐也可以堂而皇之进入我们的研究范围之内，所以这里面就有了一个转向问题。实际上就是文学研究者觉得我们社会发展越来越快，又出现了越来越多的新的文化现象，这时候文学研究的思路、角度已经没法再解决问题了，于是就转向文化研究，动用一些新的研究方法，转换思路，去面对新的文化现象。大体上就是这样一种情况。当然这里面有一些很丰富的细节，你可以找一两本文化研究导论的书来读一读。陶东风老师也带人翻译过这方面的书，读一读就能够解决这个问题了。

（录音整理：杨宇静）

时间：**2013 年 4 月 24 日（周三）15：00**
地点：**首都师范大学北一区图书馆学术报告厅**

主讲人简介

李学勤　1933 年生于北京，现为清华大学历史系教授、博士生导师，国际汉学研究所所长，出土文献研究与保护中心主任，夏商周断代工程专家组组长、首席科学家，中国先秦史学会名誉理事长，国际欧亚科学院院士。在甲骨学、青铜器及其铭文、战国文字、简帛学，以及与其相关的历史文化研究等领域，均有重要建树。出版专著《殷代地理简论》《新出青铜器研究》《走出疑古时代》《重写学术史》等 30 多部，发表学术论文 500 多篇。

主持人（陈英杰）　各位老师，各位同学，大家好！我们今天非常荣幸地邀请到了著名的历史学家，古文字学家，清华大学历史系教授、博士生导师李学勤先生。鉴于李先生有极大的学术成就和影响力，以及很多的荣誉称号和社会职务，在这里我就先罗列一些主要的给大家介绍一下。李先生曾担任中国社会科学院历史研究所所长，国务院学位委员会历史学科评议组组长，夏商周断代工程专家组组长、首席科学家，中国先秦史学会名誉理事长，国际欧亚科学院院士。

李先生是国内外公认的学术大家，相对于先生的学术成就，我认为先生来自于哪里已变得不再重要，因为先生是属于中国的，也是属于世界的。先生研究领域之广博、眼光之敏锐、见识之高远、见解之精深，令海内翕然，高山仰止。我想，总结先生的学术成就，做一部博士论文都是不够的。先生的《走出疑古时代》《重写学术史》等著作引领了当代学术思潮。具体到古文字，先生在古文字学的各个分支领域均有重要的贡献。先生对甲骨分期分类理论与方法的贡献有目共睹，世所公认。先生也是国际公认的青铜器学和简帛学研究权威。

今天先生演讲的题目是《清华简与古代文献》。2008 年清华大学入藏一批战国竹简，根据《清华大学藏战国竹简》一书前言提供的数据，包括整简和断简、残简在内，清华简的总数接近 2500 枚。此批竹简中完整简的比例较大，估计在 1700～1800 枚。参与鉴定的十一位专家一致认为："从竹简的形制和文字看，这批竹简应是楚地出土的战国时代简册，是十分珍贵的历史文物，涉及中国传统文化的核心内容，是一项罕见的重大发现，必将受到国内外学者的重视，对历史学、考古学、古文字学、文献学等许多学科将会产生广泛而深远的影响。"清华简专家鉴定组组长李伯谦先生说："从重要意义上讲，其价值怎么估计都不过分。"李学勤先生说，清华简的发现足以与西汉孔壁中经和西晋汲冢竹书相媲美。先生带领他的研究团队对清华简做了高速度、高质量的整理，其整理速度和研究水平得到了学界的一致称赞。

我想我的介绍终归是乏力的，现在就把更多的时间交给先生，让我们在先生的演讲中领略一位长者和学术大家的风采。现在就让我们以热烈的掌声欢迎先生给我们做报告。

清华简与古代文献

李学勤

前　言

各位老师，各位同学，今天能有机会又到首都师大来跟大家见面，是一件很高兴的事情。刚才我跟黄老师说，我过去有相当一段时间就住在紫竹苑这个地方。那个时候在我中国社会科学院的宿舍楼上，可以直接看到这个校园。现在盖了大楼，看不清楚了。我能再次到首都师范大学来，感到非常高兴。刚才主持人对我的介绍，我有点不太敢当，有的地方有一些溢美之词，我实在是承受不起。我今天介绍清华简的发现和古代文献的一些关系，这方面大家如果有什么问题，最后还留有一段时间，可以与大家做一个交流。

我先说明一下，今天这个题目叫《清华简与古代文献》。"文献"这个词用的是狭义，主要指传世的典籍。我也想请教黄老师，我不知道"出土文献"这个词是谁创造出来的，什么时候开始用"出土文献"这个词。它现在很流行，过去很长时间没有这个说法。"出土文献"中的这个"文献"是广义的。从广义上来说，出土的材料和传世的材料都可以叫"文献"。我说的"清华简与古代文献"中的"文献"是狭义的，是指传世的古代文献，这点需要在这儿说明一下。

大家都知道简，用竹木削成条状的叫简，比较宽一点的叫牍，这是我们祖先的一个发明。大家都知道文字本身就是一个发明。发明和发现不一样，用英文来说，"发明"是 invention，"发现"是 discovering。原来在自然界存在的东西，一开始我们不知道，后来找到了，这就是发现；在自然界不存在而由人类创造出来的东西，这就是发明。文字无疑是人类从开化以来最重要的发明之一。大家可以想一想，如果没有文字，人类的任何创造在空间和时间上都不能传播，这是很明显的。光凭嘴说不行，必须有一种载体、一种符号把它记录下来，这就是文字。有了文字之后，人们才可以物质地把人类的创造和人类的文化在空间上和时间上传播开来，保存下来。可是，有这种文字或者说符号，需要一种载体把它物质化，换句话说就是把它写出来，那写在什么地方呢，各个古代文明中被写的地方是不一样的。

我认为中国的竹木简这个发明，和其他文明古国的那些发明相比，有它特殊的长处。大家知道，埃及人书写的载体是所谓的"纸草"，也就是今天说的 papyrus。英文的纸（paper）就是从"纸草"这个词来的。纸草只在尼罗河一带才有，过去我见一些中东的朋友，我就问他们，那边像叙利亚、巴勒斯坦有没有纸草这种植物，他们说个别地方有，但不会像尼罗河流域那么多，所以他们说纸草不能作为普遍的书写材料。纸草这种东西，把它轧平了，一根一根连接起来，连成一个平面，就是纸草纸。但是，它只是限于尼罗河地区使用，实际上它只有在尼罗河下游地区才能普遍地采用，所以它的使用价值是有限的。两河流域的楔形文字主要书写在用黏土制成的泥板（clay tablets）上。泥板倒是挺结实，而且取材也很容易，它的缺点是太笨、太沉。巴比伦时代就有了图书馆，图书馆就是把刻有楔形文字的泥板储存起来，储存在一个房子或一个坑里，作为窖藏来处理。这种方法太笨了，但是可以理解。把黏土做成板，用一根棍儿在泥板上戳，戳出来的字是楔形的，就是楔形文字。而我们祖先发明的竹木简是用竹木来做简牍，而且可以把竹木连续起来，编起来，把它做成一个平面的东西，这真是一个非常伟大的发明。因为竹子是在中国比较普遍生长的，那时候不像现在，现在是河南以南有竹子，河南以北没有竹子，一直到中古时期竹子的分布都比现在还要广得多，所以竹木简是非常重要的。

关于简，我在任何地方提到清华简的时候都一定要做一个声明。尽管在今天这个场合不必要讲出来，可是我还要讲一下，因为它太普遍流行了。在这里我要讲两点。

第一，所有竹木简上的文字都是写的，没有刻的，希望同学在这个问题上注意，因为这个问题有太多人误解了。清华简经常有人来参观，他们都问这个问题。我见到他们就一定要讲，所有简上的文字没有刻的，都是写的，都是用毛笔蘸墨当然还有朱砂写的。大家都知道墨是一种黑色颜料。这种黑色或朱色颜料以及毛笔，都是在文字普遍使用以前就普遍存在了。大家看仰韶文化和后来半山、马厂时期陶罐上的一些花纹，都是用毛笔，蘸黑红色颜料写的。所以笔和墨的发明要比简的发明要早。竹简没有刻的，因为竹简那么薄，用刀刻根本就不大可能，这是第一个要说的。

第二，书写时主要是用墨，这个墨跟今天说的墨是一样的。当时的墨主要是用石墨做成的，石墨是纯碳的。竹简没有用漆写的。大家知道古代的漆是用漆树里流出的液体制成的，有生漆和熟漆。不管是生漆还是熟漆，都不适于用来书写，因为它太黏了。之所以要说明这一点，是因为人们容易误解古代的漆书就是用漆来书写的。古代的漆书不是用漆来书写的吗？漆书不是用漆来书写的，古代用漆书写的字很少在考古中发现。曾侯乙墓出土的衣箱上的文字是用漆来书写的，那些字非常难看，因为太黏，笔拉不开，所以用漆写是不实际的。要想在竹简那样窄小的面积上用漆写字几乎是不可能的。那么为什么叫漆书呢？我们的前辈杨树达先生有很好的说明，因为古代漆这个字常常代表黑的意思。北方话常常说"漆黑漆黑的"，用"漆黑"形容非常黑亮的东西。《周礼》注里说"漆车"并不是用漆做的车，而是指黑色的车。古代的"漆"代表黑色的且比较亮的文字。这就是我今天给大家介绍的前言。这些向大家说明一下就不会引起误解了。

一　清华简的收藏与整理

大家知道简发现了很多，而且竹木简的发现和研究目前已成为一门正式的学科，它是广义的古文字学的一个重要分支，我们常常称它为简牍学，在竹简中，窄的叫简，宽的叫牍，有时也把用丝织品写的帛书加到里面，叫简帛学。

简帛学是从现代人最早发现简帛时开始的，正好是1901年。1901年，外国的探险家在新疆的尼雅地区找到了汉晋时代的木简，这就是简帛学的开端。

可是现在我们谈到的清华简是战国简，它是竹简，不是木简，也不是在西部地区出土的。现代第一次发现这种简是20世纪50年代初期在长沙发掘的。大家知道，从1949年新中国成立后到1950年前后这段时间，我们的党和政府很快就恢复和发展了考古文物事业，而且工作非常迅速。当时考古事业要向哪儿开展，发掘什么呢？就是要继承新中国成立以前，特别是抗日战争以前被打断的工作，其中有一项工作就是长沙发掘。

在长沙做考古文物工作是从1940年代开始的，当时正值战乱时期，没有正式的发掘，只是有学者简单地做了些调查，搜集了些文物。1950年代才开始正式的长沙发掘工作，在长沙的五里牌、杨家湾、仰天湖三个地方都发现了战国时期的竹简，这是我们现代人最早能看到的战国时代的简。不过那时候发现的简主要是随葬在墓里的遣策。"遣策"这个词大家都知道，"遣"就是送，"策（或作册）"就是把简编起来，"遣策"就是随葬品的单子。它不是正式的书。

现代人最早看到战国时代的书是1956年在河南信阳的长台关一号墓发掘的，1957年这批简就发表了。这里面出土了真正的战国时期用楚国文字书写的书籍，有一篇书，但是已经非常碎了，当时我在《光明日报》上写了一篇文章，提到这是现在所见最早的战国竹书。不过那时候我的认识很差，因为看到"周公""三代""先王"这些词之后，就以为这是儒家著作。一直到"文化大革命"时期，广州中山大学的一些学者重新研究了这批材料，他们就指出这篇书里有一句话见于《墨子》的佚文。虽然如此，中山大学的这些学者还认为是儒家著作。后来我们再进行研究，才证明它应该和《墨子》有关系，很可能是《墨子》的佚篇，或者跟《墨子》有关系的佚书。这些我们就不管它了。这就是我们现代人看到的最早的竹书。

这以后，竹书的发现就多了，在座的同学都知道最重要的有两批：一批是1993年在湖北荆门郭店发现的郭店简。郭店简里有《老子》，还有一些儒家的著作，内容非常丰富。这批简到1998年得到发表，发表后轰动了全世界。一批是 1994 年上海博物馆从香港购买了竹简，① 也就是上博简。上博简从 2001 年开始出版，到现在为止已经出版了 9 本。按古籍整理规划来说，它一共有 12 本。规划是这么说，整理过程可能还有些变化，还在继续发展。当然还有其他的战国简，以及一些小的发现，最重要的就是郭店简和上博简。它们的特点不是文书档案一类的东西，也不是随葬品单子一类的东西，而是真正的书。这就是我们现在所能看到的战国时期楚国的竹书。

清华简的发现比这要晚，它是在 2008 年入藏的。现在有人要问这批简是什么时候出土的。它们是被盗掘出土的。因为如此，我们也就不知道确切的地点。根据我们现在的了解，估计这批简是 2006 年冬以前出土的。因为在 2006 年冬的香港有一个学术会议，在这个学术会议上有学者得到了有关这批简的线索。所以它一定是在 2006 年冬以前就到了香港，出土时间不会再早了。从它的保存情况来看，2006 年流散到香港是合适的。

入藏清华大学是一个怎样的过程呢？大家一定很有兴趣，我就给大家简单地介绍一下。从我个人来说，真正了解到有这样一批值得收藏的重要材料的出现是很晚的。因为我被邀请参加 2006 年在香港召开的学术会议，但是没去，所以也就不知道这件事情。会议结束之后才多少有点耳闻，看到一点线索之后就觉得可以判定里面一定有真的东西。我们委托香港的学者了解情况，做必要的鉴定，然后我们又亲自去一起鉴定，知道它是真的。假简很多，大家都知道假简是很能骗人的，不但是我们受骗，而且境外受骗的也很多。在这种情况之下，后来由清华大学的校友购买后捐赠给清华大学。

这批简是在什么时候到了清华大学的呢？这个故事也可以跟大家讲一讲。这批简到清华大学那一天是 2008 年 7 月 15 日，当时正值放假。这批简要捐赠进来，清华大学领导就找我咨询，说这批简要怎么办？当时我就拟定了一个方案，这个方案很简单，因为已经放假了，没有学生，也没有老师。在这种情况下，方案的精神就是维持原状，等到开学再说。于是我们就找了一个很好的地点——清华大学老图书馆三层，这个地方曾经保存过中央美术学院的一些珍贵的书画。这里有摄像头，有一系列的保安设备，而且也能够在温度和湿度上进行控制。运到的时候，所有的简都是用塑料

① 当时有材料说买了两批，后来又有材料说是三批。

膜包起来的，它们被装在大的塑料箱子里密封着，我们打开正式签收，签收完后，我们当然得检查这批材料了。一打开塑料盖就觉得不对头，它有一股很明显的化学品的味道，而且我们发现有些简是贩卖者用现代竹片托起来的。他们认为这是很好的保存方法，实际上是很糟心的方法，因为这样做会带进好多微生物，使竹简发霉。贩卖人为了保存，还加进了很多化学药品。这就使我们非常警惕，好在清华大学有很好的条件，我们马上请来化学系的教授做鉴定，鉴定结果使我们大吃一惊。

在这里我要给大家补充两点：一是所有的战国简都是泡在水里的，如果不泡在水里，就不容易保存了。因为它在地下时就是在水里的。一是已证明竹简上的菌都是活的，这就使我们非常害怕了。大家可能不知道，有的菌落能在几个小时之内把竹简钻一个洞，破坏性很大。所以我们马上拟出一个方案，要亲自动手，对简进行一支支地清洗。这个工作是很复杂的，我常常检讨这件事情，就是这个清洗的工作，我一点儿都没有参加。这不是我偷懒，而是由于年纪的关系。清洗简的工作要非常细致，所以都是由年轻的老师做的。每一支简都是用最软的画笔清洗的，绝对不允许破坏笔画。同时对简进行化学保护——杀菌，并把脏东西清理出来。非常抱歉的是我原来想做一个 powerpoint，由于这几天太忙了，我实在是做不到。我们28 号即星期天开始清华大学校庆，清华简有展览，分别在清华大学的校史馆和清华大学新图书馆举行，当然清华简本身是不能展览的，我们能看的是清华简的看板，约有二十几块，同学们感兴趣的话，我们会很欢迎。

我们一支支、一片片进行清洗，这个工作进行了差不多三个月。从 7 月 15 日入藏之后两三天之内就开始进行清洗，一直到 10 月才把工作做完，把所有的简都放在金属盘子里。其实我们做简的工作不是第一次，有这方面的经验。那时候我们用的盘子一般是医院里动手术时用的盘子，搪瓷的、白的，很干净。我们原来想用这种盘子，后来我们发现不行，第一就是一般通用的盘子很小，而这批简很多都有 45 厘米长，所以一盘通用的盘子放不下，这是一个问题。另一个问题是这种盘子的搪瓷有时会裂，一旦裂了，就会有很多很小的尖锐的小颗粒，这就可能把简毁了，所以绝对不能用这种盘子。后来我们出了一个主意，就是用食堂那种不锈钢的盘子，我们专门定制了这种盘子。我们现在一共有 72 个盘子。所有的简都用丝线捆在有机玻璃的托板上，字朝下，这样是为了避开光污染。房间是恒湿恒温的。清华简就是在这样的条件下进行保存。这是第一步工作。

在这之后的第二步工作就是请 11 个单位的专家开鉴定会。同时我们做了碳 14 年代测定、含水率测定，测定结果都显示是符合的，做了鉴定报告。在这种情况下，专家共同提出了一个意见。这个意见归纳为 6 个字："晚脱水，早照相。"

这个简要想长期保存，就不能永远放在水里，因为现在情况跟地下时的已经不一样了。简放在水里可以长期保存，可是它也就会有所变化。从 20 世纪五六十年代以来挖掘出的简还有泡在水里的，但有时保存不够好。大家希望简脱水后变成干简，可是大家要知道简变成干简之后，和湿简的面貌是有所不同的。这一点，大家一定有经验。就说洗一件印有蓝花的衣服吧，你往水里一泡，它的颜色就加深了，等它干了，你就觉得颜色变淡了。简也是如此，等到它干了之后，字就不那么清楚了，而且也不会恢复，这是不可逆的。

所有的文物，不管在地上的还是在地下的，只要在空气中暴露之后总是一天天衰减，这是自然规律。简也是一样，它接触空气之后，总会有所变化。这是一定的，不可阻挡的，所以我们要赶快照相。马王堆帛书出土之后，有的地方看着有字，没两月一看没了，而且一点痕迹都不存在了，幸好当时有记录。如果没有提前照相，那就一点办法都没有了。有些事情我们不能完全掌握，因此要赶快照相。可是照相特别难，这个工作整整做了三个多月，因为我们要把简放在玻璃板上带水照相。擅长摄影的朋友都知道，带水照相是会反光的，这样拍摄出来的照片是不能用的，所以这个工作很难做。我们在这方面有了真正的技术突破，用了一种方法使简可以带水照相。每一支简都带水照相后，我们把它捆好，并带上有号码的金属牌子。这样我们就知道，包括断简在内的简数量是 2388 枚。在所有的简里，整支是空白的几乎是没有，这一定是被贩卖的人从中抽掉了。他们通常是卖带字的，不卖不带字的。任何一次出土的简不可能没有一支白简。后来我们通过红外线摄影等其他的技术处理，又找到了一些有字残片，所有的加起来大约是 2500 枚。这是迄今为止发现的战国简中数量较大的一批。

到了 2009 年开学以后，全部照相工作已经做完了。我们照相是两种方式：一种是数字摄影，我们可以利用现代技术来处理。另一种是胶片摄影，我们照了大片子，用胶片专门保藏。这个工作做完后，我们在 2009 年的春季开始看一遍简。我们把简的照片放大，放映在墙上一个字一个字地读。简是乱了顺序的，我们只能以支为单位来读，这样我们大致了解了简的基本内容，深入了解那就是以后的事情了。

然后我们就进行缀合和编排，现在可以告诉大家，清华简有 70 篇左右的书。以后简能不能再拼合起来或再分开，我也不太了解了。

到 2009 年的下半年开始，我们就开始选一些简来发表。由于大家都很关心，领导也很重视，我们就选了一些材料。开始时我们就选了《保训》。为什么选它呢？原因很简单，因为《保训》的简很特别，长度特别，字也特别，只有这一篇是这样的。虽然里面缺了半支，整体还是不受影响的。

从 2009 年的秋天开始，我们就开始编纂整理报告。从 2010 年开始，我们计划每年出一辑。到现在为止，我们已经出了三辑。它的内容就是下面我要给大家介绍的。

整理报告的工作是这样的，我们吸取了各种工作单位编写整理报告的经验教训，将印图版放至原色原大。因为简太脆弱了，以后也不可能公开展览。现在我们要过去参观，也要经过校方的批准，套上鞋套才能进去，进去之后也只能停留很短的时间，而且室内也太冷。

简不可能长时间暴露在空气中，为此我们甚至有些对不起人，有些无法挽回的遗憾。清华大学的老校友何炳棣先生在美国多年，做过美国历史学会会长。我们请他来参观时，他已 90 多岁。他到了图书馆楼下的时候，告诉我们他不能上楼梯，而清华简在图书馆三楼，我们没有办法把简拿下来，所以最后他没能看到清华简。一年之后，他就过世了。这确实是一个很大的遗憾。

我们整理报告的图版一定要原大原色，不但有正面，而且要有反面。反面的所有现象都要表现出来。其实反面能发现有很多现象，有的有简的编号，有的有简的标题。另外，一位北京大学的同学很敏锐地发现了一个问题：反面有时会有划痕，而且这个划痕是在编好了之后划的。比如说，我的手指头就五根吧，划一道做个记号，这样我们就可以根据划痕的连续性证明这几支简可以排在一起。这些问题都要注意到。

大家要问简的整理工作要进行多长时间，由于学识能力有限，人力也有限，我们每年只能出一辑报告，平均每辑报告要有一百支简上下。有时会多一些，有时少一些，这要根据简的内容来决定。现在初步估计要出十三到十五辑的整理报告，从 2010 年算起，要出 15 年左右的时间。这就是我们的工作过程，现在我要谈简的内容。

二　清华简的内容

过去发现的战国简，较多是像我刚才介绍的长沙出土那样的遣策，还有的是一些祭祷记录，内容是关于为墓主占卜的，比方说墓主害病了，占卜能不能好，什么时候能痊愈等。清华简和它们不一样，是狭义的书籍，没有遣策和祭祷的内容，有 70 篇左右，和郭店简、上博简一样是书，但是书的性质是不一样的。郭店简主要是儒、道两家的著作，道家有《老子》，它有甲、乙、丙三个本子。儒家的更多，到现在为止，我还认为郭店简是属于思孟学派的，可以叫《子思子》类似的东西。上博简在一定意义上也和郭店简比较类似，其儒道著作性质和郭店简是一样的，甚至有的是重复的，但是也有些《周易》的内容。上博简里面的《周易》是用于占卜的，所以有一些彩色的符号；还有一部分是关于楚国记事的书籍。

清华简不同，它的主要内容按"四库全书"方法进行分类，是关于经、史一类的书。当然还有一些内容我们现在还不了解到底是些什么。在清华简没到清华大学以前，我们已经知道了它有《尚书》的内容，这一点我特别兴奋，大家知道出土《尚书》是很多学者的梦。在出土云梦简的时候，张政烺先生就曾经多次说过："要是出《尚书》就好了！"对于很多学者来说，《尚书》是三代史料中最重要的经典。我们真的发现了清华简里不但有《尚书》的内容，还有《诗》《易》及礼书、史书一类的内容。这批简的发现应该和历史上孔壁、汲冢的发现相类似。我想在座的同学都知道"孔壁"和"汲冢"。

孔壁的发现是在西汉时期，具体在西汉的什么时候，学术界有不同的看法，我个人倾向在汉景帝晚年，有人说在汉武帝时候，这也差不了多少。当时在曲阜这个地方，朝廷曾封了一个王，叫鲁恭王。鲁恭王"好宫室"，就是喜好盖房子。当时他就把孔子家的一部分旧房拆了。在他拆房的时候发现了墙壁里有一批竹简书，其中最重要的就是发现古文《尚书》，除此之外，能确定的还有《仪礼》《礼记》一类的书，据说还有古《论语》和《孝经》，这个就不确定了。当时这批竹书被上献朝廷，由于遇到"巫蛊"之乱，朝廷来不及处理这件事，就返还给当时的博士、孔家的后人孔安国，他就是后来传说《孔传》的作者。孔安国本来就是学《尚书》的，我们今天的古文字学里有一个词叫"隶古定"或"隶定"，传说是出自孔安国的

《尚书》大序。古文《尚书》传到东汉后就失传了。到了晋代，又出现了《孔传》本的古文《尚书》，有 58 篇。后经历代学者的长期研究，断定它是伪书，到现在这个争论还没有结束。今天我拿到的《齐鲁学刊》杂志还谈到韩国人研究这个问题。这就是古文《尚书》的发现，清华简里正好有几篇是关系到古文《尚书》的。

汲冢的发现是在西晋武帝的时候，具体的年份，学术界也有不同的说法，大致是晋武帝咸宁五年、太康元年或太康二年之间，这三个年份是连续的。那时候河南汲郡（即今汲县）有个农民叫不准，现代有学者称，古代真有人姓不。这个叫不准的农民在乡间走路，走着走着，一脚陷下去了，于是就发现了一个古墓。他就叫来村民来挖，结果挖出了铜剑、律管一类的文物，同时发现了 75 篇竹简。竹简中最重要的就是《竹书纪年》，它是很重要的史书，现在我们还在使用。可是古本《竹书纪年》在唐代以后就逐渐散失了。今本《竹书纪年》确实是伪书。清华简里有本书，跟《竹书纪年》是类似的。

这就是我跟大家介绍的清华简的收藏、整理等一些基本情况。下面我们就给大家介绍一下已经知道的清华简的主要内容。

1. 《尚书》

刚才说了清华简的一个重要内容就是有《尚书》的内容。传说孔子定的本子有百篇。由于秦始皇焚书坑儒，《尚书》就散失了。到了西汉取消"挟书律"之后，能传世的《尚书》就是伏生的本子。伏生是山东济南人。当时朝廷派晁错去传 90 多岁伏生的学问，但是由于语言不通，也没人翻译，有好多内容没有记录下来，能传下来的也就是用隶书写的今文 28 篇。今天我们讲的《尚书》也是今文《尚书》28 篇或者 29 篇（后又有人发现了一篇叫《泰誓》）。孔壁的《尚书》里多出的部分就是古文《尚书》。那清华简里有多少内容可以被称为《尚书》的内容呢？有些部分从体裁上看是《尚书》的内容，可是古文、今文本里都没有，那它算不算《尚书》的内容呢？我们不知道。百篇《书序》也是后人做的，我们也不知道是不是一定有百篇。清华简里《尚书》或者类似《尚书》的文献有 20 篇左右，这个发现是非常重要的。这里可以分成以下几种内容。

第一种，伏生《尚书》里有的，清华简里也有，但互相对照还是有些差别。由于本子不同，两者有差别在所难免。清华简是楚国时传下来的，伏生《尚书》是伏生做秦博士时传下来的。比如说《尚书》里的《金縢》，在清华简里的标题不叫《金縢》，叫《武王有疾周公所自代武王之志》，不管名字有没有差别，内容确实是《金縢》。在清华简的《金縢》和伏生《金縢》的差别中，有的是很重要的，比如说，《金縢》一开始提到"武王既克商二年"，清华简里是"三年"。"二年"和"三年"的差别是很大的，它对于推算武王伐纣的年份来说是一个很大的问题。还有古书上说"周公居东二年"，而清华简里是"周公居东三年"，"周公居东三年"可以和"周公东征三年"结合起来。"周公居东二年"和"东征三年"是怎么回事呢？难道是周公中间回来了么？这也不好讲。有的人说周公居东是为了躲避流言，然后又东征，这又和《尚书》不合，这是怎么也说不清楚的。最奇怪的一点到现在也无法解释，即凡是《金縢》里讲到占卜的，清华简里一处都没有。这些地方都很值得我们深思。

第二种，有些是伪古文《尚书》里有的，清华简里没有。比方说，孔壁本的内容里有《咸有一德》，今天伪古文《尚书》里有这一篇。《咸有一德》在《礼记》里叫《尹告（诰）》。实际上今天的传本把《尹告》错写成《尹吉》了。《尹告》这一篇，《礼记》有引，伪古文《尚书》里也有。清华简里引的句子与《礼记·缁衣》是一样的，但是它和今本的《咸有一德》是不同的，这就进一步证明了我们今天所能看到的《孔传》本中《咸有一德》这一篇是一篇伪作。这里说的伪作不是说作者故意要骗人的，只是说明它是后人写的。不但是这样，还有《说命》篇，它在孔壁本里没有被发现，可是古文《尚书》的百篇《书序》里有三篇。清华简里也有三篇，其标题是《傅说之命》，而且古书里引的《说命》的文字，这里几乎都有，可是它和今《孔传》本传下来的《说命》大不相同。这也证明了今天所能看到的《孔传》本的古文《尚书》是后人拟作的，就是把所有的引文编到一起。

还有一个很重要的发现——我们这里还有一些内容是《尚书》里没有的，而在《逸周书》（《汉书·艺文志》称它为《周书》）里有。据说《周书》71篇可能是孔子删书所余。大家要知道，在西汉时已经有了《周书》。《汉书·艺文志》是班固根据刘向、刘歆的《别录》《七略》写成的。西汉时的《周书》后来被称为《逸周书》。伏生的《尚书》29篇和《周书》71篇加起来正好是一百篇，所以一定是当时人把有关的书籍编在一起，正好补充了孔子的百篇之缺。《逸周书》里所包含的时代是不一样的，比如说《世俘》对于研究武王伐纣是很重要的，也和甲骨文的很多地方类似。清华简里有些内容是《逸周书》里的，比方说《皇门》篇、《祭公》篇、《程寤》篇。《程寤》篇是讲周文王妻子太姒做梦的事情，这跟文王受命有关。《程寤》篇在今本《逸周书》里已经没有了，可是在东汉《潜夫论》还有引文，到南北朝之后还有些引文，唐以后就没有了。它在清华简里是全篇。《皇门》篇和《祭公》篇在今本里都有，清华简里也有，但是对照起来，清华简里的内容古雅多了。今本《皇门》和《祭公》还有很多错字，从清华简里能看出它的错误之处。《礼记》里引用《祭公》篇，叫作《祭公之顾命》。①

清华简里有一些内容，体例上和《尚书》相同，但是我们不知道《尚书》原本里有没有。我们只能说它们是和《尚书》同类、价值相同的文献。还有些内容，我们还没看懂，比如说有些周初封国的材料，还有些内容和《尚书》有关。以后我们将陆续发表，供大家研究。清华简里的这些内容虽然只有 20 篇左右，但是《尚书》的重大发现。

2.《诗经》

清华简里关于《诗经》的，不是很多，却很有意思。前段时间我们发表了一篇《耆夜》，它讲的是武王八年周公征伐耆国的事情。② 今文《尚书》里有《西伯戡黎》，讲的就是这件事情。"西伯"，传统上说是周文王，可是宋代就有学者认为文王不可能去，而应该是周武王，清华简里明确说是"周武王八年"。周人战胜之后就回去"饮至"，即摆庆功宴，其中还有诗作，有周公的诗，有成王的诗。当时周公发现了一只蟋蟀，便作了一首诗叫《蟋蟀》，该诗和《诗经·唐风》里的《蟋蟀》非常相似。如果该简反映的是真实历史事实，那么《唐风·蟋蟀》便是周公本人的作品。但有一点需要和大家解释一下，古代的蟋蟀不是北京人所说的蛐蛐，而是类似纺织娘一类的东西。

在清华简里有很长的诗篇，发表在第三辑材料里。一篇类似《周颂》，另一篇类似《大雅》。类似《周颂》的叫《周公之琴舞》，当时一种带有警戒性的诗篇叫"毖"。周公和成王都做了这样的诗篇，有"九絉"，即"九终""九成"，都是用琴伴舞来演奏的。清华简里成王所作的一篇诗完整地见于今本《诗经·周颂》的《敬之》。原本清华简上可能有周公与成王的

① 《礼记·缁衣》作"叶公之顾命"，旧儒不得其解，后来学者指出"叶公"是"祭公"的讹误。

② 耆国就是黎国，在今山西东南部壶关一带。

诗各九篇，但现在发现的是周公一篇、成王九篇，估计其中可能有些调整。我曾经在刊登于《深圳大学学报》上的一篇小文章里讲道，有的诗说是成王的，不一定是成王的口气，而是周公的口气，所以当时可能是把遗失的内容拼了起来。这种组合乐诗的体裁相当于后来礼书里提到的《大武》。《大武》是祭祀宗庙时演奏的乐曲。《周公之琴舞》是成王与周公之间的问答，多是相互激励的话语，我大胆地猜测，每一代周王即位时都会演奏这样的乐曲。

还有的内容类似《大雅》，如有一篇叫《芮良夫毖》。芮良夫是周厉王时的大臣，关于他的记载很多。《国语·周语》曾提到他，《逸周书》有一篇就叫作《芮良夫》，《诗经·大雅》里的《桑柔》相传是芮良夫所作。《芮良夫毖》分为连续的两部分，加起来共 180 多句。现在所存的《诗经》中的这一篇没有这么长的。《芮良夫毖》是我们现在所能看到的西周时最长的且有作者的诗篇。总之，这一类材料在清华简里还有，不但有《尚书》的内容，还有《诗》的内容。

3.《易》

清华简中还有《易》的内容，我们现在还在整理，工作进行到了一半，到年底才能正式发表，有些观点还不敢说。不过可以告诉大家，大概在 30 多年以前，在吉林大学召开中国古文字学会成立大会时，张政烺先生做了一个著名的关于"数字卦"的讲话。清华简里也有专门讲"数字卦"的内容，所以我们现在对它的理解肯定与前人不同。究竟是怎么回事，下半年我再跟大家报告，现在暂时还说不清楚。

4.《系年》

第二辑只有一个内容，我们给它起名叫《系年》，原来是没有标题的，因为其中许多地方谈到了纪年。《系年》非常完整，只缺很少的几个字，一共分 23 章，时间是从武王伐纣到战国中叶，可以说是一部周朝的通史。关于西周的历史见于前 4 章。

通过清华简，我们就可以知道很多过去不清楚的事情了。比如，秦国的起源——秦人始于东方还是始于西方，自古以来这就是一个很有争论的问题。就近代学者来说，多数人认为起于西方，只有少数人认为它起于东方。清华简里有很清楚的记载——秦国国君是怎么来的。武王伐纣之后，飞廉①逃到商

---

① 飞廉：商朝助纣为虐的大臣，他的儿子叫恶来。

奄（今山东曲阜），鼓动商奄造反，后来周公伐奄，就把飞廉杀掉了，之后一直打到海边。朝廷为了惩罚这些反民，就让一部分人搬到了西方的朱圉山，[①] 让他们来抵抗戎人。从此秦人就在这里防卫，这就是历史上秦人的祖先，这是简文里说的。其实秦人出于商奄这件事在马王堆帛书里提到过，只是当时大家没有看懂。马王堆的《战国策》提及这件事，但今本的《战国策》里没有了。所以秦人就是起于东方，我自己为了这件事曾在 2011 年秋去了朱圉山（朱圉山是清代辨伪古文《尚书》的太原人阎若璩调查过的，古书上说那儿离县城三十里，现在地名为三十里店。现在那还有明朝的碑文，附近也有西周遗址）。清华简关于这类的问题还有很多，特别是就《左传》结束以后《战国策》不详细的一段——战国前期的历史提到很多的问题。

5.《楚居》

我们已经发表的还有关于楚国的史书，我们命名为《楚居》。古书《世本》中的《居篇》讲的是帝王诸侯的都城，《楚居》专门讲的是楚国的历史和建都的地点。从楚国传说中的祖先季连的世系，一直到战国中叶，记录了每一个王的都城。楚国迁都二十一二次，很多地名以前都没见过，很多历史事实也还不知道，需要现在学者慢慢考证。其中楚王的名字也与别的资料存在差别，也需要研究。

这就是已经发表和了解的内容，总之，清华简还有许多需要了解的东西。清华简就和最新的考古发现一样，如同地下的矿，需要不断地发掘。我们的工作还有许多缺点，我们也自知学识有限。整理报告的一个指导思想就是为今后的研究提供材料。学校的领导多次讲道，这不仅是清华大学的财富，而且是全国的财富，是人类的财富。这样一个重要的发现，我们要尽力开发，以供大家研究，我特别希望首都师范大学的老师们和在座的同学有机会来研究清华简。大家有什么新的发现，早点告诉我们，我们一定会非常感谢。我的时间也到了，谢谢！

互 动 环 节

主持人（陈英杰）：大家好，刚才李先生以当事人的身份对很多精彩内

---

① 朱圉：见于《尚书·禹贡》，位于现在甘肃的甘谷县。

容进行了爆料，让我们和清华简有了一次亲密的接触。李先生是一位百科全书式的学者，大家有什么问题，赶快提问。

问：李先生，我读了您写的关于清华简《耆夜》的文章，学术界对《诗经》中诗的来源，大约有三种看法。我想知道，我们通过对《耆夜》的研究解读，有没有可能提高我们对《诗经》中诗的来源问题的认识？

答：首先我们必须承认《耆夜》这一篇是战国时代的作品，它讲到的诗的起源与《吕氏春秋·音初》篇相仿。传世《乐记》应该也有这方面的内容，但有些内容《乐记》已经不存在了。《耆夜》发表之后，现在研究《诗经》的学者中，有相当一部分学者将这样的看法，认为四言诗起源比较晚，因为这是战国时代的作品，我们没有办法从文字本身来论证。无论如何，我认为清华简里的《蟋蟀》一定早于《唐风》里的《蟋蟀》。《周公之琴舞》和《芮良夫毖》很古老，它符合周初的条件。有关这方面的问题，以后还可以再讨论。5 月 10 日或 11 日，中国传媒大学姚小鸥老师将召开一个以《诗经》为主题的会议，我相信那时各位先生会做出更好的判断。

问：李老师，您好！我有两个问题向您请教。一个就是清华简里有没有《乐经》的内容，有人说它失传了，也有的说《诗经》就是其存在方式；另外一个就是古代的竹简串起来，读的方法是可以放在桌子上读，还是拿起来读，这跟后来有纸后一卷一卷地读有什么不同？这个不同是因为载体的不同，还是因为文化有差异？

答：谢谢这位同学提的这两个问题。我先回答后面一个问题。关于竹简的书写和阅读的方式，这个问题还需要研究和探索。比方说，一支简应该怎么写？古书里记载"执简"的内容是这样的：齐国崔氏把国君杀了，太史就执简而写。当时他不可能搬一张桌子，所以一定是一支一支的简拿起来写。有人指出"执简"方式可能是用手拿着顶着胸口来写，这是一种想象。如果是编好了的竹简，它没有办法拿起来书写，只能放在桌子上展开来写。过去有些学者专门对这个问题做了讨论。芝加哥大学的钱存训教授曾撰写过《书于竹帛》一书，书里专门讨论过这个问题，法国的学者也有过讨论。汉代画像石陶俑中所反映的书写方式也是一样的，一定是拿在手里书写。

至于第一个问题，我们希望能发现《乐经》。《汉书·艺文志》里讲到《乐经》完全失掉了。当时没有乐谱，乐谱是唐代后才出现的，如宋代姜夔的乐谱还保存在集子里。先秦的时候可能没有乐谱，就是一代代口耳相传的。我们应该明白，《乐经》没有一个字留下来。汉代有人引的《乐经》，那是后人拟作的。《周公之琴舞》肯定和乐有关，前头有"启"，后头有"乱"，可是我们没有理由说这就是《乐经》，只能说是与乐有关的文献。我想这个问题，恐怕是没有答案的，除非将来在再发现的文献上写着"乐经"。

问：李老师，您好！您刚才在讲座中提到伪书的概念，如伪古文《尚书》。我想问一下，您是怎么看待伪书的史料价值的？

答："伪书"这个词本身就有毛病。什么叫伪？"伪"这个词一听，就好像跟欺诈有关。我个人认为，"伪书"不是欺诈的东西，而是当时一定的学风造成的结果。比方说，古文《尚书》已经没有了，现在出现的跟《尚书》有关的书还不只有古文《尚书》，还有《孔丛子》《孔子家语》，它们都是孔氏一家的作品。当时它不像现在会做整理报告，原来的本子没有了，于是就有了拟作。现在讲的"伪书"大致产生于魏晋时代，比如，《孔子家语》《列子》以及佛经中的《四十二章经》。那个时代的人也许就认为那些书就应该那样写，并不一定是为了欺骗后人。可是后来确实有些书是专门骗人的，比方说《关尹子》。唐朝时姓李的当了皇帝，他就觉得老子是我们的祖先，道经就受到推崇，于是就定了四种经书，其中就有《关尹子》。《关尹子》肯定是假的，里头完全是佛教思想，跟关尹有什么关系，其性质就不太一样。

伪古文《尚书》在学术界影响特别大，它在学术界、思想界造成的影响是非常重要的。最近我们专门安排研究生来研究伪古文《尚书》对后世的影响。宋学的很多思想就是从这里来的，所以我们也不要看轻了"伪书"。最近还有很多人为伪古文《尚书》辩护，光专著就出了好几本。

问：李老师，您好！您在做夏商周断代工程时，我还很小，但是当时已有一些了解。清华简这批新出土的材料，包括近几年一些新材料的发现对夏商周断代工程有什么新的借鉴？

答：很感谢你提出这个问题，很多人很关心夏商周断代工程的结果，它的最终报告估计最近会出版。说实在的，参加这个工程的专家学者老了，工作就拖拉了一点。可是更重要的问题是我们发现了一些新的材料。就新材料提出的一些新问题能够补充进我们 2000 年以前所做的内容里，特别是碳 14 的一些数据，我们已经收录进去。我们会很快出版一本报告供大家讨论。当然，还有些问题解决不了。科学的东西就是这样，是不断进步的，是不能做结论的，所以我们叫它"阶段性报告"。目前看来，二百多人做的工作没有白做，还是把这方面的研究推进了一步，我们也收获了一些经验教训，也许教训相对更多些，今后还会有更好的发展。

问：李先生，您好，我们知道您的学术生涯已经有 60 多年了，涉及的学术范围非常广泛，请问您觉得在自己漫长的学术生涯中，最大的学术成就是什么？您对我们青年学生有什么寄语？

答：这个题目太大了，我觉得我不适宜回答这个问题。我不再年轻了，最近也常常有年轻人来访问我，也不能完全拒绝，只能做一些违心之论。黄老师还是比较了解我的，我常常说我的过去"不足为训"，因为在不同的历史时期，经历过的一些事情也不同。我 1952 年参加工作，那时才 19 岁。大家不要以为那么小就参加工作有什么了不起的，那就是当时的历史使然。那时候中国科学院要我去考古研究所，因为当时我做了些像黄先生（黄天树）那样的甲骨拼合的工作，当时国内是没有几个人做这些事情的。现在来说，那个年纪到考古研究所已是不可能的事，也就不足为训了。若有些话需要告诉大家的话，我想说的是我现在确实不太年轻了，却有很多事想做没有做成。前些年，我在全国政协上交过一个提案：我建议成立一个"口述历史"的机构。这个机构要找各界的学者，包括自然科学技术、人文科学的学者在内，要他们讲的不是有过什么"过五关斩六将"的辉煌成绩，而是让他们讲一讲想做而没有做到的事。我的这个提议受到了上级领导的重视，后来科技部组织了包括科技部、中国科学院等在内的 7 个单位来讨论。现在在座的首都师范大学的学生应该感到庆幸，能在这么好的学校、这么好的老师，能够有更多机会请教老师，直接让他们讲述一生的经验。我个人呢，就是乏善足述，没有什么好告诉大家的。我劝告大家能够更好地利用当前的机会。谢谢大家！

问：李先生您好，我想问一下清华简《系年》中有关于"平王东迁"的事情，其中有一个是"周亡王九年"。整理者认为是这九年没有王，有些学者认为周王指周幽王。我想问一下，先生对这个问题有什么看法？

答：这个问题，我个人的意见反映在整理报告里，"周亡王九年"不能断读成"周亡，王九年"，那"王九年"是谁的九年？周幽王九年还是携王九年？这个句子没办法读。这应该是"周无王九年"，就是说周有九年没有王。如果是周幽王或携王，时间排不好，这个问题我们讨论过多次。谢谢！

（录音整理：杜庆华、王挺斌）

时间：**2013 年 5 月 16 日（周四）18：30**

地点：**首都师范大学北一区文科楼 602**

主讲人简介

康保成　中山大学中文系教授、博士生导师，教育部人文社会科学重点研究基地中山大学中国非物质文化遗产研究中心主任，《文化遗产》主编，享受国务院特殊津贴。研究方向为中国古代文学、中国戏曲史。近年来侧重从戏剧与民俗、宗教的关系方面入手，探讨古代戏剧形态的演变。代表著作有《苏州剧派研究》《傩戏艺术源流》《中国古代戏剧形态与佛教》等。

主持人（左东岭）　康老师是中山大学的教授。大家都知道，中山大学是国内戏曲研究最重要的研究基地。康老师是目前国内戏曲研究做得最好的老师之一。今天机会很难得，康老师讲的题目也很有意思，是《〈永乐大典戏文三种〉的再发现与海峡两岸学术交流》。下面，我们欢迎康老师为我们做这次报告。

《永乐大典戏文三种》的再发现与
海峡两岸学术交流

康保成

一

在许多人的记忆中，嘉靖本《永乐大典》卷 13991（即通常所说的

《永乐大典戏文三种》）早已不在人间。1979 年 10 月，南戏研究权威钱南扬先生的名著《永乐大典戏文三种校注》在中华书局出版。钱先生在本书的《前言》中说：

> 此书已流出国外，一九二〇年，叶玉甫（恭绰）先生游欧，从伦敦一小古玩肆中购回来的，一直放在天津某银行保险库中。抗战胜利之后，此书遂不知下落。现在流传的仅几种钞本，及根据钞本的翻印本，可惜见不到原书了。

众所周知，《永乐大典》原书即永乐年间的正本早在明末时已从人间神秘消失，故钱先生所说的"此书""原书"均指嘉靖年间所抄的副本。钱先生是抗战前少数目睹过嘉靖本的学者之一，他的《宋元南戏百一录》刊于 1934 年的《燕京学报》第九专号，正文前即附有珂罗版影印的嘉靖本《永乐大典》卷 13991 首页。钱先生说原书抗战后"不知下落""见不到原书"，这让人感到既遗憾又无奈。20 世纪 80 年代末，业师王季思先生主编《全元戏曲》，我受命担任"戏文三种"的整理工作，只能以《古本戏曲丛刊》收录的仿抄本的影印本为底本。

然而，在钱先生的《永乐大典戏文三种校注》出版整整 30 年之后，即 2009 年 11 月 21 日至 22 日，在南京举办的南戏国际学术研讨会上，台湾嘉义大学中文系副教授汪天成先生所宣读的论文，道出了一个惊人的发现：嘉靖抄本《永乐大典戏文三种》尚完好地保存在台北"国家图书馆"中。这一消息，不仅当即在海峡两岸古代戏曲、古代文学研究者中激起了强烈反应，而且也引起了关心《永乐大典》命运的文献学家和普通读者的热切关注。

2010 年下半年，我在台湾任教期间，受邀到嘉义大学演讲，汪天成先生慨然以嘉靖本《永乐大典戏文三种》（以下简称《戏文三种》）影印件相赠。最近，我有幸再次到台北，除到台北"国家图书馆"目睹嘉靖抄本的真容之外，还获赠了汪先生提供的嘉靖本《永乐大典》卷 13991 电子扫描版（朱墨两色）。承老友孙玫教授告知，他在看到嘉靖本时，深深为《永乐大典》原本的"皇家气派"所折服，笔者颇有同感。《永乐大典》原书全幅为 35.3 厘米×24 厘米，比明代长城砖中长砖的长（37 厘米）略短，而宽（砖宽 15 厘米）则远远过之。人工绘制朱色双边、版心、鱼尾、象鼻，朱色书写书目和圈点。首页书眉,钤有两枚藏书印章,一枚为"国立中/央图书/馆考藏"朱文方印,一枚为"管理中英庚/款董事会保/存文献之章"朱文长方印。这一切,完全颠覆了以往看缩影印本的印象。令人欣喜的是,书内还夹有叶恭绰先生亲笔题签:"永乐大典 二册 戏 职 民国九年得于伦敦 遐庵。""遐庵"是叶恭绰先生的号。显然,《戏文三种》是和叶先生同时发现并购买的另一册《永乐大典》(即卷24718、卷24719"职"字一册)放在一起的。

至此可以确认,嘉靖本《戏文三种》并未消失,而是完好无损地保存在台北。然而,为什么在半个多世纪的时间里,大陆学术界对这一消息竟然一无所知?嘉靖本《戏文三种》究竟如何去了台湾?从北京到伦敦再到台北,这中间发生了多少鲜为人知的故事?牵动了多少和国家、民族、个人命运有关的事?一番探索之后,不禁感慨系之!

二

当我从汪先生手中接过嘉靖本《永乐大典》卷13991的影印件时,脑海中闪过的第一个念头就是:难道在汪先生之前,就没有人知道这册传闻"失踪"的嘉靖抄本实际上保存在台湾吗?顺着这个思路寻根问底,方知道远不是那么回事。

通过网络检索并在台湾大学林鹤宜教授的帮助下,我首先发现,由张其昀先生任编委会主任、台湾"中国"文化大学编纂出版的,号称台湾"第一套中文百科全书"的《中华文化百科全书》中,已经列有"永乐大典戏文三种"的条目,该条目的作者林振辉先生明确说:"《永乐大典戏文三种》,即《小孙屠》、《张协状元》、《宦门子弟错立身》三本戏文。《大典》所收戏文部分,自卷一万三千九百六十五起,迄一万三千九百九十一止,凡二十七卷,共收戏文三十三种,书原皆已亡佚。民国九年,叶恭绰氏于英国伦敦一小古玩肆中,购得第二十七乙册,携归中土,即此三种戏文,皆学者前所未见,为今存最古之南戏全本,而戏文传奇之接承、南戏北剧之大别,于焉明矣!原书今藏"国立中央图书馆",有复印件、钞本与排印本流传于世。"《中华文化百科全书》出版于1983年。也就是说,在汪先生发现此书藏于台北的26年前,这一消息已经在台湾的大型工具书中所有披露了。

再往前追溯，1963 年，日本学者岩井大慧的《永乐大典现存卷目表（新订）》在"卷一三九九一"下明确著录："旧天津徐氏，台北'中央'图书馆。"并注云："此册有北京图书馆仿钞本，民国古今小品书籍刊行会排印本。"岩井的《永乐大典现存卷目表（新订）》又比《中华文化百科全书》早了整整 20 年。

更令人吃惊的是，1962 年杨家骆先生主持影印的《永乐大典》在台北世界书局出版，其中第 76 册收入卷 13991，乃用北京图书馆所藏仿抄本影印；但在第 99 册"补遗"部分，已收录了该卷的原件影印本。为提醒读者关注，杨先生在卷首"附编总目"第 99 册之下和正文第 99 册扉页两次注明："卷一三九九一，第七十六册原以仿钞本影印，应以此嘉靖钞本抽换。"估计在影印第 76 册时，杨先生尚未注意到嘉靖本存于台北，不然不会舍近求远、舍本逐末，收入北京图书馆所藏仿抄本的；到得知这一消息时，第 76 册已经付印，来不及"抽换"，只能以仿抄本和原本并存。

收有嘉靖本《戏文三种》的《永乐大典》在海峡彼岸影印出版 17 年之后，海峡此岸的钱南扬先生尚发出此书"不知下落""可惜见不到原书"的无奈叹息，这不能不归咎于两岸的分治。当时，台方鼓吹"反攻大陆"，两岸关系高度紧张，大陆学者无缘见到台版书籍。

然而，1985 年，台北大化书局又出版了一部现存的《永乐大典》的影印本。这个版本在世界书局本的基础上增加了大化书局主持人李殿扬教授新搜集到的十二卷《永乐大典》，其中卷 13991 也是影印的嘉靖抄本，但或由于并未注明版本（世界书局本已特别注明，无须再注）的缘故，加之按流行的单色（墨色）影印，并将书眉上的两枚藏章略去。所以，虽然此时两岸已经开始交流，大陆有些图书馆也购置了这个版本，但嘉靖本卷 13991 的存世依然未引起大陆学术界注意。中华书局 1986 年辑录、影印现存的《永乐大典》，其中卷 13991 使用的还是北京图书馆藏的仿抄本。同年，张忱石《永乐大典史话》附录二"现存《永乐大典》卷目表"将该册收藏者著录为"未详"，并且说："原为叶恭绰藏，今不知流落何处。北京图书馆、台湾'中央图书馆'均有仿抄本。"1992 年，大陆发表的一篇论文在引述了钱南扬"此书遂不知下落"的序文后说："北京图书馆、台湾'中央图书馆'所藏均为仿抄本。"2002 年 4 月，国家图书馆举办《永乐大典》编纂 600 周年国际研讨会，翌年出版该研讨会的论文集，竟无一人谈及本卷尚存于世的消息；上海辞书出版社也为纪念《永乐大典》编纂六百周年出版朱墨两色套印的"再现《永乐大典》风韵"（胡道静序语）的《海外新发现永乐大典十七卷》，嘉靖本卷 13991 亦未被收录在内。一本 2010 年出版的研究《永乐大典》流传与辑佚的专著说："叶恭绰从伦敦买回的为《大典》戏字韵的一册……此书原卷已不知下落，国家图书馆及台湾'国家图书馆'所藏均为仿抄本。"尽管同一作者后来发表的论文宣称，台湾"国家图书馆"所藏为嘉靖本，但这已在汪先生公布"再发现"消息两年之后。

今天，当我们回顾《永乐大典戏文三种》从"失踪"到"再发现"的过程时，不仅感慨两岸分治给学术带来的不利影响，而且还不能不抱有深深的愧疚。这一珍贵的文献之所以直到 2009 年方被"再发现"，固然是由两岸分治所造成的，但古代戏曲研究界《永乐大典》的辑佚者、研究者们搜求不广、用功不深、读书不细，不也是重要的缘由吗？

我猜测，杨家骆先生得知《永乐大典》卷 13991 存于台北的消息来源，应当是《国立中央图书馆善本书目》。然而，这一书目目前公开流通的只有 1986 年的增订二版，最早的也是 1967 年的增订初版，都晚于杨先生主持影印《永乐大典》的时间。但这两个增订版正文前都有"中央图书馆"前馆长蒋复璁先生于 1956 年写的序。这说明，该书目一定有更早的版本。果然，当台北"国家图书馆"善本部工作人员把他们内部使用的工作本取出来时，我几乎要叫出来："就是它！"该书目刊印于 1957 年，看上去已破旧不堪，并且夹着各个时期的书签，写满了不同颜色的工作标记。在该书目的第 130 页，赫然著录"《永乐大典》，存卷一万三千九百九十一"；并注云："明解缙等撰，明嘉靖隆庆间内府重写本，存卷一万三千九百九十一'戏'字。"尽管工作人员再三表示，这个版本"错误太多"，但此时的我已经心满意足。中央图书馆 1948 年末、1949 年初从南京迁台，1954 年重新组建，仍由蒋复璁任馆长。可以认定，眼前的这个著录是台湾最早著录《戏文三种》的书目。

可以为这个书目提供佐证的是，台湾"中央图书馆"原特藏组主任昌彼得于 1956 年写的《"国立中央图书馆"的善本书目》一文在提到"本馆收集"时云："明内府抄本《永乐大典》等。"昌彼得写于更早的《永乐大典述略》一文云："抗战期中，中央图书馆曾先后收购了八册（《永乐大典》），这恐怕是今日'自由中国'所仅藏有的几本了。"按，这八册《永乐大典》今仍全部收藏于台北"国家图书馆"善本部，其中包括《戏文三种》一册。

三

钱南扬提到《戏文三种》"抗战胜利之后"下落不明，昌彼得则说"抗战期中"中央图书馆购买了此书。这样，钱先生当年的疑惑就得到了解释。然而，这册原本属于叶恭绰先生私藏的书籍，在抗战期间是如何被国家购买？后来又如何到了台湾呢？

在《永乐大典》编纂600周年国际研讨会上，时任国家图书馆善本特藏部副主任的陈红彦女士撰文指出：

> 1931年，"九一八"事变以后，华北局势动荡不安，政府下令古物南迁。北平图书馆先将敦煌写经、古籍善本、金石拓片、舆图及珍贵的西文书籍装箱后存放在天津大陆银行等较为安全的地方。1933年5月，教育部电令北平图书馆将宋元精本、《永乐大典》、明代实录及明人文集挑选精品南迁，以防不虞。接电后，北平图书馆即将包括《永乐大典》在内的善本典籍运往上海，存放于公共租界仓库，并成立国立北平图书馆上海办事处负责管理。在今天我们保存下来的装箱单上，可以清楚地看到当时《永乐大典》南运的情况。
>
> 1937年"八一三"事变以后，上海沦陷，不久欧战爆发，国内局势进一步恶化，国家图书馆存放在上海的图籍的安全遭到威胁。代理馆长袁同礼先生和上海办事处钱存训先生通过驻美国使馆与美国联系，决定将这批善本再做挑选之后运往美国寄存。选取的三千种书中有60册《永乐大典》。于太平洋战争发生之前运抵美国，由美国国会图书馆代为保管。1965年，这批善本转运台湾，目前仍暂存于台湾。

这或许让人想起：《戏文三种》可能就在这"60册《永乐大典》"中。但这一猜测很快便被否定。第一，这"60册《永乐大典》"1965年方才从美国转运到台湾，但其卷13991早在1957年就出现在台北"中央图书馆"的《"国立中央图书馆"善本书目》中，时间上对不上号。第二，由美国国会图书馆代为保管的这批古籍，应当属于原北平图书馆公藏，而非叶恭绰等私藏之物，因而不应包括《戏文三种》在内。

那么,《戏文三种》究竟是如何从私藏转为公藏,又辗转到了台湾的呢?经过考察,抗战时期郑振铎等一批爱国志士舍生忘我地保护民族文献的一段可歌可泣的佳话跳入我的眼帘。沿着这一线索继续追溯,一张《戏文三种》从北京—英国伦敦—北京—天津—香港—日本东京—上海—南京—台北的漂泊路线图逐渐清晰地呈现在我面前。

1937 年 8 月 13 日日军进攻上海,同年 11 月上海沦陷,租界成为孤岛。时局动荡,国将不国,江南一带的藏书家纷纷以低价求售维生,美国、日本的一些公私藏家也派人来华购书。为使民族文献不流入外邦,1939 年末,张元济(时任商务印书馆董事长)、郑振铎(时任暨南大学文学院院长)、张寿镛(时任光华大学校长)、何炳松(时任暨南大学校长)、夏丏尊(上海立达学园创办人,时在抗日后援会工作)、张凤举(时任中法大学教授)等人联名致电中英庚款董事会董事长朱家骅和国民政府教育部部长陈立夫,敦请政府协助完成抢救民族文献的工作。翌年 1 月初,朱家骅单独并与陈立夫联名复电各一通,表示完全同意并支持郑振铎等人的建议,并另指示中央图书馆筹备处主任蒋复璁居中联络协调。于是,2 月初,除年高体弱的张元济之外,其他几人均在郑振铎起草的文献保存同志会办事细则上签名,以抢救和保存民族文献为宗旨的文献保存同志会(简称"文保会")在沦陷区上海宣告成立。

在不到两年的时间里,"文保会"克服重重困难,甚至冒着生命危险,在敌占区秘密开展民族文献的搜集、购买、保管、运输等工作,取得了巨大成绩。据苏精先生《抗战时期秘密搜购沦陷区古籍始末》一文,抗战期间抢救的这批民族文献,"单是甲乙两类的善本古籍就有四千八百六十四部,共是四万八千多册,普通本线装书更多,有一万一千多部"。郑振铎《求书日录》则谓:"在这两年里,我们创立了整个的国家图书馆。"而购书使用的经费,则主要由中英庚款董事会与教育部拨付。按当时的建制,中央图书馆隶属于教育部。根据当事人陈立夫的回忆,"庚款会"为购买图书拨付 120 余万元,教育部拨给"二百数十万元"。这在当时堪称一笔巨款。上文已述,今台北所藏嘉靖抄本《永乐大典》卷 13991,首页钤有"国立中/央图书/馆考藏"和"管理中英庚/款董事会保/存文献之章"两枚印章。而主持盖章的人,恰恰就是"庚款会"董事、当年从伦敦购回此书的叶恭绰。

1900 年(清光绪二十六年,庚子年),义和团围攻东交民巷外国使馆,

6月23日，位于英国使馆北邻的翰林院遭纵火。这把火究竟是谁放的尚存争议，但残存不到八百册的《永乐大典》历经最后的劫难而烟消云散，英国人从这次焚毁《永乐大典》的事件中得益最多确是事实。翌年6月11日，英使馆交回330册《永乐大典》。而《戏文三种》很可能就是在这次劫难中未交回而被某个英国人带到伦敦去的。

第二年，清政府被迫与各国签订《辛丑条约》，其中规定向各国赔付白银四亿五千万两，年息四厘，分39年付清。1907年末，美国总统罗斯福要求国会授权减免和取消庚子赔款中超出实际损失的部分，将这部分款项用于资助中国的教育和留美学生。1908年，美国向中国退回半数庚子赔款，其中的一部分用于开办清华留美预备学校，即清华大学的前身。"一战"后的1918年，中国以战胜国身份停止向战败的德国和奥匈帝国赔款。1924年，苏联宣布放弃原来沙俄的赔款要求。同年年底，美国宣布第二次退还庚子赔款，把余下的所有对美赔款全数退还。1925年，法、日、英、比、意、荷等国都声明退回赔款余额。不过，除苏联之外，退回庚款的实际使用都由中外合组的管理委员会主持。1931年，直接隶属国民政府的中英庚款董事会在南京成立，负责管理、使用英国退还的庚子赔款事务，董事长为朱家骅，叶恭绰则是十位华籍董事之一。蒋复璁于1956年撰写的《国立中央图书馆善本书目序》云："抗战中……有识之士向政府进言，宜多方搜购，以免文献之落入异域。管理中英庚款董事会朱董事长骝先先生（朱家骅，字骝先——引者注）以法币减值，提议将原拨本馆之建筑费，移购善本图书。教育部部长陈立夫先生、次长顾一樵先生均同意此举。"1940年元月初，蒋氏"由重庆飞往香港，在港与中英庚款董事会叶恭绰先生接洽，请他在港负责采购广东散出之珍籍"。

叶恭绰原居上海，"八一三事件"后到香港，是来避难的，属于侨居。但接受了任务后，便全身心投入了护书的工作。开始时，他"除负责香港方面的搜购外，又主持由沪寄港精品的转运事宜，并提供上海同志会工作场所"。到后来，一项更为艰巨的任务也交由他来主持，这就是存放、装箱、起运的工作。据《陈君葆日记》，从江南各地搜购来的大量图书，于1941年9月3日寄达香港，时任故宫博物院古物馆馆长的徐森玉专程赶来，召集叶恭绰、香港大学教授马季明和香港大学冯平山图书馆馆长陈君葆商议这批书的保管和往重庆的转运问题。在叶恭绰、陈君葆、马季明等人的安排下，这批书被暂时存放在冯平山图书馆。同时，叶恭绰委托时在香港的商务印书馆总经理王云五代制了一百多个"内衬铅皮、外围铁带的木箱",把上海寄来的邮包拆开、核对、登录,再装入箱内,"忙了一个半月,共装了一百一十箱"。到 1941 年 10 月初,决定将这批古籍通过当时的驻美大使胡适转运到美国国会图书馆暂存,"为将来辨识起见,必须在每册之上加盖中央图书馆藏章和中英庚款会印记。工作人员只好将木箱打开,全部从头做起,十一月底盖完"。本打算 12 月 6 日装船起运,不料原来订妥的美船格兰总统号突然改变行程未停靠香港。接着太平洋战争爆发,香港沦陷。一个名叫竹藤峰治的日本人"带引日军调查人员至冯平山图书馆,扣留馆长陈君葆加以盘查,最后强行运走这些装箱的古籍"。由于日军的行动是秘密进行的,致使这批原打算运往美国的善本古籍一时下落不明。据苏精说:"由港抵桂林的港大教授陈寅恪,写信给中英庚款会,谓古籍已由日军'波部队'运走,且已发现运送时的目录。"按陈寅恪先生于 1940 年 8 月任香港大学客座教授,翌年 8 月 4 日中文系主任许地山逝世,陈先生接任系主任一职,12 月 25 日香港沦陷即辞职闲居,1942 年 6 月 18 日从香港经广州湾(即湛江)抵达桂林。在香港大学任教期间,陈先生与陈君葆、中文系主任许地山等过从甚密,并且至少间接接触过叶恭绰。此外,陈先生因生活拮据和离港路费等问题也曾接受过"庚款会"及董事长朱家骅的接济。所以,陈寅恪应当了解这批古籍的情况,他向"庚款会"写信通报这批书被日人劫走也是可能的。但此信的原件我们尚无缘见到,别处也未见提起陈寅恪写此信之事,姑且录之备考。

新发现的 1945 年 12 月 7 日叶恭绰致郑振铎的信函中说:"运美各书之目录,当时编制匆促,不及查注版本等等。弟拟向尊处补查补注,以为向日本索回之据。""此运美各书又闻仍在港,但并无确据,尊处曾否得有何项最近消息?"可见当时对于这批古籍被日人劫走已有传闻,但尚无确证,同时也可以知道当事人叶恭绰对这批书一直念念不忘。

据蒋复璁回忆,抗战胜利后,他曾"委托我国驻日军事代表团代为查访被日本掠运去的善本书。总算皇天不负苦心人,这批书籍被我代表团的顾毓琇先生在日本帝国图书馆找到。经与日方洽商后收回,先后陆续运回南京"。事实上,根据当事人陈君葆的日记和其他相关材料,这批善本书籍的追讨过程也是一波三折。

四

1945 年日本投降后不久，国民政府教育部即成立了清理战时文物损失委员会（简称"清损会"），由副部长杭立武任主任委员，马衡、梁思成、李济任副主任委员，下设建筑、美术、古物、古画（后改为图书）四个组，其中第四组组长为张凤举。清损会的工作重点之一，便是查找当年日军从香港掠走的一百多箱善本古籍。作为当事人之一，时任香港冯平山图书馆馆长的陈君葆先生在其日记中，记下了他参与寻找这批古籍的亲历。

根据《陈君葆日记》，从 1946 年 1 月下旬起，陈君葆在英美军方的协助下，陆续对这批古籍的知情人日本人乐满、江村、竹藤峰治进行提审。由于竹藤等人百般抵赖，使追查工作陷入困境。正在这时，从海外传来了好消息。原来，陈君葆的朋友、英国学者博萨尔在位于日本东京上野公园的帝国图书馆发现了这批"自香港移来的中国政府的书籍"，并且立即报告了东京的中国大使馆，回国后写信给陈君葆的另一位英国朋友、时在香港的马提太太，请她转告陈君葆，请陈写信到东京的英国或中国大使馆交涉取回，并说"陈君可说我曾在东京目见此各批图书，能够作证"。按，博萨尔是 1 月 10 日随远东委员会到日本的，2 月 1 日返美，所以他发现这批书籍应当是在 1 月中旬至下旬间。但这一消息辗转传到陈君葆这里时已经是 6 月份了。

实际上，最迟到 1946 年 3 月，南京国民政府已经获悉这批古籍在日本的确切消息。1946 年 3 月 28 日国民政府外交部为"办理追还在香港被日劫取中央图书馆善本书籍"致教育部的电函，详细记录了此事：

> 教育部公鉴：前准贵部卅五年元月卅一日渝社第六六一九号公函，嘱向有关方面追查在香港被日人劫取我中央图书馆善本书籍事，当经分电本部驻香港特派员办事处及驻日盟军最高统帅部联络参谋办事处专员刘增华追查。去后，兹据刘增华电复称"日人竹藤峰治等劫取香港冯平山图书馆善本书事，经详加密查，本日在上野公园帝国图书馆查得，该馆所保管者约二万五千册，因空袭疏散在伊势原者约一万册。业经该馆司书官冈田温立有承认字据，唯所装木箱均被启封。至详细书目周内送来，俟点收后约一月内可设法运出"等由，特电请查照为

荷。外交部。

将这个函电和《陈君葆日记》相对照，或可推测是英国学者博萨尔首先发现了这批古籍，驻日盟军最高统帅部联络参谋办事处专员刘增华进一步追查后得到了确认。当年任职于南京中央图书馆的屈万里先生，1946 年 3 月 20 日回复郑振铎来函一通，信中亦讲到此事：

> 本馆前邮寄香港之图书，已在日本发现。兹因朱世民先生东渡，拟请其携带香港装箱目录，就便查勘，以备收回。查该项目录，尚有三十余箱未能钞毕。兹谨托杨全经先生赴沪，继续赶钞，因朱先生行期已迫也，杨先生晋谒时，至乞费神指示为感。

按，此处所说的"朱世民"应为朱世明之误。朱世明，湖南湘乡人，早年赴美留学，在哥伦比亚大学获得博士学位，通晓多国语言，回国后颇得蒋介石赏识，1946 年被委任为国民政府驻日本军事代表团中将团长。代表团中的李济、张凤举二人负责追讨被日军掠去的这批文献和其他文物。李济是考古学家，领导并参加了安阳殷墟、章丘城子崖等地的考古发掘工作，时为"清损会"即"文物清理损失委员会"副主任委员；张凤举是文献学家，擅长版本鉴定，也是当年文献保存同志会的成员，同时他曾经留学日本，精通日语，与日本汉学家长泽规矩也等为旧识，时为"清损会"26 名委员之一。李济负责文物方面的追讨，其中最重要的一项使命是查找举世闻名的北京人头盖骨的下落，结果当然是无功而返。而张凤举负责追回这批古籍的工作进行得还算顺利。

通过现存于台北"国家图书馆"的《张凤举日记》可以知道，朱世明、李济、张凤举等一行 12 人 4 月 1 日即飞抵东京，"梅汝璈、向哲浚、王之、顾毓琇诸先生在场迎接"。4 月 5 日代表团出席盟国对日委员会会议，张凤举写他对驻日盟军最高司令麦克阿瑟的印象是"儒将风采但态度傲慢"。关于追讨善本书籍的经过，兹列举张凤举的三则日记如下。

四月八日　晴　寒

七时起。九时余与济之赴中国军事联络参谋处（日本邮船会社大厦），再赴上野图书馆，交涉收回日军自香港掠来我中央图书馆善本

百三十箱事。发见各书于地下室中，多为水渍污损。结果日方允:
(一)即日将各书迁至干燥房间;(二)散开在外地之书一星期内运回
该馆;(三)一月内交出全修目录;(四)自下星期起我方派人前往整
理,日方与以一切便利;(五)整理完毕后照运来时包装运回。关于第
五点日方表示无把握,日方原托编目之人长泽规矩也系旧相识今日
未到。

四月十一日　晴　寒

晨与济之至王澹如君办公处,谈交涉日人归还我中央图书馆书事。
先是,中央图书馆战事期间在沪收购嘉业堂、适园等藏书家善本三万
五千余册,秘密运港,拟由港运美寄存,未果而香港陷。日军攫去,
送东京参谋本部,参谋本部交付上野帝国图书馆。至是,吾人乃向美
军交涉,命令日方归还。

四月二十四日　晴后微雨

……午饭后,至上野图书馆晤冈田温、长泽规矩也两君,商运回
中央图书馆被掠来善本百十一箱事……

可见,到 1946 年 4 月,关于这批古籍的追讨已经基本交涉完毕,余下
的只剩一个装船运输的问题。

将这批书籍押运回国的是王世襄。根据他的回忆,1946 年 10 月,"清
损会"主委杭立武在南京主持召开了一次会议,讨论赴日索回我国文物问
题,其中谈道:"南京中央图书馆在抗战时期曾将一批善本书运到香港,在
那里编目造册,加盖馆章,然后送去美国,寄存国会图书馆。1941 年底,
日寇侵占香港,将这批善本书全部劫往日本。日寇投降后,无法抵赖劫夺
这批书的罪责,经中国驻日代表团清点接收,原箱封好。除十箱存在代表
团的库房外,余一百零七箱责成日本文部省负责保管,暂存东京上野公园
内。需要运回时,代表团可随时通知文部省提取运走。"会上,"清损会"
委派王世襄作为专员,于 1946 年 12 月飞往东京,在组长张凤举、团长朱世
明领导下开展文物索回工作。王世襄的工作进行得并不顺利。一是因为联
合国关于赔偿文物的条款十分烦琐,国内寄来的索赔材料不符合要求;二
是中国代表团内部围绕如何追讨文物出现分歧;三是一些美国人为了本国
利益深恐中国的文物物归原主。王世襄"感到处处碰壁,寸步难行。待在
此处,空耗时日,不由得想起故宫的工作来"。后几经交涉,终由驻日代表

团团长朱世明同意，让其先押运这批已经交涉完毕、可以提取的善本书回国。除存在代表团库房的十箱已经先期用飞机运回国之外，剩余的一百零七箱均需装船运回。而这必须要有从横滨至上海的、有足够空间、足够停泊时间可以装货的船只。王世襄为此天天去横滨打听船只的情况，终于在十多天后确知有艘美国货船要到上海。第二天下午，"美国宪兵骑摩托车开路，七八辆卡车浩浩荡荡，将书箱送到横滨码头"。

根据郑振铎写在1947年台历上的日记，这批书籍到达上海的时间是1947年2月10日。郑氏2月5日记云："得一电，知日本劫去之一○七箱善本，即可运到，喜甚！携诸小儿去购灯，皆喜跃不已，夜，喝酒。"又10日记云："与森老通电话，知日本运回之图书一百○七箱已到，甚喜！"2月11日记云："晤森老及王世襄。""森老"即著名文物鉴定专家、"清损会"委员之一的徐森玉。

五

从日本追回的这批善本古籍，很快便入藏专藏善本书的南京中央图书馆甲库，并被著录在册。今存《国立南京图书馆甲库善本书目录》著录有"《永乐大典》六册"，其中就包括叶恭绰民国九年从伦敦购回的卷20478、卷20479"职"字卷和卷13991"戏"字卷各一册。前文已述，中央图书馆迁台数年后的1957年，《永乐大典》卷13991便再次出现在"央图"的善本书目中。这样，关于《戏文三种》的漂泊过程，大体上算是搞清楚了。

为什么说嘉靖本《戏文三种》一定在这批被追回的古籍中呢？为什么它入藏中央图书馆的时间不可能在这之前呢？这就要说到叶恭绰与《戏文三种》的特殊关系。

叶氏是民国九年（1920年）在伦敦发现并购回《戏文三种》的，这一点他自己说得很清楚："余于民国九年游欧时，一日，在伦敦闲游，入一小古玩肆（忘其名），惊见此册，又职字一册，遂购以归。"此外，前文已述叶氏在《戏文三种》的亲笔题签中也说是"民国九年得于伦敦"。最近，有文章以《叶遐庵先生年谱》（以下简称《年谱》）为据，认为叶氏游欧的时间是民国八年（1919），当年冬天叶氏已经回国，因而他在伦敦发现和购买《戏文三种》应当是民国八年，"民国九年"是叶氏"误记"。那么，我们是相信别人编撰的《年谱》还是相信叶先生自己的话呢？我认为二者相比，还是叶氏自述更可靠。《年谱》出版于 1946 年秋，编纂者自称是叶氏"门人"，但叶先生本人对这一说法并不认可，他在写于 1948 年的《书遐庵年谱后》中说："秉笔诸人，本非熟习，勉强缀辑，乖忤疏漏，所在而有，且有出入颇大者。虽屡乞人详校，而迄难补遗。余既久病，辗转床褥间，无从亲自订正。"所以我认为，叶恭绰在伦敦发现并购回《戏文三种》的时间仍应以他本人的自述为准。

第一次公开著录《戏文三种》的，是对《永乐大典》辑佚工作做出过重要贡献的图书馆学与目录学专家袁同礼先生。他在于 1923 年的《永乐大典考》中明确著录："卷一万三千九百九十一，三末，戏，戏文二十七，《小孙屠》等。"但在收藏者一栏著录："梁启超。"此时距离叶恭绰购买《戏文三种》刚刚三年，难道叶氏回国后即把此书转送给梁启超了吗？回答应当是否定的。因为仅仅两年之后，袁同礼撰《〈永乐大典〉现存卷目》，明确将收藏者改为"叶恭绰"，并注云"京师图书馆录副"。显然，袁氏的首次著录乃写于英伦，或传闻有误也未可知，待回国获知确切消息后，遂即予以纠正。事实上，叶恭绰曾将此册给袁氏看过（详后文），因而袁氏 1925 年的著录是正确的。

然而令人诧异的是，袁氏该卷目发表于《中华图书馆协会会报》第 1 卷第 4 期，此后不到两年，他在同一杂志第 3 卷第 1 期（1927 年）发表的《〈永乐大典〉现存卷数续目》中，将"现藏者"变成了"徐世昌"。袁氏在该续目卷首记云："十六年六月游东瀛，得睹《大典》二十七册，兹记其卷数如下，而以近日在京中所见者附焉。"按，这个续目总共著录《永乐大典》的卷数为 39 册，而日本公私所藏就占了 28 册（袁氏记"二十七册"不确）。也就是说，徐世昌收藏《永乐大典》卷 13991 应为袁氏在"京中所见"。1929 年，袁氏撰《〈永乐大典〉现存卷目表》，发表于《北平北海图书馆月刊》"《永乐大典》专号"，该文仍将《戏文三种》的收藏者归为"天津徐氏"。这期专号同时发表了赵万里的《记永乐大典内之戏曲》一文，明确指出《戏文三种》乃"番禺叶恭绰氏携归中土"。故袁氏记录"天津徐氏"收藏此卷不可能不实。可以与此相互印证的是，1932 年，袁氏再撰《〈永乐大典〉现存卷目表》，所著录的收藏者依然是"天津徐氏"。上文已述，日本学者岩井大慧也曾著录此册曾由"天津徐氏"旧藏。1939 年 7 月，袁氏第四次撰《〈永乐大典〉现存卷目表》，才再次把"收藏者"著录为"番禺叶氏"。由此可以肯定，从 1927 年到 1939 年的这段时间内，《戏文三种》一度由徐世昌所藏。

今天，我们已经无从得知，叶恭绰与徐世昌，这两位同为政治家兼收藏大家的民国名人，当年是否在收藏中国最早的戏剧文本上达成了某种默契或者共识。但这两人关系非同寻常，则是人所共知的。从行政职务上说，徐世昌是民国大总统，而叶恭绰则是他任命的交通总长，二人为上下级关系。从学养和爱好上说，徐曾为晚清翰林院编修，满腹经纶，诗书画无一不精，且酷爱收藏，尤其喜爱藏书，家藏书籍达 8 万卷，其中颇多宋元珍本。叶虽比徐小 20 多岁，但出身书香门第，自幼才华过人，成人后同样也是声誉极高的书画家和收藏家，著名的毛公鼎、王羲之《曹娥碑》、王献之《鸭头丸帖》、唐寅《棟亭夜话图》等，均被叶氏收藏过。鉴于叶、徐二人的特殊关系，他们在收藏方面互通有无是非常可能的。1922 年，徐世昌退出政界隐居天津，以书画自娱，直到 1939 年去世。而《永乐大典戏文三种》很可能就是在 1927 年以后的某段时间，由叶恭绰赠送或委托徐世昌代为保管的。从此册并没有徐氏藏印以及徐过世后此册重归叶的事实看，"委托代管"的可能性更大。但叶对外则公开宣称此书已属徐世昌，所以才有袁同礼关于"天津徐氏"收藏此册的数次著录。按钱南扬先生的说法，此书"一直放在天津某银行保险库中"，可以推测是以徐世昌的名义存放的。1939 年徐世昌辞世，《戏文三种》再次归于叶恭绰名下。翌年"文献保存同志会"成立，叶氏便把自己收藏的两册《永乐大典》归入中央图书馆收购的善本书之列。

前文已述，当年为使这批即将运往美国暂存的古籍将来能够辨识，需在每册上加盖藏章。经查，今台北"国图"所藏八册《永乐大典》上的藏章不尽相同。除叶恭绰从伦敦购回的"戏"字、"职"字卷之外，其余 6 册均在原私人藏章旁加盖了"国立中央图书馆收藏"或"国立中央图书馆藏书"的印章，并无"庚款会"印章和"考藏"字样；而"戏"字、"职"字两卷则无任何私家藏章。据陈立夫回忆，"国立中央图书馆藏书"之章，是在上海"托王福庵刊刻"的，"在港复刻六个"。这样，在同一批书上加盖不同的藏章，就可以部分地得到解释。同时我们知道，这批书是"庚款会"和教育部共同拨款购买的，而未经叶氏之手从江南地区购置的大批书籍究竟用的是哪笔款项，叶氏不一定分得很清楚。作为"庚款会"董事之一的叶恭绰，只在他自己收藏的两册上加盖"庚款会"印章，是不难理解的。或可推测，那副写有"民国九年得于伦敦"的"遐庵"题签，也是在此时特意书写并夹在书中的。

"戏""职"两册上的"考藏"章，说明叶恭绰对这两册特别重视，尤其是对"戏"字卷特别青睐，可能是他随身携带到香港去的。所谓"考藏"，专指对古器物古书画进行考证，认定其为真品之后进行的收藏。前文引叶氏在11年之后谈及他当年在伦敦发现"戏"字卷时的心情为"惊见此册"；接着说"此仅存之本，诚考吾国戏剧者之瑰宝也"。叶氏是大收藏家，收藏过诸如毛公鼎等一批国宝，但《永乐大典》的收藏过不仅"戏""职"两册。台北"国图"所藏的八册《永乐大典》中，卷6700、卷6701和卷10421、卷10422这两册，除钤有"国立中央图书馆收藏"朱文长印外，还有"恭绰"朱文长方印、"遐庵经眼"白文方印，可见这两册原属叶氏私藏。而他独独对"戏"字册称赞有加，可见他对《戏文三种》的钟爱。然而，这册书上却没有叶氏藏章，这是怎么回事呢？我认为，叶氏可能从来没有把此书据为己有的想法。

1943年，叶恭绰以所藏地理类图籍捐赠上海合众图书馆，凡906种2245册。叶氏1949年回忆此事说："盖其时余方为日寇俘囚，余誓不为之屈，设一旦被害，则所藏更不可问。"叶氏还说：

> 自昔制作及收藏文物者，恒镂刻为志，曰"子孙永宝用"，曰"某氏世守"。其词殷切而郑重，但能传至三、四代者卒鲜。

可见，叶氏收藏文物古籍，并不是为了奇货可居，拥以自重，谋取个人或家族的私利，而是希望有朝一日为国家、民族所用。他从英国发现并购回《永乐大典戏文三种》，但并不据为私藏，可与他拒绝日人高价收购毛公鼎，以待来日献给国家的事迹互为佐证。正因为如此，他才将此珍贵的文献展示给许多友人，并慷慨地将之借给别人过录副本或亲自影抄赠人。

上文已述，袁同礼1925年就透露了京师图书馆对"戏"字册"录副"的消息。1929年《北平北海图书馆月刊》"《永乐大典》专号"有赵万里先生《记永乐大典内之戏曲》一文，其中说道："戏文第二十七一册，于英伦书肆，番禺叶恭绰氏携归中土，北平图书馆假以录附，余遂得纵览一过。"按，这期专号有珂罗版影印的《永乐大典》卷13991首页，经比较，这个版本既非嘉靖抄本，也不是影印《古本戏曲丛刊》时所使用的底本，应即袁同礼、赵万里所说的北平京师图书馆抄录的副本。

此外，1930 年 4 月叶恭绰曾亲自为曲学大师吴梅影抄过一册《戏文三种》，吴梅后人将其捐献给北京国家图书馆，此书今存，登录号为普古41079。其书衣有叶恭绰墨笔题识："此卷余于民国九年在伦敦收得，后以示袁君同礼、赵君万里。赵君认为吾国传奇戏剧中仅存之作，曾为考证登载于图书馆学杂志，缘是海内知者寖多。兹影钞一册以贻瞿庵先生。瞿庵为曲律专家，当必更有新得以饷我也。十九年四月恭绰。"按，吴梅字瞿庵，本册上钤有"苏州吴梅"藏书印及吴梅子女的捐书印。据《吴梅日记》，吴梅曾于 1932 年 3 月 12 日整理其第四、第五号书箱，从中取出"《永乐大典》戏三种一册"，想必即叶恭绰赠送的影抄本了。

"国图"普通古籍部还藏有郑振铎原藏的另一仿抄本，登录号为220245，首页钤有"长乐郑振铎西谛藏书"朱色方章，无版心、边框，全用单色（墨色）书写，格式、字体大小与原书也不相同。据该馆工作人员介绍，这一抄本即将"提善"。我以为更应该"提善"的是叶恭绰为吴梅影抄的本子。末了还有一点遗憾要向海内外同好交代：我在查找资料的过程中，始终未能见到当年京师图书馆抄录的副本和《古本戏曲丛刊》影印本的底本。按理说这两个抄本均应收藏于"国图"的。

姜纬堂《遐庵小品选编后记》云：叶恭绰曾"出资影印欧游所获《永乐大典戏文三种》"。按，此说不确。叶氏在《永乐大典戏文三种跋》中说得很清楚："余欲以原本付之影印，因循未就。兹马君隅卿将依北平图书馆抄本排印，余以亟愿此书流通之故，亦乐观其成，其影印姑待他日。"然而，这个"他日"，我们已经等了很久。20 世纪 50 年代，《古本戏曲丛刊》影印本的底本是"北图"藏的仿抄本。现在，嘉靖本《永乐大典戏文三种》尚存于世的真相已大白于天下，是到了两岸合作，"以原本付之影印"的时候了。

互 动 环 节

主持人（左东岭）：康老师说讲了一个故事，实际上这个故事还是很令人感动的。自晚清以来，中国的文献散佚情况十分严重，很多古籍大量流入日本。但是，从中我们可以看出很多藏书家、很多文化人对于保护古籍所做的贡献，那样一种献身精神给我们的启示就是，任何一种古籍，任何一种文献要保存下来，实际上需要很多人共同努力。通过康老师给我们讲

《永乐大典戏文三种》的漂泊过程可以想象文献保存的曲折。这是一层意思。另外一层意思是康老师没有说，但可以通过讲座反映出来。康老师的治学态度和精神，我想通过他对《永乐大典戏文三种》的考察就可以显示出来。近几年来，学风浮躁，大家很难静下心来长期坐冷板凳，去考察和追索文献的来源。康老师近些年来一直在做这样的工作，我听了以后是很感动的。这样的研究成果拿出来，是能够为学术做出贡献的。我想，关于南戏研究所下的功夫，没有人能够超过康老师了。所以，做学术一定要耐下心来，甘于坐冷板凳。我想，这是康老师的这个讲座给我们的两个启示。大家也应该受到康老师治学精神的感召，真正做出点真学问来。让我们再一次表示对康老师的感谢。大家有什么问题，可以提问。

问：康老师，我想问您一个问题，就是您在追索《永乐大典戏文三种》的过程中有没有遇到一些困难？您今天所给我们呈现的是该书一个比较完整的漂泊过程和结果，但是您对此的思索一定是经历过很多困难，我想问问的是您遇到了何种困难，又是如何跨过这些困难继续走下去的？

答：这是一个小的问题，但是要把一个小问题搞清楚，每个环节都能套上也不容易。而且我们这一代人发现问题而不去套上，后代人可能就更加难以套上了。我们在搞考据，是因为中间的很多环节失落了。我经常跟学生说，我们搞研究跟破案一样，要有一个证据链，一环扣一环，才能"把嫌疑人抓出来"。做古代文学研究，特别注重证明。我拿到了《永乐大典戏文三种》的复印本之后，就在思考怎么会在台湾。其实我刚才讲的五个环节，就是我的思路。然后就进行文献追溯。如果说遇到什么困难，就是图书馆的一些书籍很难看到，特别是做和文献相关的研究需要用的书籍难以看到。这就是我遇到的难处，但是好在都解决了，让我不虚此行。

（录音整理：孙端）

时间：**2013 年 5 月 21 日（周二）9:30**

地点：**首都师范大学北一区文科楼 201 室**

主讲人简介

黄虹坚　香港作家，香港作家联会会员。出生于香港，成长于内地，后回到香港。广州市第一中学、北京大学中国语言文学系、北京电影学院电影文学系毕业。从事文学创作多年，作品包括小说、散文、电影剧本、专栏及少儿文学作品。作品曾获内地、香港及台湾各项文学奖，计有花城文学奖、广东新人新作奖、新时期电视剧奖、香港中文创作比赛奖（包括散文、小说、儿童文学）、亚洲小说创作奖、冰心图书奖、台湾优良剧本奖、台湾当代儿童故事奖、小童群益会儿童故事金笔奖、香港文学双年奖以及奖励热心推广文学活动的杰出人士奖。

大学毕业后曾到部队农场劳动，后担任中学教师、县教育局干部（其实长年下乡）、电影制片厂编剧，到香港后曾任编辑，后任香港各大学中文、语言导师至今。

代表作有中篇小说《橘红色的校徽》《竹篱笆》，电影文学剧本《自梳女》《蒲草萋萋》，少年成长小说《十三岁的深秋》《再见！喜多郎》《妈妈不是慈母》《明天你就十五岁了》，以及以香港女性为主角的中短篇小说集《我妈的老套爱情》以及书写三代香港女性命运的《和谁在阳台看日落》。

主持人（艾尤）　各位同学上午好！今天非常荣幸地请到香港著名作家黄虹坚老师来为我们做一个讲座，黄虹坚老师是香港作家联会的会员，她出生在香港，从北京大学中文系毕业（黄虹坚老师：我是 1965 年读的大学，和你们差了好几轮了）。她是在北京大学中国语言文学系、北京电影学院电影文学系两个专业毕业的，她这么多年来一直从事文学创作，有小说、散文、电影剧本，还有少儿文学作品。她的作品曾获得内地、香港及台湾各项文学奖，像首届花城文学奖、广东新人新作奖、新时期电视剧奖、香港中文创作比赛奖（包括散文、小说、儿童文学）、中学生阅读龙虎榜奖、小童群益会儿童故事金笔奖、冰心图书奖、香港文学双年奖、奖励热心推广文学活动的杰出人士奖、亚洲小说创作奖、台湾优良剧本奖、台湾当代儿童故事奖。她现在在香港的各所大学任中文、语言导师。

今天黄老师要给我们讲的题目是《经典阅读与写作》，从三个方面来谈：一个是经典的力量，第二个是经典阅读和灵感，第三个是从经典阅读中汲取文学营养。下面我们以热烈的掌声对黄虹坚老师表示欢迎。

经典阅读与写作

黄虹坚

谢谢艾尤老师，谢谢大家！这个讲座组织得有点仓促，否则我在香港就把一切都做好了。虽然我们沟通上有些阻塞的地方，但是经过艾尤老师的努力，这个讲座还是办成了。刚才艾尤老师也介绍了，我是在内地受到完整的教育，再回到我出生的地方的，这就给我的文化观、我的视野带来了一些新的角度和立场。你说我是个地道的香港人？不是，因为我不是在那儿成长的。但是你说我不是香港人？也不是，我就是在香港生，而且又回到那儿去了。我觉得这对一个作家来说是一个非常独特的经历，它必然给我的作品也带来一个特别的角度。

其实我这次到北京来是因为参加一个论坛，讨论我的一个长篇小说，你们艾老师读得非常认真，从文学理论、文学评论角度谈了很多非常好的意见。这个小说将来如果有机会在内地出版简体字版，希望大家可以看一看。这个题目就充满了各种暧昧：《和谁在阳台看日落》。我想这是很多女孩子心目中的一个叩问，到底会和谁——自己心爱的人，在阳台——一个富裕的环境，看日落——体会非常浪漫的情怀。我主要是来讨论这个小说的，受到了教授和专家们的一些指点，我进入了一个豁然开朗的境地。

刚才艾老师简单介绍了我的情况，我的写作是从内地开始的，然后又到香港继续笔耕的生活，这个生活跟我的阅读是有非常密切的关系的。我今天纯粹是和大家交流一下，并不代表我的一些观点、看法是正确的。为什么？首先得承认，我们一定会有代沟，不同的教育、不同的年代，让我们看问题的角度、方法一定会有所不同。但是我非常希望我们不同年代的女性，也包括在座的一位男性——我们特别要照顾他，他是少数派，弱势群体，我们得特别照顾他啊——我们不同性别的读书人，不同年代的读书人，不同阅读经历的读书人，能够相互沟通。我的目的是大家尊重彼此的阅读选择、尊重彼此的阅读兴趣，但是我也希望彼此学习。比如像我，年纪很大，但是我还在读安妮宝贝、韩寒，我也在读网络上很多火的小说，出自年轻人的小说，从中我也觉得有所收获。我知道现在年轻人原来是这么看问题、这么思考问题的；但是，不能否认我们那一代人有非常好的阅读经历。那么，我今天想说的第一个问题是经典的力量。

一说这个问题，就会在我们这个多元化的社会里引起各种诘问：有经典吗？你的经典和我的经典可能就不是一回事儿。对，我也同意这个观点，但是我觉得人类对文化的取向还是会有一个比较接近的价值评判的。譬如，我们现在所读的《唐诗三百首》、宋词、元曲……到底是不是那个时代的精华呢？在这个充满疑问的年代，一定会有人发出这样的诘问，但是我相信，那些能流传下来的东西，一定会带着那个时代经典的生命力，这是我对人类文化史的确认，这是我对人类文化史的认知。我用一句比较有诗意的话来总结它：作品走远了，却把灵魂留下，一代一代地滋养着它的子民。我认为存在这样有力量的作品，它就是经典的作品。我记得前几年看到有一个报道，英国某一个比较著名的机构，在读者中进行调查，让他们选择自己心目中对英国人影响最大的10本书。我不知道大家能不能猜到排行最高的哪一部。你们猜一下，让我也知道你们对英国文学的了解情况。谁敢正视我的目光？我在大学里一提问题，好多学生就躲着我的目光，我知道他心里在祈祷：最好不要看见我，最好不要看见我。这位同学，你能回答吗？

圣经、莎士比亚的作品（学生答）。

还有吗？后面右面有一位同学举手，我们把发言权给她。

《哈利·波特》（学生答）。

我就知道你们非常喜欢《哈利·波特》。我现在就揭晓了，它居然是《简·爱》。因为我也搞过电影，在我的记忆中，我看过的《简·爱》版本有三种。结果有一次，我乘飞机去欧洲，在飞机上又看到一个新版本。为什么出自我们女性作家之手，出自一个非常贫穷的牧师家庭的女孩子之手的作品会成为榜首之作呢？我想是因为他们认同里面表达出来的自强不息的奋斗精神，一种追求自我价值的精神，一种生命的激情。这就是经典。

《简·爱》存世近 170 年了，但是现在的英国读者仍然把它推为榜首。我还记得，也是前几年，在全世界一百个当红的作家中进行过一个调查，问读者最喜欢谁的作品。你们猜一猜可能是谁呢？有一个同学小声地说出了这个作家的名字——托尔斯泰。托尔斯泰作为一个俄国的作家，他的影响超出了俄国，影响了全世界当红的"炸仔鸡"。他们认可的作家是谁？托尔斯泰！这就是经典。所以我觉得虽然我和你们隔了一两代，但是人类文化史告诉我们，人类文化（文学）中是有一些共同的价值认知的，这个共同的价值认知，就是我说的经典作品。好了，刚才也有同学提到《哈利·波特》。《哈利·波特》现在非常流行，但是我不知道它是不是经典。为什么？因为它没有经过历史的沉淀，没有经过岁月的考验。假如几十年之后，它还留得下来，还被人们津津乐道，还被专家们研究，那么我觉得它就是经典。包括现在的安妮宝贝、韩寒的作品，它们是不是经典呢？我觉得我们可以走着瞧，用一种宽容的态度接受它、研究它。是不是经典不是我们能够回答的，只有历史能给出答案。好了，刚才我已经讲过我的观点了：作品走远了，却把灵魂留下了，一代一代地滋润着它的子民。这就是经典。经过历史的洗礼，岁月的沉淀，却能留得下来，依然能熠熠闪光的作品，我觉得就是经典。

经典的力量我觉得是要重视的，这不但是我们中国文化观所认可的观点，而且也是西方文化观所认可的观点。西方文化也非常重视经典。我读过一本书，这本书在内地应该可以借到，我是在香港买的，是北京出版社出版的，叫作《世纪之书》，它是哪儿第一次出版的呢？纽约图书馆出版的。纽约图书馆是 1885 年建馆的，具体的日期我可能会记错，到 1985 年它建馆 100 年了。我们各个大学都非常隆重地去庆祝它的百年华诞，它用什么方法去庆祝自己的百年华诞呢？它举行了各种各样的座谈会、各种各样的选举活动，由读者、专家、学者等各方面的人士，选出 20 世纪对人类文明影响很大的 175 本书，这个数字我也可能记混淆。在座的同学可能有些并不喜欢文学，而喜欢自然科学，很好，这批书包括了自然科学。它们是 12 个领域的 175 本书。这 175 本书涵盖自然科学、医学、政治学、经济学以及各样的流行文化、贫与富、文学、战争、殖民地等主题，其中自然科学主题方面有爱因斯坦的《相对论》、居里大人的写发现镭经过的书等；战争主题的包括了希特勒《我的奋斗》等；流行文化包括了你们可能比较陌生，但是你们一定知道的 20 世纪的"披头士"乐队的书，4 个来自利物浦的少年人，他们的出现颠覆了整个音乐世界的传统观点。这 175 本里有一些是关于战争与和平论述的，因为我们知道 20 世纪发生了两次世界大战，这些书里有很多写到战争，比如，刚才我们说到的希特勒的《我的奋斗》。为什么把它也选进去了呢？我们可以从中看到给人类带来巨大灾难的纳粹是怎么形成的。希特勒最初是个纯情少年，和大家一样怀着对艺术的梦想和追求，他想去维也纳成为一个艺术学校的学生，后来是历史让他扮演了另一个角色，而这个角色的行为是罪恶的。我认为这 175 本书是各个领域的经典，所以我认为这个世界上存在值得我们阅读的书。

今天之所以选择这个题目，是因为我看到有人认为当今的年轻人不爱阅读。你们不爱阅读吗？你们爱上网阅读呀，成天开着电脑，浏览网页。世界上的文字资料"浩如烟海"，世界上的书"多如牛毛"，但我自己总是觉得这些词都是不准确的描绘，应该用比这些词内涵更大的词，但是真正有含金量的书没那么多。对于我们有限的生命来说，这些有含金量的书才应该是我们真正阅读的对象。这是我的观点。我对香港的学生也说，我不一般地反对你们读一些八卦杂志，因为大家也知道，香港是一个媒体很发达的地方，光是八卦杂志、揭秘的杂志、写名人风流轶事的杂志，就两天一本、三天一本，厚厚一摞，如果大家有机会到香港，不妨买一两套来看看，因为它是令香港社会成为一个以市民文化为主的社会的非常重要的工具，我一般不反对阅读它们。但是同学们，我提出一个问题，你们最长能活多久啊？你们的回答是 80 岁、90 岁，我说少了，现在科学昌明，人类讲究养生，我知道很多地方都有人活到 100 岁以上。你们就算一算，你们活到100 岁，能读多少书？你能有多少时间读书？你读书的时间是应该被这些下三烂的八卦杂志占据了呢，还是利用它应该来多读一些在人类历史文明中产生过很大影响、含金量很高的书呢？这问题我在香港曾经问过很多学生，也包括过去的学生，现在的幼、小、中学教师。我在香港有一部分课程是教老师的。他们非常不情愿地选择了后一个答案，我知道他们心里非常不认同。不过老师既然这么发问了，Yes or No，他们只能选择后者，他们不想惹老师不高兴，其实我知道他们心里并不认同它。我曾经问过他们，你们读过什么文学名著吗？我以为他们怎么着也得回答读过《红楼梦》吧，怎么着也得回答读过《西游记》吧？鸦雀无声之后，有一个人勇敢地举手了，说："我读过朱自清的《背影》。"看，大家笑了。这样一个回答对于我们内地的相对来说文化素质高、知识含量比较丰富的同学来说，是一个笑话。

但是亲爱的同学们，这就是香港的现状。所以我有时候觉得很可悲，我们面对的学生，我们面对的老师，他们的文化认识真是非常有限，他们的读书量也非常有限。香港人喜欢读哪几类呢？除了刚才谈到的八卦杂志外，还有这么几类：第一，他们对政治非常热衷，喜欢读一些揭秘内地政治、内地官场斗争、中央路线斗争、贪官腐败特别是包养情妇的这些书。这些书我不能说多如牛毛，但是每个书店都有三四十套，这是不夸张的。这些书的作者很多不是真名实姓，书的内容真真假假，你不能说全部都是假的，但有些是小说式的构建，有些是扩充式的臆想，这类书卖得最好。第二类是教人赚钱的书，《股票秘笈》《如何赚取你的第一桶金》之类的书，也卖得不错。这个我就很难去评判了，我不知道里面的理论怎么样，但是我想肯定有很多是不行的，要是都行那不都是富翁了吗？这不还有很多没有发达的吗？所以我想那些很多是伪科学的东西。第三类就是养生消闲的书，如教人如何种花呀，如何煲各种各样的汤呀，如何化妆呀，等等，这类书也卖得不错。文学书是卖得很差的，我的书在香港算是卖得好的，大概一年就是1000多册到2000册，这是一个出版社给你印一版书的印数，文学书一版就是印两三千册。有一个朋友跟我开玩笑说：你算不错啦，2000册，我给谁谁谁出一本散文集——那是很著名的一个散文家，我尊重他，姑隐其名——印3000册，卖了3年，还没卖光，还存在书库里头。那就说明一个非常可悲的现实，文学书是卖得不好的。也许我是个很不走运的作家，但也有可能是作品卖得好的，我只是举个例子供大家思考。我的书卖得不好，那个著名的散文家的书该卖得好吧，其实也是卖得不好的。听说像亦舒、张小娴的书应该是卖得好的，但是我没有得到具体数字，因为她们已经有一批固定的消闲文学的读者随着她们成长，随着她们变老，我估计她们的书会卖得好一点。但是一个可悲的现实是，传统或者说严肃文学类的书应该说是卖得不好的。在香港，经典文学名著，按照读者的简单调查，也应该是卖得不好的。他们说，《红楼梦》谁有时间去读它？那么阿，那么长，那么难懂，就是说，他们对读书没有形成一种敬重的态度，这可能真是香港人的一个悲哀。这个问题被说了多年，我也不怕再给它加上一笔，那不是我一个人的观点。在幼、小、中学老师中调查，那次调查针对的是儿童文学，我给他们教的是儿童文学课，本来想问一下儿童文学的名著，但是感觉可能比较专业了，就广泛地一问，一个班40多人，结果有人说是朱自清的《背影》。为什么他选择这一篇呢？我知道香港中学中中国文学课的教材里就有这篇课文，他的信息就来自这篇课文。我有感于我的学生对经典阅读的陌生、疏离，所以我跟艾老师说，就说说这个题目吧，这个题目因此而设。在这儿我再补充一点，为什么说经典要经过历史的考验才能确立？有一本书我不知道大家读过没有，美国的 *On the Road*，中译本《在路上》。读过没有？没读过。国内出了，大家应该读一读，这本书是"垮掉的一代"的代表作，它大概写于"二战"后，是在 1956 ~ 1957 年写的，经过了几十年它成为经典了，当时它的出现也引起了很大轰动，就像当初韩寒的《三重门》一样。经过了历史的考验沉淀，*On the Road* 成为经典了。这是我补充的所谓经典的一个例子。刚才我们讲到经典是存在的，经典的力量也是存在的，它的力量表现在一代一代地滋润着我们的读者，影响着我们精神世界的建构。

下面我将要谈一谈经典阅读和创作灵感的产生，这是有一点个人性的问题。我知道在座的女孩子很多喜欢写作，我在香港接触的女孩子也有很多喜欢写作。我在参加各种阅读活动的时候，就有些羞涩的女孩子上来说："黄老师，请你帮我看看我写的这个小东西。"她们都会写下一些有关初恋情怀的文字，很多女孩子的写作状态我觉得是非常值得珍惜的，女孩子比男孩子勤快，对文字的感觉要深，这是社会现实告诉我的一个现象。我自己也写过有关初恋的少年成长小说，题目叫作《五月的第一天》。这个灵感就来自一支不知道应该算是哪个国家的乐队，他们是三兄弟，是澳大利亚人，在英国发展，又上了美国的排行榜，你们猜猜是谁？Bee Jees。我们国内叫它"蜂音"，也出了他们很多的唱片。Bee Jees 现在成了绝唱。为什么？因为老二、老三已经死了。Bee Jees 对于 20 世纪六七十年代那一代人的影响是非常大的，你们一定认识比尔·盖茨，微软的创始人。比尔·盖茨就说过他最喜欢的乐队是 Bee Jees。艾老师，我说的有点零散，东拉西扯的。那么再说我写的有关初恋作品吧，我就是听了 Bee Jees 的一首歌受启发的，这首歌叫 "The First of May"，哼两句吧。（哼唱）"我小的时候，圣诞树非常高，现在我长大了，圣诞树还是那样……"大概是这个意思，它是美国电影《两小无猜》是的一首插曲，说《两小无猜》你们就知道了。这种情怀是我们都有过的，年轻的男孩女孩都会有这种初恋的情怀，初恋是人类感情中一种非常美好的情怀。我写过初恋，觉得写得不过瘾、不够，我现在还在准备写，那也是少年成长小说，叫作《我们的角落》，正在构思，书名我一早就想好了，主题是写咖啡馆的一角，一盏绿色的灯光下，两个少年人的恋爱，当然是写香港人的。好了，刚才我讲每个人产生的灵感是不同的。我也多次被人问过这个问题，昨天好像就是凯旋问我的："你的创作状态怎么样？"什么叫创作状态？有的作家是很厉害的，他坐下一边和你聊天，一边还能写作。过去东北有个作家，是长春电影制片厂的编剧，他的创作状态很厉害，他一边跟人聊天，一边还能写作。有的作家很奇怪，他必须把双脚插到热水里才能够文思如泉涌。还有的更奇怪，坐在马桶上才能够想得出怎么去写。我的灵感则是阅读时产生的，我会在一段时间里比较集中地读一些作品，如反复去读经典的作品。譬如昨天，我忘了什么场合，有一个朋友说："我喜欢读陀思妥耶夫斯基的作品。"陀思妥耶夫斯基是俄罗斯的一个作家，在斯大林时代他的书是被禁的，因为他的书里面充满了病态的狂热，后来就不禁了。我们中国还是比较早地引入了陀思妥耶夫斯基的作品，其中有一本就是《被侮辱与被损害的》。我这次从香港来，带到飞机上读的书就是它。我自己会在某一段时间比较集中地读各种各样的经典作品，读着读着心里头某一个创作的意念就会成形，平时的想法就从零散的状态慢慢归拢，然后想法忽然就喷发，这时就要下笔了。这个写作的季节往往是秋天。香港的春天和夏天是非常令人讨厌的，春天的香港又是雾霾又是烟霾，还成天飘着驱不散的细雨，而且气压非常低，让人非常郁闷。夏天的香港又很闷热，所有的创作灵感都给阻塞了，就找不到一个口子去创作。所以现在来到北京，风是清凉的、凉爽的，觉得非常舒服。所以春天和夏天我基本就是应付一些稿约，而真正想写的东西往往从秋天开始。到了秋天我就很兴奋，读各种各样的书，听各种各样我喜欢的音乐，这个时候创作的灵感就会慢慢涌现。我知道很多作家在创作的时候对阅读也是非常重视的，我自己的例子正好应验了他们曾经说的一些创作经验。我甚至会读历届诺贝尔文学奖获奖作品的简介、评委的评论，那也可以启发我对自己将来作品的思考，我的作品是不是要达到这样一个高度呢？是不是要往这方面去追求呢？是不是需要在这方面特别下功夫呢？阅读对我是个启发，对我的思想是一个深度的挖掘，所以我觉得在创作的时候，对一些经典的阅读往往启发我创作上的一些灵感。

我就说说我写的这个《和谁在阳台看日落》。我那段时间重复去读《安娜·卡列尼娜》，读到一个女性的爱情悲剧；我又重复去读了《复活》，写一个良心忏悔的书。我记得是这两本，其实同时期我还读了很多其他的作品，如法国作家杜拉斯的《情人》。为什么要这样交替地读呢？因为我们现在说的读外国经典都是读的它的翻译作品，不是原著。像托尔斯泰的作品，它是一种传统的翻译文字，译者的翻译风格可能和《情人》的翻译风格就很不一样的。《情人》里的文字是电报式的句子，我相信在座的同学可能会对它有一些认识，它有的句子往往只有两个字或三个字，留下无限的想象空间，像我们的国画留白一样，由读者自己去想象。《情人》有好几个译本，我读的译本是公认为比较忠实于原著文字风格的。说到这儿我顺便就说一下，杜拉斯在法国是个影响颇大，其作品可谓成了经典的作家。我记得1997年到法国旅行，在巴黎街边等人，坐在那儿的时候随便和一个老头聊天。我的英文很有限，他的英文也非常有限，我们进行了一场莫名其妙的对话。那会儿去巴黎的中国人远没有今天的那么多，他对我有点好奇，问我是干什么的。我就用肢体语言告诉他我是搞写作的，为了套近乎，我说非常喜欢杜拉斯，他就说："哦！"表现一种恍然大悟的样子，我就知道他认识这个人，当时杜拉斯刚刚去世。一个路边的老头，和我这么一个陌生人，萍水相逢，用半通不通的英文聊了几句，一说这个名字他马上就知道了，而且告诉我她死了。这说明他是知道她的。在这些经典的阅读当中，我原来构思的小说《和谁在阳台看日落》就慢慢成形了。

昨天我们在"中国女性论坛"讨论到一些我很喜欢的俄国作家，像契诃夫、屠格涅夫。在对经典的阅读中不经意地就启发了作者对作品的一种追求，经典中的力量会慢慢地在无形中渗透到创作者的作品当中，所以我自己在每一次比较大的创作之前，总是习惯性地集中地去读一些经典，我觉得从那里我感受到一种灵魂的召唤。不是说要把经典中的故事搬到我的故事里来，不是说要把经典中的主旨放到我的作品里来，但是那种无所不在的灵魂力量，对自己的创作有一种无所不在的影响。在你写的文字当中，在你讲的故事当中，你会不经意地不自觉地把这个灵魂的力量带出来，这个灵魂是你自己的，但这个灵魂又是由各种经典的阅读所铸造的，所以我觉得经典阅读对我文学灵魂的生成起到非常大的作用。

今天我们讲经典阅读的讲座，在座的肯定会有同学说我根本不打算成为一个作家，从小我的理想是当一名很好的老师，过去对老师的一个称谓是"人类灵魂的工程师"。很多同学可能在一开始就希望用自己的生命去影响他人的生命，他人的生命也影响自己的成长，在这样的理想指引下走进这所首都师范大学，也就是说一个教师本人的精神筑构、灵魂力量是非常重要的。假如说别人都可以低下，我个人认为教师是不可以低下的；假如说别人都可以变得非常肮脏世俗，但是老师是不能的。老师的工作决定了他们要成为一群灵魂高尚者，所以为什么社会会给予老师"人类灵魂的工程师"这么一个称号。当然，社会也很复杂，也可能存在许多不尊重老师的现象，特别是在香港。香港中小学老师的工作量非常大，一天上五个多小时的课是常见的事，而且经常面对行政事务和家长的各种提问或质疑。家长说他的孩子在家里挺好的，怎么会变成这样？你怎么这么教他，答案是错的。特别是有些家长也受过高等教育，他觉得他的知识是真的，你的知识是假的。老师经常面临各种挑战，有时也很委屈。但是说到底，社会还是尊重老师的，因为在学生的灵魂塑造中，老师是非常重要的力量。我们那一代人是尊师重道的，是非常敬重老师的，所以我们记得住我们在小学、中学时对我们影响较大的老师。我们今天同学聚会，谈论的还是老师，说起老师的点点滴滴，老师成为我们回忆的一部分，也是我们生活的一部分，成了我们精神世界的暖色。所以在座的各位，你们将来不一定要成为作家，但是你们一定要成为一个灵魂高尚的人，因为你们从事的职业是老师，你们是用你们的生命去影响孩子们的生命，影响年轻人的生命的。阅读对于你们来说，就是努力成为一个品德高尚的人，你们的精神世界应该是包容的、宽广的，应该是容纳各种知识、见解的大海，你们的品德应该是高尚的，你们的价值取向应该是高尚的。我知道这么说，很多年轻人会认为我在唱高调。你也许会问我：知道我们现在活得有多么难吗？你知道一平方米房子卖多少钱吗？你知道我们现在挣多少钱吗？我都知道，而且我对年轻人有非常深切的同情。有的人真的是赶上了好时代，譬如，现在40多岁的年轻人，他们可能年轻时就买房了，而你们现在觉得那房价是天文数字，没有爹妈在后面支持根本就不能想这个，你们生存得很艰难。但是不管什么时代，不管多么艰难、萧条和黑暗，总有人格、灵魂高尚的人，也有人格、灵魂龌龊的人。作为老师，作为作家，我选择成为一个品格和灵魂比较高尚的人，我不说非常、绝对高尚，因为人生有时会遇到种种无奈，你可能就不能坚守了。人当然不能免俗，我们是要担忧生活中的很多问题的，比如，我这个月的饭票没买但是我没钱了，这就是很现实的问题。我们不可能不面对生活中的柴米油盐，绝对的"不粘锅"不行。不接触这些世俗的东西，总是站在一个道德高地去发表各种言论，那也是不切实际也招人嫌的；我们也得去接触生活中的方方面面，也得去逛个街，买个小项链，买件好看的衣服……这是生活情趣，并不是说我这就变得很世俗了，但是在价值取向上我认为还是有分别的。比如说，现在同学们中很流行的竞争，这是一个竞争的社会，你要"流上去"就得打击别人，让别人"流向下"。"走别人的路，让别人无路可走"，这可能是现在社会中很流行的一句名言，它改编自但丁的一句诗，这就多少说明当今社会是个欲望泛滥、人心不古的社会。但是我们看历史，不管多么黑暗，还是会有人向往精神的清洁。建立对经典阅读的态度，便体现我们对高洁精神的追求。

我觉得对经典阅读的态度，该像南宋词人黄庭坚说的（大意是）：读书人三日不读书，胸中便无情义道理，照镜觉得自己面目可憎，与人说话也觉得语言无味。因为我们总说"腹有诗书气自华"，你没有知识的滋润，没有文化的滋养，就是照镜子也觉得自己面目可憎。这句话应该成为我们读书的座右铭，读书让我们的人格变得更加健康，更加健全。对于同学们来说，阅读应该成为生活的一部分，像吃饭、呼吸、睡觉一样，是自然的需要。我知道你们很忙，我也对我的学生说，忙也有忙的阅读方法。你不妨在床头摆一本书，这本书是你想把它读完的一本经典之作，有空你多读几页，没空你少读几页，哪天状态非常不佳，跟男朋友或者女朋友吵架了，一点儿心情都没有，那就不看，就睡觉，这是没关系的。这种阅读能帮助我们养成一个阅读的习惯，几天以后你就会有黄庭坚的那种感觉，觉得一天不读书，语言无味，三天不读书，面目可憎，我觉得应该建立这么一个态度。何况我们将来都是要做老师的人，我不希望将来有另外一位导师在问你们读过什么书时，你们说我读过朱自清的《背影》，或者说只是读过鲁迅的《一件小事》，这些只是你们课本上选的一些作品。

我知道现在内地的一些小学课本也都很重视经典，我看了好几套内地的小学语文教科书，它们都选了契诃夫的《凡卡》。契诃夫被誉为"短篇小说之王"，这篇就是他的经典。还有一篇课文是《小音乐家杨科》，这是写《十字军骑士》的那个波兰作家写的短篇小说，这两篇作品是经典的。现在的教科书让小朋友从小就知道有经典，有优秀的作家、伟大的作家。随着他们的成长，他们会上网去找这个作家的资料，去找这个作家的书看，他们自己就认识了这个作家。我在香港也曾经给一些中学生介绍过《凡卡》，我给他们朗读了这篇2300多字的课文，十几分钟就读完了，下面鸦雀无声，因为在他们的教科书里没有这种经典的力量。当时就有同学提问："老师你刚才介绍了《凡卡》，介绍了契诃夫，契诃夫还有什么其他的作品？"我没有回答他，我说："你上网找吧，上网去认识这个作家。"当然我们知道契诃夫不仅是"短篇小说之王",他的戏剧作品也令人叫绝。北京以前有一个中国青年艺术剧院,它在我们那个年代经常演一些经典的话剧,像契诃夫的《万尼亚舅舅》《三姐妹》《樱桃园》。我们说人是需要受精神境界影响的,有时候在经典阅读中就能找到那种力量。譬如说我看《万尼亚舅舅》的时候还比较小,还是个中学生,我读的是剧本,看到了一个小人物的命运。万尼亚舅舅非常有才华,在姐夫的庄园里打工,帮姐夫管家,但是到末了忽然意识到自己终生都是个悲剧,他的才华被埋没了,被他姐夫侵吞了,最后他就有一种精神的反抗。读这些剧本的时候,你认识到了小人物的命运,就会产生对小人物的同情。我们现代的作家写了很多小人物,包括老舍写北京南城骆驼祥子的生活,会让人挖掘出人类本能的,即非常珍贵的同情心。现在我们大谈社会的道德败落,其实很多的道德败落源自我们没有同情心,没有对弱者的同情,没有温暖和谐的气氛。我们在各种现象面前,首先想到的不是同情那些没有能力的弱者,而是想到怎么保护我们自己,表现得非常强悍、霸道。不仅是内地,香港也有这种情况。在各种问题面前都表现得非常 trouble(非常麻烦)。香港人把 trouble 说成"茶煲",就说它非常像一个叉着腰伸出手指去骂人或数落人的形象。

我刚刚讲到,内地小学已经非常重视经典的阅读,我注意到内地的教科书甚至非常重视对孩子全面人格的培养。我们老说童年时是非常快乐的,但傻呵呵的快乐不是一个健全的人格。人类有一个非常庞大的情感体系,包括喜悦、快乐、兴奋,也包括愤怒、沮丧、失落。我们有时会很温柔,有时会很哀伤,这是非常正常的情感世界。一个人如果只会体验快乐,体验兴奋,那是个不正常的人,这个人也应该很正常地体验温柔、悲伤和沮丧。我留意到内地的小学语文教科书选了一篇日本童话,叫作《去年的树》,它非常简单,500多字。我到香港的中小学做阅读辅导,给学生介绍这篇作品的时候,他们都露出了非常感动的神情。我提问的时候,他们的回答令我非常欣慰,他们会欣赏这篇作品,香港的教科书正缺少这样一类作品。日本童话作品中,有的作品是非常凄美的,我最近刚给香港的中小学老师做了个讲座,介绍日本的童话。我们对童话的认识局限在《格林童话》《安徒生童话》,当然那些经典,要认识,但是新的童话将来也可能成为经典,我们也有必要去认识。讲座上我介绍了日本的童话,其中就有《去年的树》。它的内容很简单:鸟和大树是好朋友,鸟天天给大树唱歌。天气变冷了,鸟要飞到南方去,要和大树告别了,说:"大树,再见了,明年我再飞回来给你唱歌。"到第二年小鸟飞回来了，发现大树没有了，只剩下一个树桩。小鸟问："树桩，我的朋友大树到哪里去了？"树桩回答说："大树已经被砍了，送到火柴厂做火柴去了。"小鸟到了火柴厂的大门口，问："我的朋友哪里去了？"这里它用了儿童文学情节重复的手法。大门口回答说："它已经被造成了火柴，送到村子里去了。"小鸟飞到村子里，找不到大树，看到房子里有一个小姑娘对着煤油灯正在沉思。小鸟飞过去问："小姑娘，我的朋友大树到哪里去了？"小姑娘说："它已经变成了火柴，被我们用光了。这盏煤油灯就是用它来点着的。"小鸟对着煤油灯看了看，唱起了去年给大树唱的歌，然后就飞走了……我基本上是按照原文背诵下来的。我问香港的中学生："我给你们几个词来选择，你们读完这篇童话后，觉得是欢乐、悲伤还是伤感？"有学生说："我觉得很伤感。"我说："恭喜你，在你的情感世界里你认识了这种感情，这就是阅读的力量。"当然我不知道这么一个简单的故事，它日后会不会成为经典。后来我上网搜索了一下，发现居然有很多中年人在讨论这篇童话。他们说："我记得我小学读过一篇课文，就是小鸟和树的故事，我读完就认识了一个人的承诺是多么重要，一个人要实践自己的承诺，同时我认识到友谊是多么可贵。"我在香港的学生从另外一个角度去解读这篇童话，他说："环保是多么重要，就因为砍了这棵大树，造成了这么多的伤感。"我马上豁然开朗，不同的解读很有道理，我非常肯定他的见解，这是有现代意识的中学生读出的意义。阅读能让我们变得多么丰富！你们将来当老师的，不能光和学生说你们不能这样做，你们应该怎样做。你应该用你人格的力量、灵魂的力量去影响他们，我觉得为师者这个非常重要。当然老师可以批评学生，但是我觉得教育的手段不局限于一种，如批评、指导，还有一种潜移默化的影响，通过你的言行、形象、气质去影响你的学生。

　　我想起我初中时的一位班主任，她一位生物老师，是当时我们女孩子心目中的榜样。她非常优雅，穿一件豆绿色的衬衫，围一条黑灰色的丝巾，穿一条米黄色的裤子和一双白色的皮鞋，出现在我们面前。你想在1960年代一个优雅的女性出现在我们面前是多么令我们眼前一亮。今天你们都非常漂亮，今天我看到凯旋的衣服，就觉得非常漂亮。你们的衣服比我们那个年代的漂亮多了，我们那个年代是"蓝蚂蚁"，人人都以蓝色为美，个个都穿蓝衣服，我们是没有色彩的一代。今天你们不同，你们非常漂亮，色彩非常绚丽。但是，优雅是一种精神境界，是要有意追求的。我初中的时候眼前出现了这么一位女老师，不但是外表，而且说话娓娓道来的姿态，以及整个面部表情，都给了我们女孩子留下非常深刻的印象。我们觉得我们将来也要这样。虽然我们因为时代的影响不可能很优雅，但是这个优雅的形象一直在我们心里。这位老师虽然是生物老师，但是艺术素养非常好，她会照相，知道黑白相片的对比、角度，我们觉得真有幸碰到这样一位非常好的老师。她教的生物课，可能对我们的人文世界没有什么直接影响，但是她的行为给我们的成长留下了终生难忘、磨灭不去的痕迹。

我觉得她在不经意间影响了我，也成了我在创作中不经意间追求的一种文字风格——优雅。将来如果有可能，你们读读我的书，我们在文字上建立了沟通，你们就会认同这一点。

我们就经典阅读和创作灵感的产生，谈到了经典阅读与精神世界建构的关系。有的内容算是对我们师范学生提出的忠告。你们可能没有意识到自己的影响力，但孩子们在台下真的是把老师的一举一动都记在心上，好的、高雅的、高尚的东西他们是会记一辈子的。像我们这么大年纪的人，在同学聚会时还会说起我们的中学老师，一定会提到上面说的那位张老师，那个喜欢穿豆绿色衬衫的女老师。我们也一定会谈到一位在课堂上就像上了弦似的全身都很兴奋，下了课就整个累瘫了的孔老师。这些老师在我们的青少年时代都起过非常好的作用，我们同时也会记得老师们的一些趣事。有位历史老师是潮州人，普通话说得不好，我们甚至会非常淘气地拿他的普通话开玩笑，拿他上课的细节开玩笑。潮州人说普通话带有他们乡音的特点。他讲到青铜器时代，农具有了很大的改进，当时出现了青铜或是铁的农具"耒"，农民拿那个脚（jué）去踩那个"耒"，就可以深耕了，所以当时的农业生产发展得很快。他讲述这些内容的声音，现在都还萦绕在耳畔，我们仍记得他那个脚（jué）字的发音。我们小时候干过不少荒唐事，如给这个老师起了一个外号，叫他"脚（jué）佬"，但现在在内心中仍非常感谢这位老师，他用他的方式让我们记住了一些历史知识。因此老师的一举一动、一言一行和整个精神状态对孩子们的影响是很大的，也许他会不记得我们，但在他的成长世界里一定会有我们的影子，所以我特别提到在座各位与阅读的关系。

这是我说的第二个问题：经典阅读和创作灵感的产生。作为一个作家，我自己非常重视作品创作酝酿阶段密集式的阅读。

下面我想谈一谈从经典中汲取文学营养的问题。这次我主要是来参加我的作品讨论会的，所以还是要围绕我的作品来谈。其实这个问题我刚才已经带出来一些，现在我就集中地来谈一下，这个话题是比较个人化的。

我发现大家都比较关注香港的文化，也都比较喜欢陈奕迅、容祖儿，还可能喜欢香港的影视明星。作为一个香港人，看到香港文化在同学之中有这么高的地位，我觉得很高兴。香港文化有它值得尊敬的一面，香港的影视演员、歌星也有他们敬业和值得尊重的一面。同学们认识的香港女作家一定是亦舒、张小娴这些人，特别是张小娴，因为张小娴的书在内地成批地出版，也许还包括李碧华，因为李碧华的一些作品被改编成电影，如《霸王别姬》。大家可能不太了解新晋的作家，比如说谢晓虹、韩丽珠这些30岁上下的年轻作家。这些作家的文学营养和我们这样作家的是不同的，有什么样的文学营养就会产生什么样的作家，也就是说读什么样的书就会产生什么样的写作境界，这个非常重要。所以我主张大家读好书，读含金量高的书，那些低下的、醒龊的书我们不妨偶尔读之，作为我们接触生活和了解生活的媒介。但要筑构自己的精神世界，我还是主张大家读一些含金量比较高的书。

讲到经典阅读，我想给大家比较集中地介绍一个流派——俄罗斯批判现实主义派。当然每个国家都有具有自己民族特点的作家，我们也会读美国作家的书，比如说马克·吐温、杰克·伦敦。我年轻的时候就读过杰克·伦敦的书，我读的时候非常钦佩他那种生命的力量。杰克·伦敦是一个来自下层的作家，他从一个水手成长为一名作家，他的一生是非常传奇的。不管现在怎么评价列宁，我们都可以把他视作一个历史名人去认识，不需要给他冠以各种名号，如无产阶级导师等。我们不从这个角度来看列宁，而是从一个领袖、一个历史名人的角度来看待他。我第一次接触杰克·伦敦的作品时还是一个中学生，我看过一部电影叫《列宁的故事》。列宁已经生命垂危了，他的太太在给他读书，读的就是杰克·伦敦的《热爱生命》。里面写到一个水手受伤后要爬向很远的地方，路途很远，他几乎没有力气了，书中出现了这么一句话：命运对他提出了太多的要求。这句话我记得很深刻。从杰克·伦敦这里我认识了"命运"这回事，人有时候会不可阻挡地受命运的摆布。刚才我们说到买房子，就不得不说是命运的安排，二十多年前买房子可能很容易，但现在买房子就很难了。我们遇上了不同的时代，不同的时代要对年轻人有一些不同的说法，不能老是批评他们不努力，他们遇上的命运不同，我们还得承认命运对人生的左右。各个国家都有自己出色的作家，包括大家非常熟悉的海明威，很多人都读过他的《老人与海》。法国优秀的作家更多，比如莫泊桑，他的《羊脂球》《俊友》等；比如说司汤达，他的《红与黑》讲述了一个小人物靠着个人奋斗不断往上爬的故事；比如说雨果，他的作品有《九三年》《悲惨世界》等。有一个法国作家叫罗曼·罗兰，他的《约翰·克利斯朵夫》曾激扬过我们大学时代的生命。但是很奇怪，我去法国旅行的时候，朋友们谈起法国作家时，说雨果的地位是很高的。在凯旋门附近的放射性的道路中，有一条街就叫雨果大街，而罗曼·罗兰却没有多少人认识他。罗曼·罗兰是得过诺贝尔文学奖的，雨果却没有得过。后来我从雨果的书中了解到，他的书写了很多有关巴黎的内容，这令法国人非常热爱他。他们不去热爱一个得过诺贝尔文学奖的罗曼·罗兰，反而非常热爱雨果。

各个国家都有非常优秀的作家，我们中国读者对这些作家的经典作品的认识仍有赖于翻译的力量，能够读原著的读者还是少数，所以我们中国人对经典的认可其实与翻译界对经典的认可有很大的关系。中国在1950年代跟当时的苏联非常友好，所以我的青少年时代都会接触大量苏联和俄罗斯的文学作品。当时我们看的很多的是苏联的电影、小说和俄罗斯的小说，直到今天我还是认为，虽然苏联小说有为意识形态服务的一面，但它们也有人性化的一面。我们那一代人读过的苏联小说，对你们来说都很陌生，比如《勇敢》，它讲一群共青团员开发西伯利亚的故事，那里的勇敢和献身精神对我们有非常大的影响。比如说我们那代人读过的《钢铁是怎样炼成的》，这本书现在好像还卖得不错，它影响了我们中国整整四代读者。我昨天还和艾老师讨论这个问题，如果抽离了作品中意识形态的东西，把它看作一个英雄主义的文本，那也是颇好的一部作品。那种坚韧，那种不屈服于命运的精神，难道不是我们今天也该拥有的吗？我还读过俄罗斯小说《三个穿灰大衣的人》，它讲述三个人打完了仗即从卫国战争战场上退下来之后，到大学去念书。我还读过一本苏联小说《大学生》，你们可以找来读一读。当然那个时代的苏联文学不可避免地受到意识形态的影响，但是我觉得它还是保留了从俄罗斯传统文学继承下来的一些动人的因素。比如说《茹尔宾一家》《伊尔绍夫兄弟》，以及后来的《州委书记》《你到底想要什么》《多雪的冬天》，这些都是我在青年时期读过的一些苏联小说。今天我们来看苏联小说，以我们现在的思想认识，我们会找到它很多受意识形态影响而呈现的局限以及一些谬误，但我还是要感激它们，因为它们曾带来过一些让心灵温暖的东西。至于得过诺贝尔文学奖的肖洛霍夫的《一个人的遭遇》和《静静的顿河》，还有同样得此奖的帕斯捷尔纳克的《日瓦戈医生》，它们所表现出的文学意义和成就就比上述作品更全面了。对苏联小说的这些看法，只是我个人的，那些阅读的得和失都可能会影响我的创作。

因为当时苏联的影响以及翻译界对苏联文化的重视，使我们有可能读到一些比较好的苏联小说，同时还有幸读到一批俄罗斯批判现实主义小说。我觉得在世界文学潮流中，俄罗斯批判现实主义派是一支不可小觑的力量，我刚刚提到100个当红"炸仔鸡"，他们最喜欢的作家是托尔斯泰。同时代的批判现实主义派作家真是星光熠熠，诗人有普希金、涅克拉索夫；小说家有写《死魂灵》的果戈理、写《当代英雄》的莱蒙托夫、写《猎人笔记》《贵族之家》《前夜》的屠格涅夫，以及刚才提到的契诃夫。在契诃夫的小说和戏剧作品中，我们老说有一种"淡淡的哀愁"，很多人文学作品中那种"淡淡的哀愁"的感染力量，都来自于契诃夫。你如果读过很多契诃夫的作品，特别是一些短篇的爱情小说，就会在心中缭绕一种情绪，就是"淡淡的哀愁"。当年我读过他的一个短篇小说，名字叫作《带阁楼的房子》，就明白了"淡淡的哀愁"是怎么一回事。小说的故事非常简单，一个画家到一个庄园里去生活，庄园有一幢带阁楼的白色小楼，每天当他写生的时候，阁楼的窗帘就会挑起一角，露出一张少女的脸，她非常羞涩地在偷看他。当他发现时，少女又把窗帘放下了。时间久了，这个画家就认识了这位少女，他们俩之间还产生了一段感情，这就是爱情。但少女的父母不同意，庄园主在当时就是富户，女儿就是"富二代"，自然不会把女儿嫁给一个朝不保夕的穷画家。但是庄园主没有公开地反对，而是在某一个早晨，这家人突然消失了，阁楼的窗帘也放下了。画家继续游荡，可他的游荡生活中增添了一项内容，他从此有了牵挂，有了思念，觉得在这个世界上的某一个角落也会有人在思念他，有人在牵挂他。小说就写了这么一段很简单却非常美好的带着淡淡忧愁的感情。这种事在我们现实生活中有很多，但是大家未必能体会到那种淡淡的哀愁对一个写作人，特别是像我这样的作家，有多大的影响。我的小说《和谁在阳台看日落》中写到一段几十年的感情，两个年轻人只有过一夜情，然后他们就分开了，但几十年彼此心中互相存在，你心中有我，我心中有你。他们在一个月光如银的晚上，发生了一夜情，那一晚成了他们终生的忆念，成了他们终生的牵挂。这个情节感动了很多人，昨天艾老师也说她看到这一段时很感动。非常感谢艾老师，艾老师的文学感悟力非常高，我通过她对我小说的解读，深深地体会到这一点。

当时的我们通过这一批俄罗斯批判现实主义作品，认识了一大批作家，这些作家有一个共同的特点：他们多数是"富二代"，包括拥有庄园的托尔斯泰和屠格涅夫，以及写《悬崖》的冈察洛夫。即使契诃夫不是"富二代"，他也能够上莫斯科大学，能够接受非常好的教育。这批作家出现在俄罗斯历史上最黑暗的年代，即沙皇尼古拉统治的年代，那是封建专制时代。这时俄国农村还保留着农奴制度，这个制度的性质我们可以通过 20 世纪中叶的西藏了解一二。在这个制度下，农奴主绝对拥有所有的生产资料，包括土地以及奴隶，在俄国就表现为庄园主和庄园。为庄园主劳作的农奴世世代代都是庄园主的奴隶，这一代是农奴，生下来的孩子依然是庄园主的奴隶。这一批"富二代"接受了高等教育之后，对民主、平等就有了向往。当然他们也有自身的阶级局限性，但我非常钦佩他们的一点就是他们的作品能够冲破自身阶级的局限性，关怀弱势阶层的生活。这批作家创作的主题大概有两种：一种是写"多余的人"。"多余的人"出身上层，受过高等教育，聪明潇洒，不愁吃喝。但当时的时代又不可能让他们大有作为，这批人在精神上非常苦闷。他们怎么过日子呢？骑马狩猎，到乡间闲逛，顺带勾引一两个女孩子。回到庄园后，就在那儿喝酒冥想，或和朋友高谈阔论。这基本上就是他们的生活状态。文学批评史上把他们称作"多余的人"，对社会来说他是多余的。但我们深究为什么会出现这么一批多余的人呢？这是有历史原因的，就像今天的"宅男""宅女"一样有其现实原因。为什么会出现"宅男""宅女"呢？有一个条件就是因为现在科技发达了，我们那个时候根本不可能出现"宅男""宅女"，因为没有电脑。时代与人物的产生绝对是有关系的，莱蒙托夫写的《当代英雄》和冈察洛夫写的《悬崖》都是写这些"多余的人"。第二个主题是写农奴的生活，或者是写低下阶层的生活。我觉得基本上是这两个主题，当然"多余的人"这个群体也会发生变化，不是每一个作家都写同样的东西，比如像托尔斯泰，他的主题和生活背景就更为广阔，表现得更为全面和成熟，所以托尔斯泰是俄国文学史上的一座高峰。我不能绝对地说俄罗斯批判现实主义就这两个主题，只能说它们是众多主题中比较重要的两个。这些作家写了很多农奴的生活，写了他们被奴役、失去自由的生活。

为什么我觉得这个流派很出色呢？因为它的思想意义并不是喊出来的，

而是通过文学作品形象的感染力让读者潜移默化地感受到的。比如屠格涅夫的小说《木木》。主人公木木是农奴制度下最下层的代表，而且他还是一个哑巴，只能发出像"木木"这样的声音，所以人们就叫他"木木"。木木到城里去打工，到农奴主的庄园里去做仆人，人们都欺负他，都拿他开玩笑。虽然他是一个残疾人，但是他也有自己的内心世界，他暗暗地喜欢上了一个名叫塔季扬娜的女孩，这个女孩对他产生了同情，是对他帮助最多、关心最多的人，是一个善良的女孩。两个苦命人之间就产生了一种暧昧的情感，木木爱塔季扬娜，而塔季扬娜同情他、关照他。在木木的生活中，只要看到塔季扬娜，他就很快乐，他就觉得那一天充满了阳光，生活得很开心。但后来农奴主要把塔季扬娜嫁出去，到女孩出嫁那天，整个庄园都在大摆筵席，就连奴隶也能参加，可以饱餐一顿。人们却找不到木木，原来木木和他的小狗躲在庄园中一个谁都找不到的地方，木木抱着小狗发出"木木"的哀鸣。第二天早上，人们发现木木不见了，原来他已经大踏步地走在回乡的路上。他不愿意再在这里待下去了，因为塔季扬娜不在了，他的阳光消失了，他的世界一片黑暗，所以他要回到他的故乡，大概就是这么一个故事。这个故事会在无形间引发你的同情之心，对这些低下阶层的弱者，你会产生一些同情。同情是人类精神世界中非常可贵的感情，对经典的阅读就让你学会了同情，学会了对弱者的关怀，这是我自己从其中汲取到的文学力量。

　　虽然俄罗斯批评现实主义写到了"多余的人"，写到了低下阶层的生活，但是它们绝对不是全部的主题。后来到了托尔斯泰那儿，我们发现题材拓宽了。为什么大家崇拜托尔斯泰？就因为他的博大精深，就因为他绝对的不单一。托尔斯泰也是个"富二代"，他的墓应该是在莫斯科。奥地利有位作家叫茨威格，他的作品《一个陌生女人的来信》在中国很有影响，后来徐静蕾把它拍成了电影。茨威格本身也是一个故事，他是奥地利人，是用德语写作的作家。第一次世界大战期间，他就是一名反战的和平人士；在第二次世界大战期间，纳粹就将他视为眼中钉。在纳粹的高压气氛之下，他成为一个被追捕的对象，所以茨威格不得不到处流亡，最后逃到了巴西，巴西接纳了他，他和太太是在巴西自杀的，他用自杀来抗议纳粹非人道的暴行，他用自杀来唤起人类的良知。这样的事在"文革"中实在太多了，北京大学的翦伯赞教授和他太太也是双双自杀的。茨威格曾经到过托尔斯泰墓，去拜谒托尔斯泰，写了一篇散文《世间最美的坟墓》。通过这篇散文我们更深刻地认识了托尔斯泰。托尔斯泰墓非常平凡，是一个长方形的小土丘，上面开满了野花，没有十字架，没有墓志铭，没有出现托尔斯泰的名字，就像一个流浪汉，一个倒毙在路边的士兵，被人草草地埋葬在那里。没有墓碑的墓，这就是一位伟大的作家对他身后事的处置。我一读到这篇文章，就想到好多中国作家忙着建自己纪念馆的事，人还没死呢，历史怎么评价你的作品还不确定呢，就忙着建自己的纪念馆，有的纪念馆还建得非常有规模。这些作家在托尔斯泰墓的现象面前，会不会脸红呢？他们大概是没有这种觉悟的。我还写过专栏文章来抨击这种现象。

托尔斯泰这个"富二代"，生下来就可以抖着二郎腿写作，不用为生计操心，他的太太索菲亚就担负起打理家务的所有责任，包括怎么处置农奴，怎么管理庄园。托尔斯泰到晚年时，突然说要把地都分给农奴，解散农奴，把他们遣散回乡，让他们自己耕种。托尔斯泰是越活越聪明，还是越活越糊涂了？我们可以各自解读。索菲亚当然不愿意，责备他说，你在那儿说风凉话，你不忧柴不忧米，整天喝着咖啡，一天到晚趴在那儿写作，我可是管着一大家子，我可是掌管着一家人的经济命脉！她当然不同意这么干，所以夫妻俩的冲突就越来越多，越来越厉害。我们现在说有少女离家出走，有年轻人离家出走，有老年人离家出走，托尔斯泰就在八十七岁的时候离家出走。托尔斯泰在一个风雪交加的夜里，到了莫斯科郊外的一个小火车站。铁路职员看见一个老人走了进来，身上披着一条厚厚的毛毯，浑身都是雪花，当时他已经发烧了，已经感染了风寒，从此一病不起。托尔斯泰本身就是一个故事，他的作品在俄罗斯批判现实主义中绝对是一个高峰。他超越了那个流派的很多作家。所以如今才会有那么多当红作家，在接受了那么多现代主义、后现代主义的作品之后，还那么崇拜托尔斯泰。我曾经想过为什么会出现这种现象？因为托尔斯泰的作品有温暖人的东西。现代主义和后现代主义的东西都是冷冰冰的，作品与一般的读者非常疏离，像卡夫卡的作品，都是一些很难捉摸的东西，感觉不到温暖，它们满足的是另一个层面的读者，需要另一套解读的方式和心态。作家们崇拜托尔斯泰，是因为托尔斯泰的作品中有温情的东西，有灵魂自我审视的力量，有对人生存的反思。这些东西很容易就打动了读者。托尔斯泰的崇高，主要表现在这些方面。

《安娜·卡列尼娜》即使有同学没有读过，但也一定知道这个故事。一个女子为了爱情而飞蛾扑火，明知是一条险途，也不惜抛弃家庭，当然我们今天会说这个女人怎么这么傻？我们现在有些人巴不得去巴结一个市长，巴不得坐上他的宝马，住进他的官邸，就什么都不愁了。现在我们有些人就是这样一个价值观。托尔斯泰却写出了这么一个女性，明知那是一条险途，她却飞蛾扑火，结果只能自取灭亡，焚毁了自己。她和卡列宁生活在一起，却没有爱情，与一个龙骑兵渥伦斯基偶然一遇，却一见钟情，为了他，她抛弃了原来的家庭，甚至不惜放下她的孩子阿廖沙，和渥伦斯基出走。渥伦斯基是个什么人？纨绔子弟、浪荡公子，对漂亮女人来者不拒，逢场作戏玩儿一场，他就是这么一个心态。安娜和他在一起感觉爱情消失了，她是为爱情而来，为了爱情奋不顾身，结果是这么一个下场，所以她最后必须得卧轨，必须得自杀，人物的命运发展到这一步，她只能走向卧轨自杀。这么简单的故事让我们看到了女性在对爱情追求时的那种艰苦的道路和那种悲剧的命运。

又比如说《复活》中的聂赫留朵夫，他也是一个龙骑兵，龙骑兵都是贵族子弟。他放假了没事干，到姑妈的庄园去玩。姑妈家里有一个婢女，叫作喀秋莎，这个女孩非常的纯真，眼睛有一点斜，非常的可爱。龙骑兵的生活中，一夜情实在太正常了，他诱奸了喀秋莎，第二天就走了。后来我看了电影，是黑白片，喀秋莎知道爱人走了，从庄园奔到火车站去找他，希望他留下来。她把脸贴在窗玻璃上一个个车厢地找，男主人公聂赫留朵夫根本就没往外看一眼，他正和他的朋友们兴致勃勃地谈天说地。车开走了，喀秋莎还拼命地追赶……当时我还是中学生。喀秋莎全身心地爱着他，而聂赫留朵夫只是玩一玩，这就是命运。后来中年的聂赫留朵夫成了陪审团中的陪审员，西方的制度中有一个陪审员制度，他们的意见对法官的判决相当重要。押上来的犯人就是当年的喀秋莎，这时的喀秋莎是一个妓女，别人告她谋财害命，谋了嫖客的钱，嫖客后来死了，法庭就判她流放西伯利亚。这个时候聂赫留朵夫良心发现，他觉得是自己害了喀秋莎，让她一步一步走到今天，他觉得他有责任。这人物是托尔斯泰自己道德忏悔的化身。托尔斯泰晚年为什么主张解散农奴，把土地分给他们？他就是良心发现，道德自我完成后的举动。作品中的喀秋莎拒绝了聂赫留朵夫的拯救，说我和你不是一个世界的人。《复活》在结尾大段大段地引用圣经，这是一部伟大的作品。

更伟大的是《战争与和平》。拿破仑当年的欧洲资产阶级革命，在欧洲横扫一切，把周围的小国家的君主制度都给推翻了，像今天阿拉伯国家掀起的"茉莉花革命"一样。但拿破仑打到俄国，库图佐夫将军放弃死守莫斯科的战略，在莫斯科周边用游击战术和拿破仑周旋，拖垮了法军后，再在莫斯科附近全力一拼，打败了拿破仑。这就是历史发生的伟大事件，托尔斯泰就此写了《战争与和平》。托尔斯泰的历史感，他的那种厚重丰富思想，他在创作中对道德完善的追求，他人性的力量，都在他的几部巨著反映了出来，使他成为了如今百位当红作家心中尊崇的楷模。

今天谈经典的阅读，我的前提是各个国家各个民族都有经典，就像我提到的美国、法国，它们都有经典。特别是英国，大家可能比较熟悉，刚才我讲到《简·爱》，以及狄更斯《双城记》等系列作品。我谈的都是翻译小说。有幸的是我们国家的翻译力量和文学史的力量使我们认识了这批作家，我们有幸读了这些优秀作家的作品。今天我重点讲了俄罗斯批判现实主义，刚才又重点讲了托尔斯泰，他对我们中国作家的影响也是非常大的。我们中国当代一些优秀作品中的人性、道德的力量，我觉得有一部分是来自作家们对这个流派的阅读，来自俄罗斯批判现实主义的营养。我们今天的年轻人对这个流派是不太认识的，所以我觉得如果同学们想在阅读方面开辟一个路子，或者建立一个比较好的阅读系统，我建议你们在阅读文本中一定要有这个流派。假如对这个流派不太了解，大家可以上网去找一找，对这些作家的介绍非常多，可以找到这些作家的作品和简介。当今内地进行了很多改革，但是也面临着道德体系的重塑，或者说是强化，这些文学作品带给我们的都是一些正能量，这种人道主义的东西、人性的关怀，该对我们有些启发。

我今天的讲座就到这里，谢谢大家。

下面的时间请同学们随便发问。

提 问 环 节

问：老师，我想问一下，您刚才提到的对您影响很大的作家都是国外的，就内地而言，有没有对您影响较大的作家？

黄虹坚老师：中国作品我也读了不少，像五四以来的这些作家，我还是读得不少的，像鲁迅的作品、沈从文的作品、茅盾的作品，我都读过。但我还是佩服这些外国作家，这是我个人的取向，不等于说内地的作家不好，但我更佩服的还是国外的作家如俄罗斯的小说作家，这和我个人的阅读习惯有关。内地作家我也读了不少，并不是说完全不读。

问：您出生在香港，接受教育却是在内地，然后您现在又回到了香港进行创作，您感觉在内地创作和在香港创作有什么区别？我们常说香港是文学沙漠，就是说香港没有文学，但香港又产生了那么多重要的文学批评家，在这样的地方创作和其他地方有什么不同吗？会不会更自由或不受拘束些？

黄虹坚老师：我想创作环境的自由不代表就能够产生一些有分量的作家，这是我的观点。香港绝对是一个非常自由的社会，你持什么观点都可以，但是不等于说它有一整套的环境和条件去造就一个伟大的作家或者有分量的作家。首先，现在香港的出版环境和内地一样面临着艰难的生存问题，所以出版社不可能为了理性给你出一部小说或作品。在出版之前，都要先进行预算，会不会亏本，或者说能赚多少钱，能不能保本。这都是他们要考虑的问题。因此有一些有分量的作品没有出版的机会，从而被湮没了，这个可能性肯定是存在的。虽然创作的思想很宽松，但是生存逼着出版社做一个很大的筛选。像同学们所熟悉的作家们，怎么评价他们是另外一方面，但是他们基本上都是属于流行文学这一范畴的。所谓流行文学，它具有消闲性，是人们茶余饭后的消闲，都是表现小性情、小可爱、小情趣这一类的作品，或者聚焦在一些写作的实验上，玩儿些形式上的花样，将那些苍白的东西标为创意。这是其中的一种情况。

还有一种情况就是有些作家非常关心内地的政治，他们对内地的官场贪腐、政治制度非常热衷，积极地去研究和关心，而且以此作为创作的题材，但我觉得他们是力有不逮的，既没有相关的经历，也不具备这套政治意识。当然作家没有亲身经历过的事，如果他具备文学创作的禀赋，特别是具备塑造人物的本事，也可以把作品写得很好、很出色的。托尔斯泰没有经历过卫国战争，却也可以写拿破仑，这是作家的天赋。但香港一些作家过分地关注内地的政治，可写出来又不是那么回事，这就比较可悲，这就是一种失败。这些作家多数是香港土生土长的，他们有他们自己的读者群。我觉得他们和他们的作品有其存在的价值，我们既然承认文学园地的百花齐放，这些作家的存在就有它的必然性和合理性。还有一类像我这样的作家，在内地接受了比较好的完整的文学教育，在内地已经开始写作了，然后又到香港去发展，而且没有语言学习的过程，因为我的母语就是广州话。像我这种背景的作家比较少，但从内地移民到香港的作家并不少，他们在内地也接受过很好的文学教育，有一定的文学功底，他们也写了一些以香港为背景的作品，有一些相对来说还不错，但是总觉得分量还不够。就此我也做过分析，这里有很多具体的因素。第一，谋生所累。我们都不是专职从事文学创作的，专门从事文学创作是不能养家糊口的，大部分人写作赚的稿费是不能够维持生活的。像我这样的，就得去教书，教书可以保证生活来源。只有忙里偷闲，自我风雅时才能来一点小创作，所以时间和心态都没有办法保证。所以非常羡慕托尔斯泰。第二，我们必须承认文学创作需要一点天分。我常说文学创作得有生活、思想、技巧和阅读的基础，但真写也还需要天分。像画画一样，有的孩子老是画不出来，他总是缺一点灵感，文学也是这样，是需要天分的领域。天分不够，他们理解的小说写出来后不是那么回事，就造成了写的作品不够好。一些土生土长的作者，他们很少经历过人生的大起大落，因为香港是一个小康社会，没有人生苦难的亲身体验和思考，所以他们写的东西多是一些消闲的文学，都局限在比较小的格局，一些小情感的纠葛、小情趣，围绕生活的小圈子转。还有一些作品则是过分的政治化，离开了文学的规律去图解政治。第三种就是出版小说非常困难，大多需要自费出版，在香港自费出一本书大概需要三万港元，有些作家认为花三万港元让出版社出一本书，何必呢？一个原因是作家本身清高，另一个原因是经济账划不来，所以就不出了，这就造成了香港的长篇小说不是很繁荣的情况。

　　写个短篇还有几个杂志可以投稿，香港也有几家文学杂志，如《香港文学》《香港作家》《城市文艺》《文学评论》。有些年轻的作家搞了一个叫《字花》的文学杂志，直接发行到中学。但杂志编辑和我约稿时非常好玩，他说黄老师，您写一篇小说吧！我说，行，多少字？他回答说，最多三千字吧。三千字就只能构思一个小短篇，这个短篇不能把文学容量全部表现出来。作家创作到一定的程度就觉得不写长篇，就不能够确定自己的文学定位，不管怎么样都要写一个长篇，但是没有条件出版，所以造成了香港文学今天的这个局面。但是香港也有非常人性的一方面，香港有一个艺术发展局，每年用一笔钱来资助作家的写作，钱不多，十万块港币，如有三个人申请，批准之后，每个人分三万。我那年很幸运。朋友说你一定要申请十万，但他们不会给你十万，最多给你五六万。我申请了十万，我的答辩非常好，五六个委员提出问题，我都回答过去了，大概他们也比较满意，就批了我八万五千港币，其实这就相当好了。我们如真的想出一个长篇，又不甘心自费，而且觉得自己的作品是一个好作品，就可以通过这个途径出版。但也得看你的命运怎么样，如果那年很多作家申请就不会有这么多钱。我一直到处寻摸，看有没有什么基金会愿意赞助写作，结果非常让人失望。我发现有好多财团赞助交响乐团、芭蕾舞团。我去看芭蕾舞，看到一个很奇怪的现象，演员的头衔竟是××地产公司赞助的演员。这真是一个让人哭笑不得的事，说明艺术真是面临着一个生存的险境。但就没听说有赞助文学写作的。我现在想最好认识一个阔佬，鼓动他建立一个写作项目基金。当然这也就是说说而已。

香港作家还有一个语言的问题，有的人写的东西过了罗湖桥就没人能读得懂了。但他们自鸣得意。如果自甘这种小写作而画地为牢，那我们也就不需过分去关注他们。

刚才这位同学说香港产生了许多重要的文学批评家。这个情况我不太了解，我反而觉得香港的文学批评很沉寂或者说不到位。

问：作家的阅历和阅读是一个什么样的关系？在您看来是阅历重要，还是读书更重要？

黄虹坚老师：一个作家的阅历重要呢，还是阅读重要？作家必须得有阅历，如什么都没经历过就在家写作，写的只能是非常小格局的内容。我的阅历就比较多，我大学毕业的时候经受过"再教育"，被发配到一个解放军农场，种了完完全全九个月的水稻，每天日出而作，日落而息。我就这段经历过一个电影剧本《蒲草萋萋》，这个剧本在台湾得过奖，写我们这代人一段非常特殊的生活经历，我现在准备把它发展成一个长篇小说。阅历非常重要，我一个广州市的女孩子，从小在大城市长大，父母收入不错，家里的环境也还可以，有一个比较好的生活环境，基本上是没经历过什么柴米之忧的，却冷不丁地给发配到一个农场。我有没有想法，我有没有纠结？我从广州直接考到北京大学，从一个大城市到另一个大城市。我还经历过"文化大革命"，这个非常重要，"文化大革命"让我失去了很多很多东西，当然也从另一个角度给了我一些东西，但我觉得得到的要比失去的多。我到解放军农场去锻炼，之后又分配到一个小城镇当中学老师，不久又调到教育局去当干部，年轻人的虚荣心使自己觉得很受重视，后来才发现是让我滥竽充数。因为那时候的干部老是下乡搞运动，教育局的干部都去烦了，调一个人上来充数，所以我就长期的下乡，去了几年。所谓下乡就是以工作队的身份去搞运动，在那儿我就接触到最底层的农民，看到了生活最真实、最丑恶、最阴暗的一面。

现在不少作家都爱写性，这个东西我没怎么写，都库存着呢。这多么年，我只写过一个有关此主题的作品，在《亚洲周刊》得过"华文小说创作奖"，这个小说叫作《春雾迷茫》，那就是我的亲身经历。上大学的后期，我们全部被赶到乡下去了，我去了北京平谷鱼子山，是以教改小分队的形式下去的。有一天发生了一件杀人案。有一个公爹和儿媳妇长期通奸，儿子看在眼里，憋在心头，但是又不能发作，因长期的郁闷，变成了一个半疯癫的人。他想杀人，杀人之前他有很多前奏。在农村一家子都睡在炕上，炕边上有一溜儿人头，他拿着一把西瓜刀，摸摸这个说熟不熟，又摸摸那个说熟不熟。就这样一刀刀下去，全家就只剩下他娘和小儿子。这就是我的生活。一个城市长大的女孩子，当时刚二十出头时，接触这些当然会很惊栗，会很震惊，对人生和人性中一些黑暗和残酷的东西会有感触，在我一直平和的生活里忽然打开了另一扇门。后来我就把它写成了《春雾迷茫》，这是一个悬疑故事，它所承载的就是我的生活，我所经历的部分生活。

我在广东下乡，那些工作队的大老爷们怎么会有绅士风度呢？他们才不管你是个女孩子呢。他们住在大池塘的那边，我住在池塘的这边，开完会都深夜了，我得一个人摸黑绕过大池塘回住地。我和一个女知青住在一起。她住楼下，我住楼上。楼上是个阁楼，三角形的房顶，我是不能直起腰走的，一上楼就得弯着腰走。农村的窗户没有玻璃，晚上野猫就在那儿穿梭，这就是我经历过的生活。在那儿我认识了很多知青，他们一次一次偷渡到香港，这就成为我长篇小说中的一个素材。在《和谁在阳台看日落》中有些章节写到偷渡，后来有些杂志编辑对我说，偷渡很多人都已经写过了，但像你这么写的很少，他们觉得那一章非常震撼。我写到一个女性在偷渡，之前要被"蛇头"奸污，然后自己跳到大海里，抱着大油桶漂到香港去，一上岸身上布满了海蚂蟥，都在吸她的血。这就是我的阅历带给我的素材。但并非有生活素材的人、有生活阅历的人都能成为作家，还必须有一个条件——他喜欢写作，他喜欢文字。有这两个条件还不够，即使他会写一点东西，有写作的欲望，但是他没有参照物也不行。阅读让他找到参照物，让他知道什么样的作品才是好作品，什么样的作品是值得借鉴和深思的，所以阅历非常重要，阅读也非常重要。

问：虽然香港在文学方面不是特别繁荣，但是它的电影业非常繁荣，所以我想知道这是为什么？

黄虹坚老师：香港的文学是不够繁荣，但电影和其他的娱乐事业相对来说比较繁荣。其实这是两拨人马，写小说的不写电影剧本，写电影剧本的不写小说。有朋友给我介绍了一位著名的电影女导演，导演很客气，把我的作品都要去了，看看能不能改编成电影，但是她团队的编剧坚决不干。编剧觉得这是她的领地，凭什么让一个写小说的人插进来？她不知道我过去也是电影编剧，即使知道也不会让我插进来，她的饭碗凭什么让我给抢了？编剧说她有她的题材，她可以弄。女导演就对我说很抱歉，我说没关系。我非常明白这一点。搞电影剧本这些人有实践经验，知道怎么在电影里说故事，没有什么文化的束缚。香港的电影其实是导演的电影，如是陈可辛的电影，是曾志伟的电影。导演可以凌驾于剧本之上，起绝对的作用。大家可以发现香港优秀的电影都是市民电影，适合一般市民，当然也有像张艾嘉拍的《心动》这样的文艺片，但大部分还是市民电影，而适合知识分子的电影极少。我们得承认电影和小说都是分档次的，或者说有不同的观众群和读者群。香港电影是比较适合多数市井民众欣赏的，也包括知识分子在内，因为之前说过不少知识分子阅读的名著不多，所以对市井文化的接受甘之如饴。

我原来是比较抗拒香港电影的，后来我觉得我们不但应该接受它，还应该研究它。它有自己的路子，也有争取观众的一些办法，再加上很多演员的表演是非常生活化的，这和我们内地一些演员一上去就表示"我是俊男""我是美女"有很大的不同，他们不在乎丑恶。香港电影在20世纪六七十年代是亚洲的一个高峰，1980年代也行，在韩国或亚洲其他国家的影响非常大，现在有些跌落了，当然有一批电影人还在挣扎，希望出现香港电影的另一次辉煌。但是时代变了，他们已经感觉到光是靠香港的力量已经力不从心了，所以很多导演、电影资本都选择和内地、台湾合作，希望电影可以在内地、台湾、香港发行，保住票房的收入。大家都知道不少港台艺人都选择在内地发展了，这是多大的市场啊！李宗盛就是北京人，齐秦也是北京人，香港也有很多人，像陈可辛导演，最近拍了《中国合伙人》，就长期住在北京，他们对北京风土人情的了解比我都多，比我都深。许鞍华导演也是长期与内地的资本进行合作。现在香港电影的形式和资本都变了，香港电影也必然会有一些变化，变得怎么样，我们走着瞧吧！但也不可否认，香港的本土电影是好看的电影，讲广东话，听上去感觉非常不一样。语言里边有一些俗文化很幽默很尖刻的东西，广州话是一种很特别的语言，它难以表达优雅，难以表达诗意，但是它能表达粗俗、丑恶，骂人的话尤其犀利到位，感觉太痛快了！你把它翻译成普通话就表达不出来，总觉得差一点，不如广州话传神，这就是各种方言存在的必要性。

问：老师，您刚才讲到阅读和创作的关系，说到阅读为您的创作提供了灵感，我的问题是这会不会产生模仿？对于一个初学写作的人来说，就像一个初学书法的人临帖一样，今天看这个人作品，可能风格、叙述方式、叙事节奏就会往这个方向偏转，明天再看另一个人作品，可能又会往另一个方向偏转。只有经历过这样一个过程才能形成自己的风格，我想知道这种模仿对创作的重要性，您介不介意这种模仿？

黄虹坚老师：我现在也在看年轻人的作品，我能看出一点模仿的痕迹，但是我自己没有经历过这个阶段。我的第一篇作品叫作《跳高架旁》，是一篇小说，首先发表在《体育报》上。我的第一篇作品居然是写一个跳高运动员经过一个沙坑，看到一个小孩在练跳高，觉得小孩挺有意思，就稍微点拨一下小孩，他就跳过那个高度，后来这个小孩发现这个教自己的人居然是我们国家的男子跳高冠军。就这么一个故事，当时占了《体育报》一整版。我觉得我的创作是厚积薄发，不像一些年轻朋友一开始就说自己行，这有什么难的。我不是这样的。我对写作是比较敬畏的，觉得这是一个非常艰苦的事业，我一早就有这样的感觉，而且觉得如果选择了这条路，就一定要准备吃苦。当然也有年少轻狂的时候，因为一开始发表并不是那么难，先后发了几篇，还很早就在《人民文学》上发过稿。但当我正视写作这个问题，真的打算写下去的时候，我就对写作心生敬畏，有点畏缩，问自己行不行。开始有这个疑问。我是读了大量的作品之后才开始创作的，所以我开始创作时的作品就没有模仿的影子，任何评论都没有指出这一点。从一开始写作，我的作品就一个是一个，我的人物出来，我给他们的背景、故事、叙述方式就一个是一个。也不能否认有的作家的起点会稍微高一点，有的作家的起点没那么高。后来有些成熟的作家被人指责抄袭，我估计是这些作家对某些作品太熟了，他不经意就会表达出一些相似的东西。湖南有位作家的小说中有一大段的描写，被人指出他是抄袭某个俄罗斯批判现实主义作家的某个作品，他也很委屈。他其实是读得太熟了，写的时候那些句子就会不经意出现，他也不是有意的。

我觉得现在很多人不是模仿，他们一开始是想抄袭，想把这个故事改头换面变成自己的，抄袭的痕迹非常重。模仿好歹还有自己的东西在里头，但现在是抄袭的问题比较严重，作品在我们手上一看就知道是抄的，这已经不是模仿。我觉得抄袭是最丑恶的，有时候觉得模仿还可以原谅，作者在起步的过程中，功力不够，把别人的东西变化一下，变成自己的，这个是可以原谅的，对于一些初学者甚至还是必要的，可以理解的。我觉得我很幸运，我的写作从一开始就没有模仿和抄袭这个问题，这和我个性中的清高蚀骨有很大的关系。一开始我就比较在意自己的东西。当我的阅历够了，阅读量也够的时候，根本不需要考虑抄袭的问题。所以为什么鼓励大家进行经典阅读，就是要厚积薄发。一个作家在写作之前要有几方面的准备，如生活的准备、技巧的准备、思想的准备，还有阅读的准备，我觉得我在写作之前，这几方面的准备还是充足的。谢谢大家！

问：黄老师，我首先特别感谢您能来首都师范大学做讲座，我个人很喜欢您的谈吐，所以我之后也会找您的书来看。我对您的个人阅读习惯比较好奇，您在读书的时候，是一定要把一本书读完之后再看下一本，还是可以同时穿插阅读很多本书？我原来读书很少，对中文不太敏感，但现在特别想读一些书，现在在读《钢铁是怎样炼成的》和《罪与罚》，两本穿插着读，感觉很新鲜，但有的时候又感觉外国的这些作品尤其俄国的作品，人的名字很长，穿插着读有时候就会弄混。我就想问问您的阅读习惯。

黄虹坚老师：首先我先说说我现在的阅读状态，除了读香港一些文学刊物，我长期订阅内地两种刊物，一个《收获》，一个《十月》，因为它们能够代表南北的文学状况，所以对内地的新作家和他们的创作情况以及整个的文学动态还是有所了解的。另外还有《文艺报》，透过《文艺报》了解一下内地的创作动态。上述两种文学刊物以及网上的资料让我和文学保持着密切的接触，这个很重要。我的阅读基本上还是经典阅读，我觉得自己没有时间读那些没有分量的东西，我的时间不多。一些经典作品我会反复读，不止读一遍，而且随着我对事物的理解和对文学的认识加深也会逐渐读出不同的效果，这次读和下次读可能就不一样了。除此之外，我也读一些现在比较热门的作品，像韩寒的作品，我买了他的《青春》，后来觉得真是不值得我花二十多块钱去买。但是我肯定他的出现，十几年前他远没有今天的名声时，我就在香港的报上写文章介绍他，探讨教育制度评价学生的标准。我也会读一些安妮宝贝的书，我买了安妮宝贝四五本书呢。我还会读一些反响比较大的书。至于说是不是穿插进行，我是穿插进行的，我放在书桌上的那本书和床头上的那本书可能是不同的。你问会不会弄混？我觉得这和各人的阅读经验有关，我是不会混的，我会知道我在读不同的书。我的世界已经不单纯了，所以这些东西都可以同时进入我的世界，对于我来说这个方法不是个问题，但可能对有些同学来说这是个问题，所以你就看看自己适合什么样的方法，你就用那个方法去读。你在读之前，可以先了解一下各国文学的历史，找一些代表作来读，读了代表作品再了解作家。比如说你现在非常想了解短篇小说这个领域，不妨找找美国短篇小说之王——欧·亨利的小说看看。欧·亨利的小说大家一定听说过，如《麦琪的礼物》，两个年轻人想在圣诞节送对方礼物，他们都很穷，女的想老公的怀表没有了表链，送个表链吧；男的想老婆那么漂亮的金色长发没有合适的发卡，想送个发卡给她。结果男的把怀表卖了，女的把头发剪掉买了，拿出的礼物都是对方不需要的，但是还是能感觉到天使麦琪在祝福这一对年轻人。你可以进一步了解欧·亨利的历史，这就很有意思了，对于你的人生经历这也是一种补充。对于我们不可能经历的生活，文学和小说能告诉你，它补充了你生活的不足。

艾尤老师： 我们今天的讲座就到此结束，让我们以热烈的掌声对黄老师表示感谢！

（录音整理：申辉、阎菲）

时间：**2013 年 5 月 22 日（周三）18：30**

地点：首都师范大学北一区图书馆一层学术报告厅

主讲人简介

赵平安 1964 年生，湖南邵阳人，现为清华大学历史系教授、博士生导师、出土文献研究与保护中心常务副主任，兼任中国古文字研究会秘书长、中国文字学会常务理事、中国文字博物馆学术委员会副主任委员，教育部首批新世纪优秀人才支持计划入选者。主要从事古文字和出土文献研究，著有《隶变研究》《〈说文〉小篆研究》《新出简帛与古文字古文献研究》《金文释读与文明探索》《秦西汉印章研究》等著作，发表学术论文100 余篇。曾获中国社会科学院青年语言学家奖、北京大学王力语言学奖、王懿荣甲骨学研究奖、河北省社会科学优秀成果奖、北京市哲学社会科学优秀成果奖、教育部高等学校科学研究奖等奖项。

主持人（陈英杰） 今晚的燕京论坛，我们有幸邀请到了清华大学历史系教授、博士生导师、出土文献研究与保护中心常务副主任赵平安先生。在我的印象中，赵老师成名非常早，他在 1995 年（年仅 32 岁）时破格晋升为教授，这在文史哲学科是很少见的。他早年写的研究论文至今仍堪称经典。赵老师的文章精短而有气魄，他对材料的运用往往让我有一种"会当凌绝顶，一览众山小"的感觉。在古文字研究中，文字考释是最基础、最重要，也是最艰难的工作。每个时代以文字考释闻名于世的学者屈指可数。赵老师的文章以文字考释见长，是当代的文字考释大家。阅读其文章，我们可以发现赵老师考释的文字多带有全局性，一个字的正确考释就可以把古文字资料的释读及其相关研究向前推进一大步。2009 年赵老师出版了《新出简帛与古文字古文献研究》一书，其所收论文有关于简帛本体的，有以简帛研究文献与考释文字的，有探求汉字结构、汉字演变、用字特点的。该书被评为"2009 年度全国文化遗产十佳图书"。李学勤先生评价赵老师学术研究的风格特点是：在踏实的训练、广博的知识基础上，善于及时探讨新的发现，使自己站在学科发展的前沿。今天赵老师演讲的题目是《新出简帛与文字学研究》，这个题目所指领域本身就是赵老师研究的重点。现在让我们以热烈的掌声欢迎赵老师给我们做报告。

新出简帛与文字学研究

赵平安

我今天演讲的题目是《新出简帛与文字学研究》。我想大家都能感受到这些年的"简帛热",主要原因是 20 世纪 70 年代以来,在祖国的大江南北出土了大量的战国、秦汉、魏晋简帛资料,这些资料对文史哲各学科都产生了很大的拉动作用。不管是搞简帛学的人也好,还是搞相关学科研究的人也好,都需要关注简帛。这不仅仅是学术发展的需要,也是自身研究的需要。新出简帛不仅对很多学科有拉动作用,而且对文字学同样有很大的拉动作用。今天我就从四个方面,结合具体的实例跟大家谈一谈这个话题。

一　新出简帛与汉字演进序列

什么叫汉字演进序列?如果给它下个定义就是:把一个字不同时期的不同写法按一个顺序,主要是按时代顺序排列起来,形成的行列叫汉字演进序列。

当然排列的时候不仅仅按时间序列,有时候正按逻辑序列。汉字演进序列对于汉字学的研究非常重要。我在讲汉字学的时候特别强调这一点,我们在掌握汉字基本理论的同时,一定要熟悉四五百个汉字的演进过程,也就是把四五百个汉字发展的演进序列梳理清楚。这是一个非常重要的工作,对于深切地了解汉字非常有帮助。过去字量比较多的、成系统的文字有甲骨文、金文;在排列汉字序列时,我们要从甲骨文、金文、小篆、分隶这样的序列来排列。新出的大量战国、秦汉、魏晋时期的简帛资料就把许多汉字的演进序列补足了。很多的汉字现在已经可以排出比较完整的演进序列来。

汉字发展演进序列作用很大，可以概括为下面几点。

（1）它有助于掌握汉字发展演变的全过程。我给大家举个例子。

甲骨文	金文	简帛	《说文》小篆

掌握汉字的演进序列是释读古文字的关键环节。"⌇"是甲骨文中的"旬"字。它的构形本义究竟是什么，我们可以讨论。在我看来，它是一个指事字。在甲骨文"｜"（即十字）的基础上加了一个弧笔。"旬"即十日，就又加上一个形旁"日"。后来"⌇"讹变成"勹"，《说文》（即《说文解字》）小篆的"旬"就是从勹从日。战国简帛里的"匀"字，从日匀声，一般认为"匀"是"钧"的本字；其中两点像一个金属块，还有一道没有意义的羡符。"旬"字就是在《说文》小篆的基础上省变的结果。"旬"字的演变序列基本上反映了"旬"字的发展过程，从甲骨文一直到隶楷，中间出现的或体，基本上都包括了。

（2）在了解全过程的同时，还有助于我们了解汉字的来源。

字源的研究也是汉字研究的重要组成部分。字源学的研究既包括整个汉字的起源，也包括个体汉字的来源。近年字源学的研究在战国文字特别是简帛学研究的推动下取得了重要的进展。在我看来，字源学的研究是汉字学研究中比较有趣味的部分，它跟中国古代的文化联系紧密。我们还是来看几个字例。

甲骨文	战国简帛		《说文》小篆

这是"夬"字，现在我们可以很清楚地看到它的演进序列。在战国简帛文字里，从用法看，它作"决拾"讲，它的本义应该是扳指，现在有些男士还喜欢戴这个东西。结合它的演进序列，以及它在战国文字里的用法，我们很容易推知它的构形本义是戴在大拇指上的扳指，是象形字。文献里扳指有很多种写法，可以写成"夬""决""玦""韘"。在诸种写法中，"夬"是扳指的象形初文，是本字，"韘"为累增字，"决""玦"

为借字。要是我们不知道"夬"的演进序列，不知道它的构形本义，我们就理不清楚这些字的关系。

战国简帛	《说文》小篆
（敵所从）曾侯乙墓竹简	盾

这是"盾"字，这个字我们能从战国竹简里找到。它作为"敵"字的偏旁，肯定是"盾"字。通过战国时期竹简里"盾"字的写法，我们可以大致清楚秦汉文字里"盾"字的构形来源。它由两部分构成：一部分是"允"，一部分是"盾"。它是一个从盾允声的形声字。"盾"从允声是很好理解的，过去汉代就有职官名叫"中允"，又叫"中盾"。

（3）了解汉字的演进序列，有助于我们掌握汉字的区系特征。

我们知道，汉字区系特征的形成大约在西周晚期至春秋早期，到战国时期愈演愈烈。许慎在《说文解字·叙》里首先提到战国文字的区系特征："……其后诸侯力政，不统于王，恶礼乐之害己，而皆去其典籍，分为七国。田畴异亩，车涂异轨，律令异法，衣冠异制，言语异声，文字异形。""文字异形"就是指不同地区的文字有不同的写法，这实际就是说战国文字的区系特征。这是许慎，一个身处汉代的人，在整理战国文字的时候自然而然得出的结论。所以最早发现战国文字区系特征的人应该是许慎，后来的王国维只是更明确这点而已。

王国维在他的名篇《战国时秦用籀文六国用古文说》里明确地讲到战国时"秦用籀文，六国用古文"。他用两分法来概括春秋战国文字的区系特点，这个结论是用实证的方法得出的。

20 世纪 50 年代末，李学勤先生发表《战国题铭概述》，收集了传世和出土的金石、货币、玺印、陶文、简帛等战国文字资料，按地域分为五系：齐国题铭、燕国题铭、三晋题铭、楚国题铭和秦国题铭。境外学者把这几篇文章从《文物参考资料》里复印出来装订成小册子，作为专著来对待，我看后很感动。后来的齐系文字、燕系文字、晋系文字、楚系文字、秦系文字的五系分法直接脱胎于五国题铭的分法。李学勤先生是战国文字"五系说"的奠基人，当然了，后来还有一个进展，就是在国的基础上将国扩展为系。比如说李先生称楚国文字，后来学者把它扩充为楚系文字。楚系文字包括曾国等小国家的文字，把这些风格特点相近的文字都囊括在楚系文字中。晋系文字有中山国文字、郑国文字，它们跟韩赵魏的文字风格相近，所以都放在晋系文字中。

甲骨文	金文	《说文》小篆
兵	兵、兵、兵	兵

这是"兵"字。《说文》："兵，械也。从廾持斤，并力之皃。"像两手拿一兵器，有些学者认为这个兵器就是所谓的锛，它也是一种工具。兵是战国楚文字简帛写法，兵是春秋齐系金文写法，兵是战国秦文字写法，楚文字写法与齐秦文字的写法不一样。齐秦文字写法和《说文解字》籀文写法相近。《说文》字头篆文和楚文字的写法相同，可能来源于古文。通过"兵"字序列的梳理，就可以知道楚系文字、齐系文字、秦系文字的特点。我们过去给同学们讲汉字五系特征的时候往往是比较宏观的，要深入掌握汉字的构形特点，就应该对每个字的区系特征有所掌握。

（4）汉字研究序列有助于我们了解文字的时代。

出土的文字资料，我们比较了解所属的时代，但传世的文字资料，有时年代就不太明确。要做精确的研究，就必须了解其所属的时代。文字研究有两个方面非常重要：一个方面是识字，另一方面就是断代。这两件事也是最基础的工作。《说文》小篆里有"斗"字作斗。这个"斗"字是什么时候出现的，不知道大家留意过没有。许慎解释说："十升也。象形，有柄。"斗是很常见的，但是通过斗这个字形，怎么也看不出它像斗。通过从斗构形的字，一个个找出它的演进序列，再进行排比，就会知道斗字的写法大致是什么时候出现的。"斗"字在战国时期一般写成斗，在秦汉的简帛里写成斗，都是象形的斗，到汉代的碑刻里写成斗。我们再看从斗构形的字，"斛"字在《平都犁斛》作斛，在《光和斛》二作斛。再看"料"字，在《睡虎地秦简》里作料，在《魏受禅表》里作料。"魁"字，在秦汉文字里写作魁。"斢"字在阜阳汉简《仓颉篇》作斢。"斜"字在宝鸡汉印里写作斜。《说文》里半斗的专字"料"，在战国文字里多次出现，一般写成料、料、料、料、料之形。"斟"字在《袁博残碑》里写作斟。"科"字在阜阳汉简《仓颉篇》作科。"料"字在《居延汉简乙编》作 枓 。我们把所有从斗构形的字收集起来，把它们的演进序列整理清楚，都找不到《说文》小篆里 弖 的写法。这可以肯定 弖 的出现是汉代以后的事情。

以上说明，汉字的演进序列是非常有用的。

二 新出简帛与汉字的字体研究

在我们的印象中，小篆以前的字体脉络很清楚很简单，小篆以后非常复杂。启功先生的专论《古代字体论稿》虽然只有几万字，内容精短，但到现在仍然是汉字字体研究的标志性成果。除了裘锡圭先生的《文字学概要》有些突破之外，没有一本书的汉字字体研究超越《古代字体论稿》。其中有一点研究很值得我们推崇，那就是启功先生论述秦代的隶书。他的根据是《说文解字·叙》："诸生竞说字解经谊，称秦之隶书为仓颉时书……乃猥曰：'马头人为长，人持十为斗，虫者屈中也。'廷尉说律，至以字断法：'苛人受钱，苛之字止句也。'"书法家启功通过分析指出，许慎说的这些汉人曲说的字都见于汉隶，推测秦隶和汉隶相似，秦代已经有了和汉隶相似的字形。由于当时没有那么多的简牍帛书，也就看不到第一手的汉隶资料，通过《说文解字·叙》谈到秦隶，通过秦隶和汉隶的相似性分析，了解到当时已经有类似汉隶的写法。启功先生能通过对几个字的研究得出这样的结论，这在当时非常了不起。他的研究为大量的西汉前期古文字资料所证实。

汉武帝以前的大多数古文字资料都是用古隶所写的。有了简帛，我们就对秦隶有了更全面更深刻的认识。20 世纪 70 年代以后，有不少谈到隶变的著作，他们能有很大的成就，就是因为有了新的研究资料。古隶研究的面貌不能跟过去同日而语了。在汉字的字体研究、书体研究中，古隶的研究成就最大。不仅搞文字的人在这方面取得了很大的成就，搞书法的人也取得了很大的成就，像首都师范大学欧阳先生的学生就专门谈到隶书问题，谈得很好。还有一种字体，近些年我们对它有了很深入的认识，这种字体就是新隶体。新隶体是裘锡圭先生提出的一个概念，它指的是东汉中期以后，在八分的基础上形成的一种比较简便的俗体。这种俗体在东汉晚期、魏晋时期还很流行。过去我们所能见到的东汉晚期、魏晋时期的资料是很有限的，现在情况不一样了，现在有几批非常重要的东汉简，最有名的是湖南长沙五一广场出土的东汉简，大约有一万枚。魏晋简也是一样，走马楼三国吴简里有不少新隶体。新隶体所呈现的面貌，不仅有助于了解字形本身，而且使我们对与新隶体有关的字形，如行书、楷书的形成过程，也有更清晰的把握。

新出简帛与汉字的字体研究，我们主要通过古隶和新隶体来加以说明。隶变的研究比较多，楷变的研究还比较薄弱。有心的同学可以下点功夫，多做些这方面的研究。

三　新出简帛与字书的研究

先秦两汉比较重要的字书有《史籀篇》《仓颉篇》《说文解字》。这三种字书，只有《说文解字》传流至今。《史籀篇》里部分字形保留在《说文解字》里。一般认为《说文解字》中的223个籀文就来源于《史籀篇》。《仓颉篇》有马国翰的辑本，但是辑本的字都是隶定后的楷书。所以你会发现，过去文字学的书在谈到《史籀篇》和《仓颉篇》的时候都是引的古书里的几句话，非常简单，不可能对它们有更深刻的认识。我们对《史籀篇》的认识是建立在张家山汉简的基础上的，张家山汉简《二年律令·史律》是关于史官考课史学童的法律文件。大家不熟的话，我可以跟大家念一下。

张家山汉简四七五至四七六号简：

> 试史学童以十五篇，能风（讽）书五千字以上，乃得为史。有（又）以八体试之，郡移其八体课太史，太史诵课，取最一人以为其县令史，殿者勿以为史。三岁一并课，取最一人以为尚书卒史。

试，考试；史学童，考史官的学童；十五篇，《史籀篇》；八体，秦书八体；殿者，考得不好的人；三岁，三年。

四七七至四七八号简：

> 卜学童能风（讽）史书三千字，诵卜书三千字，卜九发中七以上，乃得为卜，以为官处。其能诵三万以上者，以为卜上计六更。缺，试修法，以六发中三以上者补之。

卜学童，考卜官的学童；九发，九次。

四七九至四八零号简：

以祝十四章试祝学童，能诵七千言以上者，乃得为祝五更。太祝试祝，善祝，明祠事者，以为冗祝，冗之。不入史、卜、祝者，罚金四两，学佴二两。

祝学童，考祝官的学童。

如果我们把汉简的《二年律令·史律》与有关传世的文献结合起来，就得出这样一个结论：《史籀篇》是当时国家考课史学童、选拔史学童的专用书。基本内容为史学童所必须了解的一些专业知识。它作为识字书的功能虽然不能说没有，但至少在汉初对史学童的考课中，这种功能明显居于次要地位。

还有一本很重要的字书是《仓颉篇》。它在很多的简里出现过，如居延旧简、阜阳汉简、居延新简、玉门花海汉简、敦煌马圈湾简、水泉子汉简，其中最重要的一批是北大汉简。整合几批简里出现的《仓颉篇》资料后，我们会对《仓颉篇》产生新的认识。现在完全可以把它的第一部分复原出来。第一段的开篇是这样的："仓颉作书，以教后嗣。幼子承昭，谨慎敬戒。勉力讽诵，昼夜勿置。苟务成史，计会辨治。超等轶群，出尤别异。"它们都是四言成句，二句一韵。从玉门花海汉简来看，《仓颉篇》里有书人姓名的，它把一些人名集中在一起，这些人在当时应该是有些名头的，如"曰书人名姓，赵芘韩礚，范鼠张豬"，它把一些人名罗列在一起，很押韵，像"芘""鼠""豬"。《仓颉篇》四言内容复原后会达到整个篇幅的四分之一。《仓颉篇》不仅有四言内容，在水泉子汉简、北大汉简里它还有七言内容。北大汉简《仓颉篇》量很大，据说复原的话可达到《仓颉篇》内容的三分之二。估计该书今年年底会出版，这些新资料能把字书的研究水平提高到一个新的高度。同学们如有兴趣的话，可以好好地做一篇关于《仓颉篇》的文章。我们通过《仓颉篇》的研究可以得出这样的认识：它有四言和七言，押韵，以类系连接，书人姓名。它对后世《急就篇》影响很大。

四　新出简帛与文字考释

搞古文字的人总是很丧气，因为有太多的字不认识，如甲骨文、金文、战国文字中都有这样的问题。在甲骨文方面，黄先生是大家，据说将4500个单字的音形义搞清楚，我不知道有多少字搞清楚了，可能达不到他的三分之一。新出简帛为我们提供了许多有价值的字形和文例，对于我们考释古文字非常有帮助。我举几个例子。

甲骨文中有这样一种字：

毛：ナ ゼ　　舌：古 甴　　裆：情 ゼ

按现在流行的隶定方式，我们隶定成：毛、舌、裆，从毛得声，读为砥（礫），这是于省吾先生的说法，现在大多数人认同此说。于先生释为"砥"的好处是：文例都能理解。他找到了里面的关键点，那一个所谓的声旁。可是于先生的说法还有一个问题，就是一个甲骨文里面的常用字，却不能跟后世的文字对应起来。新出简帛郭店简《缁衣》里面出现了一个与此有关的字形："《寺》员：'慎尔出 ，敬尔威仪。'"这句话见于《诗经》， 就是说话的话， 作为声符。舌的演变脉络为：

$$古 — 舌 — 甴 — 甴$$

甲骨文舌字有两种用法：一种是祭名，一种是用牲之法。作为用牲之法，毛、舌、裆既可以读为"刮"，也可以读为"割"，与于先生讲的"礫"不矛盾。根据战国楚简里的材料才能破译甲骨文的字，无论从字形还是从文例来讲，都应该可以讲得通。

战国简里有很多古书，古书可以和传世的文献对照，就可以将 、 、 这三个字当"慎"讲。郭店简《缁衣》" 尔出话"就是其中的一个例子。陈剑把楚简里的这组字跟金文里 、 、 这组字系连起来，认为它们记录的是语言中的同一个词，它往往是"……慎……德"连用，这在古书里很常用。他是这样来勾连这两组字的形体联系的。金文里的 、 、 字，第一个字下部从心，第二个字下部从言， 是质的本字，从贝所声。"所"就是由" — "讹变而来的，它本来像斧镇之形，像一个砧板，后讹变成为所。"所"的读音可以和"慎"通，所以金文里读为"慎"，至于它们之间是怎样的关系，我们还不清楚，但毫无疑问的是他们记录的是语言中的同一个词——"慎"。陈剑的说法得到学术界的一致公认。这是以战国简帛释读金文的一个非常有说服力的例子。

我们刚刚公布的《清华简三》中有一篇《说命》，它里面有这样一段话："故我先王灭夏，燮强……"这篇释文是李学勤先生写的。李先生认为该字为"强"字，形容词作名词，为"燮"的对象。如果这个字是"强"字，它为什么会加邑旁呢？从战国文字看，加邑旁的字，往往是代表地名、国族名。战国文字中大量的"强"字不从邑旁，所以该文中的"强"字应该是名词，可能是国族名的专字。可是从资料看，找不到对应的字。我在跟学生讲课的时候，提到这个例子。一个偶然的机会，终于把它破解了。

关于这个字的解读，大家可以读裘先生的文章《释"弘""强"》，该文收录于《古文字论集》第53～58页。裘先生的文章里谈道：甲骨文里的"弘"字写作弓、弓、弓，它在甲骨文和金文里作为国族名使用。但是，裘先生又在文章的末尾提道：甲骨、金文里用作族氏或人名的"弘"，不是"弘"字而是"强"字的可能性，似乎也不可能完全排除。他认为这个字也可能是"强"字。他解释"弘"是从口弓声，表示弓发出的声音宏大。"强"的构形本义是在弓的基础上加口形。口形表示的是事物的性质，是一个区别符号，拉弓的时候需要很大的力气，所以该字为"强"字。该字既是"弘"字，又是"强"字，他可能认为"弘"和"强"是同形字。甲骨文里从口从弓，表示氏族的字是"弘"字，但是他在这儿又说这个字是"强"字的可能性也不可能完全排除。如果我们把甲骨文的"弘"字跟金文、战国文字联系起来的话，就会觉得甲骨文、金文里作为国族名或人名的"弘"字是"强"字的可能性更大。裘先生在文章末尾的推断有可能是正确的。这个国族名"强"字在夏商之际存在，而且一直到商代晚期。"燮强"这件事，给我们提供了一个不知道的史实。

新出简帛对文字学研究的拉动作用是巨大的。我从几个方面举了些例子给大家做一个简述。随着材料的增多和研究的深入，这方面的研究肯定会不断取得新的进展。我希望有更多的同学参与简帛的研究，一起把这个工作推向深入。今天我就讲到这里，希望大家多批评，谢谢！

互 动 环 节

问：赵老师您好，我读《二年律令·史律》的时候，从字面内容，看不出它是考字还考些别的内容。史官考试的参加者，应该是史官家庭的孩子。这样一本史书，应该会有一些法律方面的知识。我们看到的只是背多少字，写什么字就可以成为史，难度考八级。从字面上看，它就是会写字的角度上的内容。我们能不能有直接的证据来知道它不仅考试写字，还考法律、行政能力等一些实操性的技能呢？

答：这方面我原来写了篇小文章，《新出〈史律〉与〈史籀篇〉的性质》，它发表于两个地方：一个是吉林大学《语言文字学论坛》第一辑（中国社会科学出版社）；一个是《华学》第八辑（紫禁城出版社）。该文对《史籀篇》的性质有专门的论述，同学们感兴趣的话，可以看一看。它里面提到，考史学童要考史书，考卜学童要考卜书，考祝学童要考祝书。

问：赵老师，我是学秦汉简的，学习秦汉简也要学甲骨文，可是光学甲骨文就够学一辈子的了，我想问一下赵老师，您是怎样要求您的学生学习的？

答：老实讲，现在对学生要求不能太高，在这个知识大爆炸的时代，要看的东西太多了。我对博士生的要求是在规定的时间里完成学分，写出不错的博士论文。要求学生把古文字学的各个分支学科打通，钻得很深是不现实的。现在学生学外语的压力很大，我们一般是要求学生去国外学习一年，这对学生将来发展很有好处，但这又耽误一年，所以学生的论文做得不是太令人满意。学生能在三年里受到较好的专业训练，能出不错的阶段性成果就可以了。

问：赵老师，您刚才讲到区系特征是许慎提出来的，王国维又把这个说法明确了。那区系特征是许慎提出来的，还是传承的？

答：传承也是可能的，不过我更相信他是自己摸索出来的，他系统整理过战国时期文字，通过秦国文字和其他国家文字比较，就能看出不同的文字面貌。

问：赵老师您好，这段时间我在校勘清华简，您说到许慎的《说文解字》中有些被认为是解释错误的字在清华简里证明是对的。那您能给我们举些例子来说明哪些被认为是错误的字其实是正确的吗？

答：像这样的问题我们还无暇顾及。同学们有兴趣可以利用近年出土的战国秦汉资料对《说文》做新证工作。写一篇硕士论文肯定没有问题。前些年中国人民大学的王贵元老师做了些这方面的工作，看似简单，可是对于搞《说文》的人来说非常重要。

问：赵老师您好，您现在提出"汉字的演进序列"这一概念。把甲骨文、金文等放在一起研究的书有徐中舒的《汉语古文字字形表》，高明的《古文字类编》，还有黄德宽的《古文字谱系疏证》，您可否向大家评议介绍一下这些书呢？

答：这些书都有比较强的文字发展演变的观念，都要认真地去念。我的一个体会是，读书的时候不要迷信，要用挑剔的眼光、批判的态度去读，一定要保持某种警惕。不要迷失在里面，一头扎进去出不来了。

（录音整理：杜庆华、王挺斌）

时间：**2013 年 6 月 25 日（周二）15：00**
地点：**首都师范大学北一区图书馆学术报告厅**

主讲人简介

李如龙　1936 年生，厦门大学中文系教授、博士生导师、厦门大学学术委员会委员、汉语语言学研究中心主任，国务院学位委员会第四届中文学科组成员，国家语委普通话审音委员会委员，中国语言学会、全国汉语方言学会理事，福建省语言学会会长。主要从事汉语方言学、汉语音韵学、汉语词汇学及对外汉语教学研究，出版语言学专著 30 多部，发表学术论文 200 多篇，1998 年、2006 年两度获教育部第二届及第四届社会科学成果二等奖。被中国人民大学、首都师范大学、南开大学、武汉大学、华中理工大学、南京师范大学、福建师范大学、暨南大学等高校聘为兼职教授，多次应邀到香港中文大学、台湾"中央大学"、日本京都大学、美国哈佛大学、法国高等社会科学院讲学和访问研究。

汉语的特点与对外汉语教学

李如龙

一　第二语言教育必须重视共性

所有的语言都有共性，语言教育必须遵循共性的规律，不重视共性，往往要犯方向性错误，例如：

（1）语言知识和言语能力不同，传授语言知识不能代替言语能力的训练；

（2）语言和思维是互相促进、互相推动的，语言训练不能不管思维，不按照人的认知活动的规律教语言只能是少慢差费的；

（3）语言是文化的载体，语言习得和运用是受制于民族文化的，第二语言（以下简称二语）教育要关注异文化之异，否则就会困难重重；

（4）语言的规范与变异是相依存、相制约的，规范是社会的必需，变异则是实践的要求，二语教育既要教规范的语言，也要交代变异的可能。

如果二语教学中只知其一不知其二，只管传授语言知识，不管语言能力的训练，就会把语言教育变成语言学教学；只管语言教学，不管思维、文化的引导，语言能力就训练不好。

如果只关注语言的规范，不知道言语中也应该有变异，教师就会成为语言警察，言必称规范，只盯着学生某些知识点的错误，这就很容易使学生丧失语言学习的兴趣和信心，达不到语言训练的目的。

二　二语教育更应该研究语言的个性：有别于其他语言的特点

任何语言都有个性，如果不讲个性、不遵循个性特征进行教学，就会犯路线性错误。

结构主义的兴趣在于研究单一语言的结构系统，不关注语言比较；转换生成语法则主张研究语言深层结构以探讨语言的共性。这两种理论都很难直接应用到语言教学上。

后来兴起的社会语言学研究言语变异，语言类型学区分不同语言类型，认知语言学研究语言与思维，倒是更能指导语言教育。而应用语言学一开始就是研究语言教育的，其理论和方法对于二语教育更加重要。

二语教育是要帮助学习者掌握和母语不同的目的语，不了解两种语言的不同，怎能学到第二语言？了解语言的个性，成年人就有类推能力，用比较方法来学习第二语言。

三　开展汉外对比，提取汉语特征

语言的特点是相对的、多面的，研究特点必须有多方的视角，如语言内部的、外部的、本体结构的（语音、词汇、语法）、应用的、文化的视角，要和不同的语言进行比较才能抓到特点。

研究汉语的学者对于汉语的特点做过不少探讨，但还远未深入。总的说来，本体的特征研究做得多，教学应用和文化方面做得少；语法做得多，语音、词汇做得少。从比较的对象说，英语、日语做得多，其他语言做得少。

百年来的汉语研究中已有许多学者关注汉语和外国语的不同，在外语教学界也有人长期研究汉外比较。那是语言本体的比较。从对外汉语教学的需要出发研究汉语的特征，是应用的研究，不能像汉语本体的理论研究那样，要求全面、系统、深入、细致，而应该着重对和学习者的母语不同的语言特征进行研究，而且只能择其要点；更重要的是如何按照这些特点去设计具体的教学方案。

四 体现和贯彻汉语特征是改革对外汉语教学的根本方向

外国人学汉语，入门不易，深造更难，几乎没有一个留学生不叫苦、不叫难。汉字就是第一只拦路虎。后来的语音（尤其是声调）、词汇（尤其是文言词、书面语词）、语法（从词法到句法）都有大量的难点。因为，汉语和世界上多数语言，不论是在语音、词汇、语法上，也不论是在口语或书面语上，都属于不同的类型。

如果是外国人在外国学汉语，加上没有汉语的完全语感，也没有使用汉语的语境，要学会汉语就更加困难了。

根据汉语的特征编教材、设计教学方法，是改革汉语国际教育、克服难关、提高教学效率的根本大计。

对外汉语教学更需要将不同语言的特征进行对比。"帮""帮助""帮忙"基本意义相同，实际用法却差异不小。"你帮我买个票"，只说"帮"，不说"帮助"和"帮忙"。说"他欺骗我的感情"，"他骗我的钱"，单音的"骗"和双音的"欺骗"不能互换。这和书面语与口语的说法有关，也和节律有关。"感情"与"欺骗"都是双音词，"骗"和"钱"则都只是单音。

中国人学汉语、用汉语主要靠语感，知其然不知其所以然不要紧，能用就好；留学生没有语感，就很难理解和掌握。对汉语老师说，对汉外进行对比理解，对于教学是非常重要的。吕叔湘说过，"教外国学生，如果懂得他的母语（或者他熟悉的媒介语），在教他汉语的时候，就能理解特点需要，提高教学的效率"（《通过对比研究语法》，《语言教学与研究》1992 年第 2 期）。

五　汉语的语音特征

汉语语音系统有四个层次：音节系统、字音系统、连音变读系统和语调系统。

（1）音节系统在其他语言是元音和辅音的一次组合系统，在汉语是二次组合系统，先组成声母、韵母，再与声调组成音节系统。声调是汉语特有的，其重要特征是高低升降和长短。声母是辅音的单位，韵母是元音和某些鼻辅音的组合。认识汉语语音的声韵调结构已经有 1500 年的历史，至今还颠覆不了。

（2）字音系统是汉语特有的系统，很重要，但在以往教学中并不重视。在母语教育中，因为学生都有汉语的语感，可以自发折合，对外国人来说，它就是难以克服的难点。n-和 l-、z-和 zh-，an 和 ang、i 和 y，阴阳上去等各管哪些字？以往是靠多听读自然积累而记住的，其实还有别的办法，如声旁类推，记少推多，编成有趣、好记的口诀等办法，如"青清情晴请，干赶刊汗旱奸，英雄好汉、高扬起降、山明水秀、非常好看"。学习字音的归类，可与学汉字、学词语相结合。

多音字也是字音训练的难点。多音字在现代汉语中大约占 10%。把常用的合理归类（文白异读、别义异读、专名异读等）编成练习册或课文，都是好办法。

（3）连音变读系统包括轻声、儿化和变调，最好的办法是挑出常用的例词，编成朗朗上口的韵文、顺口溜、绕口令。

（4）成句的语调系统在各种语言中共性较多，引起含混也较少，可结合朗读、讨论、听广播和欣赏曲艺等活动进行训练。

由此可见，语音教学不是只教拼音的几节课的事，而是要贯彻始终的，教学语音要与教词汇、句型句式相结合。

六　汉语的文字特征

汉语和汉字相结合是汉语的基本特征。汉字和汉语的互动是汉语发展史的基本事实。

（1）重视汉字教学，正确认识汉字的优点和缺点。

教外国人学汉语，汉字可以成为拦路虎，也可以成为发酵剂。外国人中有人视汉字为异物，认为是落后的象征；也有人赞为精美的极品，见它能存活数千年而十分敬佩。应该提倡客观、科学地认识汉字：

汉字表意为主、表音不准、形体稳定，因而能贯穿古今、通行南北、影响东亚；

汉字集形音义于一体，作为基本语素参与组词、构语、造句，汉字学得好可以成为一条学汉语的高速公路；

汉字的构形系统主体是声符和部首构成的形声字，已经持续了两千年，语音几经变迁，不少字的表音的声旁已经不准，但可以选出部分表音准的常用字进行类推教学，部首则大多可以用来掌握字义的义类。利用形声结构教汉字可以做到事半功倍。

（2）利用汉字的频度帮助识词、扩词。

汉字虽然字数繁多，但是频度差别很大。常用 100 字可覆盖文本 47%，600 字可覆盖 70%，1000 字覆盖 91%。就构词能力说，最常用的 70 个字构词数都在 100 个以上。因此，常用字应先学透。

常用词大多用常用字构成，多采用常用词编教材也是非常重要的措施。《频率词典》出现 1000 次以上的 175 个词覆盖率 48.8%，出现 100 次以上的 1678 个词覆盖语料 80%。

可见，对外汉语教材，尤其是初级教材都应该严格按照字频选词，并且加大复现率。先学好常用词也是事半功倍的捷径。

七　汉语的词汇特征

（1）单音词为核心，双音词为基础，构成了汉语词汇的同心圆——这就是汉语词汇系统的共时结构。

最常用的 500 词之中，单、双音词的比是 2∶1，直到第 1600 个常用词，单双音词的比才得以持平，越往后则双音词比单音词越多。

最常用的 100 词中，各类虚词及能愿、存在动词，方位、指代、限定词，数量词共占一半以上，掌握这些词对掌握语法极为有用。

"语素必单，音步必双"构成了汉语富于音乐性的节律。"一生二、二生三、三生万物"这是汉语词汇衍生的基本规律。

对外汉语词汇教学除了坚持常用先学，还要运用由字到词的词汇衍生的规律。

（2）从单音到复音——汉语词汇系统的历时演变。

上古汉语单音词占优势，从殷商到春秋战国莫不如此，有关数据已经很多。据伍宗文就《尚书》《诗经》《论语》《左传》《孟子》《吕氏春秋》六部典籍所做的统计，其中出现单音词11601个（字次），复音词仅有4671个（字次），不及单音词的40%。

《荀子·正名篇》说得好："单足以喻则单，单不足以喻则兼。"双音的偏正式可以分类：古人、国人、乡人、匠人、野人、贤人。也可分解：人生、人伦、人情、人心；并列式可以是同义的：安乐、奔走、长久、劳苦、富贵、尺寸；也可以是反义的：离散、轻重、上下、旦暮、是非、日夜、聚敛。这些都是最"足以喻"的"兼"，所以"字义合成"最先从偏正和并列开始发展起来。

（3）语音节律的形成和多音词的语音固化。

汉代以后，双音词大量扩展成了词汇系统的主体，形成了汉语的双音节音步。六朝形成的五言诗体便是单音和双音相间配合的。从此，适应于单音节音步的《诗经》体四言诗让位给汉乐府的五言诗。

多音词连读之后，两个单音词（或语素）的语义整合，有的是原意相加（国王＝国之王），有的是偏义替代（国家，只指国），有的是意义转移（东西，指物件），为了表示完整而特定的词义，两个音节发生相应变化，这就是语音的"固化"。固化的方式有轻重音组合、轻声、连读变调、声母类化、连音同化、合音、儿化等。这种语音的固化是在多音词发展成熟之后发生的，在不同的方言进度不一、方式各异。就现代方言的情况来说，这大概发生在明清之后。

（4）按义类造词，体现逻辑性。

汉语的词汇都是自源生成的，经常用相关的语素合成不同义类的词语系列。例如：

相对：上传—下达　升起—降落　美化—丑化

系列：小学—中学—大学　甲等—乙等—丙等

分解：手指—手心—手背—手臂—手掌

总括：好心—歹心—粗心—细心—雄心—野心

类别：黄牛—水牛—牦牛　厨房—卧房—客房

义类归纳是汉语词汇的语义类聚，《尔雅》以来的这个老传统正是汉语词汇特征的反映。

18 世纪欧洲人对此曾有许多赞美。杜赫德著《中华帝国史》（1735，巴黎）就"中国语言的性质"说："这种语言由单音词组成，没有语法形态变化……将单音节字的不同组合方式，可以创造出常规的对话，非常清晰、十分优美地表现自己的思想。……汉语建构的风格很神秘、简洁，寓意深……作品言简意赅，表达生动、富于活力，常常暗含着大胆的对比和壮观的比喻。"（周宁：《世纪中国潮》，学苑出版社，2004，第 495～496 页）

（5）按照汉语词汇系统的特点采取"字词句直通"教学法。

先掌握少量核心字，用来生成大量的词（组词、扩词、析词、猜词），体会多音词的词义并掌握构词法。这是"由字及词"。例如，天最常用的有六个义项，所能造出的常用词就有：

sky：天空　天上　天亮　天地　天河　天书　天平　天文

nature：天性　天生　天然　天才　天灾　　天真　天命

God：天公　天主　天子　天父　天使　天堂　天仙　天意

weather：天晴　好天　阴天　晴天　下雨天　天时　天气

season：春天　夏天　秋天　冬天　热天　六月天　夏至　冬至

day：三天　半天　今天　明天　昨天　前天　礼拜天　白天

组词成语，以巩固对字词联系的认识；连语成句，从而了解词的组合意义（包括词汇意义和语法意义），体会构词法和造句法的一致性。这是"由词及句"。例如：

天

天底下　天老爷　天晓得　拜天地　打天下　半边天

海阔天空　天南海北　天灾人祸　谈天说地　人定胜天

天下第一关　天字第一号　天下无难事　天高皇帝远

天无绝人之路　天不怕地不怕　天有不测风云

叫天天不应，叫地地不灵　天下乌鸦一般黑

就字词关系做分析、综合和比较。

分析：拆分字词以理解词语；

综合：组合字词以生成语句；

比较：和非汉语做比较，例如：

羊 sheep	公羊 ram	母羊 ewe	羊肉 mutton
牛 ox	公牛 bull	母牛 cow	牛肉 beef
猪 pig	公猪 boar	母猪 sow	猪肉 pork

你—耍—什么—花枪　　　他—开—了—个—天—大—的—玩笑

这就是"授人以渔",启发学生的思维能力,培养其语感,让他们自觉地通过比较,理解汉语的特点,主动地生成词语,学好汉语。

(6) 口语和书面语的分化和沟通。

文人雅士用汉字造词并写成了大量的书面语,两三千年间统治着文坛和政坛,下里巴人则因音造词扩展口语词。两大词汇系统可谓源远流长。双音词的口语和书面语的两极表现十分明确:放心、放生、放火、放话、放空、放松——口语;放眼、放任、放映、放置、放怀、放纵——书面语。

三音节的惯用语和带音缀的四字格多是在口语中形成的比喻造词,四音节的成语则多为古代汉语流传下来的文语。

书面语词和口语词有明确的分工,也有巧妙的转移,书中有口和口中有书,则往往是上等的修辞,如"坟山贯气","吾不如老圃"。

八　汉语语法的特征

汉语语法的特征有如下几个。

(1) 语素化、词汇化、语法化,离合、紧缩词有汉语词汇的弹性和语法的灵便性。

语素化:本可单用的文言词沦为语素,如然、意、机;非语素升为语素,如驼(铃)、蝶(泳)、琶(洲)。

词汇化:由词组浓缩成词,如吃饭、睡觉、说话、国家、富贵、妻子、可以、之前。

语法化:由实词虚化为虚词,如着、了、子、儿、头、把、被、在、辈-每-们

离合词,如看清—看轻、理发—理财、完成—完毕。

紧缩词,如人大、四清、奥组委、三从四德、杞忧。

这种弹性造成了语素、词语界限不清,词法、句法都依赖于上下文即语境和语用。

（2）汉语没有形态变化。

汉语无形态，用词造句主要靠意义的组合和上下文的连接。教学的"语法点"不要老想套用西方语法术语，什么复数式、进行体、过去时、词头、词尾，很容易引起误解误用（他的三个孩子都来了，来过，来过了）。的、得、地、着、了、过、子、儿、头都不能随意套用。外国学生的中介语所出现的大量问题都是过于追求形态。

现代西方语言学家说过，英语是把复杂形态变得简单化了，但是汉语更先进。汉藏语的研究证明了藏缅语和前上古的汉语都有复杂的形态。语法特征只是习惯的积累，无须去比较其优劣。

（3）词类多兼用，与句子成分不挂钩。

兼类词要做一番清理，名—动、形—动、动—介大都是兼类，应该列出常用的兼类词表。兼类现象中有惯常的、修辞加工的、初生时尚的（支援边疆建设；悲伤你的悲伤；才艺秀）。

非体词充当主宾语，体词充当状谓补语，在汉语并非异常，但是都有一定的条件。应该找出常见的条件，编一套易懂好记的例句。例如：

他太太天津人。

为了避免泄密，允许撒谎。

不怕辣，辣不怕，怕不辣，怕辣不，辣怕不。

做人难，难做人，人难做。

死读书，读死书。

（4）汉语外语都有虚词，但所用不同。

外语用虚词，汉语不用，如：

坐火车去（Go by train）。

讲语法的书（A book on grammar）。

远方来的朋友（A friend from far away）。

也有汉语不用，外语用的，如：

你的书（Your book）。

找你的人（The man who is asking for you）。

他晚上工作，白天睡觉（He works by night and sleeps by day）。

（5）语序问题和同义句型。

有些不同的语序表示不同的意思，不能含混；但也有可换用的，例如：

他都认识谁，

他谁都认识/谁他都认识。

谁都认识他。

又如：

他什么都不知道/什么他都不知道。

他什么不知道？（全都知道）

他不知道什么。（全不知道）

他不知道什么？（只有一部分不知道）

基本意义相同的不同句型，往往有细微的意义差别或者有不同的语用效果。

例如：

我钥匙丢了。/我丢了钥匙（了）。/我把钥匙丢了。/钥匙我丢了。/钥匙被我丢了。

我付（过了）了钱了。/我钱付（过）了。/我把钱付了。

（6）省略和流水句。

汉语的表达往往求连贯和简洁，有如中国画的"意到笔不到"，尤其在口语中更是如此，因而有不少省略成分，甚至是以省略为常。以下例句在英语都得补上人称代词。

他问过许多人，（他们）都不知道。

这书我没用，你可以（把它）拿去。

他问我（我）能不能去。

虚词也有不少是省略的，例如以下几个句子。

（假如）你不去，我（也）不去。

长江（和）黄河他都见过了。

我天天睡（在）行军床。

叙事的段落，在汉语里人称代词常常承前省略。留学生学写作文时，按照他们原来的习惯都不省略，因此常常句句有 I、You、He。

（7）注意反映口语语法的新变化。

现代汉语语法在近半个世纪里变化较大了，其内因显然是汉语语法以意义和语用的需要为重要依据，存在着灵活的弹性；外因则是现代社会生活复杂化了，节奏加快了。

语法的演变是从口语开始的，现代社会里普通话普及了，南北往来、内外沟通，变化更快。语缀、准语缀迅速增加（一族、网吧、网虫、被认捐），紧缩式惯用语不断涌现（爱谁谁，好你个头），同义句型也更常见了。

对外汉语教学是重视口语训练的，但是对考察、教授口语中的特殊句型怕是不太关心，教材里的用语常常是陈旧的。补救的办法是多编些反映当前社会生活的声像材料，先作为课外读物供学生使用，这对国外学生意义更大。

九　在对外汉语教学中贯彻特征

（1）汉语本体的特征研究是长期的比较研究。

汉语本体的特征研究是一项长期的理论研究，汉语国际教育的发展更加显出它的重要意义。目前还在起步阶段，随着研究的逐步深入，必将推动事业的发展。

此项研究的基本方法就是比较，主要是汉语和外语的比较，除此之外也包括汉语的内部比较，如语言和言语、书面和口头、通语和方言、古代和现代等。

在理论研究的基础上，还有更多的应用研究：教学大纲和教材如何体现，教学方法如何贯彻，师资培训如何落实。按照汉语的特征开展对外汉语教学必须有改革精神，不符合汉语特征的教学内容和教学方法要压缩、摒弃，体现汉语特征的要加强、扩大。

（2）经过对比制作汉语特征语料库。

总结已有的汉语特征的研究成果，为中外教师编写多样的在地化教材和教学中的备课提供依据，因而制作一个体现汉语特征的、实用的语料库是刻不容缓的任务。多年来做成的语料库不少，但是大多不能充分反映汉语的特征，而且停留在生语料的层面，不成系统，不切实用。

合用的语料库应该包括字音库、字形库、词汇库、语法库，还有供编选范文和阅读课文用的文库。大库套小库，层层过细，属性齐全，查阅方便。各种库都要区分频度，越是常用的越要详尽，最好能够上到云平台供国内外师生随时查询和提取。

（3）贯彻汉语特征的对外汉语教学应该实行中外合作。

汉语国际教育的另一头是学习者的母语。学习外语，中国教师是无法穷尽的，在国外教汉语，主要的应该依靠当地的师资。旁观者清，和外国语言学家合作，才能更加准确地理解汉语的特征，也才能在教学中贯彻特征。

为此，外派的汉语教师应该主动和当地的语言学家联系和合作，开展汉语和当地语言的比较研究，共同探讨汉语特征和当地的国情、地情、民情，编写合用的教材，改革汉语教学的途径和方法。

国际汉语教育是架设汉语和当地语言、中华文化和当地文化的天桥工程。外派老师熟悉汉语特征的这一端的桥头堡，在地汉语老师熟悉另一端的桥头堡，两种老师是两个桥头堡之间架桥的工程师，联合起来建造这一座天桥，可谓艰巨而光荣的任务。

参考文献：

吕叔湘：《吕叔湘语文论集》，商务印书馆，1983。

赵元任：《赵元任语言学论文集》，商务印书馆，2002。

周有光：《周有光语言学论文集》，商务印书馆，2004。

朱德熙：《语法答问》，商务印书馆，1985。

孙常叙：《汉语词汇》，商务印书馆，2006。

徐通锵：《汉语建构的基本原理》，中国海洋大学出版社，2005。

李如龙：《汉语应用研究》，中国传媒大学出版社，2004。

李如龙：《汉语词汇学论集》，厦门大学出版社，2011。

李芳杰：《字词直通 字词同步》，《语言教学与研究》1998 年第 1 期。

尹斌庸：《汉语语素的定量研究》，《中国语文》1984 年第 5 期。

杨自俭主编《字本位理论与应用研究》，山东教育出版社，2008。

周宁：《世纪中国潮》，学苑出版社，2001。

赵金铭：《汉语音节与对外汉语教学》，语文出版社，1997。

时间：**2013 年 5 月 30 日（周四）18：30**

地点：首都师范大学北一区文科楼 **602** 学术报告厅

主讲人简介

唐勇 中国传媒大学文学博士（国际新闻研究方向），宾州州立大学博士（大众传播学），美国西伊利诺伊大学（Western Illinois University）新闻系教授，主要研究方向为新闻与大众传播法律。曾担任《人民日报》常驻华盛顿记者，驻美期间专访过美国前总统卡特、前国务卿鲍威尔、《华盛顿邮报》总编辑、跨国公司总裁等众多政要名流，被评为美国宾州州立大学杰出校友（2013 年）、全美 50 最佳新闻传播学教授（2012 年）、《人民日报》国际部优秀新闻工作者（2005～2006 年），曾获 AEJMC（The Association for Education in Journalism and Mass Communication）最佳论文奖（2012 年）、第十四届中国新闻奖（2004 年）。

高端人物的采访经验

——我是怎样采访卡特、鲍威尔、拉姆斯菲尔德的

唐　勇

非常高兴能来到首都师范大学与大家交流。今天的讲座主要分为四个部分。第一部分是我的个人成长经历，讲讲我的美国梦：如何从一个山里娃成长为《人民日报》驻美记者和美国大学教授。第二部分讲述 2004 年到 2007 年我担任驻美记者时采访的经历以及美国的新闻传播教育。第三部分讲一下人物专访的技巧，也就是经验教训。

一 成长经历

我出生在远离北京的四川大巴山中的川陕根据地，那里非常穷，但风景很好。我有一个大家庭，侄女和外甥加起来，一家人大概有十五个。我在我们家算是第一代大学生，我的母亲识字很少，父亲是个乡村医生，中医西医都懂一点。当时生活条件非常差，交通非常不便，没有公路、铁路、水路，经济迟迟发展不起来。后来我有幸考到了现在的四川外国语大学英语系，家里特意办了酒席，杀了猪，村支部书记还特地给了五十块钱。

进入大学后，我苦读几年，因为作文一直不错，英语也可以，所以我想利用这个特长来做记者。随后便进入中国新闻学院，这所学校现在已经撤销了，当时由新华社主办，请了很多国外的新闻理论专家来授课，我读了两年，拿到第二学士学位，主要是学习英语新闻采编。毕业后进入《人民日报》国际部。2000 年到 2004 年，晚上在报社编辑部上班，白天到中国传媒大学攻读博士学位，拿到了中国传媒大学国际新闻专业的博士学位，主要研究美国新闻媒体与外交机构之间的复杂关系。2004 年我被派到华盛顿做驻外记者，2007 年回国。随后再次来到美国，被乔治·华盛顿大学录取，拿到全额奖学金，进入国际关系学院，读了一年后回国。回国后在《人民日报》工作了不到半年，又来到了美国。2009 年在美国宾州州立大学攻读博士，2012 年 12 月份毕业，主要研究新闻传播法律，包括诽谤、美国宪法"第一修正案"、个人隐私、信息自由、独立审判与公正报道等，尤其是信息传播法。中国在 2007 年通过了政府信息公开条例，这个也是我的研究重点之一。

去《人民日报》之前，我在新华社实习了大概半年。在《人民日报》期间经历了不少事情，例如"9·11 事件"、伊拉克战争。"9·11 事件"发生当晚，我在值夜班，认为这是一个很重大的事件，于是与其他编辑一起游说老总，说这样大的事件应该上头版，但最终这条新闻还是刊登于第六版。几年后，我到美国华盛顿新闻博物馆参观，这里有 911 次日全世界报纸的头版收集展览，几乎所有报纸都将"9·11 事件"作为头版头条，只有《人民日报》将它安排在第六版，这是当时中国新闻观念的产物。我还经历过中美南海撞机事件、北约轰炸中国前南斯拉夫大使馆等事件，我作为后方编辑与前方记者协调报道。2000 年作为中央记者去中亚采访，进行政治报道，这些稿件政治性很强，发挥余地有限，相对来说，有更多发挥的是一些通讯，但是即便是通讯往往也会被新闻司修改。

2006 年我的个人专栏在人民网英文网站正式开通，这是人民网英文网站开设的第一个个人专栏。我在华盛顿向人民网提供了不少直接用英文撰写的专稿。这个专栏的开设，不仅丰富了英文网站的内容，同时也为国内外英文读者及时了解美国提供了方便。在美国驻站期间，我参与报道胡锦涛主席对美国的国事访问、八国集团首脑峰会、2004 年美国大选、美国弗吉尼亚大学枪击案等。《人民日报》为我设立了两个专栏：一个是中文，另一个是英文。英文专栏主要发表我当时专访美国政要的一些稿件，是当时《人民日报》唯一一个驻外记者的英文专栏。2001 年我还去过以色列参加新闻记者培训，2002 年去法国参加法国政府组织的新闻记者培训。2011 年我在宾州大学学习时，找到了一份工作，在美国西伊利诺伊大学教授新闻法、新闻采访与报道。可以说这几年，虽然时间不长，但是在研究方面发表了一些论文，其中有一篇获得了美国最权威的新闻与大众传播学会的最佳学术论文奖。教学方面，学生对我的评价也很高，接近满分。前不久我被美国一个新闻学网站评为全美 50 个最佳新闻传播学教授，并被宾州大学评为杰出校友。

说到我的美国梦，什么是美国梦？近 400 年前，"五月花号"从英国横穿大西洋来到北美马萨诸塞的普利茅斯港，"美国梦"已开始悄然萌芽——美国给了全世界每一个人均等的机会，只要努力奋斗，都可以实现自己的梦想。300 年后，这个国家已成富饶之邦，然而，"美国梦"并没有消逝，只是随着历史的变迁，它拥有了更多的内涵。美国梦听起来就是个大词语，它是美国人集体的精神诉求，但它不是空泛的口号。它存在的价值，不在于设定一个目标，让大家去那里，而是给每个人到达各自目的地提供一条道路。美国梦是千千万万个梦想的集合，天天都在生动的上演。

相信只要经过不懈的奋斗便能获得更好的生活，相信只要通过自己的勤奋、勇气和决心便能迈向成功，而非依赖于特定的社会阶级和他人的援助。这样的信念一直激励着我去实现我的中国梦，进而追求美国梦。某种意义上中国梦与美国梦是相通的，即勤能补拙、天道酬勤。通过自身的坚持和奋斗，一定能够实现似乎遥不可及的中国梦和美国梦。

二 驻美采访经历

驻外记者一般要有两种眼光，既要有国内眼光，还要有国际眼光。之前驻外记者独家报道的很少，多半是对当地媒体已经发表的报道进行中文改写。在担任驻美记者期间，由于《人民日报》政治性比较强，所以我采访了不少政治人物，也有了不少独家报道，打破了刊发二手报道的局面。我的采访大多是面对面、一对一的人物专访，这是专访里难度最大、独家性最强的一种采访形式。采访的人物包括美国防部部长拉姆斯菲尔德、前总统卡特、农业部部长、州长、审计长、众议院议员、国际货币基金组织、世界银行行长、通用汽车总裁、《华盛顿邮报》总编辑，以及美国常青藤盟校校长等。

调查部分我也做了很多，对某个事件做深度调查，探求背后的新闻。例如，2004 年 7 月，美国环保局表示，杜邦公司自 1981 年 6 月至 2001 年 3 月间，从未通报特富龙制造过程中，其主要成分全氟辛酸铵（PFOA）可能对人体有害，已经违反了毒物管制法。关于杜邦事件，我做了大量的追踪报道，还采访了杜邦的总裁，并发表于《人民日报》上，后来杜邦的不粘锅在中国滞销。我还去了美国陆军学院、美国最大的精子库、赌城拉斯维加斯等地进行采访，并且探秘美国军事基地、美国国防部五角大楼，还体验了三天与美国农民同吃同劳动。

2004 年，一则"新闻"经各大网站转载，传遍了中国。该"报道"称，美国《洛杉矶时报》于上一年 10 月 4 日评出的首届中国最受尊敬的中国大学及校长是由美国 50 州高等教育联盟（全美高等教育联盟）进行问卷调查而产生的。本次活动是国际社会首次对中国高等院校及校长个人魅力进行的一次名誉测评。中国私立大学首次进入前 10 名，该所私立大学——西安翻译学院位于中国西部，在校学生 4 万名，是中国最大的私立大学。《洛杉矶时报》的"报道"刊登后，引起了相当一部分人的好奇和质疑。实则这个所谓的"美国 50 州高等教育联盟"原来是一个名叫 He Yumin 的华人注册的公司，办公地点就在其公寓中。除了有子虚乌有的"美国 50 州高等教育联盟"颁发的证书外，西安翻译学院还有"教育部首家民办高校样本学校"的称号，后来也被教育部证实为作假。《洛杉矶时报》的报道，是其刊登的一则自费广告。该报对中方有关人士表示，那只是一则付费广告，绝非新闻报道。当时我为了报道西安翻译学院的假排行榜事件，做了大量调查，这个报道引起了很大反响，但最终我被他们告上法庭，最后莫名败诉。这也是我后来研究新闻法的动力之一。

这些采访报道在办公室里是做不出来的，必须走出去，这样的理念是受到了在中国新闻学院读书期间所接受的国外新闻教育理念的影响。在美国，新闻界有其适当的专业规范，以客观性、真实性、自主性、独立性为特征，倡导为社会和公众服务，进而强调媒介自律的新闻专业主义理念。美国新闻业界对新闻专业主义精神的执着也渗透到学界，各院校在新闻教育方面不仅看重实践技能的培养模式，而且注重对从业者的公共服务理念和奉献精神的培养。美国新闻教育追求自由与创新精神，互动研讨式的教学模式使教师在讲课中就学生的提问展开对话式讨论，使各自在不同的思考与结论之中受到启发。每一种思路都有其存在的合理性，每一种观点都有其价值。美国新闻院校对学生的培养各有特色，如哥伦比亚大学强调新闻专业主义精神，培养实践型人才；密苏里大学以新闻传播型人才路线为目标，培养能掌握多种传媒技术的能手。各新闻专业的教育虽然各有特点，但都体现强化新闻专业的理论与技能教育，培养学生公正、平衡、精确的新闻专业理念与精神。

我为大家展示当时在美国采访的一些照片，包括胡主席访美，采访美国前总统卡特，以及我走过的一些地方，如防核地堡、穷人医院，等等，我的采访涉及美国社会的各个领域，很辛苦，但也留下了大量作品。

三 人物专访技巧

这里我分为三部分来讲，分别是采访前、采访中和采访后。采访前，主要工作是联系重要人物，让他接受采访。这个阶段一定要有毅力和恒心。重要人物的采访不是轻易能达成的，有的需要几个月，甚至一年。当时我联系美国前总统卡特的采访用了一年时间。本来打算联系当时在任的总统小布什，但是并不好约，所以想到了采访前总统。当时有五位在世的前总统，我都给他们去了信。怎样去信呢？要与他们的公关团队联系，用电子邮件写一封言辞恳切的信，在信中首先介绍自己，然后附上一些代表性的作品。这样做是为了建立信任，让对方认为与你对话有价值。不过也要看运气，当时本来有机会采访美国哈佛大学著名教授亨廷顿，即《文明冲突论》的作者，但是正好赶上《人民日报》一位副总编赴美，我需要安排接待，因此推迟，但是过了几天这位教授就去世。所以，这件事也提醒我，一定要及时把握住每一个采访机会，很多机会稍纵即逝。

一旦得到采访机会，要做足准备工作。例如说采访卡特，要阅读大量的关于他的新闻报道，但这还不够，还要去阅读有关卡特的人物传记，达到足够了解他的程度。这样在采访中才会提到一些细节性的问题，让被访人感到记者的诚意。我曾经犯过这样的错误，在采访某位教授时，因为时间匆忙，拿起电话就打过去了，因为不了解这位教授的研究方向，导致问题没有针对性，很尴尬。所以一定要做好案头准备，有的放矢。并且做好提纲，列好 talking points，在采访时作为提醒点。问题应该简单易懂，而且最好是开放式提问。提问应该正面提问，开门见山地提出问题，不拐弯抹角。问题一般分为开放型和封闭性型两种。所谓开放型问题，是指不要求采访对象具体的回答，使对方畅所欲言，采访的气氛比较轻松。所谓封闭型问题，是指提出的问题要求对方有一个明确、简短的答案，"是"或"不是"。例如，我问前总统卡特，如何看待中美关系，这样的问题就是开放式提问，会给对方足够的空间来回答。封闭式提问就像一堵墙，很难有 following questions，但有时也可以使用。追问也是记者常用的一种提问方法，目的在于捕捉那些具体的事实和细节。假设性提问是一种创造性的提问方法。激将法提问则是在对方不愿意回答时采用的强硬的一手，即"正话反说"。

正如我的新闻同行们曾经说过的，"高质量的提问离不开采访前的充分准备。采访对象做了哪些具体事情，究竟是一个什么样的人，为什么要这么做，潜在动因是什么，行为的背后有哪些深层社会原因。这些都要在采访前充分了解，还要尽可能通过新闻媒体、网络等渠道多获取一些资料，多查、多看、多思考，明确采访主题。记者在采访中要围绕采访主题提问，层层剖析，步步深入"。

我的新闻同行们还说过，"采访最重要的就是确定本次采访的主题，明确受众希望从采访中得到的信息。在采访过程中，记者的提问要紧紧贴近心目中的主题。在人物专稿中，读者最关心的是'为什么'，他为什么要做这件事，他是怎样想的？他的独树一帜的风格是怎么形成的？只有高质量的提问，才会得到相应的高质量的回答。因此，记者的问题必须提炼，需要提高质量"。

　　宋泉江曾经在《青年记者》发表文章，讨论如何做好人物采访。他说："何为高质量？就是关键性的或者说尖锐、敏感的问题，同时它又最能体现受访者特性，有别于他人的地方提问要精准、明确。漫无边际的问题会让被采访者无从答起。一般来说，采访名人都会要求事先提交一个采访提纲，有时受访者会对这些问题做书面回答。在这种情况下，当面采访时，记者就不要再就提纲上的问题发问，而应抓紧时间提一些新的问题。"

　　这位国内地方报纸的媒体同行还说，"把握提问的时机，想方设法使受访者道出他们未向外界透露的事情。这非常需要技巧，需要在实践中不断学习和总结。中国有句话'台上一分钟，台下十年功'。这用在采访上也十分适用。充分熟悉采访对象，至少要知道他最重要的特点，便于制定采访的主题和提纲，向被采访者提的问题也就随之提炼出来了。虽然记者为采访做了很充分的准备，但还须准备应付意外情况。一个人在公开场合和私下见面时的表现可能大不相同，有关他的书面材料和他本人的真实情况也可能大相径庭。某人在公开场合表现得和蔼可亲、温文尔雅，不等于他私下里不会傲慢无礼，难以接近。以往报道或传记中说他风趣幽默，善于表达，面前的他却是沉默寡言。这时记者准备的问题也许派不上用场，就需要临场发挥了"。

　　另外，还要考虑在什么样的环境下进行采访。是面对面，还是电话，还是其他方式。最佳的是面对面采访，可以在采访中捕捉到更多的信息，如表情、肢体语言等，并就此提出追踪问题。我一般会争取面对面的采访，并且争取一个小时的采访时间。采访地点我一般选择在对方的办公室，如果是采访农民，则是在牧场。一般来说是在对方所熟悉的环境。服装则是要让对方感到舒服，根据对方职业特点来选择。录音笔需要带两个，并且保证电量。这都是我的经验教训。我很依赖录音笔，因为在现场很难做到一边做笔记，一边听，一边进行高质量的提问。

　　采访开始后，怎样提问呢？一定要打破双方彼此陌生感的气氛。要通过提问营造一种融洽的气氛，从而拉近同被采访对象的距离。如何让对方放轻松，需要技巧。因此不要直奔主题，谈一些轻松的话题比较好。例如，我在采访洪博培时，在采访一开始，我夸赞他是我采访过州长中最英俊的一位，让气氛变轻松，并把话题转到他是唯一一位会中文的州长，现场出了中文题让他来做，使得采访变得很有趣味。并且要学会挑战，要学会提出比较难的问题。例如，著名记者法拉奇就是这样的记者。但我不提倡一开始就提很难的问题，对刚入道的年轻记者，我不建议采用这样的风格，但不能做传声筒，这样会让高端人物从心底看不起，认为谈话不在一个平台上。例如，我在采访犹他州州长时，他是摩门教教徒，所以我问他跟别人做自我介绍时是否称自己是摩门教教徒。我在采访国会议员时，他们一般对中国非常不友好，但也有少数派不是如此。比如，我采访的那位来自华盛顿州西雅图的议员，因该州生产波音飞机，与中国关系比较近，所以我就问他在国会是否感到自己是少数派而受到孤立。在采访耶鲁大学校长时，我问他，因为很多有钱的家长送孩子到耶鲁大学，但其实孩子本身学识并不够，他是否接到过有钱有权的人打来的推荐电话，希望他们家不争气的公子或小姐能被耶鲁破格录取。

我看过国内一些新闻同行写的探讨人物采访技巧的文章，对我还是很有启发的。比如，他们说："提出的问题要具体细致，不要泛泛而谈。有的记者在采访中经常会问这样的问题：'您遇到了哪些困难？''您的感受是什么？''您的愿望是什么？''您的打算是什么？'等。这些问题就像简单的公式，缺乏个性。泛泛地提问，往往得到的是泛泛的回答。怎样避免泛泛地提问呢？经验是提出的问题要具体。"

他们还说："要善于运用层层追问的办法来挖掘故事的细节，深入了解人物的内心世界。采访中，常常会遇到这样一种情况：被采访对象往往对自己做过的事情当中的好多细节不以为然，谈到时往往蜻蜓点水、浅尝辄止。这时记者就要以敏锐的眼光迅速捕捉住，追问下去。记者在遇到受访者不愿直面回答的问题时，可以采取迂回式提问的办法，避开正面提问而从侧面深入。"

跟我一样，很多国内新闻同行都有这样的经验："知名人物被媒体炒作过无数次，他们喜欢拿工作说事却尽量避免谈个人，媒体报道成了他们成功的注脚。他们特别会应对媒体，让记者看不到他们的喜怒哀乐和内心世界。他们习以为常地应对媒体的回答，更像是做报告，令记者拿到的文字离新闻的真实原则越来越远。遇到这样的人物，记者要通过设计精彩的问题去展示人物细微而深刻的东西。记者必须有这样的清醒认识：知名人物已经适应了媒体的采访，他们一次次地重复着该说的真话，回避他们不愿意说的真话，他们总把最好的一面呈现在记者面前来树立自己形象。而有的人是在阻挡记者进入他的内心。记者要提前做功课，要不卑不亢，要把握人物的内心即兴提问，同时不能回避实质问题。这一切都要视采访的火候把握时机。太温了，问不出自己想要的东西；太火了，对方会感觉在被俯视而拒绝作答。"

要学会观察，观察一切细节，并且记下来。Five Sense 就是 sense of sight，sense of hearing，sense of touch，sense of taste，sense of smell。美国记者非常看重这几点，注意这几点并记录下来，非常有利于报道的生动、丰富和立体。看对方的 body language，看他的反应，如流泪、大笑等。新闻非常需要细节，如果没有细节，那就是学术论文。例如，我与卡特握手时，感到他虽然年事已高，但手非常有力，我问他为什么会那么有力，他说自己昨天还在自己的 peanut field 农场里干活，我便问了些关于农民的问题。

有冲突就有新闻价值，要善于寻找有冲突、有故事的新闻点。例如，我从大巴山到美国做新闻记者，这也是一种冲突。

关于文化上的差异性，我们在采访时很可能采访到不同文化背景的人。所以要注意文化上的差异，如 eye contact。在中国，与人眼神接触时间太长是不得体的，而在美国非常看重眼神接触，这不仅是自信的表现，也是一种尊重。在美国握手要非常用力，在中国这样则有点 offensive。因此驻外记者特别记得要尊重对方。因为记者的言谈举止及对采访对象的态度不仅深深地影响采访效果，而且也将影响到受访者对记者所代表的媒体的看法。尊重他们采访对象，首先是尊重文化风俗习惯。记者应该入乡随俗，以免引起对方不快。其次是尊重对方的地位身份，提问得体，不唐突、不鲁莽，不要不合时宜地提问，不要太让对方难堪。对于一些敏感的话题，在征求对方意见后，再以对方所能接受的方式提出。但敏感问题一定要注意符合法律规定。假设你要采访一位被控告犯有贪污罪的高管，你准备怎样开始采访？在课堂上问出这个问题时，我的有些美国学生上来就是咄咄逼人地追问，如问"你既然贪污了，是否认为你该下台"。在美国一个人还没被判罪就是无罪的，因此提问时不能有罪推定，即设定对方是有罪的。

采访后，在写稿时要将采访到的内容进行梳理，围绕主题提取信息，整理成文字。在这里有一点需要注意，写稿要舍得放弃素材。即使是圣人也无法完美，因此在写稿时，记者必须要找准主题来挑材料，别为了不浪费而硬将一些与主题无关的故事加到文章中，这将影响整篇报道主题的呈现。

如何使用引语，可以说是记者的基本功。没有引语，不成报道。在人物采访时，一定要抓到对方很有意思的语言，可以用它作为标题。短小、有情感冲击力的话也可以作为标题。例如，采访通用汽车总裁时，他说，一百年后，汽车可以飞起来。这样的话非常有意思。并且我们可以引导采访人物说出这样有冲击力的话来。通过这样生动的引语，引导读者对新闻产生阅读兴趣。同时通过引语，使新闻真实可信。人物的引语能够使新闻事实体现厚度。这些话语是一些重要人物说出来的，他们的话是有一定代表性和分量的。并且引语会让读者产生现场感。通过"说"引出人物真实想法，让观点印证事实。

完成报道后，如何处理采访资料？大家有保留采访资料的习惯吗？没有吧。我们一般保留发表的文章，其实保留采访资料是非常重要的，因为报道有可能会惹上官司，不保留的话会对你不利。我曾经采访《华盛顿邮报》总编，他的立场比较亲近中国，说了一些反对右翼观点的话，文章发表后，引起轩然大波。美国一些极右翼人士攻击该总编，称他不爱国，而且还登上了《人民日报》英文版。这位总编辑觉得有些尴尬，不太想承认自己说过这样的话，于是让秘书来要我的录音。我幸好没有销毁，总编辑也只能作罢。

互 动 环 节

问：请问您跟名人的合影时站位有什么讲究吗？

答：在美国没什么讲究，在中国一般以左为尊。但你其实问到了一个重要问题，大家看我跟卡特总统的合影，我的西装扣子没有扣，这是很不符合礼节的，后来照片发表后，专门有读者写信给我，提醒我以后注意这个问题。

问：您本科是英文专业，研究生是新闻传播，英文专业给您带来了什么优势？

答：高中时英语还不错，但是口语差，上大学时几乎张不开口，不过我比较努力，每周参加英语角，还买了一个短波收音机，每天收听美国之音的慢速英语报道到快速英语报道，进步也很大。优势是非常明显的，在中国新闻学院学的英语新闻采编课，聘请的是美国教授，他们完全按照美国新闻学院的方式来教授，平时我们需要出去采写大量的英语新闻，然后由教授修改，反复改，一般是四五次，所以对英语要求很高。

问：请问在您经历中，对您影响最深的一件事是什么？

答：我认为这件事发生在高中到大学的那一段，拿到大学录取通知书时我正在拿着镰刀收稻子，听说录取了，就把镰刀一扔就不干了。我非常高兴，因为我喜欢读书，不太喜欢务农，想通过读大学摆脱农民生活。

问：您在中国新闻学院学到的美国新闻理念和方式，与您后来的实践是否有抵触呢？

答：在国内时，确实有些没有用上。因为我在国内供职的是中国最高级的官方报纸，政治性很强。到华盛顿以后，在驻站期间，很多理念还是用上了。我去美国之后做了大量的采访，上至总统，下至乞丐，我给自己提出了一个基本标准："没有采访，不要写稿"，即不写二手新闻稿。这按照西方新闻理念来说是个低标准，但对于当时中国驻外记者来说是个高标准。一些深入采访报道用到了老师教授的东西。

问：您对中国新闻传播法律的发展有何看法？如何看待中外大众传媒发展的异同？

答：前两天我组织了一个非正式的新闻传播法律研讨会，邀请了中国最有名的研究专家。发现国内这方面是个巨大空白，许多高校并没有开设这方面的课程。而在美国，新闻传播法律、新闻伦理是必修课，是非常重要的课程。现在中国媒体市场化程度越来越高，更加需要用法律来规范。但由于多方面因素，在法律方面有许多不足。之前的政府信息公开条例，保障了记者向政府索取相关文件的权利。但该规定仍有模糊的地方，不过以此作为起步，也是很不容易的。在美国有相关规定，如果是官员或者公众人物，必须拿出证据证明记者是怀着恶意来报道，才能够告他诽谤。所以美国的自由度比较大。我们的法律则保护名誉权胜过公众的知情权。英国的诽谤法偏向于保护原告，不保护被告。所以可以发现，有在英国有大量起诉记者的案件。英国伦敦被称为"世界诽谤的天堂"。当然英国也在逐步修改法律。

问：您为何没有选择在美国本土从事媒体工作？

答：因为我的职业和学习经历，我很顺利地拿到了高校的教职，今后有机会我会考虑去体验美国主流媒体。

问：如果打算申请美国传媒方面的硕士，他们会看重哪些方面？

答：首先你在大学期间的成绩一定要不错，另外就是有不错的实习经验，还有就是要有个性化的 story。像我在申请时，我的经历就像是美国梦一样，从放牛娃到战胜各种困难，成为驻美记者和教授，这种反差对方非常喜欢。所以要强调战胜困难，打动对方。如果有强有力的推荐人，那就更有保障。

（录音整理：王苹）

时间：**2013 年 9 月 13 日（周五）9:30**
地点：**首都师范大学北一区文科楼 602 学术报告厅**

主讲人简介

鲁晓鹏 1962 年生于西安，少年时代在北京居住和上学，1979 年赴美留学。威斯康星大学麦迪逊校区比较文学系学士（University of Wisconsin at Madison，1984），印第安纳大学布鲁明顿校区比较文学系博士（Indiana University，Bloomington，1990）。曾在匹兹堡大学任教多年，2002 年起任戴维斯加州大学比较文学系教授，同时还兼任东亚研究、批评理论、表演研究和电影研究等系、所、中心的教授，创办该校电影系，并任首任系主任。研究领域包括世界电影、后社会主义电影、跨国华语电影、中国现代文学与视觉文化、中国传统叙事学、文化理论、全球化研究、东西方比较诗学等。是"华语电影"概念的主要倡导者之一，这一概念得到国内外普遍认可。出版有《跨国华语电影：身份认同、国家、性别》《华语电影：编年史、诗学、政治》《中国，跨国视觉性与全球后现代性》《中国现代性与全球生命政治》《从史实性到虚构性：中国叙事诗学》《文化·镜像·诗学》等中英文论著、编著多部。曾任中国比较文学学会旅美分会会长，美国现代语言学会东亚语言文学部理事、主任。2005 年获美国图书馆学会"选择"（Choice）机构的"杰出学术著作奖"。

中国文学研究在美国的历史和现状

鲁晓鹏

《中国文学研究在美国的历史和现状》这个题目太大，我就针对里面的几个问题谈谈吧。有的是老问题新发现，有的是刚刚出现的问题，所以我想通过几个具体例子讲一些实际问题。我要强调的一点是学界的意识形态问题。在这些争论中，意识形态观念包含的一个重要层次就是中国大陆出去的学者和港台出去的学者之间的学术关系、中国大陆出去的学者和欧美学者之间的学术关系。在整个中国文化圈，无论是"两岸三地"也好，"两岸四地"也罢，这几方互动的时候出现了一些意识形态的摩擦，各方对中国文学的性质和前景有不同的期待。

———

莫言得了诺贝尔文学奖，他在北美甚至欧洲即西方的中国文学界有不同的期待，而且对他争论非常大。在美国俄亥俄州立大学 Kirk A. Denton 老师创办的一个网站中，经常讨论这些问题，发一些信息，与这个网站相联的杂志叫《中国现代文学与文化》，即 *MCLC*。前一段时间，莫言获得了诺贝尔文学奖，大家就在这个网站上有很多讨论，我也加入进去了。我看到，虽然几十年来欧美的中国文化研究有了很大的发展，但还有一些潜在的意识形态观念，恐怕一时消失不了。比如说，莫言获得诺贝尔文学奖，有人就说诺贝尔文学奖不是一般的奖，谁要得了这个奖就应该说一些话，应该做公共知识分子。前几年，也有一个华人得了诺贝尔文学奖，就有人说，莫言应该替那个人说话呀。其实莫言说了，说某某可以研究他的政治等。有的人说他说得不够，应该多说，他怎么能在中国大陆得诺贝尔文学奖呢？还有一些有前东欧背景的作家，其意识形态观念也是如此。我记得有一个罗马尼亚裔的作家得了诺贝尔文学奖，现在在德国，她就非常气愤，说中国大陆人怎么能得诺贝尔文学奖呢？前面提及的一个出生于中国大陆的人得了诺贝尔文学奖，此人是高行健，他不在中国大陆生活，他在海外，是法国公民，他是用华语写作的作家。这么多年过去了，一些根深蒂固的意识形态观念可能一时消失不了。

也就是说，中国大陆能不能有人得诺贝尔文学奖；既然有人得了奖，他应该做一些什么事情，他的责任是什么，他应该说什么话，对国际社会应有什么交代。此类争论非常多。大家对中国社会有一定的认识，尤其是对前几年发生的事，即诺贝尔和平奖引起的争论，因为对那件事情的关注，西方文学界就对莫言有了期待。我并不是说谁对谁错，我只是说一些深层的潜在的意识形态观念吧。在很大程度上，不少人对中国本土出去的作家有一种"冷战"时期的期待，即他们应该是持不同政见的作家。如"冷战"时期，从苏联、东欧出去的作家，他们都是持不同政见者，由此而获得诺贝尔文学奖。如果一个作家跟中国的政府机构有一些关系的话，如作协副主席、某个民主党派的成员等，他们会说这样的人怎么能得诺贝尔文学奖呢？因为这是西方文学界给的奖，不是一般的奖。

我觉得这个问题非常有意思，争论来争论去，各抒己见。这是一个完全国际的网站，加入讨论的有欧洲的、中国的、美国的，等等，什么人都有。总的来说，西方学界把这件事当成大事。比如，林培瑞（Perry Link）教授，他就是对莫言有一些期待，说莫言做得不够。后来我加入网站讨论，我说，莫言写的小说中有计划生育的问题，如《蛙》。《蛙》里有两种声音：一种就是那个积极的老太太、计划生育主任。她说，中国要是没有计划生育，中国增加几亿人口，这对中国有好处吗，对世界有好处吗？但同时现实又是残酷的，这些人太积极，导致新生儿还没有出生，母亲就死掉了。我觉得莫言的作品是就事论事。就像巴赫金的小说理论，众声喧哗。要不要给世界增加四亿人口？如不要给世界增加四亿人口，就要采取一些政策，这些政策就会导致某些母亲的死亡、婴儿没有出生。没有标准的答案，就看读者怎么想吧。我就把我的意见在网站上发布了。但是有些人就说，莫言做得还不够，应该再使点劲。还有些人替莫言辩护，说他就是个作家，不是政治家，不能要求他干什么，他只能通过写作引起大家思考，他不是公共知识分子。但同时又有人期待，因为诺贝尔奖的对象就是公共知识分子，既然莫言拿了诺贝尔文学奖，就要怎样怎样。前几天俄罗斯总统普京说，奥巴马是诺贝尔和平奖得主，他怎么能打叙利亚呢？在弗吉尼亚大学任教的一个老师就说，莫言就是个作家，不能把"冷战"时期的思维用来批评他。这位老师打了个比方说，当年在日本侵华时期，张爱玲、周作人生活在日伪区，他们照样写小说、做学问。我们可以看看他们的思维方式，把汪伪时期活跃的作家跟当代中国大陆的作家做了类比。还有一个俄勒冈大学的中国文学女教授说，咱们不要对莫言要求太高，有些事情并不是只在中国发生，像我们美国，在小布什要打伊拉克的时候，大家都受到压力，一致赞同战争，自己有不同想法也不敢说，说了就好像是不爱国，在这种潜在的社会压力下，我们敢说不打仗就不爱国吗？她说，在美国也有这种压力，不能强迫莫言说一些话。

这么多年来，在美国的当代中国文学研究中，仍然有意识形态的冲突，尤其是"冷战"时期遗留下来的思维模式不会很快消失，因为美国仍自称西方民主自由的典范，因此有些西方民众对中国有一定的看法、偏见，他们对从中国出来的作家有一定的期待。这个意识形态观念的冲突还没有结束。

我在美国教中国文学，也教中国电影、比较文学理论等。我教中国现代文学时，谁都可以选修，因此什么学科的学生都有，但我要找教科书，教科书就很难找到。有一本很权威、很厚重的教科书叫《中国现代文学读本》，是刘绍铭、葛浩文合编的。这是一个很好的读本，在这之前还有一个读本是刘绍铭、李欧梵和夏志清他们三个合编的，好像早在 1980 年代就编成了。要教中国文学，没有教科书不行，现有的教科书里选了一些东西，但有的时候我想教的东西就没有。比如，想教延安时期的文学，这方面的研究文章就很少，除在他们编的《中国现代文学读本》里有一篇丁玲的小说《我在霞村的时候》外，其他就没有了。五四时期的作家有鲁迅、矛盾等，延安时期就丁玲一个，没有革命文学。毛泽东时代的中国大陆文学就一篇王若望的短篇小说，是讽刺当时的官僚体制。该读本收录巴金《随想录》中的一篇，读本的最后一位小说家是春树。所以什么是中国文学，他们不了解，所以得有课本，没课本怎么教？要不然就得自己去东拼西凑。现有的读本就是这样，选什么材料、什么课本都是很难的事情。我想教一些革命传统或者"十七年"文学，这方面的读本都没有。所以有时候也挺沮丧的，觉得没有办法，原来刘绍铭、李欧梵和夏志清编的那个读本内容更狭窄，主要是五四时期的文学。在刘绍铭、葛浩文编的集子里有巴金的《随想录》，其中有一个关于他和他太太萧珊的悲剧故事。这是一种有点"冷战"时期意识形态色彩的东西。他们对中国大陆的理解是从这个角度出发的，这种观念可能不会很快消失，虽然大家做了很多努力，但这些权威的教科书使得美国学生对中国文学不能全面理解。

1990 年代初期，美国有一个杂志叫《现代中国》，当时有一个专辑关注中国现代文学，第一篇文章是刘康写的，然后有林培瑞和张隆溪对此的回应文章。讨论的题目是关于政治与中国现代文学研究的关系。刘康想另辟蹊径，脱离带有"冷战"色彩的理论思维。刘康是中国大陆出去的学者，他就讲，政治和文学是分不开的，比如，福柯的理论论述就是如此，政治和文学怎么分得开呢？在有些人看来，他是对中华人民共和国文学进行辩护，甚至对包括"文化大革命"时期在内的文学进行辩护，对权力和文学的辩护。当时林培瑞就被邀请做一个答复，他是自由主义者，他的普通话、北京话说得都特别好，有非常了不起的语言天赋，他刚出了一本书，是讲现代汉语语言的问题，哈佛大学出版社出版的。他在普林斯顿大学教书，从那里退休后，在河滨加州大学工作，他批评刘康的想法，说刘康是替中国的传统进行辩护。

林培瑞研究中国文学，最早翻译过刘宾雁的《人妖之间》，和刘宾雁的私人关系特别好。刘宾雁就是某种中国知识分子的形象，他的精神是很有代表性的，他当时批判过中国大陆的腐败现象。张隆溪也批评刘康，他说如果按照刘康的这种思路考虑问题，中国现代文学研究好像是个"文化贫民窟"。简单地把文学和政治弄在一起看起来很时髦，其实颇受争议。在西方的批评界，大家都在走出传统的人文主义。人文主义看似单纯幼稚，很多的研究生、老师都因受西方马克思理论的影响，所以西方主流话语是强调政治和文学的关系，但在中国，这是改革开放时代后产生的思潮。中国的"左"和美国的"左"不太一样，中国的"右"和美国的"右"也不太一样。美国的人文学科的主流话语偏"左"，这有道理，因为"左"批评资本主义社会。但是中国的左就不一样了，中国的左有它的特点，想想"文化大革命"和毛泽东时代的一些极"左"做法。所以有些人把中国的"左"和西方的"左"一衔接，即引起西方学界的注意。西方学者会说，对啊，它的话语跟我们一样啊。但是如果真的知道中国的"文化大革命"是怎么回事，就会三思而后行，就不会明知道中国的"左"是什么，还跑到西方兜售。这是一个很大的问题。这就是中国的左派学者在西方受欢迎，新自由主义被攻击的原因。就像前一段时间汪晖先生的事情，在美国居然有上百个人签名要替汪晖辩护，其中有那些连一个中文字都不会写的美国学者。可以想见西方学术界有非常深厚的意识形态，它不分青红皂白，道听途说。有些西方左派学者，一个汉字都不认识，居然敢判断中国学者有没有剽窃，这是非常滑稽的一件事。我本人认为汪晖先生是一位了不起的大学者，仔细拜读了他的《中国现代思想的兴起》，此处我只是用这个例子讲一个学界的现象。我就说西方的"左"和中国的"左"不是一回事，不要因为西方的正统人文学界"左"，我们就跟着"左"，就说中国的"左"倾思潮是好事，就说1960年代是非常重要的。1960年代在西方也是非常重要的一个阶段，它对詹明信老师这一代人，是精神上的洗礼，他们学到了反对帝国主义、反对殖民主义、反对霸权主义，他们向往一种乌托邦式的未来社会，他们批判越战，对人权运动、反殖民运动抱有非常同情之心，所以 1960 年代在美国是非常重要的。但是在中国，1960 年代发生"文化大革命"，他们说"文化大革命"多好啊，觉得好像在中国人人平等了。"文化大革命"对欧美同时代的知识分子有一定影响，对他们年轻时的思想形成有一定的积极作用，那些人现在可能六七十岁了。所以，我说在评判"左"和"右"的时候，还是要比较小心。

二

我再讲一个意识形态观念的问题。在美国，对中国现代文学研究最早的奠基人可以说是夏志清教授，他是台湾大学外文系毕业的，他的哥哥夏济安后来也到美国工作。夏志清写的第一本书就是《中国现代小说史》，这部作品就成了他研究中国文学的奠基之作。从一开始他就别树一帜，他的这部书跟中国主流的现代文学史不一样。我们主流中国文学史讲鲁迅、茅盾、巴金，讲现实主义；他觉得这不对，认为鲁迅水平一般，巴金很幼稚，他对这些所谓的现实主义作家不太感兴趣。他觉得张爱玲好，他把张爱玲推出来了，他也把沈从文捧起来了。这样夏先生就开辟了新的道路。这条道路对美国的现代文学界产生很大影响，有很多"张迷"。李欧梵先生已经退休了，他仍对张爱玲的小说进行研究。王德威是他的接班人，也是"张迷"，不停地研究张爱玲，没完没了。所以我说夏志清老师创造了一个北美现代中国文学研究的道统。我有一次读到他的文章，记得他说得特别有意思。他说，王德威是我夏家的第三代传人，刘绍铭是我哥哥夏济安在台大外文系的学生，王德威在维斯康星大学比较文学系读书时，又是刘绍铭的学生，所以王德威是我夏家的第三代传人。从夏志清、李欧梵、王德威等，这里有一条中国现代文学研究的脉络。

当时汉学界有一个很重要人物，就是捷克汉学家普实克。他功基非常深，古代文学研究、当代文学研究都有涉及，他也研究中国现代文学。李欧梵有机会跟夏志清、普实克两位风格不同的大师学习。李先生为普实克编了一部很有名的集子，叫《抒情与史诗》，已经翻译成中文了。普实克的背景比较复杂，他是捷克人，有中欧的传统思想，又受捷克形式主义的影响，且在一个社会主义国家生活过，他和夏志清的观念就不太一样。普实克就和夏志清有争论，不同意夏志清的观点，觉得他贬低茅盾。普实克说，中国文学里还是有这个所谓的史诗传统的，还有抒情传统。当然，他也不像中国正统文学家那样研究问题，他的经历非常丰富，他有形式主义、语言哲学的中欧传统，又有马克思主义的思想传统。他研究中国文学，我觉得他是有很多真知灼见的。所以这个也挺重要的。因为当时中国大陆的学者还不能去美国，普实克和夏志清的这样一场对话，就有代表性。

改革开放后，好多中国大陆的学者去美国，他们有他们的思路。在1990年代初期那场争论中，林培瑞就说，从1980年代中期开始，有很多中国大陆的学生来到美国念书，他们非常聪明，不仅很快把英文学好，而且很快熟悉了欧美的一些时兴的话语，他们一毕业很快成了新星。这批人，我估计是刘禾、刘康、张隆溪等，这些人马上就进入了中国文学研究的舞台中心，他们的思想大家立即就感受到了，他们的背景和以往的学者是不一样的。

美国的区域研究比较复杂，如东亚研究、中国研究、汉语学、日本学、东方学，他们有一个传统。当年林培瑞那篇文章也说道，美国教育部、美国国务院要拨款成立这些机构，要了解这些"自己的敌人"的国家。美国有这些需要，要有人学汉语、日语。那些美国学生学汉语的功夫比较扎实。他们的意识形态也是美国社会主流的，是自由主义的传统。在美国，主流社会是自由主义的，但是美国人文学术界的主流可能不是自由主义的，它有的时候是马克思主义的、左翼的。所以在美国有这样一个矛盾，很多人是比较文学系训练出来的，他们要写文章就要找到适合他身份、理念的切入点。有的人就像林培瑞那样，坚持对极权主义进行批判，像刘宾雁这样的就成了他们眼中的英雄作家。高行健也可以算是，但是莫言就麻烦了，他是体制内的作家，中国文联副主席。如果他被流放，或在监狱关了三五年就积累了资本，没进监狱资本就没有积累够。

港台出来的华人在美国读了博士，后来在美工作，在中国文学研究体系内掌握了很重要的教职。还有一些从中国大陆出去的，他们的想法就不太一样，可能形成了新"左"派的思维模式，最起码也是"左"派思想的同情者。他们思考的是全球化时代中国的资本主义倾向，他们对中国的革命传统比较同情。有这么一些人他们见不得天天研究张爱玲、沈从文，他们开始研究中国"十七年"文学，关注延安时期文学。如王斑，他虽然是李欧梵老师的学生，但是他的思路跟李欧梵老师就不太一样。他编了一个文集，叫《新左派的视野》，他可能对左派比较同情。像张旭东，是重庆大学人文社会科学高等研究院院长，他是有他的想法的。有这么一批人出来后，他们对中国现代文学研究的重新定位做了努力，不光是沿着夏志清开辟的道路前进，他们对新的现象也感兴趣，甚至是对中国当代的底层文学感兴趣。他们关注、评估全球化时代中国资本主义的发展模式。

三

还有一个话题我想提一下，就是中国最近非常热点的对所谓"华语语系"问题的讨论。这个事情的展开已有几年了，仍没有结束，是一个发展中的事情。这个"华语语系"（sinophone）是洛杉矶加州大学史书美老师提出来的概念，她造了一个词 sinophone，这个词以前是不存在的，大概翻译成"华语语系"。她大约是在 2004 年在她的一篇文章的注脚里提出这一概念的。2007 年，她写了一本书全面阐释"华语语系"这一概念。简而言之，她对这个词的理解就是，中国大陆以外的用华文写作生产的文化产品如文学作品、影视等。这个词的外延是不包括中国大陆。与之相近的就是"法语语系"，它不包括法国，但是包括法国前殖民地、非洲殖民地中说法语的国家。史书美的概念是从它那里来的。但是"英语语系"的概念就不一样了，英语语系就是所有讲英语的国家都包括在内，如大英帝国、美国、澳大利亚、新西兰、中国香港等。所以史书美的观点就有点意识形态的色彩。她说，"华语语系"就是反中国中心、反对霸权的。她的书出来后，也是 Kirk A. Denton 主持的网站邀请我写了一个书评，表示不同意这个观点。我有时候也想赶时髦，用"华语语系"这个词来讨论中国电影，但是不能把中国大陆排除在外，这个不能简单用排除法，比如：金庸就很难说他是大陆的，是台湾的，还是香港的；成龙今天在大陆演电影，明天在香港演电影，他好多电影都是内地和香港合拍的；《卧虎藏龙》是李安拍的，李安虽是台湾人，但影片主演有章子怡、周润发、杨紫琼，而且是在中国大陆拍的，这是"华语语系"的，还是中国大陆的呢？根本就分不清。在全球化时代，人们很难说清楚某个东西专属于那个地区，再比如，凤凰卫视的《华闻大直播》，哪个是百分之百大陆的，哪个又是百分之百香港的，完全说不通。史书美教授说，"华语语系"抵抗中国中心，但是李安的电影就是比较怀旧，他的作品比中国大陆的还怀旧；金庸的小说完全是怀念中国古代的英雄豪杰，那能简单地说他是在怀念"中国中心主义"，还是反对"中国中心主义"；吴宇森的电影讲江湖义气，这是典型的中国武侠传统。那些台湾国民党的后代，他们比中国大陆的还要中国化，他们觉得自己是"中华民国"的一分子，更能代表中国文化；杜维明的"文化中国"的概念，讲边缘是中心，他觉得中国大陆已经丧失了儒家的精髓，那些"亚洲四小龙"才真正保留了儒家的精髓。

这个"华语语系"的概念在海外非常流行。有一个出版社专门出一个系列书籍，都属于"华语语系"研究。王德威编的书《全球华文文学》有一些启示，他认为，不一定要把中国大陆的文学看成正统，任何人在海外都可以用中文写，他们和他们的作品也是广义的中国文化圈的一部分。但史书美的观点就是批判"大中华主义""中国沙文主义""中国中心主义"。这套理论非常时髦，这个争辩还没有结束。她和她的同人最近编了一个读本，就叫作《华语语系读本》，收入了好多文章，和"华语语系"没有直接关系的，如杜维明那篇《文化中国》以及周蕾写的文章也收录在内。他们是在构造一个"华语语系"的史前史，为自己造声势。

我们这里触及美国学界当下的语境问题、话语权问题。"华语语系"这个概念从理论上是否站得住脚，值得思考，但是海外有很多人乐见这一概念的出现。这也反映他们的一种焦虑、期待、不安、反抗。如果你从小在北京生活就感受不到这种焦躁，但是如果你从小在其他地方生存，可能会感觉到这种压力，有些地区不是主权国家，国际上朋友少，会感到压抑。有些海外华人，他们中文说得不地道，大陆人比他有优势，就更有优越感。但不能说在中国大陆发表的东西就一定更能代表中国性。设身处地从另外一个角度思考问题，就会发现海外华人有他们的难处。这就是史美书的这种理论思维在海外很有市场的原因。

在此，我主要是想勾勒一下现在中国大陆和港台、北美之间的潜在意识形态、话语权的问题。

四

最后再讲一个问题。北京师范大学李怡老师和他的团队编写了一本书《词语的历史与思想的嬗变》。这两天我刚刚看到此书，觉得它挺有独到之处。其中有一章专门讲中国现代文学文体的分类与文化殖民的问题。它开始就讨论刘禾教授的一本书《跨语际实践——文学、民族文化与被译介的现代性》。刘禾书里的第一章叫作《〈中国新文学大系〉的制作》，从某种意义上把《中国新文学大系》当作了一个自我殖民的规划，认为《中国新文学大系》是按照西方的标准重新确定中国文学，例如，《中国新文学大系》把文类形式分为小说、诗歌、戏剧和散文，并且按照这种分类原则来组织所有的文学作品。这类文学划分标准被理解为完全可以同英文的 fiction、poetry、drama、prose 相对应。这些翻译过来的文学形式规范的经典化，使一些也许从梁启超那个时代已经产生的思想最终成为现实，彻底颠覆了中国经典作为中国文化和中国文学意义的合法性源头。简单地说，《中国新文学大系》的制作是一个自我殖民的规划，尤其文体归类的四分法。

但是李怡他们就非常反对这个意见，说这不是自我殖民。首先这是中国作家、理论家、批评家追求自我、探索、磨合的过程，并不是突然一下就有了这么个四分法，而且在西方常见的分法并不是四分法，而是三分法。四分法是中国的并不是西方的。西方从亚里士多德开始一直是三分法，就是叙述、抒情、戏剧。而且散文在中国特别重要，但在西方的文集中，散文没那么重要。中国散文太重要了，从文人传统到五四那一代。我们可以阅读鲁迅的、周作人的、朱自清的散文。中国人从小念书都是要读散文的，但是西方没有这个传统。李怡他们的意思好像是，在欧美的汉学界、在现代文学研究领域，有些人说中国当代理论家在自我殖民，其实这种说法本身就是理论家的自我殖民，本来那代人没有自我殖民，他们为了表示姿态，掌握话语权，为了迎合后殖民主义批评的模式，提出这类观点其实就是理论的自我殖民。

我今天主要是通过几个比较有意思的个案来说了一些潜在的意识形态和话语权等问题。

提 问 环 节

问：请问周氏兄弟在欧美的研究情况是怎样的？

答：鲁迅的研究已经比较多了。美国的现代中国文学研究者是从台大外文系过来的。几年前深圳大学的李凤亮教授访问了很多北美的华人学者，采访录收入他的集子《彼岸的现代性：美国华人批评家访谈录》。他采访过夏志清。夏志清说，"鲁迅怎么能比得过我呢？我比鲁迅博学啊。鲁迅当年为了求职写了《中国小说史略》，他怎么能比得过我呢？"鲁迅研究比较晚，但是李欧梵对他比较感兴趣，写了《铁屋中的呐喊》，对鲁迅研究做了不少工作，还编了一个研究鲁迅的集子。因为鲁迅与共产党的关系，台湾在白色恐怖时期，不允许研究鲁迅。詹明信也读鲁迅，在那个非常有名的文章《多国资本主义时代的第三世界文学》中他说，鲁迅的《狂人日记》写得好，应该一个字一个字地评点。所以鲁迅研究还可以。周作人研究也开始了。英国剑桥大学的一个女教授写了一本关于周作人的书，叫《周作人与中国对现代性的不同回应》，觉得周作人的道路是不同于其他具有主流思潮人的，他不像鲁迅那么激进，不同于马克思主义者、社会主义者，也不像胡适，周作人有他自己的东西。现在有人研究林语堂，比如钱俊，他以前一直在香港城市大学任教，现在刚去英国工作。他说林语堂代表了一种不同的现代性。周作人的小品文、散文也开始有人研究。周作人研究不是太多，但慢慢会展开。

问：关于鲁迅在北美的接受是不是可以从两个角度来看：一个是学者对鲁迅创作的研究，另一个是各种文学选本的鲁迅研究。文学选本所选的文章是不是可以看出学者的倾向？是不是美国的大学里也存在一定派系？周质平老师就比较喜欢鲁迅，他专门编了一个选本，全都是鲁迅，他就是台湾出来的。

答：有这个问题。没有最佳教材，但是非用现成教材不可。我比较懒，不愿意自己弄个读本，太费时间。我有时候用不太理想的读本，如刘绍铭和葛浩文那本《中国现代文学读本》，它收入不少短篇小说。可能《阿Q正传》太长了吧，它选了《孔乙己》《狂人日记》以及《呐喊》的序，没有《祥林嫂》《阿Q正传》。我自己用过《阿Q正传》，但给学生解释半天。《孔乙己》比较简单好讲。每个老师有自己的着重点和爱好。

问：我想问一下海外关于现当代文学分期的问题？

答：在北美现当代文学中，研究个案的比较多，宏观的研究如文学史则较少。但是读本可以分期，比如五四到1949年，1949年以后又分香港、大陆、台湾。那些读本没有什么深的理论探索。教学过程中，老师根据自己的理解来教，在美国教书比较松散，大家不太爱用通史，没有统一教材。

问：在美国对中国电影研究、影视研究比较关心的话题是什么？

答：现在是中国电影研究、华语电影研究极繁荣的时期，研究已经规范化、主流化、百科全书化，有很多很多种话语，不像 20 年前。当初就是第五代导演，后来出了第六代导演。香港新浪潮、台湾新电影、大陆新电影，都引起了大家的兴趣。出了一个张艺谋，大家看到了《大红灯笼高高挂》，后来陈凯歌导演了《霸王别姬》，美国人才发现中国电影还是挺有意思的。现在的这类研究就完全是百科全书化了。有些很有名的出版社，专门找人编中国电影读本，至今起码已经出版了三个读本，每本书都有几百页厚。没有专一的热点，大家其实都在做填补空白的工作。有的人甚至在做"十七年"的电影研究，他觉得没有人谈"十七年"的电影，所以就有做的必要。有些人觉得不能老是做新浪潮、现当代的东西，他觉得 1950 年代的香港电影没有人做，他就做 1950 年代香港电影研究，之后就做 1960 年代的、1970 年代的。台湾电影研究也是这样。大家都是填补空白，是一个百花齐放的局面。而且对中国电影研究绝不亚于对其他国家的电影研究，从人数、文章和书的数量以及整个学界的认同来看，我觉得中国电影和华语电影研究在海外已经是一个非常大的势力了。

问：我想了解海外关于 1950～1970 年代的情况，尤其是 1970 年代，因为 1970 年代现在国内研究很热，因此想了解海外关于浩然的研究情况。

答：我注意到一些，但是可能不太全面。我看到一个集子，就是王仁强翻译了一些浩然的东西及讨论，这个是有的，但不是主流，很分散，没有成大气候。

问：中外比较文学中多是关于中国古代经典的，想请问一下有没有一些关于近现代的著作？

答：关于中国古代文学的研究成果丰富，且有很悠久的历史，因为以前美国人不看中国现代文学作品，现代文学研究开始得比较晚。但是现在对中国古代文学的研究越来越少，因为不够热闹，而中国现代文学研究越来越多，尤其影视研究，成了显学。目前比较诗学式微，没有以前那么强势，现在强势的是华语文学研究、华语电影研究。

问：请问外国西方学派对中国古代文学的看法和研究是怎样的？

答：对古代诗歌的研究历史非常悠久，他们都非常重视，研究这个都是很热情的，有点怀旧的感觉。现在比较知名的是美国哈佛大学宇文所安教授，他资格比较老，又特别多产，书不断出版。当年刘若愚老师在斯坦福大学写作、翻译了好多东西。这个传统非常长，研究成果也非常多。有研究杜甫的、李白的、宋诗的、词论的。很可惜现在做这个的越来越少，因为中国现当代文学大家比较关注，比较有意思。学者希望不断填补空白。《昭明文选》《文心雕龙》都翻译成英文了。蔡宗齐在伊利诺伊大学刚建立了一个"中国诗歌论坛"，他也跟中国的一所大学创办一个专门研究中国古代文学的英文杂志，也是要填补空白。在中国诗词英译方面，我读书的年代有一个很全面的集子《葵晔集：三千年中国诗歌》（*Sunflower Splendor：Three Thousand Years of Chinese Poetry*），是印第安纳大学的柳无忌先生（柳亚子先生之子）和罗郁正先生编纂的。后来罗先生又编了一个清诗集《待麟集：清代诗词选》（*Waiting for the Unicorn：Poems and Lyrics of China's Last Dynasty*，1644-1911）。欧阳桢先生写了很多文章和书，从理论层面和比较文学的层面探讨了中国诗词，令人耳目一新。

陶东风老师总结： 在美国的中国文学研究还是挺多元的，他们的生态还是比较丰富的，各种各样的东西都存在，政府的立场和学校的立场可能是对立的，大学里面也有各种各样的立场，学校和学校之间、政府和学校之间都不是那么铁板一块，学校内部也有各种各样的思想，很左的也有，很右的也有，这个互相制衡的生态环境还是非常有利于学术发展的。比如说，诺贝尔奖比较右，但是大学里面左派的势力还是很强大的，所以我觉得这一点是比较好的。关于各种各样文学史的编写不可能是一个面面俱到的，我们自己编的，意识形态的偏见不会比他们更少，只会比他们更多，关键是我们有权力编各种各样的文学史。各个大学可以编不同的文学史，而不是大家用一个统一的教材。

（录音整理：杨宇静）

时间：9月16日（周一）13:30
地点：首都师范大学北一区文科楼105教室

主讲人简介

朱晓海　台湾新竹清华大学教授、台湾科学委员会学术审查委员、全台大学入学能力测验国文科副召集人。早年研究先秦两汉思想史，四十岁之后，专攻两汉、六朝文学。代表著作有《读易小识》《荀子心性论》《汉赋史略新证》《习赋椎轮记》等。

主持人（赵敏俐）　同学们，今天我们很荣幸地邀请到了朱晓海教授为大家讲课。首先请允许我简单介绍朱老师的一些基本情况。朱老师是台湾大学中文系学士、美国威斯康星大学历史学硕士，香港大学哲学博士。现在是台湾清华大学中文系的教授，曾担任台湾清华大学中文系系主任。朱先生早年一直研究中国思想史，四十岁之后，专攻两汉、六朝文学，曾发表过《荀子心性论》《习赋椎轮记》等很有分量的文章。我们首都师范大学中国诗歌研究中心的集刊《中国诗歌研究》上也曾十分荣幸地刊登过朱先生的文章。今天下午，朱先生给我们带来的讲座题目是关于曹操的文学评价问题。让我们以热烈的掌声欢迎朱先生为我们做学术报告。

曹操在中国诗歌史上的地位

朱晓海

赵主任，各位年轻朋友们，非常感谢大家的安排，让我有一个机会，将自己读书的一点想法向大家汇报，当然，不正确的地方显然会有很多，所以很希望借这次机会，获得大家的指正。我虽然有时候表现得像一言堂，其实非常欢迎诸位指正我的不足或有盲点之处。今天就讲一点曹操的诗歌。

一 政治断代与文学断代

我不了解大陆的课程如何设计，台湾的课程中有一门叫作"诗选"，是所有院校中文系必修的。"诗选"在我那个年代每周三个小时的课时，后来改为两个小时，总之要学一个学期。"诗选"要从两汉乐府歌辞讲起，最起码要讲到晚唐。然而实际上是不可能的，因为时间跨度太长。就算要做到，也只能一位诗人挑一首，匆匆带过。这样的状况对台湾的那些学生是很不利的，为此原因，从我个人角度讲，算是为别人省点事吧，就开设了"魏晋诗歌选读"这门课。从曹操讲起。在此我要说明一下，死在汉末的曹操为什么会被我放在魏晋诗歌序列中的头一位呢？因为政治断代与文学断代是两码事。政治断代很简单，假如有人发动一场宫廷政变，马上就变天了。但是文化能在这一朝一夕之间就这样变化了吗？文化断代如章学诚在《文史通义》里所讲的"非一两百年无从转移其风气"，所以在政治断代与文化断代之间有相当大的出入。把曹操放在魏的时期，是因为诗歌在他的手中，已经完全进入了一个新的阶段，这就是我们一般所讲的建安文学。也正因为如此，我们会看到一些很蹊跷的事情。各位读《诗品》的时候，总会看到在时代归属上，建安七子都挂在魏的名下，他们全都在建安二十二年（217）之前去世。其中阮瑀死得最早，在建安十七年（212）就已经逝世。很多人就在这里有困扰，这些人为何不归入汉代呢？莫非"不知有汉"吗？其实是这些人自己脑子糊涂，因为他分不清楚政治断代和文化断代的关系。虽然建安诸子所处的时代，名义上讲起来还是汉的时期，但实际上，在文学断代上来讲，它已经跨入一个新的纪元了。这不是凭空讲的话，南北朝末期有一位文学巨匠庾信，他在写一篇序的时候，就曾经讲道："自魏建安之末、晋太康以来，雕虫篆刻，其体三变。"（《庾子山集注》卷十一·《赵国公集》序）。他将这两个时期的作品分别代表魏、晋诗歌的巅峰之作。庾信难道也无时代限断意识吗？一点也不会。这样我们就可以知道，将建安认作是魏，乃自古以来的看法，也就可以解释了为什么我讲那门课要从曹操讲起。

二　重读《短歌行》

曹操的作品留下来的不多，全都是乐府歌辞。我今天就挑了一首各位大学时期大概都读过的《短歌行》。《短歌行》是一首乐府歌辞，这个乐府歌辞在一般所讲的清商三调中属于平调曲。

《短歌行》一开始说："对酒当歌，人生几何；譬如朝露，去日苦多；慨当以慷，忧思难忘；何以解忧，唯有杜康。"这是其中最著名的句子，大家都知道。字面上的意思非常清楚，但你若按字面意思来翻译，重要的意思就遗落了。在中国人的文化里，凡是碰到生活问题，以诗来表述时，往往不会讲生活，而是用衣食住行中的一个或者两个来代替。就好比我不会直接说别人如何富贵，而是说"钟鸣鼎食"或"鲜车怒马"；我不会直接说自己生活多么穷苦，我会说"啜菽饮水"。啜菽，就是说拿着豆叶子煮稀饭，溪水到处都有的喝，而且是免费的，这就代表生活艰苦。酒属于一种享受性的东西，所以他的意思是说，当你碰到一些值得享受的美好东西时，就应该在这个时候尽情地享受。然而要留意：他没有说对酒当饮，他说的是"对酒当歌"，那就应该注意到对他的享受程度要再进一步研究，要在"饮"上面加"歌"。"歌"当然有愉快之意。因此，这第一句的意思是说：当我们碰到一件足以让心里舒爽愉快事情的时候，我们就应该振作起精神来，好好地享乐个痛快。"当"是一个指示命令性的语词，那么我们须要思考一个问题了，为什么应该这样？曹操没有立刻给你答案，他让你反思，他把问题丢了回来："人生几何"？意思是：你到底有没有想过人生到底有多少年？

一年一般有 365 天。姑且以 80 岁为平均寿命来算，人一生不到 3 万天。如果每一天是一粒沙子的话，不到 3 万粒的沙子从沙漏的瓶颈中流下去，能流多久？而我们手上捧着的这不到 3 万粒的沙子，就如同一掬水，想控制都控制不住，水就从你的指缝间流走了。曹操以"朝露"来比喻"去日苦多"。露水当然是晚上降下来的，但早晨太阳一升起，就是古人讲的平旦时间，马上就会干，即"露已晞"。这里我们可以感悟一个事实，就是建安已降的六朝人诗歌中最大的特色是敢于直言面对一般人认为负面的死亡，但是他们从其中看到了美，这是以前人完全做不到的。乍听之下，各位或许会对此觉得奇怪，其实一点也不奇怪。所有美的东西一定脆弱，一定短暂。

请问青春美不美，青春短不短暂？大家都有恋爱的经历，爱情美吗，爱情短不短暂？花美吗，花能养几天？六朝人眼光独到，就是看到了这点。数一数，过去的日子很多，也许很美，用文艺腔说就是"流金岁月"，但比起过去的"流金岁月"，你手上剩的只有这么一点，你怎么办？所以他建议：当你快乐时，不仅应该把握住眼前的快乐，更应该让快乐的密度达到更高一层的境界，所以当歌。由此可看出：这些享乐建立在一个极其悲哀的基础上，那就是人生如电，转眼即过。曹操一开始就建立了整首歌辞的基调：悲伤、绝望。这些都是熟烂的句子。愈熟烂的句子，愈容易看出我们对诗歌等作品的理解程度。我在学界四十多年了，最佩服的一种人就是能把活的讲成死的。《国语》卷十九《吴语》说"起死人而肉白骨"，去今一千七八百年的文字是死的，人是活的，应该要把死的讲成活的。

　　然而更悲哀、更令人绝望的还在下面。正因为悲伤、绝望，所以他下面接着就说"慨当以慷，忧思难忘"。这件事情为什么会难忘，这件事情是建立在一个所谓悲哀的基础上。我想各位一定读过鲁迅这位伟大作家的集子，至少大家应该看过《呐喊》这部短篇小说集，不知道各位是否记得在《呐喊》前面的序言中，作者觉得自己像被关在一个完全密封的铁屋子里，与他一起被关在铁屋子里的还有其他很多昏睡的人。他下面的困扰是要不要唤醒他们。因为不论唤醒或不唤醒，最后的结局都一样。唤醒也是死，手无寸铁，冲不破铁屋子；不唤醒，当然就在睡眠中懵懵懂懂地死去。鲁迅想说的是：我要不要让全民觉悟到我们中华民族和中华文化已经走到了尽头。当我们懵懵懂懂、还不自觉的时候，我们还觉得挺愉快的，可是一旦自觉，你就再回不去了，破碎了就是破碎了，所以说"忧思难忘"。请注意我念"忧思难忘"的"忘"并没有读去声，因为这个字在诗、词里一定要读阳平。现在回到"慨当以慷"，"慨当以慷"是乐工为了配合乐调的长度而作，就是说我因此就非常的慷慨。"慷慨"是一个双声词，双声词是两个字的声母完全一样或非常接近，慷、慨都是"溪母字"。叠韵词就是两个字的韵母完全一样或非常接近。双声词、叠韵词绝不可以分开讲，一定要联系到一起来训解。因为它们是以声音来表达意思的，所以实际上它们不重形。可以写这个"慷"字，也可以像《说文》那样写成"忼"；"慨"写成"嘅"字也可以。我们现在一提"慷慨"这个词，就会想到电视剧里地下组织成员被敌人抓了，但他效忠党，效忠国家，决不妥协，最后昂着头，慷慨就义。是这个意思吗？不是，这是后来的意思。"慷慨"在六朝时只有一个意思:"壮士不得志于心"(《说文下》)。承接上文,曹操自觉到一件事:原来人生是这样的短暂,已经走过了那么多日子。慌不慌张?慌张。想不想延长生命?想。做不做得到?做不到。为什么做不到?因为这操之在天,非自己能掌控的。因此,曹操会觉得自己想要的东西根本得不到,很不得志,心里觉得很挫折、很不平、很憋屈、很恼怒,这就是"慷慨"了。同时,还兴起另一种心情,就是"忧思"。谁会愿意让自己的心境一直停留在"慷慨""忧思"这样的状况中?可是我已经讲过:一旦自觉到某些问题,它就会像小虫一样不断噬咬你的心,你忽视它,你装作看不见,你把它推到一边都没用,它就在那里让你察觉到它的存在。最后怎么办?"何以解忧"?"何以解忧"就是以何解忧,因为在古代汉语里,在疑问句、否定句和反诘语里,向来习惯将宾语放在动词之前。这种情形在现代汉语中继续出现。各位在外面见到朋友第一句话问的是什么?"饭吃了没?"是饭吃你,还是你吃饭?以何解忧,用什么解除掉我心中的这种烦恼,以致让我的脑子麻木,可以不去思量、烦恼。"唯有杜康"。"杜康"代表酒,因为一部专门记载帝王贵族事迹的古书《世本》里提到一个叫杜康的人发明了酒。用杜康两个字的真正意思并不是要说唯有酒可以解忧。他真想说的是要借用一些东西让自己麻痹,不再去面对困境。每个人用什么东西解忧是不同的。从形式层面讲,"杜康"回应了第一句"对酒当歌"的"酒",也显示"对酒当歌"的"酒"和"歌"是象征符号,它代表着某些具有能够让你暂时舒缓、麻痹的东西。从实质层面讲,却显示了人面对这项问题时的软弱、无奈,只有绕回到没多大作用的原点。这首歌辞在一开头就已经显现了情绪的多样化,这也是这首歌辞真正好的地方之一。

四句一解。"一解"是乐府辞中惯用的一个名词,一个乐章、一个小节叫作一解。如果说这个乐府歌词有五解,那就是说它有五章或有五个段落。下面我们必须先跳过第三解,直接看到第四解的"呦呦鹿鸣,食野之苹;我有嘉宾,鼓瑟吹笙"。各位在诗歌研究中心学习,我想请问各位一个最基本的问题,什么叫诗?我们总说诗、文是近亲,其实诗和文有重大的差别。文章一定要讲究形式跟实际意义上的逻辑关联。"因为"下面就得出现"所以","虽然"下面就必然有"但是";当我们说"一方面"怎样时,就预示了必将有"另一方面"。诗若这样写,那还叫诗吗?早期很多建安文人写的根本就不是诗,不过是有韵的散文。诗有个特点:经常不符合正常的文法、章法。以大家所熟悉的《秋兴八首》之八为例,"碧梧栖老凤凰枝",

明明是凤凰栖老梧桐枝，但它的语法就是这样倒错，这就是诗的特质。因此，为了便于一般人日常生活的思路，我们得直接看到第四解。这四句是《诗经》卷九之二《小雅·鹿鸣》的原词，一个字不改，这是这一时期诗歌的重要特色之一，就是把别人的东西直接照搬过来，或者是搬过来之后稍微窜改一点。"呦呦"是鹿叫的声音，鹿这样叫是什么原因？因为它今天在野地里找到了可以吃的苹。它发出这样的声音来呼朋引伴。苹大概是一种蒿类植物，刚长出来的嫩的部分可吃，再过段时间，就老了，完全不能吃了。当鹿发现后会一边吃一边呼朋引伴，这正和我一样，当我有一些好吃好喝的东西时，我也会把好朋友们都唤来，喝酒吃肉，这就是"我有嘉宾，鼓瑟吹笙"的意思，在此大家一起快活。瑟和笙代表了两种乐器。琴、瑟代表了丝乐器，笙、箫代表了管乐器。吃喝的同时就有家班家伎献艺表演。"独乐乐，与人乐乐，孰乐"（《孟子·梁惠王下》）？这当然没有固定的答案，因为每个人的个性、感受不同。不过对很多古人来说，像孟子、齐宣王那样，认为众乐远比独乐更乐，所以他会呼朋引伴。呼朋引伴之后，鼓瑟吹笙，这是不是呼应了前面的"当歌"？

好，现在倒回来讲第三解："青青子衿，悠悠我心。但为君故，沉吟至今。"首先，"青青子衿"又是《诗经》原文，见《郑风·子衿》。"衿"大家都知道，但为什么是青色的？《毛传》和《郑笺》的解释不一样。《毛传》把它训解成学子之服；郑玄则是根据《礼记》卷五十八《深衣》来解：凡是父母还在，儿子深感庆幸，所以得穿吉服，衣领一定要是青边、有装饰的。两个解释到底哪个对？我认为这两个解释并不是相互排斥，可以融合在一起。原因是念书的时候一般都比较年轻，年轻的时候，大多父母在堂，所以经常穿校服，或者青领的便服。但如果非要逼我做一个选择，我会选择《毛传》。为什么？主要原因是郑玄和曹操同一个时代，郑玄在当时虽然声名已经起来，但他注解的影响力还没有达到可以影响全国的地步，而《毛传》在当时已经普及一百六七十年了，所以我选择《毛传》。后面说"悠悠我心"，《毛传》训解"悠"为"远也"。但这般训解有些僵硬，悠悠然形容的不仅是在回忆隔了一段相当长远时间的人、事、物，而且是回忆者进入了一种若有似无但始终绵延的状态，这才表达出了心中回荡渺茫的一种情愫。就在举座笑语喧喧、划拳行酒令的时候，作为主人的曹操却一直走神，缩在内心的一个角落沉吟。什么原因？除了因为他心中忧愁过重，根本提不起劲来，招聚这场宴会不过是借着强颜欢笑麻痹自己，更要紧的原因是：他渴盼在场的人没来，所以说"但为君故"。这个句子毫无疑问是实指的，至于究竟是谁，不得而悉。他俩是什么样的关系？这个人应该是他幼年或少年时的朋友。虽然满场酒肉乐歌，但真正懂得他的人，他真正想念的人，却不在。他的思念无比悠远，但马上就被现实感打断："明明如月，何时可掇。忧从中来，不可断绝。"《说文十二篇上》："掇，拾取也。"用在此处，就是把它拉过来的意思；有的本子作"辍"，意谓停止，也可以，因为"掇""辍"都是入声屑部韵。总之，就是因为时间流逝不返，所以奢望不知"何时"才能让时间停摆。古人有一幅神话图像，十个太阳乘坐在一辆六条龙拉的车子中，由羲和驾驭着（《山海经》卷十五《大荒南经》、《周易》卷一《乾·象》、《初学记》卷一《天部一·日》所录《淮南子》），这辆车子就叫日车。东汉的时候有一个文人李尤，他曾写过一首七言的歌辞，其中有一句"安得力士翻日车"（《艺文类聚》卷一《天部上·日》所录《九曲歌》），意思是让时光倒流。古代神话中又有"月御"（《楚辞补注》卷一《离骚》，《王逸注》）。虽然神话内容已经亡佚，但应该与前面所说的日御是相似的。将月车或日车拉回来，拉回到我最无忧无虑、完全没有自觉到人生几何的那个时段，而且要拉回到那个没有任何钩心斗角、没有互相利用、没有彼此竞争、没有笑里藏刀只是单纯的少年交往的时候。然而他知道这怎么可能做得到呢？所以"忧从中来"，这个"忧"和前面的"忧"并不完全一样。两者虽然都是往后看，所谓"去日"，前一个"忧"建立在自觉到人生极其短暂的基础上，后一个"忧"是建立在对过去时间的追惜上。"忧从中来"后，他就发现一个更大的麻烦，即这番追惜"不可断绝"，也就是难忘。幼年或少年的时代究竟有多么美好让他无法忘怀？他进行具体描绘。"越陌度阡，枉用相存。契阔谈䜩，心念旧恩。"他怀念过去，怀念那一份已经成为历史陈迹的两者情谊。"越陌度阡"，阡陌大家都知道是田中的田埂，走在上面，以免踩到田里的庄稼。"枉用相存"的"枉"是古代的敬语，本来有弯曲的意思，就是说委屈您了。什么叫作"存"？这个用法在后来很少用，但在上古时期，这个词常用，《国语》卷十九《吴语》里曾说"顾在"，"存"就是"在"。"枉用相存"的意思就是"枉用相在""枉用顾在"，就是说居然劳您的大驾前来问候我，察看我的近况如何。这是一幅怎样的画面？他站在自家门前或院中的大树底下，远远看到对面一个穿着青衿的孩童或少年郎，踩着田间小径走来，越看越清楚，原来是他的好朋友带着一脸盈盈的笑意来找他了，彼此挥挥手，你知道他是因为你而来。两个少年也许坐在一棵树下，或者躺在稻草堆上，不直接写人样貌，这就是文学所谓的留白，让我们在想象的空间中自由组合。我们知道诗有一个重要的手法，即兴发感动。什么是兴？引发你自己的内在感触，引发你自己的生活感悟，勾起你的无限联想，这就是兴。两个人"契阔谈䜩"，䜩这个字其实就是"宴会"的"宴"，也就是"晏子"的"晏"，是一个非常休闲轻松的态度。什么是"契阔"？《毛传》训解为"辛勤"，这个训解在现在看来有问题，但它有历史的影响力，以前很多人都按照这个错误的说法来用。"契阔"在六朝以来已经有另一个用法了，但"契阔"为什么是要这样用，始终没有一个准确的解释。一直到宋代，孙奕的《履斋示儿篇》才讲通："契"是契合，就是聚在一起；"阔"是很开阔、距离很远，所以阔是分开。"契阔"两个字刚好是一合一分，《毛传》中的"辛勤"是从这里引申出来的。在这里，"契阔"是偏义复词，它的重心在前，就是"契谈宴"。这里要说的就是两个小伙子，有一搭没一搭地闲聊或游戏。这里有两幅图像：第一幅"青青子衿"是静态的，第二幅"契阔谈宴"是动态的，从田间小路一路含着笑走来和你闲谈。这样的回忆他一直"难忘"，所谓"心念旧恩"。既然这样，我派人找你去好了。以曹操当时的势力，他当然办得到，但在这场夜宴中，曹操忽然注意到了外面的场景：在这个时令，包括"乌鹊"，很多候鸟往南飞，以便过冬，但这些鸟绕着树绕了"三匝"，最后觉得还是无枝可栖。这可以是实指，也可以是虚构。当时天下大乱，很多人都离乡背井，纷纷逃难。他知道他的那位朋友可能已经随着很多流亡队伍离开故乡了。对方自然也知道曹操是政坛的第一人，但就是不愿意见他。为什么不愿意见他？曹操贵为权力顶峰的人，而没有几个人会真的认为他会念及布衣之交。等到你到了某个地位之后，整个人会无形之间、不是刻意地流露出趾高气扬、颐指气使的态度。他的朋友有骨气，不愿意和他往来，避着他，情愿保持过去美丽的回忆。虽然他不愿在北方投靠曹操这个老朋友，要到别的地方去，可是其他地方都是庸才，又有何处可去，他只能是"绕树三匝，何枝可依"。我想在这里隐微表达的是：他和曹操幼年就是好朋友，所以曹操有什么心里话都会和他说，曹操是个怎样的人他一清二楚，他早就料到曹操将来会做什么。乔玄曾说过曹操是"乱世的英雄"（《世说新语》中卷《识鉴》条一）。当你真的开阔了眼界，很多东西你就看不上了，所谓"曾经沧海难为水，除却巫山不是云"（元稹《离思》之四）。他看到过什么才是真正的杰出领导人才，如曹操，那么，像刘表、刘焉、刘繇、刘虞这样的人，他又怎么会看得上眼呢？所以陷入了进退两难之地。一方面要保持骨气，坚持不去找曹操，不去拉关系；另一方面，他想离开，又无明主可投，除非是迫不得已，为了现实生活不得不选择。这就是"绕树三匝，何枝可依"的潜意。曹操明白这点，所以在这里说"山不厌高，水不厌深"，那意思是说，要想建立一个帝国，必须聚集很多的人才，如同一座高山，或大海。海不会放弃任何一条涓流，同样山不会放弃任何一粒尘土，这样才能成形。就算你认为我这边已经是人才济济，我也绝对不会认为人才够了。"厌"，可以如字读，训解为讨厌；也可以改字读"餍"，训解为满足。山不会厌高，它还想更高，海不会厌深，它还想更深，人才只会多多益善。只要你愿意来，我什么都可以放下。最后的结尾意思是，他要表示一下：我今天的身份就像周公一样。《说苑》卷十《敬慎》记载：周公在成王年幼时辅政。当时他曾对儿子伯禽说：我贵为文王之子、武王之弟、成王之叔，论身份地位不可谓不贵。但是你看我何时敢以骄态对人？我每次"一沐三握发，一饭而三吐哺"，就是为了求贤啊。曹操以周公求贤若渴自喻，为了得到一个贤人，连饭都顾不及吃，为的是希望天下之士归心。

基本意思到此讲完了。但《乐府诗集》里特别说明，这一首叫"本辞"，"本辞"是什么意思？那是相对于内容基本一致的下一首说的，郭茂倩说"右一首晋乐所奏"，这两首歌词并不完全一样。对比之下，乐府本辞没有"但为君故，沉吟至今"这两句。现在的问题是该有还是不该有？这就涉及什么是本辞、什么是晋乐所奏。过去人们对"本辞"的理解不全面，认为是指作辞者原先写的歌辞。有这种可能，曹操最开始写没有这两句，后来的乐工把这两句补了进去。为什么要补这两句？原因很简单，因为乐调变了，老歌新谱。所以容易空下或多出好几个音节，为了补足仅有旋律的这几个音节，后来的乐工不得不填一些词。但是这只是"本辞"的一个意思，它还有一个意思就是：原始乐工在当时演奏的歌辞没有全按照作者最初所作的歌辞，问题同样是出自音乐，也就是当时的乐工谱的曲容纳不下某几句，否则，听起来，不悦耳。简言之，早期乐工为何要如此演奏，后来乐工为什么不这样演奏，都是因为音乐的变化，所以曹操原词可能有四句，乐工把它改为了两句，后来乐工再把它补回来。现在我们分析这两句应不应该有。非得有，"歌"和"掇"在古代分别是歌部、屑部韵，两者仅有阴声与入声之别。下面四句中"忘"和"康"押阳部韵，所以我们知道：这首是每四句两韵，隔句韵。再下面的"青青子衿，悠悠我心。但为君故，沉吟至今"不能少了"但为"两句，否则，一个字怎么押韵？当然有人会说"心"和"衿"可以押韵。对，这两个字在在古代属于避唇的侵部韵。如果这样，就变成了句句韵。押韵是讲规律的，隔句韵就隔句韵，句句韵就句句韵。它全篇都是隔句韵，这里不可能句句韵，所以必须要有"但为君故，沉吟至今"。接下来看"我有嘉宾，鼓瑟吹笙。呦呦鹿鸣，食野之苹"，正好与原来的第五解颠倒了，并且省略了第六解"越陌度阡"、第七解"月明星稀"两段。若从听觉艺术的角度来看，无妨，但若从案头文学的角度来说，这真是买木椟而还隋珠了，将全首歌辞最动人的部分割弃掉了。

三　歌辞与诗

歌是听觉艺术，注重的是旋律，不注重歌辞，这就像各位喜欢听英文歌或日本歌，但未必听得懂歌辞，只因旋律美，照样风靡，于是就导致这种听觉艺术必然会有一些特质。（1）歌辞平易易懂。这与它是不是社会民间艺术毫不相干。乐府本来就是皇家的一个机构，从秦代就有，是为贵族服务的。乐府歌辞所以要平易，是因为旋律再慢，速度也远较视觉快得多。一个字词不懂，略微踌躇琢磨，旋律已经进展到三四节之外，你就跟不上了。换作诗，为什么就能用生僻字？很简单，你一个字不认识或不懂，可以起身去查字典啊，纵使查个二十分钟，书本或唱本又不会跑掉。（2）乐府歌辞不会轻易大规模用典，纵使用典，用的都是尽人皆知的典故。（3）由于乐府歌辞重旋律不重内容，所以它可以任意拼搭剪贴，形成所谓的"什锦歌"。许多首歌不是一个旋律，歌辞前后也不连贯，但偏偏就把它们当中精彩的片段兜拢在了一起。这点余冠英先生早已指出来了（《乐府歌辞的拼凑和分割》，《汉魏六朝诗论丛》）。诗可以跳接、诗可以倒叙、诗可以时空交错，就像一般论及宋代吴梦窗的词时所说，空际转身，但绝不允许拼搭剪贴。诚然，诗的写作园地中，有集句诗，但集了之后，句与句之间的意思必须能贯通，它绝不能意思互相不搭，但乐府歌辞可以。（4）余先生当年还指出了乐府歌辞的一个特征，就是它有习惯性套语。（5）乐府歌辞有一个从不避讳而且经常采用的章法，就是顶针格，一句话结尾的两个字刚好是下一句话开头的两个字。只有这样，才能让你听起来感觉流利悦耳。诗当然也可以用，但诗一旦用多了，就容易变得油腔滑调，所以要用得很谨慎。（6）乐府歌辞有一个特质，对早期的诗有深刻影响，那就是声口转换。如《陌上桑》，"秦家有好女，自名为罗敷"直到"使君从南来，五马立踟蹰。使君遣吏往，问是谁家姝？"这是采取第三人称角度叙述，接着声口转换了。从这个被派出去的侍从向使君回复"秦氏有好女……"再转换到使君，先问侍从："罗敷年几何？"侍从回答："二十尚不足，十五颇有余。"使君进而直接问罗敷"宁可共载否？"再转换到罗敷回答"使君一何愚……"直到末了（《乐府诗集》卷二八《相和歌辞三·相和曲下》）。就像大鼓说书一样，一个人要扮演好多个角色。总的说，乐府歌辞的这些特性几乎都不宜放到诗里头，当然早期不成熟的诗不时会显露乐府歌辞里的一些特性，因为作者写惯了乐府歌辞，所以一下子改不过来。讲一个简单的例子，曹植的《七哀》本来就是乐府调。"明月照高楼，流光正徘徊。上有愁思妇，悲叹有余哀。"一直到这里全是第三人称叙述。接着下面就说："借问叹者谁？云是宕子妻。""借问"一定是问路旁的人，云是谁云呢？一定是某位陌生路人。读到这里，你就知道第二声口已经出现。"君若清路尘，妾若浊水泥。"既说"妾"，这一定是"愁思妇"那位女性自己讲话，在这个时候变成了第一人称的声口了，那个楼中人自己出面讲。诗在成熟的过程中，慢慢把上述的这些乐府歌辞的特质去除掉了，这就是所谓诗的自觉。这个自觉的情形相当晚，大概要到西晋，才一点一点地被意识到。

　　诗当然也讲究吟诵效果，但重心在内容，乃视觉艺术。那么歌辞和诗有没有交集呢？有，有的歌辞采取诗的表现手法；脱离了旋律，歌辞本身就有动人的诗意，这些具备诗的特质的歌辞就可以视为诗，但相当多的歌辞不是诗，好比这些年风行的饶舌歌（rap）歌词。《诗经》里的篇章是全都能唱的，但像《周颂》里的篇章几乎无诗意可言。《关雎》这一篇是在大小宴会全都用的，而且对那时代的人而言，旋律应该很好听，所以孔子曾说："《关雎》之乱洋洋乎盈耳哉。"（《论语》卷八《泰伯》）如今它的旋律丢了，但歌辞留下了，到今天读它的歌辞，某些地方还是觉得颇有诗意。《诗经》里有的歌辞境界高到今天人才学到。《诗经》305 篇最短的一篇是卷五之二《齐风·卢令》。这篇每一章都是两句，第一句三个字，第二句五个字。主要是要描写一个猎人，但奇怪的是它始终不给你看到这个猎人真实的相貌。它描写猎人带着一条猎犬，"卢"就是黑，"令"是"令令"的简省，也就是猎犬脖子上挂的铃铛，在猎犬行走或奔跑时发出的声音，它通过描写剽悍威武、乌黑油亮的猎犬，让我们联想猎人的相貌，借犬衬人。接着就描写猎人腮帮子的鬓角与胡子，体现一种男人的粗犷，雄性的魅力就出来了。从头到尾都没有直写相貌，却让一幅充满男性气概的画面自然呈现在你脑海，这就叫作留白的功能，这就叫作诗。

现在我们来审视《文选》。《文选》基本可划分为两大类：文和笔。文里只有两个主要项目：赋和诗。七和骚是附带的，因为它们算是赋的变体。我们一般认为诗是从乐府歌辞中蜕变而来的，但各位要留意，《文选》选乐府歌辞时，是用怎么样的眼光选的。我们马上发现了一个蹊跷现象，下面开始申述。"三曹"在文学在乐府歌辞上的造诣很高，按照《文心雕龙》卷二《乐府》所说，他们能"宰割辞调"，既能谱曲，也能写歌辞。这点在曹操生平介绍完全可以体现，按照《三国志》卷一《武帝纪·建安二十五年》《裴注》所引《曹瞒传》，曹操"好音乐，倡优在侧，常以日达夕"。为了一位"声最清高"的妓，竟不惜容忍她的恶劣性情多时（《世说》下卷《忿狷》条一）。从曹丕、曹植的母亲卞后"本娼家"（《三国志》卷五《后妃列传·武宣卞皇后传》），所以可以合理推想：他们从襁褓中就接触到乐府歌曲，是听着这种俗乐长大的，所以这父子三人有足够的素养来"宰割辞调"。"三曹"在乐府歌辞的发展史上的地位很高，绝对是里程碑式的人物。王僧虔曾讲"今之清商实由铜雀"（《宋书》卷十九《乐志一》），所以他说"魏氏三祖风流可怀"，实至名归。《文选》中有乐府这项，它是对汉乐分类的一种继承。蔡邕在汉代曾把乐府分成四类。一为大予乐，相当于后世所说的郊庙歌；二为周颂雅乐，相当于后世所说的燕射歌；三为黄门鼓吹，我们一般读的乐府歌辞绝大部分都属这类；四为短箫铙歌，即军乐（《后汉书·续汉志》卷五《礼仪志中·朝会》，刘昭《注补》所引）。除了燕射歌，《文选》都具备，但《文选》把它们的称谓都改变了。这是因为《文选》是要选诗，不是要选乐府歌辞，它选的是诗人的作品，而不是作歌辞名家写的歌辞。"军戎"选了王粲的五首当作铙歌，"郊庙"选了颜延之的两首。颜延之当时奉命明明一共作了三首（《宋书》卷二十《乐志二》），它为什么仅选两首？因为另一首是三言，《文选》是绝不收三言的，它只收四言、五言、七言。接下来《文选》用诗的角度开始挑乐府歌辞，魏武帝选了两首《短歌行》和《苦寒行》。曹丕选了两首《燕歌行》（秋风萧瑟天气凉）和《善哉行》。曹植挑了四首，即大家熟知的《名都篇》《白马篇》《美女篇》和《箜篌引》。"三曹"一共八篇。之后就进入了所谓的晋代，晋代除了石崇一首，就是陆机的作品了。陆机有多少首入《文选》？十七首！之后是谢灵运一首，再后来是刘宋三大家之一的乐府诗健将鲍照，选了八首。最后附录一首是谢朓的《鼓吹曲》。曹氏父子伟不伟大？从乐府及乐府歌辞发展的角度来讲，他们功勋卓著，但是从诗的发展角度来讲，他们写的乐府歌辞合乎诗的要求的很少。三个人的乐府歌辞入《文选》之作加起来不过八首，鲍照一个人就入选了八首。更夸张的是曹氏父子加鲍照才勉强抵得上一个陆机。所以说研究六朝文学，却不研究陆机和庾信，基本上殆"同儿戏"（《北齐书》卷二九《魏收》），因为这是两大巅峰。《文选》诗这部分，入选最多的就是陆机的作品，共五十二首。《文选》是一本很公正的书，它从没有否认三曹在乐府发展史上的地位，但从诗的角度去看，他们就得让贤了。《文选》李善注本在曹操前还有三篇（五臣注本则有四篇），名字很简单——《古词》，注意，不是《古诗》。《文选》另选了《古诗十九首》；《文选》诗这一大类中有"杂歌"这子目，这是与"杂诗"这子目相对的，可见《文选》中诗和词绝不混淆。两汉到曹魏的乐府歌辞一律不能称为乐府诗。只是有些歌辞写得完全合乎诗的要求，才被《文选》收进去了，如《短歌行》，你确实可以从中感受到那一股诗意。《文选》在曹操诗辞前之所以选了三首《古词》，也是为了告诉我们，它虽然是歌辞，却如同诗一样，符合诗的特质。要到西晋，乐府歌辞才朝乐府诗的方向蜕变发展，陆机是个中翘楚，所以在《文选·诗·乐府类》中高居榜首。到了南朝，用的是乐府的旧题目，写的却是不能唱的诗，已蔚为主流了。像鲍照，他是刻意作乐府诗的人。除了奉始兴王命，为白纻舞，撰写的那六首（《乐府诗集》卷五五《舞曲歌辞四》），以及其他零星几首，他根本不曾考虑所写的入不入乐，只管在乐府旧题下写诗。无怪乎沈约说他"为古乐府，文甚遒丽"（《宋书》卷五一《宗室列传·临川烈武王道规传附鲍照传》）。请注意，史臣没有说曲或歌，而是"文甚遒丽"。

曹操另有一首《短歌行》。"周西伯昌，怀此圣德。"伯是老大的意思，西方的霸主姬昌具有圣德。"三分天下，而有其二。修奉贡献，臣节不坠。"他统辖的领域虽然很大，但谨守臣节，十分恭顺地侍奉商王。"崇侯谗之，是以拘系"，但"后见赦原，赐之斧钺，得使征伐。为仲尼所称，逮及德行，犹奉事殷，论叙其美"。这段就是把《论语》卷八《泰伯》、《史记》卷四《周本纪》的原文点窜一下而成的。"齐桓之功，为霸之首。九合诸侯，一匡天下，不以兵车，正而不谲"。"九合诸侯""不以兵车""一匡天下""正而不谲"都是《论文》卷十四《宪问》的原话，孔子还称赞了管仲"并称夷吾，民受其恩"。因为他的才能，使百姓受到恩惠，这也是《论语·宪问》的原话"民到于今受其赐"的改写。"赐与庙胙，命无下拜。小白不敢尔，天威在颜咫尺。"天子祭祀后，分肉散福，作为诸侯的臣子要在台下拜谢领受。奉使来齐的宰孔受周襄王之命告知桓公：因您年纪大了，不用下拜。桓公正兴奋之时，管仲立刻制止，所以桓公回答"小白不敢尔"，即天子虽然远在千里之外，但天威仿佛就在我的面前。这完全是《左传》卷十三《僖公九年》一段记载的改写。"晋文亦霸，躬奉天王"。晋文公拯救了周襄王，"受赐圭瓒，秬鬯彤弓，卢弓矢千，虎贲三百人"。"九锡"的"锡"就是"赐"，乃对臣子最高的赏赐。哪九样赏赐？车马、衣服、乐则（县）、朱户、纳陛、虎贲、斧钺、弓矢、秬鬯。圭瓒是古代的一种以圭为柄、黄金为杓的杓酒器。秬鬯指祭礼用的香酒，以黑黍和郁草酿成，味道很浓烈，祭祀时，往地下一倒，气味四散，引得神明下降。弓矢，弓的颜色分彤、卢两种，矢的颜色与弓一致，一弓配百矢。斧钺，钺也是一种斧，但很大。虎贲，一般将"贲"改读为"奔"，指跑得很快的精锐战士。这一段也出自《左传》，乃卷十六《僖公二八年》文字的改写。"威服诸侯，师之所尊"如果能把臣子当作自己的老师，那么他一定能成为帝。如果能视为平起平坐的友，这就一定能成为王。如果只能视之为臣子属下，只能成为一方霸主。如果将部属视之为仆役，必亡（《战国策》卷二九《燕策一·燕昭王收破燕后即位》）。"八方闻之，名亚齐桓。河阳之会，诈称周王，是以其名纷葩"。河在西汉武帝之前没有第二种解释，一律指黄河，山南水北谓之阳，就是说在黄河北岸举行了一次狩猎，但晋文公假借着周天子的名义，邀请诸侯来朝觐，所以到后世他的名声就"纷葩"了。什么叫纷葩？这是一个双声词，不能分开讲。上古无唇齿音，只有双唇音，所以纷葩实际就是 penpa。也就是说他的名声非常灿烂，一直流传到各个地方，就像火山喷发一样。

这首乐府歌辞要讲什么？它举了三个例子：周文王、齐桓公、晋文公。这三个人有什么共同特点？他们的力量甚大，可是对最高统治者依旧非常恭敬。其实他是在说自己！我欲为文王或周公，绝不篡位，这首歌辞就是在向世人表明心迹。借用历史故事表示自己想说的话是中国古代诗歌的重要手法，太史公早就对此有深刻的认知，所谓"载之空言，不如见之于行事之深切著明"（《史记》卷一三〇《太史公自序》）。乐府歌辞基本上就是继承《诗》教的，很少依托空言，而是惯用大众熟悉的典故、传说来表述，通俗易晓。第二首《短歌行》作为乐府歌辞，写得不差；作为政治表白书，写得漂亮，但它不是诗！所以同是一个平调曲的《短歌行》，《文选》将这一篇割弃。《文选》最终仅从曹操乐府中挑出了两首，更可悲的是他的儿子曹丕，钟嵘《诗品》用"鄙直如偶语"来形容曹丕大部分的作品。没错，乐府歌辞就是要鄙要直，"偶语"出自《史记》卷六《秦始皇本纪·三十四年》"敢偶语《诗》、《书》者，弃市"，即两个人在一起谈论儒家的经典，所以"偶语"本身乃寻常对话，含有很平浅庸俗的意思。曹丕的那些作品确实都不是诗，仅能视为乐府歌辞。这就是本次报告最想告诉大家的一点，什么叫诗，什么叫歌辞。古人早就将此分得一清二楚，只是古人不习惯用论述式的语言表达。至少当我们看完《文选》后，能发现古诗、古词完全分列，不仅如此，《文选》中杂歌、杂诗也划分开，绝不要将它们混为一谈。最后回归本题，乐府歌辞的特质是什么？它重在旋律不重在视觉，所以它的文辞必须浅白；为流利起见，经常使用顶针格和叠字；总会有一些奇怪的习套语；因为是演唱艺术，经常会出现声口转换。那什么是诗？真正的诗不是靠理论阐发出来的，因为每个时代认识的诗未必就是一样的。今天的报告就此结束，有不对的地方，请各位批评指正，谢谢。

（录音整理：周毅）

时间：**2013 年 9 月 16 日（周一）9∶30**
地点：**首都师范大学北一区文科楼 205**

主讲人简介

丁锋 文学博士，旅日中国学者，现为日本大东文化大学教授、博士生导师。主攻学术方向为汉语音韵史、汉语方音史、汉语史。出版专著有《〈博雅音〉音系研究》（1995）、《〈同文备考〉音系》（2001）、《日汉琉汉对音与明清官话语音研究》（2008）、《如斯斋汉语史丛稿》（2010）、《如斯斋汉语史续稿》（2012）等，发表论文近百篇。

主持人（冯蒸） 丁锋教授是文学博士，现为日本的博士生导师，主攻方向为汉语音韵学、汉语方音学、汉语史。已出版专著有《日汉琉汉对音与明清官话语音研究》等多种，发表过论文一百多篇。我跟丁先生交往快 30 年了。1986 年，在江西师范大学，我们共同参与编写《中国语言学大辞典》。这个大辞典是很有名的，音韵卷的主编是我，副主编就是丁先生。丁锋先生是江西师范大学余心乐先生的硕士研究生，毕业后考入中国社会科学院研究生院攻读博士。他的主攻方向是音韵学，他的硕士论文就是《〈博雅音〉音系研究》，当时在我们音韵学界引起强烈的反响，他的硕士论文已经达到博士论文水平。他自己的博士论文《日汉琉汉对音与明清官话语音研究》是在中国社会科学出版社出版的，也引起了很大的震动。我自己在写《汉语历史音韵研究的一百项新发现与新进展》那篇文章时，把丁先生的若干研究列为新发现。每一条新发现的列入我都经过深刻考虑。现在学界通常认为日本当代有三大最著名的音韵学家，他们是：高田时雄、远藤光晓和丁锋。他的著作经常是我拜读的对象，我们俩经常来往。1992 年我访问日本，参加第 26 届国际汉藏语言学会的时候，丁先生就陪着我。2001 年我到日本去，参加日本中国语学会讲《〈切韵指掌图〉的三四等》，丁锋先生发言，给我很多的支持。他当时在熊本学园大学，我本来要去访问，但时间太仓促没有成行。我们今天非常荣幸地请到了丁先生给我们做报告。丁先生的报告精彩在于他发现了一个著名的、音韵学界从不知道的等韵材料。下面我们就请丁先生给我们做报告。

中土失传的日本唐院本九弄图之考察

——唐院本与神珙本之比较研究

丁 锋

　　非常荣幸能到首都师范大学来演讲，我也是个老北京，博士期间及毕业后工作在北京待过共计五年时间，后来去了日本，已经超过二十年了。我是读硕士的时候即 1985 年开始研究音韵的，到现在也有二十六七年吧，其中大半时间我是在日本度过的，在日本也是继续我在国内的老本行，作为一个音韵学者做点力所能及的研究。研究领域最初就像冯教授向大家介绍的，中古音研究。后来我在日本发现琉汉对音还有日汉对音的材料，这些材料以明清的官话和吴语为主，因此后来新的研究领域是近代音，包括官话音和吴语语音。在佛教语言学方面我还做一些音义史的研究，以及日中汉学相关的研究。怎样才能对中国音韵学史有所贡献，也是我二十多年来的思考和追求。虽然谈不上有多少创作和成就，但觉得作为一个在祖国接受过系统教育的学者虽然身处海外，依然需要脚踏实地，积极进取。这一信条也是我一直奉行的。今天见到这么多年轻的学子，我非常荣幸，非常激动。我以前在北京的时候来过首都师范大学，今天走进这个新校区真是刮目相看。冯教授学识渊博，学问做得很宽广很扎实，我敬重他。他培养了一批有才华有实力的后起之秀，在这里也祝愿大家学业顺利，生活如意。

　　我今天演讲的题目是《中土失传的日本唐院本九弄图之考察——唐院本与神珙本之比较研究》。这里提到的唐院本和相关的神珙本是日本学者冠名的。学习音韵学的朋友都知道神珙本，也就是发给大家的第一页资料的内容。神珙是撰写《四声五音九弄反纽图并序》的作者，而《四声五音九弄反纽图》就附录在宋代著名字书《大广益会玉篇》的卷末，虽然篇幅短，但作为唐宋时代的音韵学名作，非常重要。神珙作序的《四声五音九弄反纽图》与称为"唐院本"的《九哢十纽图》形制和内容都很接近，因此就有"神珙本"之称了。

　　唐院本在日本江户时代，相当于我们的清代，已经有学者做过介绍，"二战"前的其他书籍里也有一些涉及。但真正把它当作中国音韵学史料来考察，有待进展。我的这个演讲材料经过了几次修改，到现在仍然很不完善。这里的朋友有学音韵的，也有不是的，我尽量让所有朋友都有一些了解和收获。我的讲演分十一个小标题，各部分讲起来会有些侧重。

一　神珙本：《四声五音九弄反纽图》

　　首先要讲神珙本的《四声五音九弄反纽图》，有学者说可不可以叫《玉篇》本呢？因为《四声五音九弄反纽图》就附在《玉篇》（即《大广益会玉篇》）里，叫《玉篇》本我认为也很好。《玉篇》成书于北宋初年1013年，神珙序文里面提到《元和韵谱》。清代的戴震开始就认为"元和"是唐宪宗的年号（806~820），这是一个假设。这个假设有没有证据呢，其实没有。我觉得仅从"元和"两个字就认定成书为唐宪宗时代不无道理，但是不是可能反证，还有探讨的空间。如果假定神珙的书是在元和之后写的，那么到纳入《玉篇》应该近两百年，是一个非常长的空白时代。现存的《玉篇》的最早版本，也是唯一的北宋本，保存在日本宫内厅的书陵部，相当于我们说的天皇图书馆，是天皇和皇族可以阅览图书的地方。这个版本现在还没有出版过，有望将来出版，方便学界研究。泽存堂本的时代更后，经中国书店多次重版后，是我们最容易入手的一个版本。这个版本是康熙年影印出版以后的再影印版。泽存堂本保存了宋本的原样，实际上非常重要。另外，国家图书馆和日本内阁文库还有些宋本残卷，里头都没有收《四声五音·九弄反纽图》。图1右边就是北宋本，旁边写的"图书寮御藏"，"图书寮"现在的正规名称就叫书陵部。左边是泽存堂五种本所收《玉篇》的相应部分，大家都比较熟悉的。

　　因为被宋初《玉篇》后面收录了，所以神珙本仰赖《玉篇》得以广泛传播，《玉篇》对神珙本的保存起了非常重大的作用。因为它非常短，也就是两页纸，在普通人看来，只有两页的东西没这么重要，因此单独留下来是很难的。神珙本在宋代就有著作提及了，但没有多少研究。元代把一些重要的小学知识以及神珙本的几项内容共计25条合编成《玉篇广韵指南》一卷，置于卷首，这是一个很重大的改变。如果今后大家再见到《玉篇》，它分几段，字头都整齐排列的话，那就是元刊本或元刊本的再刊本。元灭

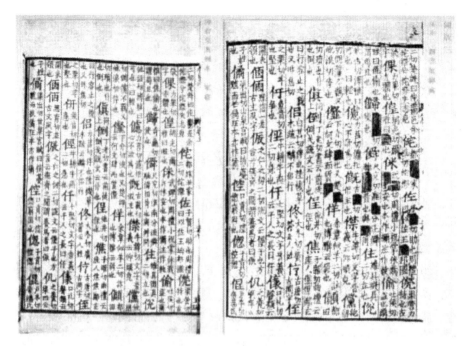

图 1　泽存堂本书页（左图）和宫内厅书陵部所藏北宋本书页

宋，最早的元刊本就是分段本，而我们看到的泽存堂本不分段，是散文式的。可以据分段与否，确定《玉篇》是宋刊版式还是元刊版式。

　　神珙本在中国的研究，自清代《续通志·七音略》以来，有戴震、钱大昕、江有诰、张世禄、赵荫棠、殷孟伦、杨剑桥、黄耀堃等，细水长流，源源不断。在日本，神珙本的研究非常有成果，因为宋本《玉篇》很快就传到日本，从遣唐使被派往中国，到明清，再一直到民国，中日间图书交流的历史从来没有间断过。各个领域从事中国文献史研究的学者多可以在日本找到一些相应的稀有版本。日本这个国度千百年来一直重视中土文献的学习和保存，哪怕断篇，也非常珍惜。中国文献在日本得到很好的保存，实仰赖日本国民千百年来对中国文化的热爱。

　　神珙本在日本平安时代后期就有最早的研究，离《玉篇》出版才晚百年，接下来江户时代对此的研究就更多了。日本的研究有一个特征，就是把神珙本当作等韵著作，与《韵镜》的研究结合在一起。"二战"前的1933 年，冈井慎吾先生出版《玉篇的研究》，对神珙本的研究做出巨大贡献，这部书在日本有很大的学术影响，民国时期的一些中国学者（赵荫棠、张世禄、殷孟伦、周祖谟等）也都读过。日本"二战"后有小西甚一、马渊和夫、小川环树、庆谷寿信等学者的重要著作和单篇论文，这里不一一介绍了。

神珙本有四项内容，就是（1）序文；（2）五音图；（3）九弄图；（4）罗文反样。罗文反样北宋本有，泽存堂本缺了，这里根据元代的至顺刊本补进去了。此外还有一个内容是五音声论，五音声论以东西南北中五方配喉舌齿唇牙五音，与五音之图以宫（舌居中）商（开口张）角（舌缩却）徵（舌拄齿）羽（撮口聚）五音配口舌发音动作大相径庭，因此清代戴震指出"五音声论"非神珙本内容。戴震最早提出的这个学说，指出矛盾的东西不应该出现在同一个资料里边，出发点有说服力，后来的很多学者都遵从他，但也有学者不怎么重视戴震说。

二　唐院本：《九啭十纽图》

接下来介绍唐院本。唐院本的成书实际上比神珙本出现在《玉篇》里要早。唐院本的名称叫作《九啭十纽图》，是单行本，一张整的图。

唐院本的由来与唐代留学中国的一位天台宗高僧有关，他叫圆仁，作为遣唐使在中国待了十年之久，840～845年在长安期间，他收藏了《九啭十纽图》。可能有更多的朋友会知道他有名的用汉文写的一部书，就是《入唐求法巡礼行记》，这是他的留学旅程实录。圆仁回日本后编纂的书目《入唐新求圣教目录》里就有《九啭十纽图》，而且圆仁本人还写过《九啭图记》，是研究唐院本的第一人。圆仁学成回国，后来被尊称为慈觉大师，也是日本天台宗地位最高的僧人，图2是他的坐像图。

圆仁带回日本的《九啭十纽图》保存在京都比睿山的延历寺前唐院。唐院是入唐僧所居僧院的称呼，因在圆仁之后有位入唐僧叫圆珍，也很著名，他住的僧院叫后唐院，因此圆仁的僧院就叫前唐院。唐院本实际上是前唐院本。日本天台宗最早有空海赴唐，在佛教、语言、诗学、文学、书法等方面留下了许多著作，具有相当深远的影响。圆仁是空海的再传弟子，天台宗在当时的日本是相当有势力的。

唐院本现在是怎样一个情况呢？原本已不见记载，根据小西和马渊两位教授书里面的介绍，在比睿山的南溪藏和京都的东寺均有历代抄本收藏。东寺是空海驻锡地，当时空海从唐朝回到日本后，天皇对他非常赏识，就

图 2　慈觉大师

在京都建了一个寺庙赐给他。唐院本没有出版过，是非常可惜的。日本的寺庙特别是千年古刹，保留的古代文物特别多，但轻易不示人。日本京都著名的佛教圣地比睿山的寺庙也曾经历过战乱和火灾，图 3 是现在的前唐院，已经过修复，唐土的建筑风格很鲜明。

图 3　前唐院

唐院本继圆仁之后，陆续有 些研究，如信范、幺慧、宥朔。宥朔所著《韵镜开奁》六卷的第六卷首次整体叙述了唐院本各图的内容，功不可没。唐院本有六个部分：（1）总图；（2）别图；（3）别中别图；（4）总别和合图；（5）元和新声韵谱；（6）辨五音法。总的印象是与神珙本内容非常类似，因此可以把两个材料拿来比较。日本学者一般认为唐院本早于神珙本，冈井慎吾先生也这么看。至于它们究竟孰先孰后，彼此有过什么亲缘关系，还有待考证确定。从内容上看，唐院本六项，神珙本四项，两者是一个既参差又包含的关系，都有相关性。以下分六个部分来展开讨论。

三　比较与研究之一：形制与内容

以下讲第三个问题。圆仁的唐院本收藏时间是 840 年到 845 年，如果历史上元和年间（806～820）曾经有过《元和韵谱》这样一部书的话，圆仁收藏在其后二三十年。唐院本没有神珙本的"神珙"题名，似乎要早一点，但也不好说。神珙本不知道什么时候编，现在也找不到神珙本的相关证据，神珙的个人信息也一点记载没有。没有证据，只能说是推测。

从时代的序列来看，《玉篇》比唐院本晚 170 多年。唐院本形制上呈现拱卫形配置，总图为上，总别和合图为中心；别图在两翼，核心内容居中。还有一个特征就是有圆图和方图。有两个圆，五个方，有方圆相套，圆圆相套分布，和佛教的曼荼罗图很相似。

"曼荼罗"现在都说"曼陀罗"，梵文 mandala 的音译。"荼"字早期读 da，翻译应该也是早期的。"陀"这个字的中古韵，精通音韵学的朋友们都知道属于歌韵，"歌"韵字在中古也读"a"，是后起的。"陀"字韵母读作 uo，是中古以后的变化。唐院本跟曼荼罗图有关系，是我的理解。请看下面的资料。

图 4　曼荼罗　　　　　　　　图 5　文殊曼荼罗

图 4 这个彩色图，是《大正藏》图画卷里的一幅，《大正藏》图画卷有五卷，收有数百张类似这样的图。曼荼罗是早期佛教对宇宙的一个解释，从图的配置关系来看，中间是佛的位置，周边是众佛。这样配置体现它的一种思想，这种思想同时也用圆图和方图来表示。图 5 是文殊曼荼罗图，采用的范本使用了悉昙文字。唐院本是作为悉昙文献被收藏后带回日本的，圆仁的书目把唐院本放在悉昙学的分类里。悉昙学是梵文学，用梵文字母本身就意味着和悉昙学有密切的关系，这张图也是圆图方图配置。另外请大家看一下资料第三页，这是金刚界的九会曼荼罗，图中有大量的圆图和方图，佛在中心，周围有其他众佛。曼荼罗在大乘佛教里没有得到传承，在藏传佛教里面还保留着。我们去藏传佛教的寺庙里能见到一些佛画，通称唐卡，其来源与曼荼罗图相关。

回过头来说这书是干什么用的，这可能是大家的疑问。唐院本的序和神珙本的序都有提到，不学音韵学的朋友可能不特别了解。记录汉字字音的话，我们现在有汉语拼音，但是在古代中国没有，只有汉字。一个字不认识怎么知道它的读音呢？古人就创造了反切。主流看法认为反切是在汉末形成的，但我个人认为汉末的反切是值得怀疑的。在《经典释文》里，作者陆德明就明白说到早期的反切有问题。因此还须要探讨、斟酌。中国到宋代才有印刷术，早期的文献都是手抄；而且汉魏六朝的经学多是家传，也可能是门派相传，方法多是靠口传、靠记忆，那个时候做学问要求博闻强记，要记忆很多东西。前代的读音多用直音，一字一音，后来发明了反切就用两个字，上字表示声母，下字表示韵母声调。这种反切知识出来以后，有些人不具有分析声韵的能力，唐院本和神珙本都是为了帮助读者学习纽弄，正确掌握反音法，拼读反切用的。"反音法"和"纽弄"对大家来说也是生疏的概念。这个"纽"是什么呢？表示四声同音的字，就是一个韵系的字，叫一纽，譬如《广韵》中的"江讲绛觉"，一纽四字相互声调不同。这个"弄"是什么呢？就是通过某种手法设定的一种语音拼读方式。那么"反音"是什么呢？它比现在说的反切范围要广，一个字可以上字和下字拼，也可以反过来下字和上字拼，还可以横向斜向拼，最终目的都是要精准掌握各种声韵调状况下的正确拼读。唐院本和神珙本都是反音法的著作，这比现在理解的反切拼读范围要广，方法也更复杂。反音法的发端是在南北朝，特别在南朝，齐梁时代有永明体，永明诗歌体就是当时追求声律的先锋文人们的创作实践，中国的格律诗是他们开的先河，因此也启发了音韵学。所以可以说诗的格律学和诗的音韵学走过一段共同的历程。此外还有悉昙学知识的横向影响。至于带口的"哢",它是不带口的"弄"的后起字,最初有"鸟叫"的意思。唐代文献里有"九弄"的使用,其起始可追溯到南北朝。其起源对解释唐院本和神珙本"九弄"的概念形成势必提供思维证据。"九弄"是音乐用语,是乐曲的单位,《梅花三弄》的"弄"就是这样一个量词,早前则是名词。"九弄"的"九"是不是受到隋唐甚至更早用法的启发而形成的呢,至少值得思考。"九哢"与"九弄"仅仅用字不同,不必区分,日本学界就是这样对待的。

四 比较与研究之二:序文

《元和新声韵谱》(唐院本):

(1)夫五音递奏,宫商之韵无差;四声既陈,平上之支秀异。(2)为文必先折句,求句乃纽弄为初。一弄不调则宫商靡次,至于风雷钟鼓万籁俱吟,亦不逾于四声者矣。(3)四声之体与天地而齐生,自古未彰良有已矣。(4)只如天地生于混沌,不同混沌之初;君子生于婴儿,岂同婴儿之辨?盖文质有异,今古殊焉。(5)昔有梁朝沈约创制九弄之文,巨唐复有睢阳窦公又撰《元和韵谱》。(6)文约义广,理奥词惮(殚);成韵切之枢机,亦诗人之钳键者也。(7)《谱》曰平声哀而安,上声厉而举,去声清而远,入声直而促。(8)傍纽、正纽,皆谓双声,正在一组之中,傍出四声之外。傍正之目,自此有分;清浊之流,因此别派。达者一言斯悟不足沉吟;迷者再约犹疑颂于鄙屦。赋云,欲求直义,必也正名。五音此谐,九弄斯成。笼唇则言者尽浊,开齿则语气俱轻。常以浊而还浊,将清而反清。且夫直反者三倒翻成四,两枚叠韵之文,二个双声之义。上正则转气含和,下调则切着流利。直读张着而双出,倒翻略良而成四。张良着略二叠韵之文,张着良略两双声之义。字字无非此切,不假外求;言言尽得韵名,无颂别觅。复有罗文绮错,十组交加。更递为头,互为主伴。循环研两,敷蔓带牵。若网在纲,在条靡紊。又此图中借四字,珍上连去,知离入则例辗陟力。是珍上连去,有声无字,知离入声字俱无。诸阙声、或有阙字、或不俱阙,具如韵谱谈花考声等说详之,可见也。每图皆以朱书字，遍历下行，一呼谓之一弄。乃至平上四声，通组立双，且假三十二图，一一皆尔。(引自宥朔《韵镜开奁》，序号为本文作者加)

《四声五音九弄反纽图并序》(神珙本，沙门神珙撰)：

(1) 夫文物之国，假以书诗；七步之才，五音为首。聿兴文字，反切为初，一字有讹，余音皆失。(2) 四声之体，与天地而齐生，宫商角徵羽之音，与五岳而同起。(3) 且天地生于混沌，不同混沌之初；君子生于婴儿，岂与婴儿同类？(4) 夫欲反字，先须组弄为初。一弄不调则宫商靡次。(5) 昔有梁朝沈约创立纽字之图，皆以平书，碎寻难见。唐又有阳甯公、南阳释处忠，此二公者又撰《元和韵谱》。(6) 与文约义，词理稍繁。浅劣之徒，寻求难显。犹如匕七乡久之字，写人会有改张。纽字若不列图，不肖再传皆失。今此列图，晓示义理易彰，为于韵切之枢机，亦是诗人之铃键也。(7)《谱》曰平声者哀而安，上声者厉而举，去声者清而远，入声者直而促。(8) 傍纽者皆是双声，正在一组之中，傍出四声之外。傍正之目，自此而分清浊也。故列五个圆图者，即是五音之图。每图皆从五音，字行皆左转，中有注说。又列二个方图者即是九弄之图。图中取一字为头，横列为图，首目题傍正之文以别之。(引自《玉篇》泽存堂本附录，序号为本文作者加)

现在讲第四个方面。第一，图像里有一些套红的地方，就是两书相同的部分，相同的部分肯定提示着某种关联。这种关联即使不是直接的，也是间接的，关联总是有的，不容否认。这也是证明唐院本与神珙本有关系的重要证据，特别是牵涉《元和韵谱》的，相当部分的言辞是共通的，还有对纽弄的看法有类似的部分。

我们把它们各分成 8 个点对比，特别要提到第 2 点、第 5 点和第 8 点。唐院本中第 2 点："为文必先折句，求句乃组弄为初。一弄不调则宫商靡次。"神珙本第 2 点为："夫欲反字，先须组弄为初。一弄不调则宫商靡次。"唐院本的骈句比较工整，这是第一点。唐院本第 5 点后面是"著九弄之文，巨唐复有睢阳甯公又撰《元和韵谱》"。神珙本第 5 点为，"又有阳甯公、南阳释处忠，此二公者又撰《元和韵谱》。""睢阳甯公"在神珙本里面变成了"阳窜公",因此"阳窜公"不是一个人名,是地名"睢阳"丢了前一个字,后面又增加了"南阳释处忠"这样一个人物。有错讹和增加是不是意味版本晚一些,值得研究。

再就是唐院本第 8 点,"傍纽、正纽,皆谓双声",这个话是对的,空海《文镜秘府论》的解释可以证明。但是在神琪本第 8 点里,"傍纽者皆是双声"这句话就意思不同了。和谁"皆"呢,或是旁纽自己"皆"呢?神琪本对"正纽"的认识似乎已经模糊不清了,既然理解已经失传,就把它删掉了。这也说明神琪本要晚。

相异的后半部分也可以分成小点。要特别提到神琪本有两个小点,一是解释五音之图,再就是解释九弄图,看上去简单粗略,但它的实用性目的性很明确。唐院本信息更加丰富,如果文辞分成 9 个点的话,第 1 点说明五音和九弄的关系,第 2、3 点辨五音,第 4、5 点解说别中别图,第 6、7 点是解说总别和合图,第 8 点是个总归纳,最后第 9 点讲到四声纽与三十二图的关联。第 9 点留下一个思考的空间,三十二图我们没有见着,是不是另外还有图呢?需要推敲。

第二,考察唐院本序所见书名人名。唐院本的序里面有一些新的史料信息,其中有"窜公",这"窜公"我们不知道是谁,神琪本的"释处忠"我们也有很多学者研究过,几乎对他一无所知。还有《元和新声韵谱》和《元和韵谱》是否是同一书,因为书名不一样,值得思考。至于"昔有梁朝沈约创制九弄之文",我个人认为沈约是齐梁人,梁后面有陈有隋,才是唐,时代太远,所以"九弄之文"是不是在沈约那么早就有了是个问题,不如神琪本说的"创立纽字之图"确切。神琪本和唐院本可能并非同出一源。

第三,《谱》(即《元和韵谱》)里面有"平声哀而安,上声励而举,去声清而远,入声直而促",这是中国最早对四声读音的一个叙述,《元和韵谱》的功绩就在于保留了这样几句话,其实别的什么都没有。但这对中国音韵史的研究非常重要,这句话表示我们的老祖宗在这个时代对声调有这样一种理解,对学术发展史非常重要。《文镜秘府论》里也引用了这段话。空海写《文镜秘府论》正好是元和的最后一年,他手里已经有了《元和韵谱》,"元和"是年号,还是空海使用别人带回来的唐元和年间成书的《韵谱》才写了这一段呢,需要探究。

第四,对书名的考察中有《韵谱》的问题,这里的《韵谱》是《元和韵谱》或《元和新声韵谱》，还是其他呢？留下一些思考余地。还有《谈花》，在音韵学书目中，尤其在六朝隋唐宋的书目里面，没有出现过，这是一个新知识。里面还讲到《考声》，《考声》是唐代张戬的一本韵书，张戬是山东人，在南方做官，慧琳音义多次引用他的书。唐院本里面根本没提到陆法言的《切韵》。我们知道在唐代，北方特别是西北的一些学者当中有人批评《切韵》，说它代表吴音，多有错误。慧琳对《切韵》实际上持否定意向，更早的玄应音义里应该不这样。长安成为大唐首都之后，"京城派"学者对东部文化，特别是对南朝文化有某种否定的思维，通过学术史可以得知。《切韵》编成的时候，陆法言是以"金陵洛下"音为准的，金陵、洛阳离长安几百甚至上千公里，东南边或东边跟西边的语音差异肯定存在的。光从列举书名上看，唐院本似乎与慧琳音义旨趣暗合，作者可能就是长安本地区的僧人。唐院本与神珙本有三分之一左右的文字相通相似，唐院本对句工整，文脉流畅，神珙本句式显得琐碎，还有错误，俨然对唐院本施行过粗糙的删改。借此认为神珙本要晚一些，日本学界即持这种看法。

五　比较与研究之三：辨五音法与五音之图

"辨五音法"，这是唐院本中很有光彩的部分。"五音"一词在先秦已经出现，用"宫商角徵羽"来对音乐的性质进行分类，最早是音乐学术语。先秦时代，礼乐的教义非常重要，五音用于指称语音是后来的事情。到唐代，用五音来指称语音的说法已经多元了，唐院本里"合口同音谓之宫，刚柔俱张谓之商，喉中确确谓之角，分唇切齿谓之徵，勇唇撮觜谓之羽。"是对发音过程的描述，其他文献不见记载。我们首次见到这种表述，是一个新发现。第二个"宫是喉音，商是颚音，徵是舌音，羽是唇音，角是牙音"是对发音器官的分类，这种分类来源于佛教，特别是悉昙学的表述中。"宫商是平声字，徵是上声字，角是入声字，羽是去声字"，是声调分类，声调是汉语特有的，平声分宫商两类，然后是上去入声，所以基本上是按照中古音五音用字的声调来对应的。宫商都是阴字平，不是现代的阴阳平划分。"张字五音属宫，一宫属土，口调声，宫舌居中；二商属金，商口开张；三角属木，角舌缩却；四徵属火，徵舌拄齿；五羽属水，羽撮口聚"。这句话包含两种五音表述，一种为五音与五行的对应，一种描述发音的口舌动作，可以叫作"发音口舌动作分类"。而神珙本就唯一剩下这种分类了，作"宫，舌居中；商，开口张；角，舌缩却；徵，舌拄齿；羽，撮口聚"。这是一个须要特别注意的现象。唐院本五音的解释比较多，反映了唐代五音观的多元和盛行。自南北朝到唐五代乃至宋代，也是一个汉语音韵学对自己的发音有更深的自觉、更深的领悟、更深的探讨的时代。这样一个时代从魏晋南北朝的南朝齐梁开始，从永明文学运动开始，一直到等韵图的出现，就宣告完成了。等韵图对于汉语整个音系，对于一组相关韵，对于音节，对于声、韵、调以及韵还包括韵头、韵腹和韵尾，即所有的语音方面都有了非常精细的认识和分析。在唐代还在探索中，处于黎明破晓前的一个阶段。这时候对五音各有说法，到后来，我们中文系的朋友知道，五音就专指声母了，由多元说法归结为一种说法。

唐院本的五音表述有五种之多，不仅时代早，而且有的是唯一用例，非常具有学术研究价值。

六 比较与研究之四：反纽用字

下面反纽用字。反纽用字是什么呢？请大家看图，这些就是唐院本32个字："張長帳著、珍伵鎮室；遭展驪哲、知徵智陟；良兩亮略、鄰嶙悋栗；連輦輾列、离邐嗇力。"神珙本也是32个字："征整正隻、真軫震質；甄翦顚折、之旨志職；寅引胤佚、盈郢脛懌；筵演見擦、怡以異翼。"我解释一下，在日本僧人安然《悉昙藏》里提到沈约的《调四声谱》说到反音。反音之法有两种：一纽声反，一双声反。这跟反切法是不一样的。简单地说，纽声反是用四声相应的一些方法来进行声母、韵母，甚至声调的练习。双声反，是用声母的相似与不相似进行反切的练习。反音是一个多义词，这里的反音是指反切多种拼法的技巧性知识。

唐院本和神珙本反纽用字字数都是三十二个，第一，没有重复字是其共通点。第二，三十二个字总计八纽，每纽都是平上去入一组四个字，有阳声韵六纽，阴声韵两纽，两书类型是相同的。第三，三十二个字如果从音韵的等次分布来说都是三等韵，只有神珙本"脛""見"两字是四等字，"見"在这里是要读"现在"的"现"。第四，八纽的韵系分布，唐院本是"阳仙真支"各二组，"支持"的"支"的入声配的是"职业"的"职"。神珙本是"清仙真之"各二，"之乎者也"的"之"入声配的也是"职"。"仙""真"是相同的，"支"与"之"相近，"阳"和"清"也有相似性。

第五，声母的分布，唐院本以知母、来母分类，三十二个字各占一半（"辗"字娘母），而神珙本是章母和以母各十六个字。为什么不同？上次我和别的学者在另外的场合探讨过这个问题，跟重纽没有关系，跟三等的介音也没有关系，或许跟声母的音值或其他原因有关系。长安的寺庙里面学习悉昙学的这些僧人在语音学上的分辨能力都很高，应该不是随随便便的。这跟语音的演变史有什么关联，非常值得探索。总的看来，唐院本与神珙本反纽用字表面上看似不同，但骨子里相似，貌异神合，大同小异。

七　比较与研究之五：九弄图

以下讲九弄图。九弄图是大家最迷惑，但也最关键的地方，反音最根本之处就在这里。请看图6。

图 6　九弄图

这个图 6 可以这样看，从圆心直径水平面的左边（时钟的九点位置）到右边（时钟的三点位置）排列了十纽，依次可以看到，九弄十纽就在这里。先看上面，我们可以看到"張長帳著，正紐不過四字是第一"，就是说正纽的这四个字声母完全相同，韵母也是同纽的，所以正纽法是第一纽。第二纽"張珍遭知，傍紐不過四字是第二"，"張珍遭知"叫旁纽，旁纽是什么呢？声母都是一样的，但是韵母不一样，也不过四字。下面是"張長乃至張陟，雙聲不過十五字是第三"，三十二个字中知母字和来母字各十六个，一个字跟另外的十五个字有双声的关系，即我们十六个双声字，除一个字之外其余十五个字与这个字都有双声关系。下面"羅文，綺錯，正勻，傍勻……"以此类推，"張俐驪陟，羅文不過四字是第四"；"張鎮窒哲智徵展，綺錯不過七字是第五"；"張良長兩乃至陟力，正勻不過三十二字是第六"；"張兩張亮張略乃至張力，傍勻不過十五字是第七"；"張良長兩兩長良張，疊勻不過八字是第八"，其中"韵"在其中用了均匀的"勻"，是俗字；以下"張長良，反切不過三字是第九"指的是反音，"張長良"，其实就是反切；"張良乃至陟力第十，單勻，反讀即單疊，不過兩字"，一句有"单韵""单迭"两个术语，说的是张良切、陟力切是单韵，良张切、力陟切是单迭。《九哢十纽图》在这里，弄和纽实际上是相通的。

再看神珙本，左边是九弄图，九弄的名称在这里和刚刚看到的唐院本圆圈里面的是一样的，反着写，并不影响。神珙本只有九弄没有十纽，少的一项就是唐院本的单韵、单迭，单韵、单迭与双反法相关，与九弄的分布类型不同，这大概是神珙本删除不取的原因。

所以说九弄就是给你八个四字组三十二个字，翻来覆去的，你跟他拼，他跟你拼，跟同声韵调的字拼，也跟不同声韵调的字拼，这样拼来拼去，循环往复，进行反音练习，也就是反切的基本功练习。神珙本左边的这个图把唐院本各用一句话来解释的内容图示化了，可以直接练读，朗朗上口，比唐院本先进、便利。

再看九弄和音韵的关系，跟四声相关的，不同的调有正纽、双声、罗文、绮错、旁韵，同调的有旁纽、正韵、叠韵、反音，它跟四声关系最密切。与声母相关的，同声母的有正纽、旁纽，"正纽旁纽皆双声"就这个意思。正纽、旁纽、双声、绮错、反音都是属于同声母的拼法。异声母的有旁韵、叠韵，所以说到旁韵和叠韵的时候声母是不能相同的。和韵母相关的，同纽类有正纽，同韵类有叠韵、正韵和反韵。这两家的反音图都兼顾声、韵、调三种综合练习，练习是多方位的，多目的的，而且非常完备。反纽可以理解为反音和纽声的总称，尽管还要对名称的起源做一些文献的考证。殷孟伦先生 1957 年《四声五音九弄反纽图简释》（《山东大学学报》第一期）一文对神珙本九弄的整理，看上去眼花缭乱，实际上井井有条。图内打叉的地方是原本有错的地儿，但错字改正过来了。

那么，九弄和十纽名称的由来是怎么回事呢？怎么要用这样一些称呼呢？首先，双声、叠韵和反音在空海的《文镜秘府论》里是有解释的，刘勰《文心雕龙》里面也有一些解释。它们的出现最迟不会晚于六朝，在齐、梁之间。

正纽和旁纽，在文学界或诗律学界好像有些不同的看法。启功先生曾经在他的文章里说过，"八病"不是南朝人说的。根据现存的文献来看，确实也是这样。我们查到隋唐之际上官仪的书里面最早提到"八病"说，第七就是旁纽，第八就是正纽。有人认为"八病"最早是沈约提出的，其实有问题，沈约的《调四声谱》里完全没有提到正纽、旁纽这样的概念。

其他概念如罗文、绮错、正韵、旁韵，有的是借用，有的是根据其他概念新造的，需要追溯。与这些名称有关的一个很重要的新资料就是《鸠摩罗什法师通韵》，香港学者饶宗颐先生《梵学集》里面收集了全文及其相关研究论文，《鸠摩罗什法师通韵》里面有双声、叠韵、罗文、正纽、旁纽等这些概念。这些概念是鸠摩罗什创造的，还是《鸠摩罗什法师通韵》这本书是否是后人作的，还有待深入考证。鸠摩罗什是东晋后秦时代的人，北朝人，在长安译经。而要说南朝一百年后永明时代沈约等人借用了鸠摩罗什的概念，是一个非常大的理论颠覆，牵扯到中古音韵史到底是从哪儿走过来的关键史实，值得考证研究。

八　比较与研究之六：总别和
合图与五音之图

现在讲总别和合图，这个图也是宥朔书里的，一个外圈和里面有字的十六个小圆方阵，第十纽就在这里展现了。这个图外圆内方，外圆有两重，各排着不同的字，内外字可以循环调声，顺着拼是单韵，反着拼就是单迭。这样的一种配置在神珙的九弄图里大概不好弄，就给取消了。中心的十六圆圈，里头的字也是练习反切的，以方图圆图的方式和合反纽用字多种排序。"和合"就是糅合、拼合的意思，这是反切的练习图，与《九哢十纽图》不一样。神珙本里没有和合图，估计有它自己的用意。

神珙本的五音之图和唐院本的图是相对的。唐院本十六个小图，外边有大图，两个圈可以做第十纽的练习。而神珙的五音之图是采用五音概念，把"宫商角徵羽"五个字（或代表五种音）排成上二下二中一形状，为什么这么做是我们需要思考的问题。其中有很多新概念，"正反、道反、正叠韵、旁叠韵，旁叠重道、正叠重道、正道双声、旁道双声、正双声、旁双声"之类的。这些概念是唐院本没有的，是神珙本的贡献。怎样一个形成过程，值得去研究。五音之图以五音字为例，外方内圆，与唐院本的外圆内方形成对比。

九　神珙本对唐院本的传承与改进

这个标题多少有些武断，神珙本跟唐院本，在时代上可能有参差，但也许还不能说神珙本就一定比唐院本晚。我们也发现神珙本的一些部分比唐院本高明，但从一些细小的方面看，神珙本似乎要晚。从文献史的角度来说，神珙本更具有练音价值，有实用性，是一种进步，更新潮。神珙本表格简化了，删除了五音表述的多余几种，留下一种，觉着显豁明了。它的图表更加单纯，更加集中，更加实用，增加了五音之图的四种名称，增加了罗文反样。它还新增了五音之图的十种名称，丰富了反音法。如果硬说有一个传承的话，在改、删、增上面都是有针对性的。我们通过比较，对神珙本的认识也更加立体、细致、深刻一些了。

至于唐院本的史料和学术价值，这个很高。唐院本可能特别值得重视的一点是它的文献时代很清楚，对音韵学进程的研究至关重要。首先唐院本创立以多组纽弄三等韵字为中心，展开丰富多样反音练习的音韵模式，为中国最早音节（声韵调）分析和反切拼读的图表。再就是对音韵学意义上的"五音"的解释既时代早，又多元，集唐代五音说之大全，反映了唐代"五音"作为音韵学术语的共时态认识水平。其次是首次以圆图的方式诠释语音关系，方圆结合也极其具有特殊性。开创了以图示语音的先河，与韵图的创制不无因果关系。综合起来就是，唐院本是一本完整保存了九世纪前半叶的反音法文献，如实记录了齐梁之际四声发现后汉语音韵学在重视四声知识实用化的同时，探索熟练掌握反切注音法，借助九弄用字和"五音"概念强化对声韵母认识普及的历史足迹，填补了音韵学学理历史空白，重新安装上自四声发现到韵图形成中的中间脱落环节。

十　试说唐院本与韵图的相关性

接下来要说唐院本和韵图的相关性，这跟日本学者把它跟韵图结合在一起研究的方式稍有不同。

先解释一下韵图的七大功能，此提法取自台湾著名学者竺家宁教授 1991 年出版的《声韵学》。在座的李红教授对宋代韵图做过非常好的研究，是等韵学专家。韵图的七大功能是声有字母和清浊，韵有韵母、等次、洪细和开合口，以及声调。韵图有图的格式，所以增加的第八个功能就是韵图的格式，即分声二、韵四、调一、图一四个小方面。唐院本里面声韵调都有一些表现，这种表现该如何看呢？接下来要讲，唐院本离韵图有多远。这种说法也许有问题，因为二者不是同质的东西，这里只是做一个权且性的探讨。

关于声，唐院本里有声纽类别（知母、来母）这样一种表现，但是还没有字母和清浊的体系性区分。现在能看到的最早的声系材料是唐五代敦煌字母残卷里面的三十字母图，还有守温字母残卷，这些当然比唐院本要晚，因此，声母的体系区分到唐五代敦煌诸字母残卷里才能得到确认。

关于韵的认识，韵母分开合，在宋元的韵图里是比较成熟的，这似乎跟《切韵》以开合分韵的做法由来已久，深入人心有关系。《切韵》到《广韵》，韵数自 193 个到 206 个，音韵体系一样，仅仅把开合同韵部的字划分成开合异韵部而已。《切韵》在唐代是科举参考书，当时社会上开合口的知识应该是相当普及的，但是四等和洪细就比较晚。唐院本用字虽隐含四等、洪细等元素，但作为统摄韵母系统的概念尚未得到体现。四等与洪细，韵图多用"内转、外转"来表述。唐作藩先生说："'等'的名称概念大概是唐代才开始有的，现在见到的最早的材料是'守温韵学残卷'里的《四等重轻例》。"周祖谟先生认为，"转，以声对韵依次调呼的意思"。"内外转"说法首次见于已佚唐颜真卿《韵海鉴源》。李新魁先生总结"内外转"有开合门说、元音侈俭说、有无二等韵说、有无三等韵说等。四等与洪细的区分，大概到唐末五代才有。

声调的区分在南梁沈约的《调四声谱》里面已经很完善了，所以调的这个部分没有问题，"横读为韵"有可能予"四等"的竖排以启发。

最后一个是图，同声母同韵调的竖排，为韵图提供了思路，但韵图里四声要有四栏，这个思路当时还没有。所以说从唐院本到韵图还有三大步：（1）字母及其清浊的区分，（2）四等及其洪细的区分，（3）四等同图和立体图式的理念。唐院本还须要等待这三个步骤的完成，才能进入韵图，但它已经是一个雏形，这是没有问题的。

另外一个小点就是唐代是不是出现了韵图这个问题。我们现在能见到的最早的韵图是宋代的，实际上很多学者的文章中都提到在唐代就有韵图了。这个说法最早是由日本学者大矢透提出的，他在书里说隋代已经产生了《韵镜》的原型，罗常培先生在他的《通志·七音略》中的相关研究里也提出一些证据，认为唐代有。日本学者小川环树先生也引用过《通志·校雠略》里说的颜真卿的《韵海鉴源》里面有"内外转归字图""内外转钤指归图""切韵枢"等，这些名称很像等韵图术语。日本学者矢放昭文先生通过研究，指出慧琳（736～820）音义反切用字高度同等分布为参考韵图的结果。我也在调查慧琳音义改订玄应音义的反切中（《慧琳〈一切经音义〉改良玄应反切考》，2003）发现大批以同等同呼字替代非同等同呼反切字的情形，再度证实慧琳有基于等韵图修改反切之可能，并定位为音韵史上最早的反切改良尝试。唐代有没有出现韵图，还是留下一些探讨余地。

十一　有待深入研究的诸问题

需要深入研究的问题挺多，包括唐院本中《元和新声韵谱》序文的文献考证、《九哗十纽图》命名的由来、各图的设计理念和形制功能、"别图"左右排列的出发点、"别中别图"列入"六书""八体""五音"等内容的用心、"总别和合图"小圆排字的特点、"调声要诀"的内容，等等。至于神珙本，序文的作者和内容考证、"五音之图"十种反音名称的由来及其与九弄的关系、反音用字声纽由"知来"改为"章以"的原因、九弄图对唐院本"别中别图"概念的贯彻与运用、五音之图对唐院本"总别和合图"的改造和简化等。总之唐院本这样一个新的音韵资料，通过跟神珙本的比较，我们尤其能发现唐代音韵史上的一些演变，它是通过一个怎样的方式形成、存在和变化的，给学界带来一些思考。我在这里只做了一个粗浅的解释，有很多漏洞，不完善不周密，希望朋友们批评。谢谢大家。

互 动 环 节

主持人（冯蒸）：丁锋先生给我们做了一个精彩的演讲。你们要好好查资料，认真研究文本，跟丁老师学习。下面还有时间，大家还有什么问题？

问：我想了解日本当下对音韵学研究的一个概况，学术特点都有哪些，有什么成果？

答：这个问题非常大，也是我非常关心的问题。非常幸运的是厦门大学李无未教授于 2011 年在商务印书馆出版了《日本汉语音韵学研究》一书，如果大家想详细了解日本的汉语音韵学研究状况，他的书是适合入门读的，首先我推荐大家去读读这部书。我 1991 年去的日本，和日本学者有频繁的交往。总的来说，日本对汉语音韵学的研究是广泛深入的。日本音韵学界重视唐代音韵的研究，尤其是对《韵镜》的研究，硕果累累，这些恰好是中国音韵学研究比较缺失的部分。日本历史上研究《韵镜》的书数以百计，中国学界不可望其项背，国内学者研究《韵镜》也注意参考日本版本或研究成果，但这远远不够。

日本的近代音韵学是伴随着西方语言学传入而开始的，与中国从高本汉的传统研究出发稍微有些不一样，尽管日本学界也非常重视学习、译介和研究高本汉。明治维新以来，包括昭和、大正时代，也就是"二战"战前，日本学者根据西方语音学的研究方式，与中国汉语音韵研究走过一个不同的历程，国内学者还没有特别关注到这一点。日本学者在接受西方语言学上比中国学者要早，我们的一些音韵学术语、语言学术语就是自日语翻译的，这是个不争的事实。

日本江户时代的学术受乾嘉学派的影响比较大，他们遵循文献整理、字词考证，以及经验式的对文献和语言的确证、对照、比较、结论这样一个过程，比较普遍。明治以后有一个学术西化的过程，"二战"时期，日本的汉语音韵学研究停滞，作品很少。"二战"以后一个非常重要的倾向就是日本学者和中国学者在研究方法上日益接近，互相取长补短的趋势比较明显。日本吸收西方语言学，结合自己的语言进行研究，主体上是外语系的学者在做，国语系的人不太做，与中国有共同的地方，但是他们的方式、他们的热点、他们关注的方向跟中国学者多不一样，这与各自的学术传统、学术取向和学术国情有关系。比如说音节学，日本、韩国都有学者在做，但是中国学者的成果不太见到，其实汉语音节非常有特点，音节本身就表义，音节在语音中的地位和功能与其他语言肯定是大不一样的，值得开拓。

日本的音韵学界，从学术传承来看，现在算是第三代了，对于第一代、第二代学者的学术成果，应该有更多的关注和学习。现在对第三代或者对第二代学者的一部分东西关注得多一些，但更老一辈音韵学者实际上研究做得非常好，有个性，有成就，有创获，有很多中国学者在近几十年才做出来的认为是新发现的成果，其实日本学者早已有结论了。日本学者研究音韵学有一个时代感，冯蒸教授也说了，这样一些学者还很多，也很优秀，值得重视。跟我们年纪相仿的一些日本学者在研究方法上、在学术关注度上都比较接近，但总的来看，日本学者在选题上、在研究范围上比我们更开阔一些，局限少，没什么框框条条。这么多年我感觉到，中国音韵学有自己的思维定式，这是好的一方面，另一方面仍有不足，如有些东西该关注却得不到应有的关注。比如说研究某一资料的时候，中国学者可能更多注重它的语音性质、它的方言性、它的历史性，以及和音韵学价值相关的问题，日本学者对这些也会关注，但一些我们看来不怎么重视的问题，他们也很重视。某些学者一辈子锲而不舍地研究一个小的课题，他就是世界权威，谁都超不过他。有朋友说读到我的一些东西，感觉跟国内学者的关注面不一样，如选题理念不一样，说我受到日本学术的影响。这确实会有，我认为学术无国界，实现学术成果的途径也无国界，只要是可取的，我愿意虚心学习日本学者，当然我做得很不够。

日本一些汉语领域的研究开展得很超前，近代汉语白话资料的研究、悉昙学的研究、《华夷译语》的研究，都如此。西洋传教士语言资料的研究、近现代外来词的研究，还有明治以来汉语教科书的研究，现在都是热门课题，也正影响着中国学界。日本的汉语研究有个性，有追求，有思考，既重视学习中国和国际上的优秀成果，也重视独辟蹊径，值得交流学习。

主持人（冯蒸）：同学们论文选题要学习丁先生，选特别有价值的课题。视角要开阔。丁先生的书要仔细看一看。今天由于时间关系，我们就到此为止，请大家以热烈的掌声欢送丁先生。

（录音整理：井琛）

时间：**2013 年 9 月 23 日**（周一）**14:30**

地点：首都师范大学北一区综合楼 **314**（甲骨文研究中心）

主讲人简介

夏含夷（Edward L. Shaughnessy）　　美国汉学家，芝加哥大学教授。1952 年生于宾夕法尼亚州。1974 年在圣母大学毕业后，曾在台湾留学三年，随爱新觉罗·毓鋆学习三玄。回国后，进入斯坦福大学东亚语文系，分别于 1980 年、1983 年获得硕士学位、博士学位，博士学位论文为《〈周易〉的编纂》。1985 年受聘为芝加哥大学东亚语文系助理教授，1997 年晋升为顾立雅中国古史名誉教授。研究范围为中国上古文化史、古文字学、经学、《周易》。主要著作有《西周史料：铜器铭文》（1991）、《孔子之前：中国经典的创造研究》（1997）、《古史异观》（2005）、《重写中国古代文献》（2006）、《兴与象：中国古代文化史论集》（2012）。与鲁惟一（Michael Loewe）合编《剑桥中国古代史》（1999）。

主持人（黄天树）　　今天很荣幸能请到夏含夷先生来做学术演讲。夏含夷先生是美国芝加哥大学教授，著名汉学家，这里我就不多做介绍了。他研究的领域也非常广，涉及中国的上古史、古文字史，甲骨、金文，《周易》等。我跟夏含夷先生已经认识 25 年了，下面我们就以热烈的掌声请夏含夷先生来作演讲。

试论"乡"字在何组卜辞里一种特殊用法
——兼论《周易》"元亨利贞"的"亨"字

〔美〕夏含夷

谢谢黄先生，我的习惯就是站着讲课，如果坐着讲就是因为昨天晚上没有睡觉，特别是昨天刚到，从美国来到这里，时差还没有倒过来。如果坐下讲课，恐怕我现在就会睡着，因为现在大概是美国时间凌晨一点钟。大概是 2011 年 12 月份，我曾经来过首都师范大学。今年 5 月份我带家人来过北京，看过长城、故宫、颐和园。当时因为有家人陪同，没有时间做演讲。但是来首都师范大学做甲骨文演讲也是很不好意思的，因为黄先生是研究甲骨文的专家。还好我去年写了篇甲骨文方面的文章《试论“鄉”字在何组卜辞里一种特殊用法——兼论〈周易〉“元亨利贞”的“亨”字》，只是这篇文章已经发表了。我们过去有一个习惯，就是发表的文章就不允许再做演讲了，但现在我实在是没有别的办法，只好用它了。它已经收录于《兴与象·中国古代文化史论集》中。

20 世纪 70 年代，西方兴起了甲骨文热，这个“热”虽不是像中国这样有很多人研究，但是至少有四五位先生在研究甲骨文。到了 1990 年代，这些人已经老了，退休了。最近二十年来，几乎没有人再做甲骨文研究了，幸好现在有两个年轻的学者在做甲骨文研究。有一点不方便的是他们都叫亚当，其中一个其实叫史亚当，他在宾夕法尼亚大学兼任博物馆的研究员和东亚系的教授；另外一个不方便就是他们都是在研究花园庄东地甲骨文。

史亚当大约在 2007 年在洛杉矶加州大学做了一篇关于花园庄东地甲骨文的博士论文，写得非常好。过去说花园庄东地甲骨文是习刻，有人说是伪造的，但是他认为习刻就是学习怎么写怎么刻甲骨文的。另外一个亚当就是我自己的学生，他今年刚刚毕业，博士论文就是把花园庄东地甲骨文全部翻译成英文。他现在已经在纽约大学找到一份工作。2011 年，史亚当来到芝加哥大学做了一个演讲，其中就让我们看了这片甲骨（见图 1）。它见于合集 27456 正，是一片缀合了的甲骨。右边这部分现在在台湾的中研院历史语言研究所，左边这一片甲骨在哥伦比亚大学。那个时候，史亚当在哥伦比亚大学，他在那发现有 62 片由 Ernest Ketcham Smith 收集的甲骨。Ernest Ketcham Smith，1911 年来到中国，1930 年代在清华大学任职英文教授，他对中国古董很感兴趣。1931 年他到安阳买了一批甲骨，其中就有这片甲骨的左边部分。他过世以后，就由他夫人捐给学校。这批甲骨现在收藏于哥伦比亚大学图书馆。史亚当来到芝加哥大学做了关于习刻特点的演讲，他指出这片甲骨完全可以缀合，也就是现在甲骨文合集的 27456 正。

图 1

这片甲骨的右边部分是典型何组卜辞，即董作宾先生所谓的第三期卜辞。左边的这部分卜辞有很多问题，很多人认为这是伪刻的或者是不太会写甲骨文的小孩子刻的。通过和其他甲骨对比和缀合，可知道它是 1931 年在安阳的"大连坑"出土的，所以这片甲骨肯定是习刻而不是伪造的。史亚当强调这片甲骨的主要原因是为了强调伪刻的问题，但是我看到的是这片甲骨中的"鄉"＊字很奇怪。这个"鄉"应该是什么意思呢？我们来看这几条卜辞：

《合集》27456：1：壬子卜何贞翌癸丑其侑匕癸鄉；

《合集》27456：2：癸巳卜何贞翌甲午登于父甲鄉；

《合集》27456：3：丁未卜何贞御于小乙奭匕庚其宾鄉；

《合集》27456：4：庚戌卜何贞翌辛亥其侑毓匕辛鄉；

《合集》27456：5：癸酉卜何贞翌甲午登于父甲鄉。

＊ 鄉，为"乡"的繁体，因本文以"鄉"来做研究，故保留繁体。

　　这些卜辞在辞尾都有一个"鄉"字，何组卜辞的其他卜辞也有同样的文例：

　　《合集》27138：己酉卜何贞贞其牢又一牛鄉（衍一"贞"字）；

　　《合集》27147：癸亥卜彭贞大乙祖乙祖丁罘……鄉；

　　《合集》27174：贞其延于大戊鄉；

　　《合集》27174：贞其延御于又河鄉；

　　《合集》27221：甲申卜何贞翌乙酉其登祖乙鄉；

　　《合集》27321：1：庚子卜何贞翌辛丑其侑匕辛鄉；

　　《合集》27321：4：癸卯卜何贞翌甲辰其又丁于父甲牢鄉；

　　《合集》27321：7：丙午卜何贞三牢三鄉；

　　《合集》27430：……卜何贞翌……父庚鄉。

　　"鄉"是一个象形字，像两个人相对跪着朝簋而食之形，即后来之"饗"字初文，原意为人相聚宴饮，如《合集》27649"甲寅卜彭贞其鄉多子"；引申意义为祭祀，通"享"，例如《合集》23003"庚子王鄉于祖辛"；又假借为"向"（有针对之意思）。例如《英藏》543"……贞工方出王自鄉受有又五月"；还有引申或假借为朝向之"向"，例如《屯南》2426："其北鄉……其东鄉"。除了这四个意思，还有两个意思比较怪：《合集》27796"弜执呼归克鄉王事"中的"鄉"可以理解为趋向之"向"，意思是"御事"；师组肥笔的《合集》19851正反（见图2）都有"祖乙允鄉"，这个"允"字好像是验辞，"鄉"是"享受"的意思，整句话的意思是说我们祭祀祖乙，祖乙享受到了我们的祭祀。

图2

　　现在甲骨学的现状我不太清楚，但是我翻了翻甲骨学的书籍，发现研究何组卜辞的人挺少，研究宾组卜辞、黄组卜辞的人挺多，大概就是宋（镇豪）先生一个人稍微谈了一下何组卜辞：

> "王其饗"、"王惠祀乡"者，实为有报也。《论衡·祀义》即云："世信祭祀。以为祭祀者必有福。……鬼神饮食，犹相饗宾客，宾客悦喜，报主人恩矣。"《解除》亦云："比夫祭祀，若生人相饗宾客矣。"此等场合，祭祀鬼神名之为"饗"，而鬼神受饗受祭，也可称"饗"，如：
> 翌乙酉其登祖乙，乡。（《合集》27221）
> 庚戌卜，何，贞翌辛亥其侑毓妣辛，乡。
> 壬子卜，何，贞翌癸丑其侑妣癸，乡。（《合集》27456 正）
> "登"是献荐食品之祭祀，登祭先王，先登后饗；后两辞侑祭先妣，也是先祭后饗。可知上辞中的"饗"，皆指鬼神受饗而言。①

　　宋先生这样论述很有意思，我也很赞同。只是我不明白，他这样加标点是什么意思。因此，我又重新考察了何组卜辞这种特殊用法。正如宋先生所说的那样，"乡"字有双义。比如说"我借你一本书"和"可以借一本书"中的"借"都是同一个字，双方都有意义。或者"买"和"卖"，现在它们的音不一样，字也不一样，但是原来它们是一个字，"受"和"授"原来也是同一个字。"乡"字的双义在古书中也有提到。郑玄在《礼记·郊特牲》中注："饗者，祭其神也。"但是他又在《诗·小雅·楚茨》"先祖是皇，神保是饗"中注："其鬼神又安而享其祭祀。"我觉得这是对的。正因为这样，我们应该在"乡"的前边加上句号，"乡"字不属于命辞，而应是个验辞。我也对照了别的甲骨，发现这个"乡"字和其他的字不同：它比其他的字要大，而且和其他字隔开。比如说《合集》27456 正（见图 3）、《合集》27138（见图 4）、《合集》27321（见图 5），特别是《合集》27321 前辞和命辞的"丙午卜何贞其三牢三"是从右往左写的，"乡"字却放到了右边，与命辞没有语法联系。可见"乡"应是一个验辞，意思是祖先享受了贞卜的祈求。既然如此，在《合集》27456"壬子卜何贞翌癸丑其侑匕癸

---

① 宋镇豪：《夏商社会生活史》（增订本）（中国社会科学出版社，2005），第 487 页。

乡”中“壬子卜何贞”是前辞，“翌癸丑其侑匕癸”是命辞，“乡”是验辞，“乡”字前加句号。整句卜辞的意思是祭祀已经结束了，我们成功了。

壬子卜何贞翌癸丑其侑匕癸乡　　　　　丁未卜何贞御于小乙奭匕庚其宾乡

图3　《合集》27456 正

图4　《合集》27138　　　　　　　图5　《合集》27321
己酉卜何贞贞其牢又一牛乡　　　　丙午卜何贞其三牢三乡

"鄉"字除了在师肥笔和何组卜辞里有这种用法之外，在其他卜辞里几乎不出现。有时候，我们不仅要利用出土文献，还要利用传世文献，这就是王国维的二重证据法。在《墨子·耕柱》里有一个故事：巫马子谓子墨子曰："鬼神孰与圣人明智？"子墨子曰："鬼神之明智于圣人犹聪耳明目之与聋瞽也。昔者夏后开使蜚廉折金于山川，而陶铸之于昆吾。是使翁难雉乙卜于白若之龟曰：'鼎成三足而方，不炊而自烹，不举而自臧，不迁而自行，以祭于昆吾之虚，上鄉'！乙又言兆之由曰：'饗矣！''逢逢白云，一南一北，一西一东，九鼎既成，迁于三国。'夏后氏失之，殷人受之；殷人失之，周人受之。夏后、殷、周之相受也，数百岁矣。使圣人聚其良臣与其桀相而谋，岂能智数百岁之后哉！而鬼神智之。是故曰，鬼神之明智于圣人也犹聪耳明目之与聋瞽也。"

故事的大意是：巫马子问墨子鬼神和圣人相比，哪个更聪明。墨子告诉他鬼神比圣人聪明。然后墨子讲了一个故事。过去夏朝刚刚建立，夏后开请了一位名为翁难雉乙的人利用名叫白若的乌龟占卜，即："鼎成三足而方，不炊而自烹，不举而自臧，不迁而自行，以祭于昆吾之虚，上鄉。"翁难雉乙又说龟兆上显示的是："饗矣！"接着讲到了九鼎形成的过程。九鼎表示政权，夏朝失去政权后，九鼎会迁到殷人手里，殷人丧失政权后，九鼎又会迁到周人手里。时间就这样过了一千年，但是圣人不会知道几百年后会发生什么事情，所以鬼比圣人聪明。

清代的注疏家毕沅和孙诒让已经指出，"鼎成三足而方，不炊而自烹，不举而自臧，不迁而自行，以祭于昆吾之虚，上鄉"，是命龟之辞，与甲骨文命辞作用相同。别的姑且不用去考虑，我们现在要谈论的只是"上鄉"这个词。我们知道"上鄉"其实就是"尚饗"。它们就是在卜辞后或祷告后出现。比如：

《仪礼·少牢馈食礼》：少牢馈食之礼。日用丁巳。筮旬有一日。筮于庙门之外。主人朝服，西面于门东。史朝服，左执筮，右抽上韇，兼与筮执之，东面受命于主人。主人曰："孝孙某，来日丁亥，用荐岁事于皇祖伯某，以某妃配某氏，尚饗！"

《仪礼·士虞礼》：死三日而殡，三月而葬，遂卒哭。将旦而祔，则荐。卒辞曰："哀子某，来日某，隮祔尔于尔皇祖某甫。尚饗！"女子曰:"皇祖妣某氏。"妇曰:"孙妇于皇祖姑某氏。"其他辞一也。飨辞曰:"哀子某,主为而哀荐之。飨!"明日,以其班祔。沐浴,栉,搔翦。用专肤为折俎,取诸脰膟。其他如馈食。用嗣尸,曰:"孝子某,孝显相,夙兴夜处,小心畏忌。不惰其身,不宁。用尹祭、嘉荐、普淖、普荐、溲酒,适尔皇祖某甫,以隮祔尔孙某甫。尚飨"!

"尚飨"的意思就是说希望鬼神享受我们的祭祀。我们再回到《墨子·耕柱》一段,"上卿"之后就是"乙又言兆之由曰:'飨矣!'""乙"是翁难雊乙,"由"是"繇"的假借字,"言兆之由"是说贞人判断龟兆的吉凶。"逢逢白云,一南一北,一西一东,九鼎既成,迁于三国。"这句话应该是押韵的,"国"即"邦","邦"和"东"都属于东部字。九鼎铸成后就迁到夏、商、周。"飨矣"应该是享受的意思。因为占卜结束以后,翁难雊乙看了裂纹,上面显示是成功了。

《书·顾命》也有关于"飨"的话语。

太保、太史、太宗皆麻冕彤裳。太保承介圭,上宗奉同瑁,由阼阶隮。太史秉书,由宾阶隮,御王册命。曰:"皇后凭玉几,道扬末命,命汝嗣训,临君周邦,率循大卞,燮和天下,用答扬文武之光训。"王再拜,兴。答曰:"眇眇予末小子,其能而乱四方,以敬忌天威。"乃受同瑁,王三宿,三祭,三咤。上宗曰:"飨!"

这个"飨"好像就是康王所说的话,所做的"三宿,三祭,三咤"都成功了。我知道有另外一些说法,但是我觉得"飨"只有这么理解才说得通。说到这里,我觉得"飨"和甲骨文里何组卜辞的用法是一致的。甲骨文中的"飨"应该是一个验辞,是成功、接受、享受的意思。"飨"在《墨子·耕柱》和《书·顾命》里也是同样的意思。

"飨"字的广泛的意义和《周易》有关系,《周易》第一句话就是"乾,元亨利贞"。"元亨利贞"到底是什么意思,这是中国文献学上很重要的问题。在《左传》里,我们知道穆姜的故事。穆姜在东宫坐牢,于是请人来卜问能不能出去,结果是随卦,她能够出去,但是她觉得自己没有这样的资格。她认为"元",体之长也;"亨",嘉之会也;"利",义之和也;"贞",事之干也。她觉得自己必须有这四种德行,才能享受"元亨利贞"的结果。

从穆姜的解释开始,在《周易》的诠释上有一个说法,就是标点为

"元、亨、利、贞"四个字。19 世纪理雅各把这四个字翻译成英文，即 what is great and originating，penetrating，advantageous，correct and firm。"元"就是 originating，就是最原始的根源；"亨"在古书上指"通也"，就是 penetrating；"利"就是 advantageous，有利的"利"；"贞"即正，就是 correct。这是最早的说法，在《文言传》里已经有这样的解释。然而，在朱熹的《周易本义》里有另外一个说法：占得《乾》时，"元亨"便是大亨，"利贞"便是利在于正。人们认可最多的说法就是朱熹的。

英语有利于西方人，Richard Wilhelm（1873～1930）的翻译是根据朱熹的解释，就是：The creative works sublime success，Furthering through perseverance。

20 世纪的高亨有另外的说法。他在《周易古经今注》里认为："元，大也。亨即享字。古人举行大享之祭，曾筮遇此卦，故记之曰元亨。利贞犹言利占也。筮遇此卦，举事有利，故曰利贞。"很多人以为他把甲骨文的证据和《周易》的证据联系起来是一个大突破。

但是，我们再看高亨的说法，发现有很多问题：元即大也；亨即享；当然可以这么理解，但是他说古人要举行大享之祭，他们就会做记录，其实这和《周易》的卦辞、爻辞没有什么关系。"利贞犹言利占也"这句话可以肯定是说不通的。无论是在甲骨文、出土文献和传世文献里，"贞"和"占"是两个不同的字，"贞"是占卜以前要用的一个字。"占"是占卜以后判断这个裂纹有什么样的意义。高亨把"利贞"说成"利占"是完全不对的，而且把"利"说成是形容词，即有利的，这恐怕也是不对的。在《周易》里，"利某某"中都是作副词，它放在动词前，"利贞"应该是告诉你要去做贞卜的事情。那么是不是可以证明这样的解释，现在有些证据是可以说明的，比如说"亨"字和"享"字在《周易》的使用情况。它有 47 个"亨"字，用为"享"的只有 3 例。47 个"亨"字有 40 个都是同一个意思，都是以"元亨"或单独的"亨"字使用，而且多半都是在卦辞里，很少在爻辞里。单独的"亨"大概就是"元亨"的节省，如《否》初六、六二当中是这样。但是有 3 个"亨"字，像《大有》九三"公用亨于天子"中的"亨"字和《否》初六等就不是一个构造，这个"亨"应该就是祭祀的意思（也可以说与"享"通用）。我们再看看《周易》里面的"享"字，只有 3 个例子，都是"祭祀"的意思，像《损》卦"二簋可用享"，就是你可以利用两个簋来祭祀的意思。《益》六二"王用享于帝"就是王来祭祀上帝。《益》六二"享"和《大有》九三"亨"用法应该就是一样的。这说明，高亨说"亨"和"享"就是同一个字，在某一程度上是讲得通的。然而，奇怪的是《周易》里47个"亨"字有40个都是"元亨"或者单独的"亨"字，用法与"享"似乎应该分别。

有一些《周易》写本，如马王堆帛书写本、上博楚简写本，这两个写本正好可以证明"亨"字和"享"字不一样。在马王堆帛书里，"享"与"芳"是通假字，如马王堆帛书写本《随》上六："王用芳于西山。"如果是"亨"的意思，就写作亯，如马王堆帛书写本《随》：元亯利贞。上博楚简写本也是，如果是"享"，就写它原本的字形"享"字，如上博楚简写本《随》上六："王用享于西山。"如果是"亨"字，就用字形"鄉"，如上博楚简写本《随》："元鄉利贞。"所以"亨"和"享"虽然关系密切，却是两个完全不同的字。史亚当给我们看的哥伦比亚大学何组卜辞的"鄉"字时，我就是想到《周易》上博楚简写本的"亨"字写成"鄉"字。

《周易》的"亨"和"鄉"的关系是怎样的呢？"亨"应该也是个验辞。"元亨"就是"占卜已经成功了"，"亨"就是"已经享受了"或"已经通了"。《周易》里传统的说法就是："亨，通也。""通"就是已经收到了祖先的回答，祖先接受了我们的要求。"利贞"到底是什么意思呢？我觉得"利贞"就是让贞人再去做一个占卜。这个说法好像是颠倒的，因为你怎么得到乾卦的卦辞，当然是要先占卜才能遇到乾卦。如果是说再去做一个占卜，这个好像又重复了。这个问题恐怕不是今天要讲的，我只是想跟大家简单地说一下，在包山楚简、葛陵楚简到处可以看到，他们贞卜的时候是要经过两个过程，一个是先做"恒占"，但是"恒占"总是稍微有些问题，于是就要再做第一次占卜，这样才能得到最后的判断。《周易》里面应该是同样的道理：先做一个占卜，得到一个卦，然后再做一个占卜，最后决定要用哪一个爻。

"亨"字就是何组卜辞的"鄉"字，也就是《墨子·耕柱》里的"饗"字，它们是个验辞。这大概没有问题，肯定不像高亨说的那样古人要举行大享之祭，他们就会记录占卜之事，而且这也讲不通。如果把"亨"和"饗"字都说成验辞，就能把甲骨文和传世文献结合起来，这样还是比较有意义的。

报告到此，谢谢大家。

互 动 环 节

主持人（黄天树） 甲骨文不好懂，《周易》也挺难懂。夏先生联系甲骨文，又联系《周易》、包山楚简、上博楚简等谈"乡"字和"亨"字。机会难得，在座的各位老师和同学，有什么问题想向夏含夷先生请教的，现在可以请教下。

问： 夏先生您好，您提到"乡"字是验辞，那我们能不能考虑它是一个占辞？我从好多传世文献的材料里看到它跟占辞有很相似的地方：看到卜兆之后，得出一些判断。它就像甲骨文里的好多占辞，如"王占曰：……"就是看到卜兆之后得出的话。还有一个问题就是"乡"这种验辞是否可以验证，还是像"王占曰……"这样自己可以得出一些判断，而不是像大多验辞一样，有一个最终的结果可以呈现。

答： 你的问题说得很好，我原先也是认为可能是一个占辞，但是《合集》19851正反中"祖乙允乡"的"允"一般就是用在验辞里面。可是如果说它是个占辞也完全讲得通。我现在不太看甲骨文方面的文章，我听说除了占辞、验辞外还有其他的辞，比如说乎辞。我给裘先生看过文章原稿，他也认为是个验辞，他认为占辞就是带有"王占曰……"的卜辞。说占辞也有道理，有"王占曰……"的字才是占辞，我们当然要想出一个其他的名词。要判断一个裂纹，再看看它有什么意义，我们就说他是一个占辞。说它是乎辞，说"王占曰……"都是占辞的看法都是可以讲得通的。这是两个去向：一个去向就是把很多不同的事情联系起来，另外一个去向就是把很多相同的事情都分开。裘先生就是要把"王占曰……"的占辞和其他的卜辞区分开来。

问： 夏先生，您在《墨子·耕柱》中提到命辞是以"上乡"结束的，验辞是"飨矣"，您用这样的书法体例说明"元亨"的"亨"字就是"飨矣"的"飨"字。那么，我还有一点不是很明白，像《墨子·耕柱》中这样的书法体例跟其他传世文献的说法会有什么不同吗？

答： 我们现在看《周易》，各有各的说法。黄先生也说《周易》很难，所以每个人就可以发表自己的说法，穆姜就是发表自己的说法。我觉得有不同的说法并不奇怪，不知道清华简《筮法》出来以后，有没有说明这个问题。

问：夏先生，我看了你发表在 2009 年《东方早报》上有一段访谈。您在访谈里说："我们不要疑古、信古，也不要说释古。"您还说："历史学说不能仅仅以信或疑为基础。"我想问历史学说应该是以什么样的态度来看待？

答：那当然是实事求是的，但实事求是是办不到的。我们都有一个出发点，这个出发点就是我们自己的偏见，我们做学术研究都要证明某一个目标。这个信古和疑古的问题，在中国二十多年来都谈得比较热。从李学勤先生《走出疑古时代》的出版以来，人们都说疑古思想已经过时了。我认为很多人可能误解了李先生的意思。李先生说走出疑古时代，并不是说走进信古时代；释古时代就是要实事求是地解释这个时代。但是很多人看了，都认为走进信古时代。

疑古在康熙时期就已经开始了，顾颉刚就是疑古思想的代表，中国古代很多文献都是后人伪造的，很多说法也是后来才出现的。我们知道很多文献不是汉代就有的，在战国时代就已经开始出现了；很多说法也不是汉代才出来的，在早期就已经有了。但是要说这些文献已经有了，说法已经出现了，是不是就可以证明我们传统的说法就完全对呢？我觉得这也不该信。我们应该客观地评价清华简。比如说《尚书》里有几篇是战国时代已经有的，但是它的本子和传世的本子不是一个体系。我们要信古的话，是信传统的古，还是信清华简的古？所以说信仰不是一个做学术的方法，现代人读书的出发点应该是怀疑，对自己的证据应该有所怀疑。如果相信了证据，应该不会有什么心得；如果怀疑了证据，等到证据可靠了再利用，那样的结论才比较可靠。所以我不相信任何人。别人可能说夏含夷先生比较骄傲，谁都不相信，但是我觉得这不是骄傲不骄傲的问题，这是一个实事求是的事情，是一种学术态度。

问：和牛顿同一时代的德国著名数学家莱布尼茨根据《周易》悟出了二进制数，为计算机的现代发展奠定了坚实的基础。您作为一个知名汉学家，怎么看待这个事情？

答：我不是数学家，对数学也没什么头脑。但我觉得他不是看了《易经》以后才发明了这个数制，而是先有了这个数制，看了《易经》后受到更大的启发。

问：我想请问下夏先生，在海外汉学界，哪个地区对汉学研究更加热门些?

答：其实都差不多。你要说西方，当然是美国，美国人多，地方大。现在英语是国际语言，什么地方都要国际化，中国也要国际化，但是中国的大学要想拼命挤进世界前五十名，这是很难的。因为世界前五十名大学的论文都是用英文发表在谷歌上的，如果论文不是英文的，就没有多少人去看。在西方，很多国家现在都在用英文发表东西。英文在西方已经变成一种标准的语言，所以美国人和英国人都得到了好处。奇怪的是，英国的汉学界基本都是外国人。英国牛津大学的汉学教授是德国人，剑桥大学的汉学教授是比利时人，伦敦大学的汉学教授是奥地利人。但是你要按照人口的比例来说，汉学在德国比较热。其实英国很早就有这样的现象，英国的汉学家很多都是德国迁过去的。特别是 1930 年代德国的犹太人，为了避免希特勒的迫害，一部分到了英国，一部分到了美国。一直到 1980 年代，德国的汉学都没有复兴。

欧洲很多地方的教育都是政府来培植的，中央政府强调现代经济学，还有一些大学都是私立的，不用听从政府的话。在美国私立大学比公立大学好，最有名的大学都是私立大学。一般而言，研究传统文化是很浪费资金的，因为私立大学有钱，就可以投入大量金钱来研究传统文化。有时候教一门课，我只教一个学生，最多两三个学生，学校只靠我一个老师肯定不会赚钱。

（录音整理：杜庆华）

时间：**2013 年 10 月 30 日 18：30~21：00**
地点：**首都师范大学北一区文学院 602 学术报告厅**

主讲人简介

克洛德·穆沙 （Claude Mouchard，1941 年生），法国诗人、翻译家、评论家，《诗 & 歌》杂志副主编。曾长期任教于巴黎第八大学，创立比较及普通文学系，并任第一任主任。代表作有评论集《人的大漠》（1981）、《谁，在我呼喊时？——二十世纪的见证文学》（2007），诗集《这里》（1986）、《空中》（1997）、《证件》（2007）等。2011 年以其诗歌和翻译成就，获韩国昌原国际文学奖。

主持人（孙晓娅） 大家晚上好！今天我们很荣幸请到了远道而来的法国巴黎第八大学的著名诗人克洛德·穆沙，首先让我们掌声欢迎！同时很高兴今天能够有这么多的同学来参加穆沙诗人的讲座，那么请让我来介绍一下出席本次讲座的嘉宾有穆沙夫人，有来自法国巴黎东方语言文化学院的诗人李金佳先生，并感谢李先生来担任此次讲座的翻译，以及著名散文诗作家爱斐儿女士、首都师范大学第十位驻校诗人杨方女士。感谢大家的支持！

下面我来做穆沙先生的介绍。穆沙 1941 年生，法国诗人、翻译家、评论家，《诗 & 歌》杂志副主编。曾长期任教于巴黎第八大学，创立比较及普通文学系，并任第一任主任。代表作有评论集《人的大漠》《谁，在我呼喊时？——二十世纪的见证文学》，诗集《这里》《空中》《证件》等。他获得的奖项很多，在 2011 年以其诗歌和翻译成就，获韩国昌原国际文学奖。

我们要珍惜今晚这宝贵的时光，在穆沙先生做《诗与痕迹》讲座之后，欢迎同学们就他谈到的几个问题进行问答互动。好，让我们再次以掌声期待穆沙精彩讲座的开始！

诗与痕迹

〔法〕克洛德·穆沙（翻译：李金佳）

我非常高兴能和大家在一起谈论诗歌。我这是第二次来中国了，十五年前我被邀请到北大讲过三周的课，那是我教师生涯最美好的一段回忆，因为北大的学生和我进行了很多的交流，他们的求知欲非常强。几个月之前我听说将派我来中国做访问，我的心情非常激动，准备了好多东西，写了一篇很长的讲演稿子，但这篇稿子写得太长了，所以没有办法照着稿子来念。另外，我到中国以后有一些新的感想，已经陆陆续续加入准备好的稿子当中，这篇稿子如果我念的话就像一本书一样长，那么我现在就将演讲稿中的主要思想和观念总结一下，尽快地结束我的演讲，因为我更希望能和大家做直接的交流。

美国一位众所周知的诗人华莱士·史蒂文斯（Wallace Stevens）曾经提过：诗是什么？他给诗一个定义就是：在冬天寒冷的夜晚，一只猫在一个很厚硬的冰壳子上走，它产生的声音就是能够定义诗的意象。另一种可以定义诗的形象的是一首钢琴曲，名叫《雪地中的脚步声》。我谈到的这首钢琴曲是偶然得到的。对我来说诗的每一个形象就像每一个音符在一定空间里产生的一种非常宁谧的音响效果，是一种非常精密准确的东西。诗歌的形成就像在雪地中穿行者的脚步，是一种痕迹。在我看来这是诗歌最根本的一种意象，诗歌的形成过程以一种在空间进展中进行自我促形的过程，这是现代诗歌区别于古典诗歌的一个点。在这里我主要谈论的还是西方诗歌，当然也可以从这点出发，拿中国诗歌和西方诗歌进行一些比较。

现代诗歌在扬弃古典诗歌的一些传统形式时也引起了诗歌角色的变化。在传统诗歌中总有仪式化的东西，也就是说，它有一些形式是为所有诗人共同接受和分享的，有一些形式是为了特定的场合而设定的，而现在的诗歌主要是一种经验，一种个人的经验，一个独自很固执地向前走的个人的经验，也就是说这个人向前一边走一边在发明着属于自己的诗或者是他自己生命的记事。19 世纪末的法国诗人，也是非常重要的现代诗歌的开启者之一马拉美就曾有所描述。那是在现代诗歌的启蒙时期，马拉美说，每一个诗人总是处于一种不断的个人的节奏创作中，个人的创作和个人的经验有着很大的联系。现代诗歌，当然这里主要是指欧洲的现代诗歌，一直以来它是和个人的经验紧密结合的。比起中国诗，我对于韩国诗还稍稍有些了解，我曾经多次到韩国旅行，曾经跟韩国诗人一起工作，还参与了韩国诗歌的翻译。我曾经读过五个韩国诗人的作品，那些是 20 世纪初的诗，是我读过的在 20 世纪最具有先锋性、实验性的作品，这些经验使我看到，现代诗歌或者说现代诗歌的现代性和个人的经验关系，不仅仅在欧洲是这样的，在亚洲也是如此。

现在，还是回到我的正文上来。对于欧洲诗歌，在这里请允许我介绍我个人是怎样开始阅读诗歌、怎样开始写作诗歌的。我在法国一个中部的城市度过了我的童年和青少年时期，这也是我和我的夫人居住的城市——奥尔良。这个城市中有很多古老的建筑，它们在"二战"时候被轰炸毁灭，对于"二战"时期的轰炸，我当时很小，但是对这些我还是记忆犹新的。我开始阅读诗歌的时候，正处于青少年时期，在奥尔良的生活让我感到很顾虑，因为它是一个很小的城市，当时我主要读的是一个诗人的作品，这个诗人我没有遇到过，但是我听过他的诗歌朗诵，现在我还很清楚地记得我曾经在夜里一个人走在雪地里回味着这些诗，这些作品使我对语言的观念产生了一种新的变化。这位诗人的名字就是亨利·米修（Henri Michaux）。当时是 1950 年代的中期，我正在经历一个非常特殊的时期，也是一个让人感到很忧虑的时期，因为那时候法国进行了几场殖民战争，对于法国的这种殖民政策，我当时深恶痛绝，因此感到有必要反抗这种政策。在我感到生活非常艰难时，亨利·米修的诗给了我很大的鼓励，使我有能够继续生存的动力，他的诗给了我很多深层的触动，这位诗人的作品将我重新带回了此时和此地，也就是说使我面对正在生活中经历的人、事。这些诗就像一个诺言，亲临着读者，承诺着一种改变，改变着我和时间、空间的关系，改变着我在世界中所处的地位，而这种改变是立即发生的，这是一位对我影响深远的诗人，我很希望能跟大家讨论他的诗歌，今天由于时间关系可能来不及引用他的诗句，这里我只跟大家提一点，亨利·米修对中国是很感兴趣的，他曾到中国旅行并且写过关于中国的文章。

今天在这里，我主要是想跟大家谈一下我曾经花很长时间来阅读他作品的诗人亨利·米修和另外一位诗人的关系。1950 年代至 1960 年代，也就是我开始阅读和写作诗歌的年代，在法国生活着另外一位诗人，他就是保罗·策兰（Paul Celan）。策兰是 20 世纪欧洲最重要的诗人，他的诗歌在欧洲诗坛占据着核心地位。他用德语写作，他本身是罗马尼亚人，他具有犹太人的血统。刚才我和大家说，诗歌有一种魅力就是它可以帮助我们面对此时此地，并且帮助我们思考此时此地，在这种此时此地之中做我们诗人的工作。在 20 世纪的欧洲，有成千上万的人被历史上的事件所摧毁，甚至是完全被摧毁。比如说"二战"时期纳粹对犹太人的迫害和屠杀，策兰他就经历过这种悲惨的事件。策兰还年轻的时候也就是 20 世纪那个时候，罗马尼亚被纳粹占领，策兰被逮捕，送到一个劳动营，他在那里度过十多个月的时间，而他的父母就是被送到集中营里杀害的。战争结束之后，策兰来到巴黎，成了一个诗人，但是他写作的语言始终是德语。策兰也是一个重要的翻译者，比如说他是亨利·米修在德语中的最重要的翻译者，米修的很多作品都被他翻译成德语。1970 年，策兰投塞纳河自杀，在得知策兰自杀的消息之后，亨利·米修写过一首诗，这首诗很长，在这里我就引用一句，是最让我震撼的一句："漫长的刀子停止了语句。""停止的语句"这种说法对我来说是非常生动和深刻的，它写出了策兰诗歌的一种整体特征，因为策兰的每一句诗都非常的短促。读策兰的诗有这样的一种感觉，每一诗句策兰都想说出什么，但是刚要形成就被停止或切断了。策兰的诗就像刚才演讲开始提到的，诗中的每一个词都是在一定空间里留下的印迹，这种印迹刚刚形成就被一阵忽然而来的风刮掉，吹没了。现在我来给大家念一小段策兰的诗，为了让大家能够了解这首诗，我把它写在黑板上（可是我们不知道/你知道吗/可是我们不知道/重要的是什么/……），这首诗非常的短小，而且大家不用懂德语，看一下就知道很多诗句是由一个单词，而且是由单音节单词组成的，比如，第一句、第三句和第六句。1960 年，策兰在外旅行的时候曾经遇到另外一位犹太裔的作家，这位作家也用德语写作，她的名字叫内莉·萨克斯（Nelly Sechs），她是诺贝尔文学奖的获得者，这首诗也就是策兰和萨克斯这两位同为德语作家、同样具有犹太血统的作家，在发生血的悲剧后心灵相遇后对话交流的结果。这两位诗人，他们都曾拒绝此时此地存在的基本权利，在这两位伟大的诗人相遇之后，策兰便创作了这首诗。用非常短小的形式也就是用很简单的几个词，策兰提出了非常重要的一个根本性的问题：生命中最重要的、真正有价值的是什么？也就是说，在世界上是什么东西让我们觉得值得生活的？通过这些有节奏的诗歌，他向我们传递着一种作为一个诗人所认为的世界上最为重要的东西。

我刚才谈到米修和策兰，他们这些非常重要的诗给我打开了非常重要的一扇大门，使我开始广泛地阅读其他作家的作品。现在再给大家讲另外一位作家，我可能会对这位作家说得略多一些。这是一位俄国的作家，对我来说他是 20 世纪俄语文学中最重要的作者，这位俄国作家的名字是瓦连·莎拉姆夫（Varlan Shalanov）。他在斯大林当权时期多次被逮捕，遭关押，在他生命的二十多年里，曾多次被苏联政府关押在劳动人民当中，劳动人民的生活是非常艰苦的，他曾被押到西伯利亚，那里冬天天气非常寒冷，很多囚犯死于寒冷或饥饿。还好他幸存下来，他获释之后返回莫斯科，开始重新过起正常的生活，并且开始写作。他把自己的写作当作对历史的见证，他最重要的一部文学作品是《克里玛记事》（Kolyma Tales），克里玛 Kolyma 是当时苏联政权在西伯利亚所设的一系列劳动集中营的总称，对我来说，这本书是 20 世纪最重要的作品。莎拉姆夫说，即使在那样险恶的悲惨时代环境下，自己被关押在西伯利亚却从来没有对当时的政权屈服过，要知道当时政权在劳动集中营里惯用的政策就是让一些囚犯检举揭发另外一些囚犯，劳动集中营里的管教也曾对他说过，如果能去揭发别的囚犯的话，就可以早些获得释放，但他从来没有接受过这种诱惑，也就是说他是知道什么是生活中最重要的。这一点也正如策兰所说。

《克里玛记事》是由一些中短篇记事组成，每一个叙事作品都是非常了不起的文学杰作。现在，我给大家举一个例子，是《克里玛记事》中的第一篇，第一篇是一首诗，更确切地说是一首散文诗，这篇作品写成于 1956 年，也就是策兰写作关于他和萨克斯的对话的四五个月之前，那时我作为一个年轻的写作者在奥尔良正在阅读着发现着米修的诗歌，这篇作品既是诗又带有一定的叙事性，但是题目是《走在雪地上》，今天在演讲开始时我曾向大家提到过，对于他们来说，走在雪地上是非常具有象征性的，现在我们又一次听到了雪地上的脚步声，但是在莎拉姆夫这里已经是一件非常可怕的事情了，因为西伯利亚的寒冷是可以置人于死地的。在莎拉姆夫笔下，走在雪地上既是一种形象同时也是一个真实的经历，因为他曾经在很长一段时间里在西伯利亚的土地上行走，对于他而言，很重要的一点就是走在雪地上如何留下痕迹，因为那段历史不能够真实地留下记忆对于他来说是非常严重的，这也就是他想要留下痕迹的意思。

《克里玛记事》在开始的时候，写一个人是在雪地上艰难地行走，作者认为雪地上留下脚印后，那些非常细小的黑色的一串串痕迹，慢慢形成一个一个黑色的洞。这里第一篇所写的第一件事情的主题是，怎么样在一望无垠的雪地上踏出一条路：首先是一个人在雪地上艰难地行走，然后出现的其他人跟着这个人一起用脚步踏出一条路。这个经历是真实的经历，因为在当时劳动集中营里，雪很大，把路都埋上了，那么当时开辟一条路的方法就是这样，一个人先走，后面人跟着，前人的脚步留下的黑洞慢慢地扩大，刚才我说到这篇文章是一首叙事性的作品但同时也是一首诗，因为对于这首诗可以有不同的理解，它的阐释空间是非常大的。比如说，他在文中写在雪地上是如何寻找出一条路，那么我们也完全可以从另外一个角度去理解这篇文章，它也可以是另外一种事情的意象，雪地上正在踏出的这些脚步、这些黑色小洞，是写作本身的一种形象，在雪地上前行的意象向我们展示了一种非常艰难的、非常痛苦的写作的过程，这个过程是想要写作回到过去，见证过去，是一种必须经历的行为。莎拉姆夫不惜一切要通过写作让劳动集中营回到读者的视野里。在这篇文章里，克里玛的雪象征着一种完全不可能继续存在的生命状态，即囚犯们的此时此地被完全摧毁了，莎拉姆夫就曾写到甚至他自己就曾想不起来。而莎拉姆夫的写作正是一种对这种特殊的也就是一个人连他自己都想不起来经历的一种记忆。我就说到这里，谢谢大家！

主持人（孙晓娅） 穆沙先生在刚刚的讲座里谈到了很多值得我们再散发的点，我想我们在座的同学一定在仔细听的过程中会有一些问题的生发，非常想进行交流，我们的时间非常宝贵，请同学们抓紧时间和老先生进行互动交流。好，下面我们就开始互动环节。

问 答 环 节

问：您在讲座开始时谈到了史蒂文斯"一只猫"的例子，我还想到了一些外国作家提到过雪地里的狐、雪地里的鹰，还有中国诗人的"千山鸟飞绝，万径人踪灭。孤舟蓑笠翁，独钓寒江雪"。我想问，以您的经验来看，您更倾向于哪一种？

答：非常感谢你的提问。对我来说在这些形象中进行选择是非常困难的，因为这些形象对我来说都可以很好地表现定义是什么。那么根据你的引用，我再举一个作家的作例子，在我看来这是个非常重要的作家，我本人也非常喜欢他，他是20世纪来自瑞士的一位很重要的作家，他叫罗伯特·瓦尔泽（Robert Walser）。因为瑞士是一个非常保守的国家，普通的行为规范在那里都是有严格规定的，瓦尔泽就被人认为是疯子，经常被关在疯人院里，并且最后他也是死在那里。在他生命的最后一段时期，有一天，他离开自己的家，像往常一样在雪地里散步，当时比我现在还年迈的他出去以后就再也没有回来，因为他失踪了。警察就出动去寻找他，最后在雪地上找到他的尸体，我当时还看见过他躺在雪地里的照片，警察拍的是一系列的照片，开始的一张能够看清脚步在雪地里留下的一些细小的痕迹，相机跟踪拍摄，慢慢地拍他的人，在此事发生的40年前。他年轻的时候，曾经写过一个诗人的死，当时作品里描写的情景跟后来警察发现他的被冻死的那个情景是一样的。我非常喜欢你在提问开始时提到的那些形象，因为对我来说是非常亲昵的对象，立刻就能被我接受。谢谢。

问：策兰一生生活在大屠杀的阴影中，他在塞纳河自杀是否可以看成对纳粹大屠杀的一种延续？

答：可以这样理解，策兰一直沉浸在"二战"时期纳粹屠杀犹太人的阴影中，而他对自己的这种生活状态是感觉凄凉的。对于有这样经历的诗人来说，这永远都不是过去的一个经历而是一种继续存在、继续发生的事件。这些事件从来没有停止过，是继续发生，是没有办法消失的。

问：刚才您谈到米修和策兰都具有犹太血统，都遭到纳粹的侵害，我们看到历史结果是，纳粹在全世界范围失败。莎拉姆夫受到的侵害是在苏联，苏联在1990年代解体了。无论是法国对外殖民的失败，还是英国日不落帝国的衰落，甚至整个西欧的衰落，其在文化里表现为一个个碎片。我发现穆沙您这位诗人像前殖民地国家出现的很多思想家一样，都关注文化的碎片或碎片式的文化，那么我们是不是可以理解为西欧政治上的碎片影响了文化，如果有影响的话，请问您是怎样理解的？

答：这个问题问得非常好，当然回答起来也是非常困难的。很感谢提出这样的问题，和提这样问题的人一起交流是非常荣幸的事情。您刚才提到的问题实际上是两个问题：一个是我刚才提到的政治碎片如何影响我自己的作品，另一个是米修到底是改变了我什么。我主要来回答前一个问题，谈一谈这种政治碎片、片断对我个人创作的影响和我的一些感觉。大约15年以来我尝试着一种比较特殊的写作经验和实验。比如，我曾在我家接待过一个人，他是柬埔寨人，他本人幸运地躲过了当时的恐怖政策，但是他全家都被杀害了，他在法国和我们一起生活了一年至一年半左右，我当时很喜欢跟他谈话，但是谈的什么我当时并没有记录，只是到了非常晚近的时期我开始写一些东西，我回忆起了我们的一些谈话，在一些尝试写作的作品中，我提到了我能够回忆起来的一些事情，而且提到了一个普通的法国人是怎么回忆起来多年以前的这些谈话。我想把这些回忆写成诗歌，在这首诗里有两种声音，在作品中我提到一些我们谈话中无法交流或者中断的东西，您可以看到这是根据一种痕迹产生的写作，像您所说的，这就是碎片的，谢谢。

问：我总是感觉很多老诗人之所以能写出那么好的诗歌，是因为他们有坎坷的经历，"80后""90后"的我们生活在一个比较太平的年代，没有命途多舛的感觉，请问我们这一代人怎样才能写出一些优秀的诗歌作品呢？

答：谢谢你提出这么重要的问题。对于那些非常惨重的历史来说，写那样的一种诗歌可以说是一种历史见证，但是并不是所有的诗都是惨痛历史的见证，也有的诗是说很幸福的人生、很美好时刻的。比如，在演讲开始时提到的史蒂文斯，他就写过幸福的诗而且写得特别的好，见证历史性的诗歌非常重要，但是不要把所有诗歌都往这个方向进行归纳，也可以说正是一位诗人有体味幸福的能力，他才能够去写体会到的痛苦。刚才提到那位柬埔寨难民和我的谈话，我自己也没有亲身经历那些很惨痛的事件，我生活在所谓的宁谧、安静的生活当中，是"二战"之后成长起来的，所以直接经验和间接经验对我是同时存在的，人是可以去倾听别人的痛苦，倾听别人的理解的，谢谢。

问：请问您在演讲中提到的那些诗人对您自己的诗歌创作风格有什么影响吗？

答：这是一个很好的问题，这是一个有关阅读和写作的问题，卡夫卡曾经有过非常精辟的言论，他说我们在读一本非常重要书的时候我们知道这本书在我们身上挖出了一个空虚，也就是说，好的作品不是滋养你，而是使你更加饥饿。

问：我今天想向您请教有关流亡的话题，像里尔克、策兰、米兰·昆德拉这样的作家他们选择去德国，另外还有一些俄语诗人他们选择去美国，我想请教您欧陆文化和美国文化对于他们的生活、写作各自会有什么影响？他们的对异乡生活的反抗与融入应该怎样理解？

答：非常感谢提出这样的问题，这是一个让人非常激动的话题。关于流亡写作确实是现当代文学一个非常值得注意的现象，很多诗人一方面因为各种各样的原因不能生活在自己的国家，另一方面他们在外国也非常难以融入社会生活里，所以他们的处境非常艰难，非常尴尬。有这种经验的不仅是作家，还有很多哲学家等也有这种流亡经验，而且这种经验从 20 世纪初就有了比较明显的存在。说到流亡的问题，我可能说三个小时也打不住，我现在只提一点，如果作为一个诗歌的主题它不一定出现在那些只是流亡的局外人笔下，因为那只是一部分政治原因造成的，也不是这些人写出来的，比如，在 19 世纪中期，我认为《信天翁》就是当时非常有影响的描写有关流亡的一首诗，如果大家仔细分析这首诗就会知道，它是写一个巴黎人在自己的城市里就已经是一个流亡者了。谢谢。

问：我们中国有很多作家都经历过像莎拉姆夫一样的苦难，比如，老舍、牛汉等，我的父亲也曾被流放到新疆。请问对于那样的一代人的体验，如果就像您所说惨痛的经历像一块石头一样无法消失，而我们青年一代中有的人把它看成过去，绕过不谈，那么我们这一代人，您认为应该怎样去看待那样的苦难？

答：这个问题很重要，但是我对中国的了解有限，如您刚才说的有些中国的青年想把历史事件看作已经过去的，绕过去的这种态度是可以理解的，这个问题是非常复杂的，因为历史的惨痛经验不是想绕过去就能绕过去的，德国有一位历史学家、人类学家杨·阿斯曼（Jan Assmann），大家感兴趣可以查找他的书，他就曾经说过，从一个比较长的历史时段来看，一代人经历的痛苦有的时候好像是比较容易消逝的，但是它潜在的一些阴影波及了好几代人。让我来谈这个问题我也只能谈到这个程度。谢谢。

主持人（孙晓娅）今天的讲座非常精彩，诗人围绕"诗与痕迹"这样一个题目，探讨了他和诗歌两重生命的关系，他把和诗歌的关系巧妙地用"痕迹"来阐释，在其外延他又用了"见证"一词，加深了这次讲座的深度，增强了讲座的震撼力。穆沙诗人的视野非常开阔，关注文学的、社会学的、人类学的、现象学的、历史学的问题，那么这其中最重要的一点就是关注生命的歌诗，我们能够深深体会他带给我们生命的激情，他谈及的问题，我想对大家今后的学习和研究都会有重要的帮助。今天的讲座到此结束了，让我们用掌声感谢穆沙，感谢穆沙夫人，感谢李金佳！

（录音整理：段金玲）

时间：**2013 年 11 月 7 日（周四）15：00**
地点：**首都师范大学北一区文科楼 602**

主讲人简介

张正平 教授，于 1981 年在伊利诺伊大学取得博士学位。近 15 年来一直在马萨诸塞大学传播系执教。主要研究方向为传播哲学、文化研究、媒介理论和批评。他是第一个将德里达的思想引入传播学研究的学者，著有 *Deconstructing Communication：Representation，Subject，and Economies of Exchange*（明尼苏达大学出版社，1996），编有第一部传播哲学选本 *Philosophy of Communication*（麻省理工学院出版社，2012）。

主持人（符鹏博士） 今天的讲座活动是由首都师范大学的"燕京论坛"和文学院、文化研究院联合主办的。这次我们非常荣幸地请到了美国阿姆斯特马萨诸塞大学传播学系的张正平教授。我先对张教授做一个简单的介绍，然后再请张教授为我们讲今天的内容。

张老师生于台湾，于台湾辅仁大学本科毕业后赴美留学，后来就一直在马萨诸塞大学任教。他的研究专长集中在传播哲学。大家可能对传播哲学比较陌生，因为我们国内的传播学研究者大概不太做传播哲学的研究，所以大家今天可以从这个角度重新领悟一些我们以前从来没有听过的想法。张教授的研究领域还有文化研究、媒介批评，等等。张老师是美国学术界第一位将德里达的理论引入传播学界的学者，他有一本非常有名的著作《解构传播：主体再现与交换经济》。另外他在很多著名的学术期刊上，如《文化批判》《差异》《欧洲思想史》《国际哲学季刊》等，发表过很多篇论文，此外，他还翻译了德里达的《他者的单语主义》，这本书在台湾出版。2012 年，他编了一本非常厚的在美国学界很有名且很受欢迎的《传播哲学文选》，其中收集了很多有名的传播哲学论文，如果大家感兴趣，可以去找这本书看。

今天的讲座，张老师将以文化研究为中心，主要的核心观点是讨论文化研究、媒介和书信。讲座的英文名叫作"Post of Cultural Studies"，所以今天希望大家可以专注地听张老师如何阐释关于"post"的问题。我以前听过张老师的讲座，非常有意思。我想提醒大家一点，张老师的讲座思路可能和大家以前听的那些中国学者或者国外学者的不太一样，他以一个非常理论化的方式来讨论理论；但是张老师的讲法通常又深入浅出。因此，我觉得大家今天可以得到在以前的讲座中意想不到的收获。我就先说这么多，下面欢迎张老师演讲。

文化研究·媒介·书信

〔美〕张正平（Briankle Chang）

今天很高兴有机会到首都师范大学来。首先，without delay，我必须谢谢陶老师，这次有机会见到陶老师，感谢他的邀请。在北京师范大学的吕黎老师是我多年的良师益友，所以我能有到北京的机会。还要感谢符鹏老师的联络和帮忙，当年我第一次来北京的时候，符老师还在念书。那我很快地讲一下我的感想。这次是我第一次到首都师范大学来，昨天晚上到，今天很快地看了一下，觉得各位同学的福气都不浅，在这里念书，讲老实话，我有点羡慕。长话短说，最后我要谢谢大家在学习、上课等日常生活的挑战下抽空来跟我见面和交流。

今天我想利用这个机会和大家交换一下意见。我想，在座的许多同学可能对文化研究基本上多多少少有些认识。我个人的兴趣也和大家差不多，当我在思考今天要和大家分享的内容时，我从文化研究发展出的几个理论的角度，选了一个课题，并由此做引发，然后讨论一下我对文化研究的感想，不是从个案分析上，而是从理论倾向上做探讨。后面如果有时间的话，我想讲一个我个人认为重要且比较有兴趣的概念，那就是所谓的"寄信"。刚刚符鹏老师说到"寄信"的概念，是 post。我们知道邮局的英译是 post office 或 post service，那用我们中义米思考就是"寄信"的意思。但在语言上，我们用两分钟来讲一下，它们中间是有一点点不同。我们讲到"寄"，和 post 的概念比较相似的，那么 post 就是"把任何东西变成公众的"。比如说，我有一个房子想要出租，我就往墙上贴了一张纸条，写上"请打电话×××"，这也叫 post；还有一种 post，是表示"后来"的概念，我们先暂时不讨论。这个 post 的观念，我想不仅在文化研究上，而且在整个文学思考、社会科学或者对任何一个社会现象的反省上，都是一个很基本的概念。这里只是对 post 暂做一个广告，而不深入理解。

现在进入我的话题。我在思考我可以给大家讲一个什么课题的时候，我需要一个切入点。我在切入点的选择上通常都是很主观的，因为按照我对大家的阅读、兴趣的猜想，我想讲一讲解构的问题，并以此作为切入点。大家在阅读或学习中都常常会接触解构的观念，然后在"解构"观念之后，大家可能会听到一个人的名字——德里达。他在 1960 年代写了很多书，在思想上有很多创见。他在欧洲当时生产状况下的情况我就不多做讨论。这个人比较不怕坐飞机，他到处旅行。在对美国社会学的思考下，他的影响力就变得很大。所以虽然在他自己的研究上他是一个哲学家，但是他的理论在美国文学界比较受欢迎。因而从比较文学领域，他的研究就变成一门显学。我想，我们就是在这样一个时间、空间下学习，我也和各位同学一样，念了书然后去留学，在这样的情况下，我就不可避免地受了他的影响。因为每个人读书的兴趣点不一样，有的人喜欢研究这个，有的人喜欢研究那个，根据个人气质、兴趣的不同而做出选择。我对"解构"这样一个理论或分析观点的兴趣比较大，因此我有这样一个自私的想法，想和大家谈论一下解构的概念。就像我刚刚讲的，我希望以"解构"为出发点，联系刚刚提到的"寄信"观念，同时我想以"解构"为触发点，用分析的方式谈谈我关于文化研究作为一种理论、一个学派到底有什么特性的思考。文化研究做的东西很多，在 1980 年代以它这种狭义的生产方式，在英国有很多人集中在一起，它是 1960 年代新左派如霍尔、威廉斯他们在学习的时候产生的一种分析方法和书写的一种 style（文类）。虽然它后面发展出的理论比较复杂，关于它的生成方式我暂且不讲，但不管怎么说文化研究就变成了学习社会文化在批判理论上很重要的一种理论，一种学术的 program（课题）。就像你们买的皮包跟随你们到处走一样，社会学的现象也是到处游走，我想经过这二三十年的学术旅行，经过留学生、大的出版商等的努力，文化研究像所谓的下层建筑一样，常常会给上层建筑造成影响。比如说，哈贝马斯很有名，很多人都去翻译他的著作，所以他就变成了大师。这样同学就大概可以理解，经过很多这种物质性的、社会生产方式的参与，学术的思考会扩大影响，因而文化研究也就蔚然成风。所以，我希望讲一下这个"躲在房子后面"的解构和文化研究之间有什么关系，这个关系或密切或间接，大家是可以继续思考的。我的引言先讲到这儿，然后我想和大家讲一讲我对"解构"的理解。

在我谈对它的理解之前，我想讲两句话，也是两个命题。一个是解构不是分析。为什么解构不是分析呢？我还要想说明的是，我讲的"解构"跟我阅读的德里达的理论是直接关联的。如果把解构当作一般世俗上的用法，如看看广告进行分析也叫解构，那这个和我狭义的观点是不一致的，事实上这些都不叫解构，而是阅读。比如分析广告，看完之后我们分析背后的意识形态是什么；看了王家卫的电影，就说 1997 年中国电影的前途，这些都是一种分析方式，在我狭义的理解里面这些都不叫解构。这些都是批判性的阅读，具备一个角度，有一些先前的想法，就去分析一个社会现象。所以第一个命题就是，解构不只是分析。那我想在分析的观念上停留十几秒钟。如果说我要分析一件东西，所谓"分析"的概念或者说我要对一个东西具有分析性，We have to be analytic, analysis, 如果大家这样想，我就假装问一个修辞学的问题——什么叫作分析？当我说我们要有分析的精神、客观的精神，不要主观，对一件事情要深入，要理清它的前因后果时，那么什么是分析？看到一个社会现象，我可以发挥我的想象力，东想西想地讲了很多话，写了好几页纸，那是一种发表。我们在进行头脑思考、认知活动的时候，什么样的认知活动叫作分析，什么样的态度才是分析的态度？我们可以综观一下，我能一下子就看见五千年历史，所以要问各位一个问题，我不是在考试，什么叫分析？当我们对一件事情进行分析的话，那我们在干什么？你可以想象一下，我问的是它的必要条件，什么样的条件使你的认知活动变成一种分析性的行为？（同学：思考）对，什么样的思考会变成分析的思考？（同学：逻辑思考）对，那是不是所有的逻辑思考都是分析思考？因为如果是逻辑的话，我可以用 inductional（归纳的方法），那归纳是不是分析？我喝可乐，我就醉了；比如说陶老师请客，我喝了两碗白干，我也喝了可乐，我也醉了。那我就得出结论，我喝可乐就会醉，那这个显然是错误的，对不对？我长话短说，不和大家卖关子了。分析，最简单的概念是把复杂的东西变成它的元素，分析就是把它打碎。如果大家修过 analytic chemistry（分析化学），就是用这个溶剂、那个溶剂把一个东西打碎。所以水就变成 H_2O，而分析就是把一个体、一个东西，不管它是复杂的还是简单的，我用某一种方式把它打碎、打散，把它变成和我们眼下看见的东西不一样的东西，打碎之后我还可以把它集合起来，所以分析是一个 decomposition（分解，腐烂）的观念，是 decompose。比如说蔬菜，我要把它变成肥料，就把它放在我们家后院的柜子底下，这样它就会烂掉，这就是一种分析，decompose 方式，慢慢把它散掉。再讲一个稍微抽象一点的例子，大家都知道笛卡尔，他提出了解析几何。表示二维空间，我们知道，X 轴和 Y 轴。研究空间概念的时候，我们就会讲到一个点，还有点、面、线这些观念，这很简单。但是，对"点"的这个概念，我们要用分析思考，而不只是用逻辑思考。我们进行分析性的思考时，我们要怎么办？笛卡尔采用的方式，是坐标概念。那点的观念就被重新翻译成坐标上两个数字的方式。大家知道我的意思了吧？就是对任何一件事物，我把它用另外一种手段打碎。这种打碎并不是把一个杯子打碎那种，破了就拼不起来了。一个点的观念用坐标的观念表示，那问题就在这里，坐标观念本身要比点观念更清晰。所以你不能把复杂的东西复杂化，如果一个很简单的概念，你写了十几页的纸，这就不叫分析，这叫解释，commentary。如郑玄看到这个东西，本来一句话，他写了一页纸，这不叫分析精神，狭义里面这不叫分析。所以我就举了这两个例子：一个是把看起来很简单、透明的水变成氢和氧，这就是分析。从氢和氧到水，中间是可以画等号的。等号的意义很简单，等号是一个方程的概念，表示一种功能，由这个到另一个，生成演化的概念。一个是点的观念。讲到笛卡尔，我们刚刚讲到解析几何里用坐标把点简化。我插一句话。中古时代的一个神学家说，要解释几何，要解释任何东西、现象的话，我们一定要用另一些话来讲它。除非像释迦牟尼一样，某些东西直观，闭上眼睛就讲通了。但是你要讲，你就须要把这个东西变成不同的东西或说法。这些东西或说法本身的被了解性、被接受程度，要超过原来的。在这个时候，中间就是一个对等的概念。所以 A 就是 B，B 就是 A。这个关系通常是由深入浅，这就是所谓"分析"概念。这里可能讲得有点多。分析就是把一件东西 decompose，就是把它 smash，打碎。我们用这样一种方式来思考，如果解构不是分析的话，那解构也就不是破坏。解构不是把一个文本拿起来，你读我读之后讲不清楚，然后把它这样一直地解释下去。在我的理解里面，狭义地来说，这不叫解构，那些是其他的东西，叫解释学，把事物解释，大家各说各话。所以重复一下，解构不是分析。还有，这不是我说的，这是德里达自己说的，

"deconstruction is not analysis"。如果要分析的话，就简单了，我们就不须要读德里达，世界上每一个人都有分析的方法。我想把德里达的观点讲清楚一点。而解构呢，我们讲到 deconstruction，又会想到海德格尔的 destruction，而看到中文"解构"，我们又会想到"解"是"解掉"，"构"就是"构造"。我们思考的时候，在脑中形成一种意象，就像把房子盖起来，又把它拆了一样，变成了一片尘土。如果我们这样思考"解构"的话，它可能就不是德里达的原意，这是望文生义。所以我要讲，解构不是分析，解构不是破坏的行动。

在还没有进入"解构"的正题以前，我要讲一下解构的工作到底是什么。在对解构快速的理解下，大家认为它是分析，在我看来是值得商榷的想法。那解构到底是什么？德里达会说类似的话：解构在想要分析、解构的这件事物之后，将它进行了还原。所以如果这样想，解构的意思和我们常识性的想象是相反的，它是要还原。那怎么还原？讲起来很简单，很冠冕堂皇，解构是一种还原，是找到事物最清楚、最根本的问题，然后要清除一切所谓的成见，等等。那怎么叫还原呢？德里达说，"原"是"源头""起源"，那么同学们根据你们的阅读，大家也可以猜想到他受到尼采的影响很大。如尼采的书《历史的用途与滥用》（*The Use and Abuse of History*）、《道德谱系学》（*The Genealogy of Morals*）等。我们都说要做好人、做好事，要孝顺父母，等等，讲了半天都是我们应该这么做，为什么？你不能杀人，为什么？原因是如果他杀了我怎么办？像尼采这样对思想有深切反省的人，他常常会对这些我们认为应该是这样子的东西、普天下都不思考的问题进行反省。反省的时候，他会把隐藏在我们认为已经是结论的、不可质疑的事情后面的黑色历史揭露出来。这样的思考就是对一些普世的观念，比如，一加一等于二，孝顺父母是天经地义，等等，都持怀疑的态度。他思考这些结论背后是不是会有一些不为人所知的密宗的搞法，他不是从一个故事上进行思考，而是从观念上进行思考。所以他会把我们认为是结论的东西前面的故事说出来。这就是所谓的 prehistory，就是在历史之前的，然后在这个过程之后，历史出现了。可是历史不像种苹果，会自己产生，历史是书写的，那书写到底是怎么回事呢？历史是人写出来的，书写人要有历史的眼光，那这个观念是从哪里来的？历史为什么不能乱写，不能想象？孔子讲周公，我们就相信，而我讲蒋中正怎么怎么样，为什么就不行？如果我们把这些问题做追根究底的严格思考的话，那么这可能算一个

genealogical（谱系的）的想象。

我再扩展一下。这里大家可能会提到福柯，他也写了很多书，他会进行历史的反省，甚至是考古学或者系谱学的反省。他为什么会讲这种话，为什么会讲到 genealogy（谱系），为什么会讲 archeology（考古学）？所谓 archeology，ar-che-ology，如果本校有建筑学（architecture）的话，就会知道，"arche"在希腊文中就是 origin 的意思，就是所谓"起源"的观念。建筑系中的"texture"（结构）就是"文本"，所以说建筑就是在地上造一个文章、结构的意思，archeology 也是同样的概念。因此大家看到，所谓后解构主义者，福柯、德勒兹、拉康、德里达他们略同，但和现象学者讲的东西都不一样。可以知道，他们有一些共同的基本观念，是让人非常头痛的。其中，很重要的一个就是 origin 的观念，起源的概念。时间从哪里来？历史从哪里来的？文章是从哪里来的？文学是怎么样来的？文学不可能是原始人走在路上打猎、吃苹果的时候就产生了，没有这种事情。所以，"arche"就是他们要思考的东西。

德里达的一辈子，也不能说一辈子，他思考的一个很重要的观点叫"文本"，因为他不是念历史的，也不是念物理学的，也不是念地质学的，他也不思考石头的问题，他思考的是文字的问题。他想文字的起源是什么样的呢？在这样的情况下，我们会有关于德里达对"起源"的反省的认识。当德里达和福柯想这些问题的时候，也不是说他们从小天资聪慧，自己想出来的，他们做这些思考都是在传统学术之下想出来的。我们读书的时候也一样，如果我们研究一个东西，就要往前追溯。比如，符鹏老师研究美学，就会了解宗白华说什么，朱光潜说什么，这些学术都是在发展的。我想符鹏老师不会从小长大，在钓鱼、去卡拉 OK 的时候，走着、走着就变成了大学者，这其中一定是受到他人影响的。像德里达他们这些人的观念也是由传统学术影响下产生出来的，不是说有一天他一觉醒来就是这样想的。所以我就想和大家说，大家别看到德里达的理论就觉得看不懂，他也是人，他同样受教育，如果我们对他的前因后果能够有一点捕捉的话，那么对他讲的这些话就不会感到那么陌生。不感到陌生的时候，再花一点时间去阅读他的著作，我们是可以对他的理论下评论的，并不是说德里达讲的每一句话都是对的。这是我要讲到的德里达。

总之，解构绝对不是分析，我这里讲得比较强硬一点，它也不是什么破坏，看到一个文本，就你讲我讲，然后就一直解读，一直解读……我想这样一个问题大家可以用直觉来感受。以这样的观点来看，近 500 年前莎士比亚写的东西，今天英文系的人读一读，20 年后有人这样读，再过 20 年还有人会这样读。中国人这样读，印度人也这样读。那当然可以一直解，一直解，就一直会有不同的解释。每个人生长环境不一样，吃的东西也不一样，我和我父母的感觉同样不一样。我们交男女朋友的经验不一样，那么我们看到一个悲剧或者喜剧时，当然感觉不一样，所以不同的人有不同的解读是必然的现象。但是这个必然的现象不能当作解构的工程，这就是我一直在着力强调的问题。

好，我刚刚讲到解构是要还原，那怎么还原呢？在这个时候，我想把我的观点限制得窄一点。刚才我又快速地提到德里达不是做物理学的，也不是做化学的，也不是做所谓 geology——地质学的。他主要是一个哲学家，对文学有兴趣，所以还是要从"文"和"章"上看。"文"和"章"到底是什么呢？暂时我们把它当作一个不是很大的问题，就当作 text，大家常用的一个词叫"文本"。我再很快地讲一个很小的概念，"文本"的概念和"书"是不一样的。"书"就是一个物理的东西，一本书我可以这样印，那样印；纸张也可以不同，几开呀，本来是 10 页，我可以把它排小一点，规格变一变；等等。但是文章是一篇篇的，是一个观念。text 是一个 concept，它不是一个 physical（物理性的）东西。简单地说，它是一个意义的个体，它主要在于意义。我们说"你吃饱了吗"，我可以这样讲，你也可以这样讲，那你的声音比较好听，我的声音比较难听，我现在讲，或者明天讲，我可以讲不同的话，但是我的意思还是"你吃饱了吗"。所以我想 text 的观念是一个抽象的 concept，它是一个 type。就是说一块钱，虽然我有很多一元大钞，但是一块钱是一个概念，对不对？一张一块钱的钞票我把它揉烂了又撕破了，这和"一块钱"是两回事，这样说大家应该很清楚。如果我讲得有点太肤浅的话，那大家 forgive me for saying so。因此 text 是一个观念的问题，德里达在 text 上着力也比较深。

继续讲，当我们讲到"文本"的观念时，不是在说书本的几百页纸、白纸黑字、油墨的东西。什么东西叫作 text？一辆汽车是不是一个 text？一个西瓜切成两半后我再把它合起来，这些可能就不叫 text。我们这样想，"text"是一个"织"的概念。从字上是这样讲，我还没有讲观念。所谓 text，纺织业叫 textile，它们来自同样一个字；所以文本的概念在基础上是一个"织"的问题，是 weaving，打毛线。一个东西，只要是用一些线和工具把它的各个部分全部连在一起的，我们就叫它"织"。如果没有"织"，就把一堆线放在那边，这个东西就会散掉；但是如果有一个 weaving 的概念，把一个东西的各个部分，上上下下，左左右右，前前后后，连接起来，这样就会有一个结果，而这个结果跟 weaving 这个行动是不可能分开的。如果没有这样一个行动，就没有 text。所以 text 是一个 weaving 的概念。文本也不能说就是这些线条，但是 text 的本身是 weaving 的概念，所以它产生的是一个 fabric（织物），叫作布料。大家可以想见，fabric 和 fabrication（制造、建造）都和制造有关，我们会说 fabricate 一个零件。我是提供一个途径，大家可以这样思考，比较好。fabricate 的概念就是，很多东西把它放在一起，即要去制造，要铸造，要打一打，加加热，把零件粘一粘，本来的一大堆铁就可能变成印书机了。这就是一个 fabrication，它也是 fabricate 的概念。我想这样理解文本——text 可能是比较正确的，不然在思考上的方向上会和 textuality（文本性）的观念有一点偏差。

我们接着想，如果 text 是 weave，是"织起来"的话，那么你也知道，所谓的"文本"，它的本质就是一个行动，把东西织起来。所以 text 本身是没有任何本质内容的。我们都以为文本好像里面都有一个本质内容，但是按照德里达的想象，或者不讲他，只从 weaving 的概念上讲，text 基本上是没有本的。它没有什么东西，就是一个行为产生了一个结果。这就是我快速地讲德里达说的"文本性"——textuality，其实它是这个意思。我之所以会这样长话短说地解释这句话，稍显啰唆，就是想表达我对这个概念的理解，和大家交换意见。因此，在关注文本的时候，我对它的概念是没有本的，没有所谓的本质。它只是编织行为，如果没有编织，就没有 text。除非你说"编织"就是 text 的本质，但这样讲词是不对的，因为它没有什么所谓的 essence（本质，实质）。我们知道 essence 的概念就是"本质"，从拉丁文看是 esse，to be。to be 不是说有一个什么特性，像 it is 那样。可能这样想，捕捉到的意思就比较对。

我对文本进行了解释之后，就想和大家分享德里达对文本的看法，他的这些看法使他发展了"解构"的概念。他提出"解构"，不是因为喜欢唱反调：念书的时候或年轻的时候，他就把柏拉图的理论拿来，硬要与之唱反调，把它重新解释。我想不是，他不是要创造一种新解释。比如说郑玄是这样讲《论语》《孟子》，我却非要那样讲。其实孔子是这个意思，我却非要说是那个意思。这绝对不是德里达的原意，这只是重新解释，新的解释。为什么这不是德里达的意思呢？我刚刚讲到编织，讲到"思"，陶老师说是 thread（线，思路）。我们知道，文本也不是天上掉下来的，如果一定要成为一个文本的话，就要有一个动作嘛。首先就是要 writing，这里的 writing 就是 weaving。在德里达刚开始想这个问题的时候，也没有想到 writing 是一个伟大的工作。Writing 的观念，我相信我是对的，可以这样想，就是"切"。其他不多说，就讲一个例子。同学可能看过列维·斯特劳斯关于他写南美等地的文章——《热带的忧郁》吧？他讲他到原始森林里面，自己头昏脑涨，就写了一本很有名的书。大家有没有读到，他写他在原始森林里，看到亚马孙河那里在开路。在中国也是如此，文明发达了，于是我们就会在西双版纳这样原始的地方开一些路，挂一些电线。他当时感叹，在原始森林那一片绿茫茫的海洋里，突然开出一条公路，我们在高空可以看到。那个东西叫什么，对他来说，就是 writing。就是所谓文明在所有原始的自然里面留下它第一条痕迹，这就是 writing。所以 writing 不是说毛笔字或者用文房四宝在那边写来写去，不是说什么象形文字啊，什么埃及人、希腊人刻来刻去的东西，也不是腓尼基人搞出的 26 个字母。所以 writing 对德里达来说就是第一次在世界上用刀切下去，叫"刻"。在中文里面也是这个样子，对不对？我们用火烧骨头，也会产生很多裂痕。对，这是"裂痕"的概念，我想是非常重要的，就是一个 crack。在这个宇宙中，本来就是无边无际，上天就是这样子完美的，突然产生了一个裂痕，这个就是 writing。writing 不一定就是人为的，上帝、女娲也可以。任何一个东西，只要在它混沌之中给它第一刀，留下一个裂痕，这个就是所谓 writing 的概念。所以叫作 inscription 或 inscribe。中古世纪那些抄书的人叫作 scribe，一些和尚，如法显啊，他们抄书就叫 scribe，就是"刻"。我们经常在石头上刻下"我到此一游"，我到三清山时，就在石头上刮一下，表示我来了。这个刮一下不是风吹雨打的，也不是一个石头掉在另一个石头上形成的，这个东西和我刚刚举的列维·斯特劳斯那个例子。就是在德里达他们的想象里形成了第一个课题——writing。因为有这样的一件事情一旦发生以后，所谓的自然就被破坏了，而且破坏了之后，就永远不能复合了。所以说在破坏之后要去整治它，就要再开一条路，从此原始的美满——origin 就没有了。你要去保护森林，怎么保护？就是把一些人训练一下再去维护，结果越弄越坏，越弄越坏……我们永远要保护自然，怎么保护自然呢？这就用很多工程去保护它。所以这时候就是永远在追寻自然，永远找不到自然。每一个部落都讲不同的话，我们才会说在盖巴别塔的时候，大家讲得都一样，这就是对过去的幻想，因为我们已经讲得都不一样了。如果还在刚刚开始的时候，我们就不会想这个问题。在起源时，或者在失去以前，我们不会觉得。

刚刚讲的是 writing 的概念，我们再回来。德里达想的是如果要 writing 的话，就需要一些线，要 cut。你要 cut 它，把它分开，又要放在一起。那在书写中，你把它分开又放在一起是什么东西呢？那就是一个关于文字的问题，我们把文字叫符号。你把很多符号联系在一起，就是书写。你把树皮草根放在一起，可能就是中药，也可能是食物。你要把它们联系在一起嘛，就只把它们堆在那里是不行的，你须要煮一煮、切一切，那就是所谓的 cooking，烹调。烹调以后就会出现食物，对不对？所以原来的树皮草根就变成食物了。书写也一样，它不是用树皮草根而是用符号联系而成。你把这些符号联系在一起就叫书写。OK，问题就在这里了。符号，德里达就在想，符号到底是什么东西，怎么能够把符号放在一起。例如，要开车上街，如果大家都乱开的话就不叫开车，那就会造成车撞在一起，所以要开车先要有一条公路。大家乱开也不行，必须有一个东西规范开车，这个东西我们常常会忘掉，叫作交通标志，如红绿灯，对不对？这样就是把很多规范性的制度结合在一起，形成一个规范性行为。书写也是同样的，那些符号，你要把它们联系在一起。对，那怎么办？在这个时候，德里达想了一个问题：这些符号到底是什么？符号是怎么样互相工作？这个东西是符号，那个东西也是符号；这个要解码，那个也要解码，那这些符号、这些码是从哪里来的？它们的性质到底是什么？这个我会讲得很简单，大家也都读过这方面的书籍，我就重复地讲一下。符号，在德里达这里，是如何变成符号系统呢？德里达就讲了一个很简单的话——差异。符号和符号是有差异的，大家都会讲差异性，讲得好像很复杂，那到底什么叫作差异？我和我的弟弟有一点差异，我和我的父母也有差异，我和这个同学有差异，我和这个桌子也很有差异。那什么叫差异呢？德里达在讲差异的时候，他最基本的一个想法是什么？当我们在讲差异的时候，我们都指的是不同，不同就是差异。可是讲了半天，为什么德里达讲的差异观念会给人一种震动的感觉？

那我们这样想，举一个很简单的例子。如果说我第一次到首都师范大学来，符鹏老师和我说，我们要到文学院大楼去。我就问文学院大楼在哪里？符鹏老师说，在理学院的左边。OK，这些都是钢筋水泥的大楼。文学院大楼、电机系大楼、咨询交管系大楼、体育馆等，它们就形成了一个系统，对不对？那这些楼之间是什么关系？假设我从来没有来过这个地方，我就问符鹏老师，我要去文学馆。他就说文学馆在科学馆的左边，但科学馆我也不知道在哪里，我就问科学馆在哪里，他就会说科学馆在教育学院的后面，接着我又问教育学院在哪里，他说教育学院在游泳池的前面……就这样可以一直讲下去。那大家能看到，这个东西连那个东西，那个东西又连着另一个东西，这样连到最后，它们是互联的。所以符号和符号在一个系统里面，它们的关系就是联系，它们之间是联系着的。查字典也是这个样子，如果你不知道这个字的话，你要用其他字来解释，如果用来解释这个字的字你也不认识，你就要再找其他的字。找找找，找到最后会转回来，所以结果还是不知道。我现在讲的是关系问题。在这个关系上我们可以知道 A、B、C、D……都在里面，那 A 是什么呢，A 就不是 B、C、D、E、F，if it is not everything else, it will be itself。在这个时候我们就知道了，A、B、C 之所以叫作 A、B、C，我们之所以能够讲出这句话，就是因为 A 跟 B 不同，B 跟 C 不同，C 跟 D 不同，D 跟 A 又不同。因为这些不同的东西加起来使我们了解到什么叫作 A，什么叫作 B，什么叫作 C，对不对？在这个时候想，A 是这样子，B 也是这样子，C 也是这样子……每一个我们都按照这样的逻辑思考下去的话，A、B、C、D、E、F、G 是互相定义的。在互相定义的过程中，是什么东西造成它们可以互相定义呢？是 A 跟 B 的不同，B 跟 C 的不同，C 跟 D 的不同，D 跟 E、F 的不同。到最后 A 是这样子，B 是这样子，所以最后只有一个东西是最重要的，这个东西就是"不同"。在这个时候，德里达会用一个观念来讲，叫作 trace，痕迹。所以 A，理学院的地址其实是要靠着文学院的地址来决定的，文学院的地址则是要靠游泳池的 location 来决定的。每一座大楼最重要的是，它都有一个地址。这个地址是可以写下来的。但是在观念上，我们讲，它是所有痕迹的累积。什么东西都是痕迹。所以说我们开车，看到红灯时我们就停车，看到绿灯时，我们就加速，看到黄灯我们就减速。那我问你为什么红灯就是停？其实那个灯泡红不红是无所谓的。红灯、黄灯、绿灯，之所以能够 perform，可以 function as traffic light 的时候，这中间最重要的机制不是大家在判断红灯红不红，而是看它们之间的 contrast。所以，我们不要想一半，而是一直这样想下去，到最后就只有一个界限。它是个没有界限的界限。而这个界限就叫作"差异"。所以在一个符号系统里面，最重要的就是差异。是这些差异让任何东西都可以运转。

那我们再换一个角度来讲时间，什么叫作时间。这个问题很大，我就不多说了，我只用一些浅显的话和例子来讲一下德里达的概念。当我们要理解时间的时候，我们就要看前人怎么讲。好，那就用亚里士多德的观念来讲。他说时间就是现在、过去和未来。我们中国人也这样讲嘛。时间就是过去、现在和未来。因为时间本来是不能想象的。我们 think 它，但是康德说是不能 represent 的。有很多东西我们可以 think about it，but it is not something we can represent in our imagination，就是说时间不是臆想。比如说我在思考时间，没有做什么事，我们只能说我们思考时间这样一个行为永远在时间中发生。再比如说我要思考空间，我只能说这个房子怎么样，但是空间本身是不能思考的。它不能被 represent，但是你可以把它当作一个观念来做一些认知的叙述。所以康德写了几百页纸，但他说这个东西是不能再现的。因为再现的时候，你只能说，我对空间的再现是在空间中发生的，而你不能说我的空间就变成再现了。所以，时空是可以思考但不能再现的。They are thinkable，but they are not representable. 时间是过去、现在、未来，那现在在哪里？什么叫作现在？如果我们一想讲现在的时候，我们就会知道现在已经变成过去了，对不对？它之所以会变成过去，就是因为现在有变成将来的可能。所以它才会变成过去，所以我们称为"过去"。我说现在，就像禅宗大师说，一讲就完了，我们一讲就变成了过去。因为什么呢？因为时间已经往前走了。所以现在、过去、未来是永远不可分的。那当我们把时间分成三个 elements——现在、过去、未来时，我们就会发觉在现在、过去、未来这三点之中，每一点都是现在、过去、未来。而这三点之中，每一点又是现在、过去、未来。这样就像画树枝一样，可以无穷地画下去。这个时候大家就可以想，它和这个符号的观念是一样的，时间、空间也是这样子。德里达是从这个方面讲的，所以什么东西都是有差异的。德里达在讲差异的时候，我们会知道这些差异是意义生产的基础。他不是说这个差异本身可以创造什么，但是它是产生意义的基础。就好比没有一个篮球场就不能打篮球一样。你可以在沙漠里面打，但是你要把沙漠当作篮球场。而这个篮球场是凹凸不平的，还是水泥的，那是另外一回事。但"篮球场"这个概念一定要在那儿。所以德里达的意思就是差异的分散是文本的基础，也就是在文本差异的基础上，德里达会说这些话：任何一个文本的意义，在我们阅读它的时候是不能决定的。

好，我讲到文本的意义是不能决定的，不能在一时一刻做永远的决定。这个时候我想区分两个概念：一个叫作 indetermination，不能决定；还有一个叫作 undecidability，无法决定。当我们在"解构"的观念上说一个文本或文章时——举个例子，我们看"重建森林"，它的意义你解释是这样的，我解释是那样的，符鹏老师解释是另一样子的；然后我就读了 feminism theory，认为它其实是这个意思，再读了后殖民主义相关文章，我又说它是那个意思，又读台湾文学，觉得它是另外的意思；大家讲来讲去是肯定的，但是文本的意思不是；——并不是说一个文本不同的人有不同的解释，这个是 indeterminacy，不能决定的。但是 undecidability，所谓的不能决定性，我只能这样翻译，完全是另外一回事。这个 undecidability 并不是说这个文章可以乱读，比如说，把莎士比亚读成笑剧或者科幻小说，那是你想象力丰富，对不对？但是你要是考试的时候我就把你 down 掉，因为你乱读，这是一个正常的现象。德里达讲的这个 undecidability，就像我们知道的，to decide，去决定。大家可以这样想，我们刚刚讲到 writing 就是去 cut 它，这个 decision 或 to decide 就是去 cut。你要去医院动手术，医生就 in cision，割它、切它，incision 就是切割，decision 也是一样，也是切。所以当德里达说不可决定性时，是说文本的不可切割性，而不是说文章你读我读，意义乱飞。我在 21 世纪的今天读《论语》，当然和清朝一个人读私塾时的读法不一样。那我就在想，什么东西不能切，这到底是什么意思？我再讲一个例子，这样比较好理解。比如说，我们现在在这个教室的里面。那我问，怎么知道什么室外，什么是室内？如果我讲着讲着，陶老师一看我，我感到紧张想跑出去，那我就开门出去了。我什么时候到室外去了？（同学：开门出去的时候）好，对，那门在哪里？你们可能回答门就在那儿，这个很简单。但我的问题是那个"门"到底在哪里？（同学：门是室内和室外的一个界线）所以说，门的观念是室内和室外之间的 limit，对不对？所以世界上不是有所谓"门"的概念，而是因为有"打通"的概念，而门的概念就是 passage。就是因为有 passage，所以"外面"的概念根本就是在"室内"，"室内"的概念就在"室外"。之所以有"门"这个概念，是因为有内外的区别。既然可以讲内和外，那它们之间一定有一个 cut。那这个 cut 本身就是使内存在于外中、外存在于内。在这样的观念基础上，我们就在说"我现在在室内"，大家知道我的意思了吧。简单类比一下，这就是德里达在很多地方所说的 supplementarity，即"补充"的概念。比如说，《溪山行旅图》，在故宫博物院，我们要把它裱一下挂在那儿，那就问一个很简单的问题，这幅画哪边是画儿，哪边是裱？我们有一张画，我们给它画一个框，那这个框是不是画的一部分？我们当然说不是，框是木头做的，画是白纸黑字，还有宣纸什么的。那我们为什么要有一个框呢？如果我们有一幅画在这里，后面是背景，那它们的区别到底在哪里？康德的观念也不是在吹毛求疵，画就是画，框就是框，完全是两回事，但他想让我们思考的问题是 inside 和 outside，什么叫内，什么叫外。所以在这个时候他不是在讲什么具象的空间，而是讲 division（分割），to cut。而德里达的 undecide ability 是说你无法 cut 它。当我们在 cut 内和外的时候，比如，要把这个屋子分成两间，要知道，当我们在讲两间房子的时候，已经讲到"二"了，那此时 inside 和 outside 的对立又出来了。所以相信我，德里达要讲的意思绝对不是文本的意义不能决定，他的 undecidability 的意思是说，内和外，frame（框）的里外，文本本身的内容不能决定。如孔夫子到底讲了什么，他的有些话是后来人的解释，这些是永远不能分的。你要分，division 就又出来了，然后就不得不一分再分下去，永远 reconstitute。如果世界上有两个最大的范畴，一个叫作自然，一个就叫作人文，那世界上每一个东西不是属于自然就是属于人文呢？那就要问自然和人文的对立是怎么来的？我们会说原来是人发明的，这样的区分是一个人文的创造。这个区分就又到人文里面去了。那么必须再分，既然要分的话，我们就又要把人文根据自然来切开，这样 decide、division 和 writing 就永远存在，都是 cut。这个 cut 就是要去cut 那个，但是一 cut 那个，这个 cut 本身就被再创造出来了。所以在这样的情况下，我们去读文本的概念，我想德里达的意思是文本的概念是 cut的概念造成的。如果你要把这样的观念用到一般的解读、阅读中去，那是另外一回事。以上，就是我想做的一些比较简单的厘清。

这个时候，大家就会知道，之所以会产生这些有趣的现象，就是因为符号本身是很奇怪的东西。我举一个很简单的例子。当我们在开车的时候看到一个符号说前面有危险，那看到这个符号我们就想到危险。可是提示危险的这个符号、标志和这块标志牌是不会有危险的。能理解我的意思吧？我看到一个照片，我说这个菜很好吃，可是这张照片是不能吃的。但是符号的有趣之处就在于，我们看到的时候就会反应。看到别人流鼻涕就会说他感冒，而不会说有一些好像水一样的东西从这个人脸部中间的两个黑洞里缓缓下流。没有这种事的吧，我们看到的就是这个人感冒了。问题就在这里。符号本身就是从一个东西指向另一个东西，当我们看到一个符号的时候，符号本身的这个东西就不见了，我们就看到所谓的"意义"。没有人会在看书的时候，一天到晚地研究这个墨水黑不黑，纸张白不白，而是看到了上面的字。而且看到这个字的时候我不会在想这个字印得好不好，而是理解它的意思。所以符号有这样一个功能，它的意义一出现，可以看得见的东西就不见了。但是如果符号看不见了的话，那么它的意义也就不会出现。所以出现才会有不见，不见才会有看见，它们永远不能 cut。用这种常识性方式来讲，我们大概可以多多少少地理解，不要看德里达写的书了，比较难懂，因为他写得比较细腻，挑战性比较大。如果读他们写的文本的话，如黑格尔的，那就会出现说天说地看不懂的情况。但他们的观念我们可以用一些简单的思考方式来理解。因为符号本身就很奇怪，所以我们才会需要德里达关于"解构"的分析。但是德里达为什么会这样乱想呢？是因为符号本身具有特别的意义。

我再补充说明一下，关于这个切与分，或者是 A 不是 A。我不是说没有爸爸就没有妈妈，很多观念都是相对的，没有高就没有矮，这是一些废话。我想德里达不是在讲这些常识知识。他讲的是 division、difference 在符号运作系统里面的作用。符号既然在运作，就不是在无聊运作，而会产生意义；既然有一个结果叫意义的产生，而意义又能够产生，那就必然需要许多生产的工作。生产的工作就是 division……这个时候是德里达在理论上做一些思考。从理论上思考，他得出了不能 decide 的结论，所以他又用很多方式来证明他不是坐在那边胡思乱想。很多听起来很 fancy 的理论，但是用的时候就会遇到障碍，不能获得证明；但德里达的理论是可以证明的。再举一个例子。讲到"补充"的概念是 supplementarity，我们认为有些东西是补充的，不是很重要的。身体要健康，我们有时候就要吃一些补品。到街上买补品时，大家可能就会注意到店里面写着 supplement，叫作补充品，对不对？当各位同学去买补充品的时候，你们都在买什么？你买的是维生素，对不对？维生素是人身体最需要的东西，你缺乏维生素就会生病。从基本的常识来看，这个东西是补充品。那它到底是不是"补充"呢？其实它是很重要的。所以补充品可能是最需要的东西。这就不是"补"的问题了，而是最需要的东西。你要买维生素什么的，我们会认为它是不重要的，只要每天吃饭就可以补充，可是我们从外面买回来的，在我们的身体里面确实最重要的，虽然它是身体里面最重要的，我们却还要去市场上去买，所以 supplement，内在外在常常不能决定，搞不清楚。

德里达在讲这个观念的时候不是像我这样乱讲，而是去念卢梭的《忏悔录》。他有一本书叫作 *Of Grammatology*——《书写论》（即《论文字学》）。在这本书里，德里达说，不是卢梭写得牛头不对马嘴，前文不搭后意，而是卢梭在运用语言开始讲的时候，语言本身具有自己的生命，它会带着他走，所以讲到最后他就没办法自圆其说。我说这样的话的时候，并不是说每一张新闻报纸都是可以这样解构的。你在讲一句话的时候，要讲一个东西出来，我们比较抽象地说就是 predicate（谓语，述语），这是亚里士多德讲的，就是组词，动词。比如说，be 动词，"我是好人"，"是"一讲出来，phrases 就出现了。这个 be 动词，德里达对它就特别敏感，就是所谓的 predicate。讲话是在运用语言，而不是动手打你。我不喜欢你的话，我可以骂你，或者就是走上去给你一耳光，那也可以。但是在你讲话的时候，必须要用语言，"你是"，这个"是"一讲出来，就是在 predicate 它了。"是"讲出来之后，德里达说，如果是一个文本的话，你每一次做出"你是""他是"的判断的时候，就会一个 cut。讲着讲着，里面的 division 就会扩大，到一定的程度，所谓的"文本"就垮了，然后就解构了。但是我们一般看书的时候不会这样看，而是去关注其中的意义。但是德里达在阅读柏拉图著作的时候，不是想知道他在说什么，而是在研究文本本身是怎么样形成的。在研究过程中，他会发现文本因为是由语言符号构成的，因此中间就会产生一个 undecidability 的观念。这样一个学术的工程，它的结果叫作解构，解构主义理论就形成了。

关于解构主义，德里达说了很多话。他说解构主义永远是寄生虫。德里达这一辈子从来没有说他要写一本书——《什么叫做解构》，他也从来没有一本理论著作。每一篇文章都是《读×××》，所以要想理解解构的话，你就要读它们。在这种情况下，我再讲一个东西，然后我做一个暂时的结论。我要讲两个 points：第一个是先辈在讲"文本"的时候，我们常常会听到一个词——语境。我张正平自己的联想是，所谓"语境"的概念，大概就是 context，即不要拿起一个文本就生吞活剥，要把它放到它适合的一个环境之中，这是我的理解，大家觉得不对的话可以指正。所以，context 的概念就是我们要把东西放在语境之中，才能对 text 更了解，也就是 text 要放在 context 里面，对不对？我想这个世界上是没有人会不同意的，这非常合理。为什么合理呢？就像我刚刚讲的，不是说这是适合文学大师教育的，而是从理论上、逻辑上来讲，text 本身就是空的。对于 context 的观念，你要这样想，"con" 就是 "with" 的意思，"与它在一起"，所以 context 就是与这个 "text" 在一起的意思。我们会说 "反对与赞成"——pro and con，而有些人会讲 co-text，有的人会讲 intertext，所以说任何一个文本都是互为文本的。这个东西按照简单的语言学概念是一定的，就如我刚刚讲的，因为 text 本身不是一个所谓的东西，对不对？所以说任何一个 text，如果我们假想它是一个东西的话，一比较我们就可以马上知道，这个 text 本身就是 intertext。就是说，世界上没有东西叫作 nation，所有的东西都是 international。参照 international 的观念，这个国不是中国就是美国，这个海怎么分，不是公海就是私海，对不对？我举这些简单的例子是为了说明所谓 territory；什么叫作 inside、outside，是不能用这些实际的观念来想的。如果我要回美国，我飞着飞着到了芝加哥，我早就进入美国领空了，但是没有降落以前，我还是不知道在哪里呀？大家知道我的意思了吗？所以这完全是 inside 和 outside 的观念的问题。比如，一次我要开车去加拿大，要接受检查，我就想，地上有一条白线，我到底过白线多远，就算进入加拿大了？那进入加拿大怎么办呢？我左脚进，右脚还在外面，那我不是变成两个人了。因此像类似的问题完全都是观念的问题，不是 inside，就是 outside。这样好像在打马虎眼，其实也不是，就是因为 inside 本身就在 outside 里面，所以像 supplementarity 的观念是一直在进行的，不然我们所谓的认同 identity 和它的本质是无法决定的。在这种情况下，我们会想反本质主义，在 20 世纪末期 21 世纪初，大家讲的反本质主义，它不是一个态度我就是要反对你，因为我不高兴，不是这样的，它的理论基础就是结构主义这个概念。因为本质本身是不存在的，是创造的结果。它里面有一个 fabrication 的概念，创造。所以说巴特会说 do some performance。这就是一些东西放在一起，没有什么 pattern，就需要你去 weave 它，就是所谓的 "织"。你在织的时候，就会用到一个东西，它叫作 form，即形式，和 pattern 一样。formation 和 information 全都是 form 的观念。但是 form 这个形式的观念，后面一定要有一个 formation 这样的工作。即你一定要去弄它，这个 "弄"，用普通话来讲，对于文本来说就是 "织"。"织" 是怎么一回事，你可能会问，"织" 就是把很多东西放在一起让它们永远联结。而且 "织" 不是说有一种东西就叫 "织"，"织" 本身就是不断地织。就像 trace，不是说它就是一个 trace，而是永远的 tracing。我的理解是，德里达讲 tracing，着重的是一个行动过程。

然后才会有巴特这些人讲的文本本身就是一个 play。像巴特这些人，他们为什么这样讲，一个文本本身就是一个游走、游戏的过程。所以我们在理解时，必须有一个编织的概念，要把很多的东西凑起来，给它一个 form。

下面赶快联系 Cultural Studies 讲一下。我讲得有点跳跃，因为我想touch 几个课题，而后大家可能有一些简单的回应。一些做理论性质研究水平比较高的人会讲，当我们做 Cultural Studies 的时候，我们常常要注意很多事物的接合。比如说，我们要分析任何一个社会现象，要用考古学跟系谱学的功夫把这个现象打碎，然而在这个时候，他们会讲一个词叫作conjuncture。juncture，比如说，一个十字路口就可以说是 juncture，很多十字路口就要加 con。马克思的唯物论，说所谓具体的即 concrete 的东西，都不是简单的，而抽象的东西是简单的。我们看到买票用餐的时候去刷卡，这个刷卡是一个非常简单的行为，如果没有这个行为我们的生活就麻烦了，但是从这个刷卡中我们就可能想到资本主义，麦迪奇 family 在地中海经商，荷兰东印度公司……这些就是非常复杂的。我想讲文化研究，就得从Raymond Williams 和 Thompson 讲起。Williams 和 Thom Pson 都是威尔士穷人家的小孩，在剑桥念书，都拿了奖学金。他们虽然是穷人的孩子，属受压迫的人，但他们很优秀，有左派的思想。所以他们和左派是挂钩的。我刚刚讲到在分析一些社会现象的时候，做文化研究的一些学者常常会 remind我们，让我们不要忘记对简单问题、复杂现象的思考，要往下看，那怎么看？这个时候是要讲 conjuncture 的。还有，我想要讲的一个 point，conjuncture 不是已经给你的，是你要去 constitute，你要去创造的。在这个时候，我认为，在做文化研究分析的时候，并不像做标准的历史研究工作，然后这边读一读，那边读一读，再访问什么的，搞一大堆，就觉得这样就是深刻分析。我想文化研究是想让大家都以一个读者的身份，即在 text 里去把 conjuncture 创造出来。这是一个 conjucture analytics 的概念，而不是说很简单地，诚恳地，很努力地做历史还原工作。为什么这样讲呢？为什么历史还原不对？这是我要讲的，我再把我刚才的观点总结一下。我们要在语境里面，即要从文本里跳出来，不要钻进去，去搞文字训诂那一套。我们要跳出来，把文本放在适当的环境中，如社会、文化语境中，对前人、后人的思考等，有一个综观的看法。我现在想问一个很简单的问题——什么叫作语境？即我想问语境是怎么产生的？我怎么样决定这个语境是所谓的"语境"？我快速地回答一下。context 本身就是一个 text，我们要创造语境，要还原语境，本身就是一个 textual process，而不一定要我们去研究历史，把某些东西挖出来。如果是这样，你就要想当你挖这些资料的时候，你在挖什么？你挖的都是书写。你不可能回到原本的历史。即使你去访问孔夫子，他讲的话你把它记录回来，打印出来再看，你还是在看书写。德里达说"there is nothing outside text"，是表达 there is no outside to the text 的意思，而不是说世界上桌子、椅子都是文本，对不对？但是有人会说他是文本主义。所以我们要用马克思主义观点来修正这些关于解构的论述。有人会说，文化研究常常沦落到分析一些文本，有些人就会分析一些电视、电影之类，而忽略了其他的。我想，做文化研究的学者没有那么笨，哪有那么简单的事呢？其实他们想掌握的是，后面的东西，就是说 text 本身，context 的本身都是不能分的。我们回到语境，回到历史的真实，而"历史的真实"的本身，如果大家仔细想的话，其实就是一个书写的创造。没有所谓"历史的真实"本身。假如我们一起搭时光隧道回到唐朝去访问李白，那李白骗我怎么办？这个在解释学上是有说法的，我们会说"回到作者"，但世界上怎么会有人说我不要回到作者的原意呢？问题在他的"原意"是什么，作者本身是什么样的 concept，你不能想象。那接下来怎么做？去访问、录音，这些都是资料，是在读书。所以在这种情况之下，在理论上对这些的思考是有问题的。因此，context 本身发展的结果就是 text。但 context 在 text 的上一层，不能把 context 和 text 混为一体。那再提一个问题。我也想回到context，可我怎么样决定什么样的 context 是 proper 的？此时，问题变得更明晰，determination of context itself is always a textual decision。所以在这个时候 context 和 text 就又变成 undecidable 了。因此，按照我现在对文化研究的理解，它可能不须要用这个词，也不须要承认自己就是解构。真正的文化研究，其基本精神是一种解构式的态度，而不是读读历史，它本身是 reconstitution。在这种情况下，根据霍尔等人的理解，这时候才会有政治的意义。任何书都会有影响，什么 text 都会有结果，但我们现在不讲这种结果，我们讲 genetic productivity。霍尔他们写东西，完全是 intervention 的，他们本身的 conjuncture 就是 construction of conjuncture。constructure 本身就是一种 conjunctual productivity。这个时候就是所谓的"公众的知识分子"，即所谓的 intellectual，比如，赛义德等这些人。这个问题，在 conjuncture analysis 上也可以找到一个理论上的支点。

最后，我要诚实地讲一个理念。这个理念是一个叫作 Lawrence

Grossberg 的人提出的，他写了一本书叫作《未来式的文化研究》，其中有我接下来要讲的这种观念。就是因为只有在这个观念下，我觉得文化研究才会有永续的可能，只有在这样的情况下做文化研究的工作才是 optimistic 的。这就是就像霍尔说的，偷马克思、葛兰西的理论。我们在心理上要乐观，但在思辨上要悲观。因为在思辨上如不抱太悲观的态度的话，行动速度就太快了，就会东想西想，不彻底。但是心理上我们是要对我们的未来抱有信心。

我刚刚忘了讲，如果对我讲的大家有不清楚、不同意的地方，可以马上举手，我们大家一起来讨论。大家都不要客气，这个机会对我来说非常难得，大家可以一起来讨论。

提 问 环 节

一

问：您刚刚讲到，文本意义是由差异产生的，文本意义的产生过程本身就是一个编织和 cut 的过程。那当我们想分析某一个文本时，就得先把它界定到某一个文化语境当中，那这个语境本身也是需要我们把它 cut 出来的。所以按照这一逻辑，如果我们想知道某一文本在它语境下原本的意思，那么这个过程实际上并不是一个客观的还原，而是一个观察者在不断 cut 的过程。

答：对，你说的这个就是 reading。

问：所以说这其实不就是一个解构的过程是吗？

答：这是一个行为。

问：我是想说，如果通过这样的步骤，当我们想看到所面对的文本它到底是什么的时候，在这种情况下，出现任何结论都是可能的，对吗？

答：对。我们都是在 reading，可以把匈牙利的东西也拿来 read。在这种情况下，我们会按照直接反应来写一篇文章。按照常识性的想法，你对相关的东西不懂，但在理论上这个是可以 adjudicate 的。这只是一个经验上的问题，不是 controversial 问题。不懂的时候可以比，对这个问题有没有解答是另一回事，但基本上我们总是有讨论的空间的。任何一个有意义的东西，如果我们讲得很简单的话，我们和它的接触就是 reading，对不对？我再讲一点，并不表示任何一个 reading 本身就是解构的 reading。reading 是有一个 text，它在我身上产生了意义，我可以 read 它。但是你去 read 且要把一个 text 解构的时候，是要对 reading 的行为多进行加工的。因为并不是每一个人都是德里达，每一个人也不想变成德里达，每一个 reading 都不是 innocent 的。innocent 是说，我们不要说"我企图是什么样的"。在这里我讲一个最基本的问题，这个问题可以慢慢讨论。reading 本身是一个很复杂的概念，我们认为所谓 reading 就是讲 reading，可是我们忘记什么是可以 read 的，我看桌子我不会说 read，五十年前没有人说要阅读广告的。reading television，在英语里，我们会说解读电影、解读电视。以前广告就是广告，怎么会解读呢？这个都是有历史因素的。reading，我们讲就是阅读。什么是 reading，就是不要开口，在心里读。所以说，reading 是一个很复杂的历史社会现象。很多很多年前，在印刷术发明了以后，因为布尔乔亚的问题，维多利亚时代那些年轻女性在家里可以拿些小说坐在厨房里面 reading。reading 可分 private reading、public reading，且 public reading 有演讲比赛、大声朗诵等，这些都是 reading。我现在不能回答你的问题，我说 reading 本身是一个很大、很复杂的问题，不要以为 reading 就是拿本书去读。但是 reading 本身不是 innocent 的。有 reading，一定要有书本。在我们做这件事以前，书还没拿起来，还没翻开的时候，很多事已经决定了。在这个情况下，我们产生一个动作，叫作 reading。所以说，可以 unpack 它的 genealogy（谱系）。

问：那也就是说，在我们进行文化研究行为的过程中，我们不一定就是在解构，我们也有可能只是 reading？

答：对对对，我没有说每一个人都要变成解构大师。

问：但是如果我们是要进行一种解构的话，那任何一种结论都是可以产生的，是吗？

答：如果要讲 possibility 的问题，那就又要讲很久。这个 possibility 并不是说可以乱搞。possibility 和 probability 是要区分一下的。因为你讲什么都可能，那是的，我们都可以乱念。莎士比亚我们把它念成 X、Y、Z 也是可以的。但是，it's not like it。因为 reading 的东西是受限制的。reading 本身是被历史、文化、人的潜意识等很多东西所界定的一个行为，所以这种行为叫作 reading。古时候，文王出殡、风水，也叫 reading。但在今天人类已懂得科学知识了，那看天看相就不叫 reading。那我想，牛顿以后，我们再看天的时候，那个 text 已经不一样了。外国神学会讲关于天的事情，中国也一样，文王、武王的时候看天看地，但如李白等人看天看地跟我张正平今天看天看地就不一样了。如果一个人在某个地方，如在瑞典，他去看天看地就会是另外一种想象了。所以这个时候，如果天、地、山、石头、树木，等在人的眼里变成别的东西，成了 reading 的 object，那我们就当作 text 好了。但那个 text 的本身不是人眼中的原物。reading 和 writing、text 和 reading，它们本身就是永远不能决定的。你的 reading 会 constitute 这样一个 physical object as particular text。所以说即使你拿同样的纸，同样上面都有字，如一个是时装杂志，另一个是课本，那在拿起来的时候就已经不一样了。如果是同样一本时装杂志，你在修时装课时，你读它的时候是课本，这时候你还没开始看它就不一样了。这个叫作 reading，reading 不是说 to read，那就太简单，不用讨论。writing 也是，text 也是。有些时候说要解构什么，听起来就是不对劲儿的。不是世界上什么东西都在解构，报纸解构，森林也解构，我感觉有点用得太宽泛。

我给大家提供两个点：一个是 plausible 的概念，另一个是 pertinent 的概念。我可以说德里达讲的差异的问题就是庄子讲的什么，这样讲一定是 plausible 的。我可以拿来庄子的文章，一段一段地静心品味。这些都是 plausible。那我读了一个什么东西，然后我用学过的哈贝马斯的"公众空间"是一定可以解释的；读了福柯，你看到什么都可以是福柯，这叫应用。我不是说应用不对，什么东西都可以应用的。我读了 Badiou（巴丢），我就开始看看国画，这也是应用，你知道我的意思吧，这个就叫作 plausible。我前一段时间看有一个作家写《易经》，里面讲卦和拉康的 sexuation logic 理论是通的；我一看，觉得当然通。只要讲得过去，想象也是可以，那就一定可以通。这种解释就是 plausible 的。Plausible 的意思就是让人鼓掌的，我们都知道"鼓掌"是 applaud。一件事说它是 plausible，可信的，是因为它看起来好像真实。比如，一个人表演或演奏以后，我觉得他的表演或演奏风格像贝多芬的，其实就是这个意思，然后大家就站起来鼓掌，就是说这个 performance somehow speaks the truth。那 pertinent 的概念，就是说去 pertain。这个概念就是拉住它，把它 hold 住。相关的词有 obtain、detain 等。所以说我们要去做解构分析的时候，是说我的解释是 pertinent to the text，而不是说 plausible。我们做文化研究的时候，读这个读那个，这些都可以用，都是 plausible。但是我要间接地回答你的问题，那都不是解构的分析，那都跟解构没有什么关系。你说我要对什么进行解构式的研究，可以，但是这绝对不是德里达的意思。我自由联想了一下，不知道有没有回答了你的问题。

二

问：谢谢，我问一个刚刚没太明白的问题。当我们在追溯历史的时候，我们就已经在编织历史，但是在我的理解当中，不管是福柯的《知识考古学》也好，尼采的《道德谱系学》也好，我觉得他们都有一个理论前提，就是"历史是被建构的"。那历史不一定如此，现在占据主导地位的那个话语霸权不是合法的，不是与生俱来的。按照德里达的想法，这些话语霸权是被建构起来的，而我们想要打破的这个行为也是在编织历史。我们在编织历史，话语霸权也在编织历史，我们采取了同样的一种逻辑。这样的话，因为手段的相同，会导致结果的不同吗？

答：我知道你的意思了，这个是大家都会遇到的一个状况。如果我们用 reflexivity（自反性）的话，到后来你讲什么东西都是我们要批判的（critical），那你自己就在你所要讲的东西里面，your speaking at the same time in spoken about。所以如果是这样一个 condition（条件）的话，那就会产生一个很大的绝境，你本身也陷在里面的。为什么你讲话我们就要听。这个时候有两个层面。一个是 effectivity（功效性）的问题，即你的 effect（功效）是什么。这个时候呢，就要把所谓 discursive（散漫的）东西，政治的东西，论述的东西，都 politicized。这个时候我们的 judgment 就不是 reflexivity 的，不是反省性的；而是说看它的决定性这个时候就变成所谓的政治性的问题。所以我就举一个例子。这个问题很复杂，但是在理论上是可以解释的，这是理论的开始。所以说像斯皮瓦克就会说 strategy is senseless。我们在理论上讲得天昏地暗，到时候要怎么办？如果有一个人到一个地方自杀了，有些人受伤了，我们怎么办？我们知识分子，不管你是有历史性介入，还是怎么样，遇到这样的情况怎么办？这个时候需要考量的是一个 ethics（伦理学）的问题。解构就面临伦理学上的问题。对于 effect 的问题，我们要 measure 它的 effect，这时我们永远要有一个观念上的了解，就是我的 effect 是永远 undecidable。但是我们在做分析的时候，不论我们如何反省，我们也做不出来了；经常分析，就觉得我们的角色好像都解构了，其实也不是。我再讲另外一个层面，possibility 的问题。德里达会说在这样的情况下，一个就是实际的运作、实际效果的问题，另一个就是

possibility 的问题，就是所谓"可能性"的问题。他的意思是我们在解构中，刚开始不要先去讲政治。德里达有讲过一些怪里怪气的话，他说，解构 is justice（正义）。你可能会想，我们在那边读一些文本，怎么会跟"正义"扯在一起。他的意思就是它会让我们在从小看到大的行文、文章中看到一个更大的课题，叫作 justice。justice 的观念不是说让我们孝顺父母，要把坏蛋枪毙。所谓 justice 是一个"平衡"的概念，just to be just，就是说天平，to be just。再讲一个他们的传统。西方犹太教有一个传统，这个 just 是永远不能平衡的，但是要给它一个 justice 的机会。所以他会讲一个所谓"前来"的概念，这个需要慢慢去研究，我一下子也讲不清楚。这时候你要对此有些微的补充的话，你可以去看他怎么解释他对尼尔森·曼德拉的做法，他为什么会支持他，而别人为什么不去支持这个人？另外，你说德里达的理论讲得这么棒，天花乱坠的，那在这个时候你要不要投这个人一票，要不要学这个人，这个人犯罪你要不要去保护他，这个人自杀身亡你是不是要替他写书？这个时候，他有他自己的一套理论，这个讲法比较复杂，但是我觉得是可以面对的。他的意思就是说，我们还可以偷懒地说，就是因为这样子，所以产生一个问题，这个问题叫作 the question of justice。justice 就是永远不能来到。你要知道，如果我们找到一个方法使现代社会永远民主，那就完蛋了。但一个民主的国家说它自己是民主的时候，按照德里达的讲法，就是不民主。就像是说，我做意识形态批判的时候就觉得自己跳出了意识形态，这种观念是最意识形态的。因为意识形态本身就是对自己的东西不知觉，把 control 变成 nature。当我说，这个东西是意识形态的，当这句话讲出来的时候，你就会知道意识形态到点了，我们就不能讨论了，这个时候，why I speak? I'm most ideological。那么德里达会面临一个攻击，叫"自我免疫"的问题，这个问题是社会生活中最重要的一个问题。我们都知道，言论自由是非常重要的，每一个人都要支持言论自由，每一个人都有言论自由的权利。在这种情况下，你要支持我的言论自由，对不对？我就说，我这一辈子的目标就是要把讲言论自由的人全部枪毙。那你要不要支持我？按照言论自由的原则，你应该支持我，但是我的目标就是要把言论自由干掉。所以德里达的意思很简单，他是从本雅明那里借鉴来的，就是说当你把一个东西推论到最后，它一定是自我，不是矛盾的，而是自我免疫的，即它会自己把自己消解。这样来看，是一个简单的逻辑分析，你把这个原则弄到最后，这个原则就不是原则了。原则本身就变成 particular

（特例的），而不能 universal（普遍的）了。一个原则不能只是今天或明天可以用，而要通用。我现在讲"你不能杀人"，不是说你今天不能杀人，而是说你永远不能杀人；也不是说你不能杀、我不能杀。这样讲，讲到最后，我说你应该杀人，你应该做好事。或者说你应该支持言论自由，搞到最后我们三个人成立一个反对言论自由党，你支不支持我们？我们的目标就是把你枪毙或送去劳改。这种情况下怎么办，到最后肯定打起来了，所以说任何一个理论到最后都会自我免疫。那自我免疫也不是这样简单，但看到这样的问题的时候，就是德里达所说的 aporia，"两难"。他的意思是说，就是因为有"两难"这样一种状况，所以会产生一个东西叫作"正义"。不然就没有正义了，就全部都是桌子、椅子、苍蝇、老鼠，没有什么正义的问题可言了。就是在这种"两难"之下，德里达有一个观念是所谓的 to live，"往前走"，这个是他所谓的 future，未来的概念。就是说桌子、椅子是没有未来的，苍蝇、老鼠也不能说有未来，它们时间到了就会死掉。我们讲的是人类，人类的活，就是永远向那个看不到的尽头前进，就是 possible。这就是我认为他的 possibility 的概念。所以他讲这个概念的一个背景是 ethics 的问题，伦理的问题。我再讲一句就闭嘴，ethics 和 morality（道德）的概念应该是分开的。我们翻译的时候都会用道德，但它俩完全是两回事。所谓 ethics 是讲对时间、空间中不同性的一个态度；而 morality，道德，是一个群体之间的行为标准，是两个概念。这样解释吧，ethics 是指另外一个东西、另外一个存在的样式，如我们打开心扉接触外物时的态度和可能性，叫 ethics，meet another。至于说我要不要送礼，或者见面就是碰碰鼻子、握手，这些是文化的不同。所以康德写的是 morality，他没有写 ethics；只有亚里士多德写 ethics。

我知道这个很难回答，实际上不是很难回答，而是因为这个问题比较难，不是不能解决而是因为它是一个状态，condition 的问题。这个状态一定要搞清楚。如果我们把它变成一个 problem，一天到晚好像解数学一样，那是不能解的，你知道我的意思了吧。

问：那我再问一个问题。

答：当然可以啦。

问：我知道很多理论如像女性主义、酷儿理论，都会借鉴解构主义理论。我没读过这些理论的文本，但是我听到您刚才举了一个例子是关于卢梭的。本来性爱关系应该是双方的，但是语言在进行当中会从性爱转到自慰，造成了一种自我解构。这样的话，从性爱到自慰，这是解构了性爱，那我们也可以反过来想。如果我们把关系双方换一下，比如说异性恋到同性恋，我们可以说一切异性恋内在的都有同性恋的成分。当我这么说的时候，是对异性恋的一种解构。但是我也可以反过来说，即所有同性恋都有变成异性恋的可能。那么在异性恋话语霸权的情况下，所有的同性恋实际上都有可能被转化成异性恋，这样的话，不利于同性恋进行自我权利的抗争。如果我们不用解构主义，而用马克思主义的理论，它会明确地区分压迫一方和被压迫一方，同性恋就是被压迫的，异性恋就是压迫的。在这种关系的情况下，同性恋本来就有一种反抗的合法性。但是如果从解构主义的角度来看，同性恋可以转化成异性恋，那在一个异性恋话语霸权的情况下，同性恋就很有可能被"招安"，那在我看来是不利于反抗的。

答：对，我可以有一个回答。我不是说你是 confuse（混乱的），但是你讲的是两个问题混在一起的。从我听到的来看，我做两个回答。第一，卢梭讲的是 sexuality（性欲），而你提问的时候讲的是 gender（性别）的 complication（复杂），所以你会提到 queer theory（酷儿理论）。在讲 sexuality 的时候，按照卢梭的讲法，我们要讲"性爱"。在我们自然的传统下，就需要两类人——男和女，那么这说明在性爱中可能是要有 A 跟 B 才能产生的。那至于说 A 是桌子还是椅子，或者是只小狗，it doesn't matter。就像巴迪欧说，there are two，有两个不同的对象。卢梭想说的本来是这样子的，但他讲到最后，他自己一个人自慰就觉得也很好。所以在这种情况下，德里达是解构了的。而刚刚我听到你在讲另外一个问题。你在讲到同性恋、酷儿理论这些的时候，我的感觉是，你在理论上的分析就跑到 gender 上来了。同性与异性在这个社会上产生的发展，在这种情况下，那我们当然会讲到 experience（经验），这个时候 phenomenology（现象学）就可以进来，比如说同性恋被压迫什么的就可以运用现象学理论。这个时候，跟德里达是没有冲突的。你知道我在讲什么吗？我讲得可能不是很清楚，但是我听到两个层面的问题：一个是 supplement，结构上、理论上的问题；另一个就是看到社会实践情况，起码在大部分的社会，同性恋的文化是受压迫的。这个时候，这些东西当然可以说是 undecidable（不可判定的）。

问：我的意思是说解构主义在实践的过程中，它效果不是很好，有没有？

答：没错。因为你可以把解构主义发展成一个社会运动的 program，但是当它在形成的时候，第一目标不是变成社会运动。当然你可以对它有企求，所以德里达这辈子常常会被人家骂：你搞了半天为什么不搞了。所以他就写了一本《马克思的幽灵：债务国家、哀悼活动和新国际》。因为别人对他的要求很多了，而且解构主义不是对世界上什么问题都可以解答的。比如，我们就不会对爱因斯坦说，你怎么对同性恋没有什么意见？我们都不会这样要求他。我常常想，比如说，有人读不懂德里达的著作，就像我读爱因斯坦的著作一样，但我也不会给爱因斯坦打电话说，你写得不好。为什么？因为大家会说我数学没有学好。但是有人读不懂德里达，就会骂德里达。那德里达可以说，你自己连柏拉图的著作都没有读通，你的英文都很差劲，德文、法文就更差了……这些对我来说都是很有趣的现象，但不是什么问题，就只是现象，值得我们反省的。长话短说，我就先这样回答你的问题，我在其中听到了两层意思。关于 gender 和 sex，我在用的时候是分开的。你也知道，gender 本身就是生产的，这个是可以体会的。但是 Bulter（巴特勒）写的 *Gender Trouble*，我觉得都是废话。其实不是废话，gender is always in trouble。gender 会要求一个人这样子或那样子，这个永远都是 formation。performance 的概念是一定的，你要 by the form，perform，gender 当然是 perform。那你要说 sex 或 sexuality，我们不要讲基因的 X、Y、Z，我们也不要说男女就是 two，这个跟那个。所以拉康举例说男跟女时，而没有想到谁是男性，谁是女性，他只是 sited a position。尼采是男性，DNA 等都很正常，可是他的书写是 womener position 呀，对不对？所以在这中间，我认为比较好的是永远不能想到人，永远要想到 position。man and woman，按照某些理论，就是 two positions。那至于说张正平有点像女性，有点娘娘腔，或者有些女性比较有男孩子气，这些是 two cares，it doesn't matter。

三

问：我提一个吧。我听了这个理论觉得有点难懂，有点儿绕脖子。赫尔伯兹（应该是博尔赫斯），大家都知道，拉丁美洲人，是一个获得诺贝尔文学奖的写作高手。我看过他写的一个小短文，他说他从来没来过中国，然后他的亲人的朋友从遥远的中国送给他一个拐杖。他就在短文中想，这个拐杖是什么东西做的，是竹子吗？接着他就想竹子生在中国的什么地方，为什么能够产生这种竹子；而做这个拐杖的人他为什么要做成这种形状；

他在做成这种形状的时候他想没想到这个拐杖会卖到南美去，几千公里之外，而且他会不会想到这个拐杖是送给一个老人；做拐杖的人又会不会想到这个老人会想到做拐杖的人。然后作者接着想，他做拐杖是不是为了维持家计，而我会不会有一天去中国，能够见到这个人，然后我在和他一起谈这个事情，是很有趣的事。短文的大意就是这样。我想，如果是中国人拿到这个拐杖，中国人的思维一定就是它多少钱，在哪儿买的，适不适合我家老人用，也就到此截止了。赫尔伯兹写的东西虽然很短，但是给人一种很美的联想。我想问的是，用您刚刚讲的理论可不可以解释赫尔伯兹的小短文，他可不可以算作一种"解构"或者说算作一种"阅读"？如果是的话，那是不是中国就缺乏这种训练呢？

答：我讲三个 points。第一个，想问您说的是不是博尔赫斯？（陶老师：应该不是赫尔伯兹，而是博尔赫斯）我听您的故事感觉是在讲博尔赫斯。首先，您刚刚讲的是一个 reception 的问题。博尔赫斯写的那篇短文是一个文学创作，从中文看，他在想那些问题的时候，他到底有没有问，其实我们是在猜他的 psychology。那对我来说，猜博尔赫斯的 psychology of reading，这是一个问题。就比如说曹雪芹在写《红楼梦》或李白在写诗的时候，我们推测他们心里想的，这是 psychological issue，对不对。而 psychological issue 在文学里面有它特别的位置。如果是在讲 reception 的地位，老师讲的也不是 psychology；而你在想什么，你是什么意思，这些都是 psychological 的东西。而且这些可能要透过 biography，自传的方式来得到的。第二个问题是说，博尔赫斯写的这个短文，讲这个故事，是不是一种解构，我的一个很武断的感觉是，它和解构好像没什么关系。因为解构是在和一个 text 纠缠，在阅读的时候，你用一种方式产生的一种结果和阅读的成果。这个是一种解构的阅读。而我们看到博尔赫斯写这样一篇小说，我的感觉是还没有达到解构的程度。如果说是我去读博尔赫斯的小说，当我关注他如何写的时候，这就要看他怎么写。很多人在研究福楼拜的小说是怎么解构的时候，会举很多例子，我这里也举一个。您提到文学作品，那我也举一个相关的例子。德曼在举例子的时候，他写马车的窗帘。我们会说这个东西有什么好写的。但他在写窗帘打开之类的时候，可以讲到文学的东西，这个是他的厉害，我做不到。他们可以用很多很多方法来讲文学如何如何。德里达也是如此，比如，他会写尼采，那他就拿尼采的日记来看。尼采可能会说，我今天忘了带雨伞。尼采的日记里面有这样一句话，那这句话什么意思，你可以去追问。但德里达不这样阅读，这句话既然在这个地方出现，他完全用对待 text 的态度来阅读的，它不是尼采本来的意思。搞不好是尼采的朋友写的这句话，所以与其他一些东西都无关。我一下子想不好，不知道有没有回答了您的问题。第三，至于说中国人的反应和外国人不同，我可能这样说，我认识一个朋友，他可能幻想力很强，他写一个东西可能比博尔赫斯的想象力还丰富，这也是可能的。像这些问题都是 empirical question（经验主义的问题）。我想，文学理论本身，可能无法回答这个问题。因为这是因人而异的，是一个 reception 的问题。其实大家要知道不是什么东西都要解构，很多东西是不需要解构的。解构不是一天到晚要到处应用的，就像新批评，也不是每一篇文章都去运用新批评，每一篇文章都可以运用考古学，不见得，对不对？也不能说全世界的什么东西都与后殖民有关的，那这是在开什么玩笑嘛。就像我之前讲的，你可以运用，可以 plausible，but it's not necessary，它不是 pertinent。如果一个化学系的或物理系的学生，也可以用他们的方法去读"四书""五经"，我觉得蛮 plausible 的，但是郑玄肯定根本没有想到这些东西。

总 结 讨 论

陶老师：时间差不多了，我再谈点我的感受。今天下午，张教授给我们展示了理论的魅力。因为大家平时可能接触德里达的解构主义，第一个感觉就是读不懂。看中国人的分析比看原文还难懂，我想大部分老师和同学的共同感受就是这样，所以很难领略他的魅力。什么"能指游戏"、什么"延宕"，说实在的，有时候听起来莫名其妙、云里雾里的。而张教授给我们展示的理论的魅力，尤其是有一些例子，我觉得非常的通俗，但又能够带给我们启示。比如说，他讲到的能指永远是指向另一个能指，比如，文学楼在什么楼的边上，另一座楼又在哪一座的边上，我觉得他非常形象地说明了这一点，能指永远不可能指向最终的所指，能指永远是指向另外一个能指。我听过之后觉得张教授把理论的魅力展示出来了，而且也打开了我们的思路。理论，它的魅力可能就在于它有一种反本质主义的力量，或者说它把任何东西都不看成是自明的、自然的，而都是一种人的建构，或者说是人的 action 的一种结果，都是 event。只有这样才能够追踪它是怎么产生的；为什么在特定的情况下，这种可能性变成了我们能够意识到的东西；这个我倒是觉得可以引入解构之外的一些观点。从理论上讲，确实有很多可能性存在，但是实际上在特定的某一个时期，conjunction 的某一种是特别具有支配性的。有一些是你根本就想不到的，这里还可以引入一些马克思主义的、社会学的一些观点，也许可以做一些补充。另外呢，我觉得对于解构，对我自己来说，我很信服解构的说服力，但是我不敢、也没有勇气去接受德里达的这个东西。因为它会导致我的行为或者我思考的最后依据没有了。它是策略性的，而策略性就是相对性的概念。但是它会导致最后一个绝对的依据没了。没有了之后，会感觉到有点不安，面对这个不确定的世界，感觉到不安。

张老师：对，我相信。因为德里达在讲所谓的"怪兽"和"人类"在法律上的一些反省时，他承认 violence（暴力）。他讲的 violence 不是打架，而是说 pure force（纯暴力）。如果说为了打你，我还讲这个道理，那么就不是真正的 violence 了。violence 是说为了 force 而加强它的 force，它强调这个。我相信这个是可能的。他说它好像没有底，但是我再加一句话的补充，解构的感觉是要回到 origin，回到 arche。解构本身就是一个 violence，一个 cut 使它产生。所以德里达想回去，而他也知道回不去，但是在他回去的过程中，他想知道他在做一件什么事情，他想重新打开 possibility。所以德里达自己觉得他和马克思完全是 compatible（兼容的）。

陶老师：我没有研究过这些，我说的东西都是建构的话。比如说宗教不相信这个，基督教是 god is not created，god is everything。但是 God 本身不是被建构的，如果上帝也是被建构的，那这个会不会陷入一种困境？

张老师：这个我是这样想的。比如说，德里达和弗拉马利翁辩论的时候，他讲了很多神学负面的东西。他承认他自己跟犹太教的传统不强，但他又讲到这个东西，所以讲到 God 的时候，大家可以看到一些后期的现象主义者尤其是巴迪欧有重新对圣保罗的解释，他是无神论者，他写的圣保罗很有趣的。就像刚刚陶老师讲到 event（事件）的问题。很多事件不是我们可以制造的。我们可以对它们进行思考啊，往前看，往后看，不重蹈历史覆辙。很多事情是在发生了以后，才会变成我们看到的。所以他会讲"事件"的概念。关于这个概念，巴迪欧也有一个代表性的讲法，就是我们哲学家能够去"抓"事件。大家都可以去看一下，巴迪欧的著作我是看不懂的，因为他用的东西太抽象。福柯也讲这个，对，我再多讲一句。event 是一个在我们的存在状况里面的 eruption（喷发）。如果我们天天这样睡觉，这样上课，就不叫 event，它是突然发生的。所以对于事件，我们只能这样去思考，当事件在发生的时候是没有事件的。事件发生了，我们就会做一些事，做了一些事以后我们才知道这个事件已经发生了。我举一个很简单的例子。当法国大革命在革命的时候是没有"法国大革命"的，只是有一些人在街上跑来跑去，然后冲到巴士底狱去把它打倒。第二次世界大战在发生的时候也是没有"第二次世界大战"的。这就是弗洛伊德的概念。只有当其他事件发生的时候，我才知道那个事件已经发生了。那这两件事，这样我们才知道到底哪一件是 cause（原因），哪一件是果。所以在发生时候，不能决定。没有后面的果就没有前面的果，所以后面这个果其实是因，但是这个因呢，不是真正的原因。因为前面的果所引出的果才是真正的原因。所以在这样一个情况下，time（时间），是可以倒叙的。那么，人的意识里的时间是这样的一个结构，而不是说像物理学上的今天、明天、1972年、1983 年，这样一直往前走，这些是直线进行的。事件就是这样子，所谓的 event，本身是 non-event。所以，巴迪欧就是用这样一个概念来重新解释"神"的概念。神或上帝、Christ，本身意义不大。我们都知道，有一个人叫圣保罗，圣保罗本身是没有见过 Christ 的。他自己有一天在沙漠里要去杀犹太人，在这过程中他就讲三句话：上帝被生下来，他为我们而死，他升天了。其他都是假的，你不要问上帝存不存在，这些全部都无关系，只要在意一个东西，这个东西叫作"信仰"，faith。faith 不是 belief。我 believe很多东西，我从来没有见过祖父，但是我相信我祖父是存在过的，你也没有见过你的曾祖父，你也相信他存在过，这些都是 belief 的问题。可是faith，信仰，跟 belief 是不一样的。我在那边祈祷如果怎么、怎么样，请上帝给我神机，上帝就出来证明，那是不可能的事。如果我祈祷，耶稣就出来了，说我就是耶稣，我是不会相信的。因为这就是 faith 的问题，不是belief 的问题。如果我们非要证明，那是开玩笑吗，那是我们为了赚钱等等，所以 faith 绝对是 imprincible blind。第二次世界大战、台北地震发生……那都不叫 event。真正的 event 就是我刚刚讲的：one in happens is never happens. Everything happens afterwards. It's result of what has already happened。这些就是我对陶老师刚刚讲到的东西的一些联想。

陶老师：这个词是挺有意思的。阿伦特也在很多地方讲到。

张老师：对对对，他们就要讲这个，不然无法解释历史。如果你说历史就是这样子，如清朝被推翻了，这样讲就没有 event 了。而 event 则把前因后果都要讲得很清楚。

陶老师：它意味着某一些，to start something new。就是一种偶然打破必然、必然性带有偶然性的一种状况。这个东西我觉得也是哈维尔讲的"故事"。他就说极权社会没有"故事"，因为真正的"故事"永远不可能是被纳入了一个必然。

张老师：对，不然就不叫"故事"了。

陶老师：所以回到我们讲的文学，文学就是故事，它永远意味着有一些我们无法控制的、没办法把它纳入一个现有的框架里面或规律当中的东西。这就是我们生活的意义所在。

张老师：没错，这个就是我要讲的"exnihilo"（拉丁文，意思是"从无，出于无"）。ex 是出来，nihilo 就是 nothing，从 nothing 里面突然出来的，我们通常叫作"创造"。人们都会说上帝创造，而不会说我创造什么东西。所以很多东西以及陶老师刚刚讲的都是 exnihilo。如果大家听刘禾老师讲拉康，她也会讲到这个。我就不多说了，大家可以慢慢研究。

陶老师：很有意思，最后因为时间关系，我们今天就到此结束。

张老师：谢谢各位同学、老师，希望后会有期。

（录音整理：巩伊玲）

时间：**2013 年 11 月 14 日（周四）15：00**
地点：**首都师范大学北一区文科楼 602 学术报告厅**

主讲人简介

吴子林　中国社会科学院文学所副研究员，硕士生导师，北京师范大学文艺学研究中心兼职研究员，文学评论杂志社副编审。现任中国中外文艺理论学会理事、中国文艺理论学会理事、巴赫金研究会秘书长、叙事学会副会长。主要致力于中国古代文论、文学基本理论、中西比较诗学及中国当代文学理论的研究与批评。著有《自律与他律——中国现当代文学论争中的理论问题》《经典再生产——金圣叹小说评点的文化透视》等，出版各种编著八部，发表论文百余篇，有近四十篇次被《新华文摘》《中国社会科学文摘》等转载，另有诗歌散文随笔若干。

主持人（胡疆锋）　今天我们非常荣幸地请来了中国社会科学院文学研究所的吴子林老师。吴老师是文艺学出身，但他既能搞理论也能搞创作实践。关于吴老师的简介大家已经看到了，他写了很多的诗、散文，也有很多非常有影响的著作和论文。今天吴老师带来的题目可能跟我们以往听到的题目都不太一样——《用背脊读书——重构文学阅读的意义境域》，那么吴老师的这个观点和角度到底是什么样子呢？下面就请大家来聆听吴老师的讲座。

"用背脊读书"

——重构文学阅读的意义境域

吴子林

非常开心，每隔一两年我总会到首都师范大学来跟很多年轻的学生和我的同人们交流一些想法，当然一般都是最新的想法，我一般不会炒旧饭，每年都会有一些新的东西。这次来给你们讲的内容，主标题是"用背脊读书"。看过这篇文章的人都知道这是《洛丽塔》的作者纳博科夫提出来的，他在《文学讲稿》中提出这个命题，我当时看了以后眼睛一亮，然后慢慢看，琢磨什么意思。副标题是"重构文学阅读的意义境域"，其含义就是在这个新时代，在这样一个特殊的氛围下的重新思考：我们为什么要阅读文学。它的背景当然大家都知道，就是在新媒介的冲击下，在文学终结论的一个氛围里重新反思这个问题，"我们为什么还要去阅读文学，甚至我们为什么还要去研究文学"。这个思考里面也有我自己的一点个人感悟性的东西，这篇文章可能读起来比我说起来还好些，因为我是用一种随笔性的笔法来写的，写得很随意，在不经意当中慢慢地就引出我的话题来。之所以写这篇论文，除了个人思考以外，当然还有一个外在的机缘，那就是今年我在一个国家核心刊物《小说评论》上开设了一个"文学问题"专栏，那是个双月刊，我每期给它写一篇最新的东西。

今年的六篇我全部都写完了，第一篇是《"文学的绦虫"》，"文学的绦虫"是诺贝尔文学奖获得者秘鲁作家略萨提出来的，他的意思就是当作家的起点是文学的抱负。这个文学的抱负就像绦虫一样，绦虫是一种寄生虫，欧洲的贵妇人为了保持苗条的身材，她们吞下一条寄生虫，这条绦虫被吞下之后就钻到她们胃里面始终不走了，然后贵妇吃什么它就吸收什么，所以贵妇人可以永远保持苗条的身材。略萨的意思就是说，如果你有文学的抱负，那么文学就成了你的生命的一部分，一辈子挥之不去了，然后你就为之而奋斗，就能够不断地写出非常好的作品来。我觉得搞学术研究也应该是这样，把文学当作自己的抱负，这样子我们才能够全身心地投入，写出一篇篇漂亮的论文，提出很多闪光的观点。这是专栏的第一篇。后来又写了第二篇，我简单给你们介绍一下，感兴趣的同学可以看看。第二篇就是《"明天会出现什么样的词"》，副标题就是"2030年中国文学的可能面相"。从标题上看是一种预测性的东西，我当时主要是从艾布拉姆斯的四要素——作者、读者、文本以及世界这四个点切入，对2030年及其后这四要素会发生什么变化、作者会变成什么、读者会变成什么、作品会变成什么、文本所面对的世界会变成什么，做了预测。有的人没认真看，他说："你的胆子真大，你太狂妄了，竟然敢预测2030年的文学。"我说："不是这样的，我其实是用一种貌似预测的方式在批判目前文学的一种产业化的趋势。"现在的作家背后都是一个团队，都有策划人，都有粉丝团，还有一个出版机构，他的一系列作品是被打造出来的。韩寒是最典型的，大家都知道韩寒这个神话是打造出来的。我是在批判现实，批判这种文学产业化会对文学造成什么样的伤害，所以认真看的人能看得出来。第三篇《"重回叙拉古？"——论文学"超轶政治"之可能》是关于莫言的，这篇文章被人大复印资料《文艺理论》2013 年第 8 期全文复印。莫言获了诺贝尔文学奖以后很多人批判他，说他不敢批判现实，不敢批判政府，不敢跟现实搏斗，说他是犬儒主义，说他是三流作家，跟诺贝尔文学奖的伦理不相吻合。我通过人们对他的批判来反思一个问题：文学究竟应该如何处理跟政治的关系。这篇文章反响还行，很多学界朋友看完以后都说写得很漂亮，蛮好看的。第四篇就是今天要给你们讲的——《"用背脊读书"——重构文学阅读的意义境域》，强调在这个新的时代背景下文学阅读意味着什么。第五篇标题叫作《"安尼玛的吟唱"》，"安尼玛"是巴什拉和《梦想的诗学》中提出的概念，"安尼玛"指的是心灵，是更理性、更具批判理性的、更内在的东西。我为什么要写这篇文章呢？这是研究《格萨尔》这部史诗中的"神授艺人"现象。因为我今年五月底到过西藏，聆听了当地神授艺人对这个史诗的吟唱，我完全被震撼了。我跟朋友们说，那一瞬间，我的所有的理论都崩溃掉了，简直不可思议。有个西藏大学的大学生叫斯塔多吉，1990 年出生的，9 岁的时候做了一场梦，第二天他就开始滔滔不绝地说唱《格萨尔》了，而他的学习成绩极差，非常差，基本不及格，在初中之前基本不知道《格萨尔》是什么，小学时就更不知道了。可是做了一场梦，第二天就会说唱《格萨尔》了，此后每年他都会做若干次梦，每次做梦后就会多说唱几部，据说他现在能够说到 70 多部（但他自己声称可以说 100 部以上）。100 部以上是什么概念呢？一部《格萨尔》是 20 万字，100 部就是 2000 万字。他可以把目录拿给你，你想听哪一部只管点，你说我想听第几部，他马上眼睛一闭，然后开始说唱，连说带唱，非常精彩。本来想说这个题目，然而胡老师说这个可能很难理解，要选简单一点的。给你们讲这个就是想要告诉大家，我写的这个系列，一篇文章就解决一个问题，很集中地解决一个问题。《小说评论》的主编李国平先生 6 年前就邀请我给他写专栏文章，我当时说"我这个人很懒散，我不喜欢压力，我喜欢自由创作"，所以一直推着没接下这活儿。2012 年在成都开会碰到他，他又提这件事了，我就答应他了。他说，您不用多写，一年四五篇就行，结果没想到我一写就写了六篇。今年把六篇全完成了，现在准备写明年的第一篇。今年第六篇叫《"奥威尔问题"》。奥威尔，大家知道吗？奥威尔是英国的一个作家，专门写那种政治寓言小说，其代表作有《1984》和《动物农场》。美国语言学家乔姆斯基提出来两个问题：一个叫"柏拉图问题"，一个叫"奥威尔问题"。"柏拉图问题"就是说，我们知道的问题这么少，为什么我们产生的知识那么多呢？"奥威尔问题"就是说，我们掌握的材料、知道的知识那么多，可是为什么我们生产出来的东西那么少呢？这第六篇文章，我就研究这个"奥威尔问题"。每篇论文的标题都起得有诗意，内容比较有趣，所以在座的各位可以去看看。

当时我之所以想写这个专栏，想解决这些具体问题，是在考虑一个问题，就是自己回过头来看自己十多年的研究，发现了自己的一些缺点，暴露了很多问题，所以想去克服它，自我超越。应该说我对自己要求比较严格，不随便写东西，当然也不排除会有一些应景之作，有一些赶时髦的东西。现在回过头来看，尽管文章发了不少，大概一百篇，转载率也算是比较高，30多篇，但是真正耐读的文章我自己觉得也就一二十篇。当编辑后，我发现了一些在理论研究中存在的问题，所以我就一直想怎样摆脱一些东西。我想了两条路来解决：第一个是发现我的学术功底不行，对一些传统的典籍都没有理解，没有吃透。针对这个情况我就回到原典，回到先秦，自己读《论语》，也带学生读《论语》，读《老子》。回到原典去，去读一些经典典籍，一句一句读，一个字一个字读。这几年我一直在做这个工作，一边读一边思考问题，也写了一点文章，比如，在孔子研究方面，我就写了3篇文章，大概六七万字吧，然后还有两三篇在思考中尚未写出来。这第一个途径是回到原典，回到传统，把国学的东西重新温习一下或者说补习一下。第二个途径就是，我觉得搞理论的学者不能够满足从书本到书本、从知识到知识、从概念到概念、从逻辑到逻辑，必须面对现实的问题，能够有意识地自觉地去面对当代的文学艺术创作实践。比如，我刚才讲到的我写《格萨尔》的神授艺人，就是因那次"震惊体验"，被它触动以后开始思考，开始从多角度去尝试研究它，把一些原有的理论资源都抛弃，重新去寻找。只有这样，我们的理论研究才能落到实处，而传统的毛病是很多搞文艺理论的人不能抽象上去、具体下来，都停留在知识论层面，这是一个让人很不满意的状态，我自己也存在这个弊病，所以现在开始读当代作品，读小说诗歌，然后关注他们提出的很多问题。我现在一般两三个月写一篇，一旦下决心要写，我就一定写，如果我觉得没必要写，我就不写，我不是为发文章而写文章，是为了解决我的困惑。

我希望在座的各位，在读书的时候也要学会思考一些问题，有时候研究方法、研究路径，可能比最后得出的结论更重要。有的人没意识到这点，还在不断地自我复制或者复制他人。有的学者文章发了三四百篇，但说实话，除了能够获得一些现实的功利性东西以外，没有多少价值。我不希望做学问做成那个样子，我理想当中的学问是有思想的学问，要有用自己生命的体验学问，是牟宗三说的"生命的学问"，这样就不会把文学研究当作一种负担，而是把它当作一件很快乐的事。刚才讲的是个导引，导引很长，讲了 15 分钟，但是里面有我自己的一些反思性的东西，你们也可以对照去思考一些同样的问题。现在我们言归正传，开始讲"用背脊读书"。

一

我在这篇文章的前面引了诗人叶芝的诗句——"没有任何真实的存在，除了你的内心世界"。从这里大家可以看出，我是比较强调一种精神生活的。文章开始时，我是以一种很随意的方式来写的，我念一段就行："有人第一次到你家，发现你那极为可观的藏书。在书架上：有你多年来求之不得的书，有你出于强烈愿望冒着小雨买回的书，有你从不同图书馆里借来的书，有你向别人借到的书，有与你现在的工作相关的书，有你早已计划要看的书，有你现在不需要但某天可能会看的书，有你希望放在手边随时查阅的书，有大家都读过你也应当读的书，有你谎称读过现在下决心一读的书，有你早已看过现在想重读的书，有你可以不看的书，有你不用看就知道内容的书，有你没读过并且肯定不会读的书——它们就静静地待在书架上，皱着眉头凝视一个个到访的客人，投来'威吓'一般的眼神……"

来人忍不住会问："你全都读过吗？我是说从第一个字读到最后一个字……"对于这个问题，可能有好几种不同的答案。第一种："不。我写作时才可能读。"第二种："我一本都没读过。不然我留着它们干吗？"第三种："怎么可能呢，借你十辈子的时间，也不可能全部读完。"第四种："比这还多，我所读过的，比这还多得多。"第五种："只读了一点，其他的以后再说吧……"从读书入手，开始引入，然后我说，这种种回答大多让提问者感到失望，可能还会沮丧。难道不是这样吗？我们有很多书，可是我们跟这些书的约会，可能在以后，很久以后，甚至在来生……来人扑哧一声笑了，"书非借不能读也"。那为什么要收集收藏这些书呢？艾柯说："这是一种知识的保证。"藏书者就像酒徒，喜欢收藏一些好酒，放在酒窖里面，书就像酒一样，把它放在一边，等它慢慢成熟，然后总有一天会下决心看它的，会下决心要把这个酒喝掉的。我看书的方式很奇特，有一些好看的书我舍不得一口气把它读完，我喜欢慢慢吞吞地读，有时候读那么几个月，有时候读一年，都有可能，慢慢地读，这是我的读书习惯，所以说我很自由散漫。

然后我在文中讲道，"你"喃喃自语："这年头，读书人和爱书人不多了，原本具有超凡感召力的书籍，基本上都从人们的视线里消失了……"难道不是这样吗？作为永恒知识的遗存，作为智慧思想的开启，书籍正被互联网、电影、电视、手机、iPad、数码相机等新媒体所挤压了，正逐渐丧失文化旗帜的功能，不再拥有了往日的荣光。即便是在高度专业化的大学，各种理论泛滥，文学被无限地政治化，唯独缺席的是真正的文学阅读。文学系毕业的学生除了满口的外来术语、延伸术语，除了爱说些招眼的、形而上学式的大话外，除了看过改编的影视剧外，顶多知道些中外文学名著的书名而已。所谓的文学教授，个体感情已被压缩成了理性的硬块，个性的棱角早被锉去磨平，文学感悟的大门紧闭着，更不用说以智慧觉察自己，至于培养出什么样的学生，也就不言而喻了。你说我说错了吗？有一次开会时我毫不客气地说："在座有很多博士生导师、很多著名学者，做了一辈子的理论，也搞了一辈子的文学或美学研究，可是连文学是什么都搞不清楚，连什么是美都搞不明白，但是著作等身……"难道不是这样吗？有些教授连作品都不看，给他个作品都说不出个所以然来，做那种学问干什么？那些文学教授连上课都不会，学生听得都昏昏欲睡，我想在座可能都有类似的体验。我上大学的时候比较自觉，为了不在昏睡中度过我的四年时光，我躲到教室的最后一排看自己的书。凡是坐前排的学生全都东倒西歪，头一歪口水就流出来，像黄河泛滥，这种文学教授太多了，对吧？所以说文学阅读在目前就面对这种困境，这种极端的难堪的境况。

然后我自然而然地想到了雨果的《巴黎圣母院》，里面写到那个主教克洛德，他指着一本摊开的拉丁文《保罗书信集注》，右手指着这本书，左手指着黄昏时分的圣母院，满怀忧伤地说："这一个将要扼杀那一个，书将要扼杀建筑。"原来建筑是最早的记忆方式，后来被印刷术、书取代了，所以他说这个要扼杀那一个，印刷术比建筑更为可靠地记载我们的记忆、我们的经验、我们的思想还有情感。但是整整两百年过去了，教堂和建筑仍然活着，没有被摧毁，但是萎缩了、退化了。而现在呢，新媒体技术又对印刷术发起了挑战，互联网、文化产业、移动通信非常兴盛，它们把我们人类制造成了"拥挤的人群"，网络媒介、电视画面流动的图像与文字成为最时尚的休闲。这没办法，历史总是以它的一种片面性来开辟自己前进的道路。希利斯说："印刷的书还会在长时间内维持其文化力量，但它统治的时代显然正在结束，新媒体正在取代它，这不是世界末日，而是由新媒体统治的新世界的开始。"

那这边就提出问题啦，书籍还会存在吗？互联网、新媒介会扼杀书籍吗？这是一个非常矛盾的时代，也是一个孕育无限可能性的时代，所以我们这种"杞人忧天"式的追问是严肃的，也是比较沉重的。

对于大多数人来说，阅读即使没有灭亡也快要走到尽头了。每年我们国家都要做一个关于读书的阅读统计报告——中国人一年读几本书、平均读几本书、读哪一类书，结果放在世界范围来看非常落后，远远落后于俄罗斯、以色列、美国，中国人一年平均读的书没几本，也就两三本而已，读书量越来越少。布鲁姆无限悲伤地声称，"我们正在经历一个文化的显著衰退期"，"我们正处在一个阅读史上最糟糕的时刻，各家的图书馆也难逃此劫"。我在读博士的时候，北京师范大学那儿有个盛世情书店，生意非常好，现在它基本倒闭了，购买书的人越来越少。当然有一部分人是到网上去邮购了，不买它的书，但是总体来说就是读书的人越来越少。可能学文学专业的或做文学专业的会多读一点，或者其他专业的人也会多读一点，当然是为了写论文，为了拿学位，你不读书就写不了硕士论文和博士论文，对吧？那此外呢，中文系的学生有几个还正儿八经地跟我们当年一样读那么多世界名著呢？越来越少。威尔斯有一部小说叫作《昏睡百年》，主人公格雷厄姆，有一天他从昏睡当中醒过来，结果时间已经到了 2200 年，他发现书籍已经成了废弃品，它们已经被影像所取代了，在电视屏幕上播放；书籍甚至被认为是大家都会写的粗鄙的语言。周边的世界不仅没有书，而且拥挤得让人喘不过气，到处是混乱的吵闹的人群，所以他快要崩溃了，哭着求别人把他带到一个小屋子里面单独待着。刚才《昏睡百年》里讲的一个细节，就值得我们思考：为什么曾经被认为是我们的知识依存的智慧的书籍成了粗鄙的语言呢？被认为是任何人都会写的粗鄙语言呢？成了废弃品呢？其实一点都不奇怪，你看我们现在的出版业多发达呀，一年可以出几万种书，报纸每天印刷几十万、几百万份，但是谁能保证有几个纸片能留存下来呢？而像《论语》这样一本书也就一万来字吧，两千多年过去了，一直流传到现在，对不对？那你说我们现在出的那么多的书有几本能流传下去呢？不成废弃品才怪呢？如果是我刚才导入的时候说的那种生产方式，那肯定是废弃品，是垃圾，甚至连同行都不看，更不要说别人啦，是吧？

柏拉图在《斐德若》里讲到，埃及有个古老的白鹭神叫忒伍特（Theut），他发明了文字。当时的埃及王塔穆斯提醒他，有了这个发明，人们将信赖书写，不再练习记忆，"仅凭记号外在地记忆，而不再靠自身内在的回忆"。换言之，书写使人"在灵魂里善忘"。在柏拉图的笔下，苏格拉底将书写分成两种：一是"农作的田间"，二是"阿多尼斯的园子"。阿多尼斯是个美少年，未成年就在狩猎时被野猪咬死。古希腊妇女们在每年仲夏时节举办阿多尼斯节，把种子埋在装着泥土的篮子、贝壳或瓦罐里，这样开出的花儿特别容易凋谢。如果说"农作的田间"是严肃的劳作或专业写作，意味着精湛的技艺，一生悬命的事业，那么，"阿多尼斯的园子"则是闲暇为之的业余写作，意味着外行的粗率行为，容易凋谢。"农作的田间"是真正的书写，它最终指向内部世界、指向精神存在，是智者"用知识写在习者灵魂中，它有能力卫护自己，而且懂得对谁该说、对谁该缄默"；这种写在灵魂深处的文字，自然播下了不死的种子。书写有别，阅读也就有了等次。

苏格拉底告诉我们，一本书并不适合所有的人。他说："一旦写成，每篇东西就以相同的方式到处传，传到懂它的人那里，也同样传到根本不适合懂它的人那里，文章并不知道自己的话该对谁说，不该对谁说。"所以在多数情况下，没有经过教，学生们就听说了很多东西，于是他们就会对许多其实根本不懂的东西发表意见，结果是很难相处。因为他们得到的仅仅是智慧的外观，而不是智慧本身。那按苏格拉底的说法，真正的书写是指向内部世界，指向人的精神的存在。可是在当代，在未经过过滤、真假难辨、不断争执的信息面前，人们的"身外之物与内在的东西就闹了别扭"，信息变得很混乱。从这个意义上说，真正的阅读是必须要教的，必须要教才能够掌握的，没有正确方法的阅读，只会让人捕捉住智慧的外观而沾沾自喜，这是苏格拉底的智慧告诉我们的一点启示。

但是，两千多年过去了，我们现在还是回避不了苏格拉底当年的预言，多数的人是"凭借记号外在地记忆"，少数的人是栖息于"内在的回忆"，苏格拉底预言中的那两极，那两种写作方式，现在就一一得到验证。所以我们看到在互联网上碎片化虚拟的语言盛宴——"阿多尼斯的园子"处处绽放，"农作的田间"日渐萎缩、荒芜。与此同时，两种界限分明的阅读方式也被人混淆了，大家都在谈论自己没有读过却几乎无所不知的书，而大部分的书却仿佛进入了漫长的睡眠状态，这就是现代的阅读危机。让我们再次面对苏格拉底当年的忧虑，即所谓的阅读危机：一方面在于人们不读书，另一方面在于不正确地读书。那么该怎么读呢？不读书那就很难解这个问题，可问题是我们为什么要读，该怎么读？这是联系在一起的问题，对不对？现在的孩子就是不读书，我亲戚的孩子就不读书。暑假的时候我家来了三个孩子，一个是大学生，两个是初中生。我太太诗人安琪说，我们家那么多的藏书，让他们从福建来北京，到我们家住上半个月、一个月熏陶一下，我们都读书，看他们读不读书。她把小孩们从福建请到北京来，结果没想到，我太太陪孩子们去玩，我在家读书，孩子们回到家后第一个工作是摁一下开关，把空调先打开，然后把 ipad 拿出来，把手机拿出来，全部都躲在房间里去玩，从来没有摸过我书架上的一本书。我给他们推荐了一本很好看的书，他们看都不看，然后玩够了就回福建去了，就这个状态，就不读书，你怎么"熏"也没用，活生生的现实就是这样。

二

法国有位电影界的泰斗叫作卡里埃尔，他说："阅读的关键，不在于不惜任何代价地看或不惜任何代价地读，而在于懂得如何实践这一行为，并从中汲取基本而持久的养分"，"一本伟大的书永远活着，和我们一起成长衰老但从不会死去。时间滋养、修改它；那些无意义的书则从历史的一边略过，就此消失"。他告诉我们一个很简单的道理，就是说阅读是一种个体的活动，是我们这个阅读的主体通过阅读建构了一个世界，这个世界是属于我们自己的，属于自我的充满意义的世界，它是由读者的诗语跟文本的诗语融合而成的，读者在文本的招引下不断地前行，不断地延伸，不断地扩展，无限地运动。

阅读是这么种状态，所以阅读是需要理解，要进入、要认同而且跟自我有关的，我们必须意识到这点。我们为什么对书感兴趣呢？在相当大的程度上是对自我感兴趣，当你在接触、阅读一本书的时候，我们不是暂时地被引入文本的世界中，而是我们就在当中，彼此相遇，彼此对话，生成了一个意义的世界。在阅读过程中，自我视野不断打破又不断形成，不断修正又不断扩充，不断更新又不断提升：这比从书中获取某种知识重要得多。我们认识了外部世界，更是与自我遭遇，认识了自己。为什么会这样呢？因为我们是人，具有马克思说的那种人的特性。马克思说过："一个种的全部特性、种的类特性就在于生命活动的性质，而人的类特性恰恰就是自由的自觉的活动。"人是有限地、时间性地存在，时间不仅是人的生命尺度，还是人的发展空间。不确定性是人生存的本性所在，"给不确定者以确定"（柏拉图语），则是生命永不停息的根据和生成的根据。比如，我现在基本上可以确定我能成什么样了，而你们现在或者说上大学的时候肯定不知道自己该做什么，对吧？对自己是充满困惑的，但是随着阅读量的增加，慢慢的，你就会逐渐地确定自己的很多东西，这是很重要的。所以但丁说过，"在任何行动当中，人的第一个意图就是要揭开自己的面貌"。我们每个人就是靠阅读，靠几次遇见自我，来理解自我，来维持生存的。这是一个非常重要的过程。

卡里埃尔说："一本伟大的书的权威性、通俗性和现实性就在于此：我们打开书，它向我们讲述我们自己。因为我们从这一刻起真正地活着，因为我们的记忆获得补充，与书相系"，"有时是具体发现，有时却是个人发现，人人都可以实现的珍贵发现，只须在夜里拿出一本早已被遗忘的书"。所以书是随时跟着你的，我的朋友都知道，像胡老师到过我家知道我家到处都是书，三个房间都有书，书房有书，两个卧室也有书，睡觉前随便翻一本书，看到想睡了，灯一关就休息了，这就是书生的生活。真正意义上的阅读应该是"六经注我"，也就是自我的开启、理解和建构。"六经注我"，书让我们进入一个通过其他方式无法获得的一种"可能的世界"。我讲的这些对于现在的很多年轻人来说就像天书一般了，像猎取食物一般浏览的现代的阅读者，对此已是一无所知了。

人们一般喜欢读的是实用性的书。在很多社会上的人看来，包容万象无所不及的文学没用，因为它不能从政治上改善人生（这是政治家的职责），不能从技术上改善人生（这是工程师的职责），不能从医学上改善人生（这是医生的职责）……文学可能不是生计甚至生存所需的，但文学的"无用"不等于"无为"。跟那些经世致用的书不同的地方在于，文学给我们呈现了一种形式的魅力和完美的幻象，给我们呈现了作家内心的独白、自我的表现。所以，俄国的形式主义者什克洛夫斯基说，文学"只是烛照道路，但并不筑造道路"。它只是照亮一条路而已，它并不会给你搭建一条路来。我觉得他说得很有道理，文学搁置了很多历史的现实的问题，在暗淡的时光中审视着我们的存在，它给我们的力量是很缓慢的、绵密的、恒久的，渗透我们生命。它让我们感受他人的存在，认识存在的很多可能性，体味生命的神秘以及生命的价值，我们这种沉重的肉身从中能够获得一种心灵的洁净和轻盈。这种"无用之用"是一种更大的"用"。前几年北京大学和清华大学好几个硕士、博士都出家了，而且很多还是理工科的学生。其中有一个数学天赋很厉害，高中就开始破解国际性的数学难题，被北京大学破格录取到数学系，但本科还没有毕业他就到龙泉寺去了，他就觉得自然科学无法解决他的人生困惑，他要解决人生困惑所以他就找到了宗教，皈依佛教，出家去了。对于一个人的生命来说，存在可能更重要，我们每个人都要寻找到一种力量来支撑自己的存在，否则的话，就可能有不同的选择，所以说文学的"无用之用"是更大的"用"，阅读文学所获得的精神享受和自由感是其他东西无法取代的。如果一个社会不再重视文学，那么我认为这几乎是致命的自绝于创造并扼制了人类文明精华的推动力。对于文学的这种超功利性，人们可能不以为然，而渐渐丧失了阅读文学的热情。但是我个人并不悲观：当我们行走在人生边上，肺在呼吸而大脑却透不过气来时，自然就会意识到阅读文学的重要性所在。

黑格尔说得很精辟："艺术对于人的目的在于使他在对象里寻回自我。"人类之所以须要充满诗性的文学，是为了更好地理解世界——仅仅向我展现的，只是与我的具体存在有关的东西，进而认识自己，超越自己。理解文学作品的意义，就是结合我们自身的境况，将它组合进每个人的自我理解之中，通过另一种自我的可能方式与自我对话。明清之际的文学评点家金圣叹说，《西厢记》"盖皆我自欲写，而于古人无与"，又说"圣叹批《西厢记》是圣叹文字，不是《西厢记》文字"。这是一种自我的建构，一切真正的文学，都是人类自我意识最适当的表现形式。在伟大的文学作品里，存在着一条我们自己与无限之间的通途。生命的渴望，命运的无常，莫名的恐惧、焦虑和迷惘，都在其中一一展现，生命律动的洪钟不时轰然作响；倾听存在吐纳的各种声音，我们超越了世间悠悠万事的困扰，分明感受了一种快乐中掺杂沮丧之缠绕的愉悦。

这种愉悦就是文学阅读当中非常重要的一种审美的反映，意大利的小说家卡尔维诺，他认为阅读好像男女的欢爱，能够让读者感到很爽，他说男女的欢爱跟阅读最相似的地方在于，他们内部都有自己的时间和空间，区别于那种可计量的时间和空间，因为男女的欢爱和阅读都是通过节奏，通过运动，通过反复来追求一种高潮的过程，当然我们不要仅停留在字面上来理解，卡尔维诺其实强调的是"阅读是愉悦的"。剑桥大学的一个批评家克默德在他的《阅读的至乐》一书中，将愉悦引入了文学经典讨论的范畴。他认为，一部作品能成为经典，首先必须具有美学价值，为此，它必须达到两点要求：其一是作品最终将带给读者愉悦的感觉；其二是作品一定要有新意。如果作品最终能够带给我们愉悦的感觉亦有新意，那么它就有美学价值，就有可能会成为经典。

西方文学批评史上有很多关于愉悦的讨论，我简单讲一下。比如，亚里士多德他说，愉悦是怎么来的呢？是艺术本身唤起了我们的悲悯、恐惧感，并且使它进化，当然也可以是由于作品的技巧、着色、音调、节奏这些形式的因素令人喜爱。柏拉图说，痛苦是机体内部无序的结果，使无序状态复原也就得到了愉悦；他还提道，对痛苦焦虑的恐惧本身是痛苦的，从恐惧中得到缓解或解脱的期待则是愉悦的。17世纪英国经验论派的趣味理论认为，人具有一种特殊的趣味能力——艾迪生称之为"想象"，哈奇生称之为"内在感官"，休谟称之为"人心的特殊结构"——当它对被观赏对象的某些特性起反应时，便产生了审美愉悦。康德认为，当对象的形式适应于人的心意能力，使主观心意能力可以自由、和谐地活动，因而具有"主观的合目的性"，这就形成了审美愉悦。桑塔亚纳指出，当人的感觉因素联合起来投射到物上并产生出事物的形式和本质概念时，这种感知过程本身就是愉快的。弗洛伊德认为，遵循快乐原则的本我在无法得到满足时产生了紧张感，在艺术创造和欣赏过程中，这种紧张感得以释放、缓解，使艺术家和欣赏者感到愉快。D. E. 伯莱因提出"唤起变化"说，按照他的看法，唤起是和观赏者的认知冲动、探索行为相联系的，由于情感和认知互相联系，观赏者的认知活动导致了审美的愉快……

但不管怎么样，就像美国学者奥尔特所总结的一样："文学给人愉悦，部分是因为它吸引我们更敏锐地去识破语言的智谋，或更深刻地去认识我们是谁，我们的世界是怎样的；这种洞察力可能是令人沮丧的，也可能是令人愉悦的，或两者都是。当然，还有其他方法来审视它们的深奥之处。不管文学的主题、心境和形式是什么，文学给人愉悦还因为在见证纯粹词语魔力的运用和对想象的建筑家式把握的时候，我们也经历着喜悦与欢愉。……当然，阅读的愉悦不纯粹是美学的，也不纯粹是文本形式特征的结果，它经常被作品里表达的价值所影响。"

三

但是现在的读者已经感受不到这种愉悦了，现在的读者宁愿去看广告，宁愿去看电视，也不会去阅读。为什么呢？因为现在的读者丧失了一种能力，丧失了把文字转译成一种意象的能力。文字这种东西首先经过我们的眼睛，再经过大脑的理性分析，然后才产生一种意象，而广告、电影、图像更多的是一种直观的东西，它不需要经过理性的破译。所以如果阅读消亡的话，那么我们人类的这个破译能力自然就消失了，我们就缺乏了一种想象力，缺乏了一种判断力，缺乏了跟其他人共鸣的这种能力，这个是值得警惕的。

观看广告是不需要大脑的，比如，人们熟知的亨利奥香槟酒广告："香槟一瓶，玫瑰一支。玫瑰变得红艳、含苞欲放，镜头拉近，玫瑰变大，显得肿胀；心脏的搏击声夸张地充满了大厅，加速，变得兴奋、发狂；瓶塞开始被慢慢地、不容置辩地从瓶颈中拔出来，变大，贴近镜头，上面的黄铜丝绊一一脱去；心脏撞击，撞击，玫瑰膨胀，还有瓶塞——啊！突然心跳停止，瓶塞蹦出，香槟的泡沫沿着瓶颈缓缓流下，玫瑰变得苍白并自行闭上花瓣，紧张气氛渐渐弱化。"这是一则蕴含色情欲望的广告，它运用非理性感觉的手段即一连串的符号，象征浪漫、激情、欲望的满足，将人的幸福感同性欲的满足联结起来，最后以香槟酒来保证这一幸福感，准确无误地指向理性目的：最大化地攫取商业利润。

广告的指向是这样，而文学不是这样的，文学不是这种物欲的、肉欲的、无节制的追求，不是这种催眠式的满足。文学阅读的愉悦是一种自我认识，是一种自我评价，是让我们过一种"内心的生活"，洞察我们自身历史发展的历程，感受内在的世界，文学阅读的愉悦其精神向度是向上的而不是向下的。大家可能知道在 1771 年 10 月 4 日，在法兰克福的莎士比亚的命名日纪念会上，歌德发表了一篇演讲，他在谈到自己读莎士比亚作品时的感受时，说："我初次读到他的著作的第一页后，就使我一生都属于他了；当我读完他的第一个剧本时，我好像一个生来盲目的人，由于神手一指而突然就是天光。我认识到，我极其强烈地感到我的生存得到了无限度的扩展。"这是一种内在性灵的充盈和发现，大家可能在阅读的时候也会有这种类似的体验，一部作品深深地影响你，影响你一辈子。我以前上课的时候给学生们讲过我自己的阅读体验、我为什么会选择文艺理论研究、为什么选择文艺学专业，是因为大学一年级的时候读了一本书，那本书让我一瞬间知道了文学能做什么，我能做什么，让我知道我喜欢什么，然后大学四年就拼命地读书，后来考硕士研究生，第一次失败了，第二次又失败了，还不放弃，第三次成功了，然后考博士一次就考上了，就这样朝着我的目标越来越近了。那本书让年少轻狂的我产生了一个野心，那就是要做别林斯基，做中国的文学批评家、思想家、理论家。我觉得文学魅力太大了，像别林斯基，能发现一批天才式的作家，好伟大呀，那些作家才发表一篇处女作，别林斯基马上就能发现他的潜质，然后去引导他。他就有这个敏锐的眼光，所以当看到别林斯基这么伟大时，一瞬间我就知道文学是有可为的。一本书，它就能够让你一瞬间找到你的方向，确定你的人生目标，也就使生存得到了无限度的扩张。

英国有个学者叫特伦斯·霍克斯，他指出："诗歌话语把话语的活动提到比'标准'语言更高的程度。它的目的不只是实践的，或认识的，只关注传递信息或详细描述外在的知识。诗歌语言的自我意识、自我认识是非常强烈的。"他认为诗歌的语言有一种很强烈的自我意识，那为了说明这点呢，我这篇文章里面就剖析了我太太安琪的一首诗。我朗诵一下这首诗，你们慢慢品味一下，诗题叫《风过喜马拉雅》。

想象一下，风过喜马拉雅，多高的风？／多强的风？想象一下翻不过喜马拉雅的风／它的沮丧，或自得／它不奢求它所不能／它就在喜马拉雅中部，或山脚下，游荡／一朵一朵唤着未被冰雪覆盖的小花／居然有这种风不思上进，说它累了／说它有众多的兄弟都翻不过喜马拉雅／至于那些翻过的风／它们最后，还是要掉到山脚下／它们将被最高处的冰雪冻死一部分／磕伤一部分／当它们掉到山脚下，它们疲惫，憔悴／一点也不像山脚下的风光鲜／亮堂／我遇到那么多的风，它们说，瞧瞧这个笨人／做梦都想翻过喜马拉雅。

　　就这首诗，听懂了吗？写得怎么样？好在哪儿呢？在一个世俗的时代，诗人顺从自己的本性走向远方，去追寻、去创造属于自己的诗意人生，孜孜于不可名状的寻索。安琪出道很早，1990 年代初就出道了，现在经常到首都师范大学开诗歌研讨会。她在 1995 年就凭四首长诗获得了诗歌柔刚奖，当时仅仅 26 岁，非常年轻，这个纪录还没被打破。后面还拿了好多大奖，她的长诗写得非常好。她当时已经成名，完全可以留在福建，但是她为了诗歌来到了北京，她说必须到北京，她的诗歌创作才会有更大的突破，所以就来到北京了。她就是这么一个有追求的人，不断追求诗歌、追求梦想，为什么呢？她一直想翻越喜马拉雅山，明白不？想翻越喜马拉雅山！她要是没这种体验，她是写不出这首诗来的，她有这种体验就能写得出来。在这首诗里面，"风"是一种隐喻，隐喻追求人生目标的各种人物。"喜马拉雅"的意象，则让人联想到"苏格拉底的麦穗"。当年，苏格拉底把弟子们带到一片麦田，让弟子们到麦田里选摘出最大的麦穗，但只能往前走，不能回头，而且只能摘一支麦穗。显然，"苏格拉底的麦穗"也是一种隐喻。在短暂、偶在的人生之途，何谓"最大的麦穗"？我们能遇到并将它识别、择取出来吗？"喜马拉雅"似乎与"苏格拉底的麦穗"一样，都是遥不可及、高不可攀，或可遇而不可求的。兴许一个有所追求、有所寄寓的人生，便是"最大的麦穗"。在自我寻觅、选择和坚持中，诗人细腻地区分、沉思着各种自觉行为，以及他们所企及的不同人生胜境：或踌躇满志，或知足常乐，或壮志不已。诗人以精妙的语言为媒介，通过抑扬顿挫的节奏，不断控制着读者的阅读过程，让我们反复领悟人生，领悟精神的深邃与丰富。

　　福建有个诗评家叫邱景华，他对这个文本做了很细的分析。概括来讲，第一节写的是艳羡翻过喜马拉雅的风（"多高"，"多强"），否定翻不过喜马拉雅的风（"沮丧"——这是一般人的看法和见识）。第二节呢，肯定了翻不过喜马拉雅的风（"不奢求它所不能"的"自得"，自得其乐地"游荡"，表现了一种人生智慧）；接着，再一次否定翻不过喜马拉雅的风（"不思上进"，满足现状的从众心态）。到了第三节，又否定了翻越喜马拉雅的风（"疲惫""憔悴"），否定的同时又肯定了喜马拉雅的风（"光鲜""亮堂"）。因为它翻不过去，所以光鲜、亮堂，没受过伤，完整无缺。翻过去掉下来呢？则会摔个半死，摔得遍体鳞伤，一点不光鲜、亮堂。然后到了第四节，又否定了第三节的内容，"瞧瞧这个笨人"，明知道翻不过，"做梦都想翻"。所以整首诗是肯定—否定、否定—肯定，各节不断地循环在一起，形成一种内在的圆形结构。这种圆形结构是不断循环的，所以我们在读它的时候，也不断地含糊——到底哪个好呢？到底是翻过喜马拉雅的好呢，还是不翻的好呢？到底是翻过的好，还是不翻过的好，还是只到了半山腰的好？这些风都存在着它的合理性。诗人并没有一味地片面强调某一种选择。这就是这首诗的复杂性，这是一种含混。燕卜荪所说的"含混"，指朦胧、多义性。

真正的诗歌就是这样，它诠释了生命所具有的某种特征。《风过喜马拉雅》其实抒写了三种境界。第一种境界，是极少数的人所能达到人生的最高目标；第二种呢，是多数人只能实现一部分目标，知足常乐；第三种，则是把最高的目标当作一种人生的信仰，虽不能至，心向往之，奋斗不已。也就是诗里面所说的"笨人"，"我"就是这样的笨人。所以诗人对于人生的索解充满了人性的深度，表现一个成熟的人生视野，用宽容而博大的胸怀来面对人生。当然，我们也可以从中读出来一份执着，读出来一种淡定。哪怕是翻不过，只要翻了，失败了也无所谓，所以她自嘲为"笨人"。这是一种自嘲，一种淡定。这种淡定让我们想起了哲学家弗兰克所说的："人通常只注意到'短暂性'所余下的残株败梗，却忽略了过往所带来的丰盈谷仓。而事实上，没有一样东西可以被毁灭，也没有一样东西可以被废除。存在过了就是一种最确实的存在。"人生就应该表现这样一种淡定，生命对于每个人来说就只有一次，每个人只要尽自己所能、尽自己的力去做每一件事，至于做得怎么样，那就顺其自然。

《风过喜马拉雅》这首诗就是这样一个开放性的文本，显现了一个自我发现的过程，敞开了个体存在的各种可能性，然后当我们读这首诗时，就被它引导，参悟人生，参悟宇宙。这首诗让我们重温了体悟人生的重要时刻，使一时的风光霁月不致消隐得觅不着一点踪迹；也让我们看到，所有的好诗都是含混的，读者欣赏诗歌的过程，实际上就是内心形成诗歌的过程，每个人读诗都会产生不同的感悟。

我最初读它的时候，以为它完全是励志之作，就是鼓励人去翻越。后来慢慢地品味，才发现它不是。它的文本意思是很丰富的、很多层次的，而这首诗所呈现的就是诗人的真切生命体验，是生命价值超越的心灵之声，可称之为诗人的精神自画像。阅读这样的诗篇使我们的生活体验突破了狭窄的生活范围，变得无限广阔，产生一种强烈、恒久的愉悦。

四

小说是同样可以获得愉悦的。在我这篇文章里，讲到了《约翰·克利斯朵夫》，这部小说对我的影响非常大。我是 1989 年上大学的，1993 年大学毕业。这部作品是长篇小说，我细读过两次，你们读过吗？罗曼·罗兰杰作的《约翰·克利斯朵夫》，傅雷翻译的。为了写这篇文章，在我重新读它的时候，又发现一个很有意思的地方，这篇小说是以贝多芬为原型，来塑造一个音乐家、一个天才的整个成长历程。他诞生，成长，发展，最后到达生命的彼岸，成为自己的主人。所以从小说中，我们可以看到，这个主人公不断地认识自己，研究自己，最后战胜自己，投入生活当中。在这整个过程当中，他左冲右突，遍体鳞伤，但是仍然苦苦地追寻。他经历几次挫折，一直试图寻找到他梦想当中的法兰西精神。小说中有这样一段话，我念一下，这段话写得很美。"在法国思想的高峰上，一般通体光明的心灵在幻想；克利斯朵夫从山顶上向脚下的山坡瞧去，只看见一群群英勇的人为着一种活泼的信仰——不管是哪种信仰——在那里奋斗，永远想攀登高峰；他们向着愚昧、疾病、贫穷，发动神圣的战争，一片真诚地致力于发明，征服光明与天空，那是科学对自然的大规模的战斗；在山坡上比较低一些的地方，一群默默的意志坚强的男男女女，善良而谦卑的心灵，千辛万苦才爬到半山腰，因为不能再往上，只能抱残守缺，过着平凡的生活，暗中还是非常热烈地拥抱着牺牲精神；山脚下，在险峻的羊肠小径中，多少偏执狂的人，多少盲目的比拟，为了一些抽象的思想拼命扯做一团，不知道在环绕他们的石壁之上还别有天地；再往下去是一带潮湿的池沼和在污泥中打滚的牲畜了。可是沿着山坡，东一处西一处地开着些艺术的鲜花，音乐发出杨梅似的清香，诗人唱着如流水鸣禽的歌曲。"

你们想到什么，是不是跟安琪所描写的那首诗的状态相似？也有不同的人在攀登不同的高峰，每个人处在不同的状态、不同的处境当中。是不是有种秘响旁通的互文性的东西在里面，很相似。在罗曼·罗兰的笔下，也有这么几类音乐家：第一类是缺乏自由，善于扯谎，偏执攀比，作品几乎都是做出来的"御用乐师"，他们位于艺术高峰的"山脚下"；第二类是意志坚定、默默耕耘，但心有余而力不逮的音乐家，他们位于艺术高峰的"山坡"；第三类是历经数次脱胎换骨，清静恬适，返璞归真的音乐大师，如莫扎特、贝多芬、晚年的克利斯朵夫等，他们位于艺术高峰的巅峰。但我们也看到，罗曼·罗兰并没有简单地否定哪一种，他认为每个人只是抵达了不同的艺术境界，都是有意义的。罗曼·罗兰很明确地说，"每个生命的方式是自然界一种力的方式"，所以并没有绝对地肯定或否定哪个，对于每一种状态，他是同情的、理解的。这个作品是能够给你启发的，是能够触动你的心弦的。比如，刚刚讲到我年少轻狂，大学时代我无数次对自己说，"我是属于21世纪的，我要做21世纪中国的文学理论家、批评家"。可是现在看来我做不成，因为发现我的学术功底不行，根基不行，成不了大器。但是我也不沮丧，我现在就想我要尽我所能，能做成怎么样就做成怎么样。原来有段时间很失望、很绝望，觉得我的理想遥遥无期，不可能实现。有一次，一个朋友开会时碰到我，就把我拉住了，问我："子林呀，你升官了没有啊？"我说："做学问就做学问嘛，干吗要当什么官呢！"那个朋友接着说："你做学问，能超过王国维吗？能超过陈寅恪吗？能超过钱钟书吗？"然后我反过来问他："你当官，你能超过曾国藩吗？能超过张之洞吗？能超过李鸿章吗？能超过国家主席吗？"他就没话可说了。这里面有点禅宗的东西在里面，每个人就应该这样自然而然地生活着，奋斗着，存在着，就够啦。不能说因为我做学问达不到他们的高度，那我就退下来不做学问了，抛弃我的爱好，抛弃我的生命的一部分，然后我去当官。那只是换了一种不同活法而已。而且我觉得那种活法对我来说要命啊，我这人最怕当官了。我曾经当过私立大学北京人文大学文学院的常务副院长，我在家看书看得好好的，然后一个电话："院长，车已经在楼下了，您过来开会吧。"然后书放下，噌噌噌下楼，然后把我带到学校。到学校了坐下来，听校长念文件。听得我昏昏欲睡，整天的时间都跑掉了，没法干活，这样几次之后我就火起来了，不干了，辞职了。这违背我的本性啊，我就当了一年的常务副院长，然后主动辞职了。我说："不做不做，我还是做我的学问吧。"我觉得每个人应该本着自己的本性来生活，这样过得更充实。现在的我，一边当编辑，一边写文章。我认识很多朋友，经常跟他们进行交流，学到了很多书本上学不到的东西。对于自己的文章，我也在不断地揣摩，不断地想办法突破，像作家一样写作，写的第二部作品要超过前面的作品，不要自我重复，不要故步自封。不断地调整自己研究的方向、研究的路径，这样就不断突破了。当然我就是个杂家，不是专家。我研究的东西很乱，古代文论、西方文论、中西比较诗学和现当代文学都做，我今年年初还写了本"文革卷"的文学史，写了近五十万字，已经给三联书店了，明年应该能出版。所以我是个杂家。我看重的不是书而是论文，一篇论文解决一个问题，经过长期地思考，然后把它解决。回过头来，刚才说到，你看小说，你读诗歌，这时候其实是在认识你自己，不要忘记这点。当你认识到自己以后，你的困惑被解除了，那当然开心了，那当然愉悦了。所以阅读，它的意义就是认识自我，通过认识自我获得一种愉悦感。我是用一种形象的方式来说明这个道理，没有用那种逻辑的抽象的方式来说明。这篇文章被读者看到以后，他们说这篇文章写得很好看啊，很有意思，能够给人很多启发。

五

每个人都可以从读书当中获得很多快乐的，当然了，如果我们不去这么阅读的话，那就很可笑了。比如，有人说罗曼·罗兰的《约翰·克利斯朵夫》是为贝多芬写的传记，这就是我们古人所批判的"胶柱鼓瑟"。这种方式的解读就是"胶柱鼓瑟"式的解读，这种解读完全辱没了小说，他们忘了小说是一种艺术。还有的评论家说，克利斯朵夫是个人奋斗，是人道主义的典型，是个人精神反抗的"悲剧性英雄"；然后进一步说，小说客观上提出了改造社会的问题。我觉得莫名其妙，我怎么就读不出有改造社会的意思呢。我觉得，这就是墨守成规的庸俗社会学的政治批评，我对这种批评嗤之以鼻，这是离我们很远很远的东西。所以我比较讨厌现在的文学界中的一些人非得把文学再度政治化，我不喜欢。文学能做多少事，莫言说，"我的文学是超越政治的，超越党派的"。你们去看我那篇文章《"重回叙拉古？"——论文学"超轶政治"之可能》，在《小说评论》2013 年第 3 期，在那篇文章里面我把一些想法写出来了。

文学批评是一种"无用之用"，它通过自我意识的生成，让我们成为真正意义上的人。所以在文学阅读当中，心灵的对话是最为根本的特质所在，在这种自我理解的阅读过程当中，我们超越了时空的界限，将幻想融入生活，又将现实化为梦境，使沉重、浑浊的肉身变得轻盈、洁净，充分体会到生活是有趣的，生命是美好的，人生是有价值的——这是一种难以言传的愉悦！因此我比较赞同布鲁姆的观点："审美只是个人的而非社会的关切"。向伟大作品致敬的方式就是阅读，由此我们走向了生命，走向了人生的深处。我在文章里讲道，我第一次阅读《约翰·克利斯朵夫》是在1989年，第二次是在1993年。第一次阅读是在我刚入学的时候，进了一所不理想的大学，感觉到整个人都崩溃了，被毁了；当时这不是我一个人的感觉。我现在参加同学会的时候，很多同学都说自己被那个学校毁了一生。我说："不，我要感谢这个学校，要没这个学校，就没我的今天。"然后他们说："那是因为你是成功者，而我们没有成功。"当时我们两个班的同学百分之九十都是被调剂过去的，不是自愿报的那个学校。1980年代的时候，师范类的学校是没人报的。号称太阳底下最光辉的职业，其实是高考报志愿时最少人报考的职业，当时教师地位很低的。填报志愿的时候有一栏"如果没被本专业录取，是否愿意接受调剂"，你只要写"愿意"，就把你调到师范类。我就属于这种情况。到了那个学校，那个学校简直是不可思议。老师讲课基本就是念教材，他自己不做学问，没东西可讲啊。所以我说"睡倒一片"，就是这个原因。你看不到未来，你就想："熬吧，熬四年，熬到一个文凭，然后就到中学教书吧，一辈子就这么过吧，了此一生！"当时我就是这样想的。后来我就读《约翰·克利斯朵夫》，这本书是我大哥推荐我读的，我大哥是美国哈佛大学的博士后、生物化学家。当时他在上海科学院生物化学研究所念硕士，然后鼓励我考研究生。后来我本科毕业了，他去美国读博士了。我的大哥是我的导师一样的引路人。他当时推荐我读《约翰·克利斯朵夫》，因为他读过后被感动了，他也让我读，我一读也被感动了。从此，我知道了，要成为一个我们所谓"伟大"的人，要成为一个有出息的人，成为成功者，是必须经历很多很多磨难的。作品里面那个克利斯朵夫吃的苦比我多得多，受的罪比我还多，我算什么呀，不就高考一次失败了嘛。我马上就得到安慰了，那种焦虑感就被缓解掉了。然后找到方向，自觉去奋斗。就是这么走下来的，这本书影响了我。还有1993年大学毕业，第一次考研失败了，英语差两分没被录取，然后就回农村教书了。我苦读了四年书，居然就失败了，感觉好像白费力气。那是个致命的打击，当时我的同学有的还考到复旦了呢，一下子成功了。我第一次考研没考上，然后灰溜溜地回到农村。我在一篇回忆录性文章里写道："好像一只苍蝇，兜了一圈，又回到原点了。"那时候多失落呀，后来再翻一翻这部小说，又重新得到一种力量。所以一直坚持，好歹到最后考出来了，要不考出来的话，可能我就在福建的革命老区，在深山老林里面带着一拨又一拨的孩子，做孩子王呢。所以，我们从这部小说里面是可以找到一种力量的，能够找到赋予自己存在意义的普遍公式。在我们的生命里，我们总在找一个与我们的来源有关的故事，它让我们知道自己如何出生，又为何活着。文学就是有这个特殊的价值，因此在海德格尔那里，他把文学艺术比作一条林中路，比作一条通往意义圣地的林中路。

那么，怎样才能领略到文学阅读的愉悦呢？纳博科夫提出："心灵，脑筋，敏感的脊椎骨，这些才是看书的时候真正用得着的东西。"又说："虽然读书时用的是头脑，可真正领略艺术带来的欣悦的部位却在两块肩胛骨之间。可以相当肯定地说，那背脊的微微震颤是人类在发展纯艺术、纯科学的过程中所达到的最高的情感宣泄形式。让我们崇拜自己的脊椎和脊椎的兴奋吧。让我们为自己是脊椎动物而感到骄傲吧，因为我们本来就是头部燃着圣火的脊椎动物。人脑只是脊柱的延续，就像烛心穿过整根蜡烛一样。要是消受不了那种震颤，欣赏不了文学，还是趁早罢休，回过来看我们的滑稽新闻、录像和每周的畅销书吧。"所以，纳博科夫主张用两块肩胛骨之间的脊椎骨去领略作品带来的快感，这是一种审美体验，是身体内部的化学反应，对美进行非逻辑演绎的直觉把握。面对伟大的文学作品，一个优秀的、成熟的、思维活跃的读者，两只眼左右移动，一行接一行，一页接一页，自由穿梭于不同的时间空间；当他看书看到两遍、三遍、四遍时，就能将全书一览无遗，然后动用自己所有的感官、天分、记忆、想象和情感，细细品味文本的各个细节，细致解析文本的结构和风格，便真正接触、领会了其中最有兴味的内容。纳博科夫说，只要"在读者作者双方心灵之间形成一种艺术上的和谐平衡关系"，就可以"尽情享受，无妨声泪俱下、感情激越地享受伟大作品的真谛所在"。用脊椎骨读书，就是要感受它，要充分调动你的生命的体验，不是那种纯逻辑的东西，它应该是一种直觉性的。因此我说："苏珊·桑塔格的建议是正确的，我们应摈弃干枯的理性主义阐释，学会去更多地看，更多地听，更多地感觉。"面对文本，一定要去感觉它，用脊椎骨去读书。

当界面代替纸面，图说代替言说时，文学似乎日暮途穷了。然而我们别忘了，媒介学家麦克卢汉说过："诗歌小说在大众传媒的洪流里边，就像一些几乎被淹没的孤立小岛，但谁又知道它们最终不是我们温暖的一小块绿洲呢？"

最后我是这么写的："你还犹豫什么呢？用背脊读书吧！"我的演说到此结束，非常感谢各位。

提 问 环 节

主持人（胡疆锋） 非常感谢吴老师用诗一般的语言给我们讲述了关于文学阅读和文学研究的一些心得体会，我听了以后收获非常大，但是我还是想把时间交给大家。同学们有什么疑问，有什么想法，你们先来说。

问：您好。我想占用您几分钟的时间来和您交流一下，谈几个我一直比较疑惑的问题。首先，我先说说我听完您的讲演之后的感受吧。之前我也曾想过文学阅读的意义，看到您的讲座海报后，我就回去想了一下。我觉得现在包括互联网等在内的传媒都在追求一种新鲜感和及时感，大家都沉浸在表面那种虚假的信息内，对于微信、微博信息我们都会盲目地转发而逐渐丧失反思的能力。所以我觉得阅读能让我保持一种真实存在的谦卑感，能让我有那种精神上的追求。

然后，我觉得当今阅读不太受重视的原因：第一个就是我们太物质化了，我们从小读书时家长就告诉我们"好好读书，以后挣钱，找好工作"，我们就是在这种观念下被培养出来的。第二个就是阅读受到了权威的压制，比如，我们要读杨沫的《青春之歌》，就多多少少有些政治的影响，所以这些也压抑了我们对阅读的欲望吧。

您刚才也谈到了阅读是一种个体化的活动，我认为阅读就是越来越孤独。在这样一个商品化的社会里，我觉得阅读实际上是一种让人感到非常孤立的行为。比如说，我就经常去读书，包括进行一些创作，周围一些人就认为我非常与众不同，经常嘲讽我。我觉得机器工业培养的这种群体思维当遇到一个不同思维的人时，就会产生一种排斥的行为。所以我也感到有些孤独。之前读过法国作家夏尔·丹齐格的《为什么读书》，它的副标题是"毫无用处的万能文学手册"，里面列出了三十多种为什么要读书的理由，包括为了趣味而读书、为了理性而读书、为了工作而读书、为了色情意义上的满足而读书……而我觉得我现在就处于一种李白那样的"拔剑四顾心茫然"式的读书中，读书之后我有一种愤世嫉俗的感觉，但是我不知道如何消解它。有时我也会写一些短篇故事、小说之类的，也会借鉴一些现代主义的观点，因为我有一种非常孤独的阅读和写作的感觉。

我想请教两个问题。第一个就是，您认为当今社会阅读的孤独化是精英主义下的一种正常现象吗，会不会导致德勒兹所说的那种资本主义的精神分裂？第二个是，我曾在网上看过一个帖子，就是说网络小说现在可以用一种软件自行编写，我觉得这种自动化的、计算机化的写作会对文学产生一种不好的影响。想听一下您的看法。

答： 第二个问题中你说的"自动化写作"，就是我文章中没有铺开讲的"阿多尼斯的园子"对吧，对这个东西呢，我总体的看法是不太乐观的。因为我觉得写作还是要像农民耕作的一样，是要专心致志、全身心投入的，我比较喜欢第一种写作。所以对于"自动化写作"，我基本上是否定的，包括网络文学，我不看好，那种作品能够写得好的实在太少太少，我还是比较偏向精耕细作的写作。

再回过头来看第一个问题，怎样面对孤独的问题。我觉得这是正常的状态，这个没什么可忧虑的，怎么会精神分裂呢？难道我精神分裂了吗？我开开心心，活得很愉快，每天都很充实。你不要老想着非得融入所谓"大众"当中去才算正常，有的时候每个人就是要有自己的一个心灵世界的。一个人不可能跟所有的人都交朋友，真正的朋友也就那么几个，真正贴心的也就那么几个。孤独是人的存在普遍状态，傅雷说"孤独的赤子是能创造出东西来的"，是能创造世界的。没有孤独，你就不可能创造。当你们随大溜了，你们什么都创造不出来。你们最后写的可能就是"自动化写作"那类东西，包括语言都是自动化的，没有自己创造性的东西。所以我觉得孤独是很正常的，但是你要相信这个世界上不止你一个人孤独，只要寻找到若干个志同道合者，那就是件很开心的事，哪会孤独呢？这个孤独恰恰是种创作所需要的状态。我也很孤独呀，在我们那个单位里面，他们也觉得我是一个异类，为什么呢？有个朋友就直接对我说："你只是个编辑，你干吗写那么多东西呀，你可以不写的嘛，不要求的嘛，考核也不要求，评职称也可以不考虑，你干吗要写那么多东西呀！"在这个社会中，你做得多了人家说你不好，你不干活了人家反而会说你的好话。你管他呢，你做你自己的，走自己的路。对于这种人、这种事我一概不理。我说"哎呀，这是我个人爱好"，一句话打回去了。跟你没关系，这是我个人爱好。你就这么对待他，没有必要感到好像不合群什么的。但我也欣赏一些好文章，我的同事写出好文章来我也夸奖他们，也向他们学，他们每个人写法都不一样，都有长处，什么地方写得好，我就跟他学一学，我也会跟他们融洽地相处，不是说完全敌视他们，是吧？但是自己一定要有自己的一点想法，走什么样的路都不要跟着别人，是可以不写啊，我写文章也没得到任何好处，甚至还遭骂，还招来人家的羡慕、嫉妒、恨，别管他，做自己的事。我觉得搞文学的人就是要有个性，尤其是真正的学者个性更强，反而是那种庸庸无碌之辈毫无个性可言，写的论文都长一个模样，看他们文章看不出年龄，看不出性别，不知是男的、女的、老的、少的，这种文章我一概看不起，我是喜欢那种有思想、有个性、有锋芒、有体温的论文，能看到作者的脉动，我喜欢这种东西。当然那种八股文章我也写过，四平八稳，逻辑很严密，但是有一次我太太棒喝了一下把我敲醒了。她说："你看作品吗？"我说："我现在看得不多。"她说："你写作吗？"我说："我写得不多。"她说："那你的理论是从哪里来的？"我说："从书本来的，从书本到书本；从书本上的知识推出来的，从逻辑到逻辑。"然后她就批评我说："理论家、批评家要启发、引导作家，你都不看作品，你怎么引导别人啊？"我们这些搞理论研究的真的要好好反省一下：理论应该怎样做？

只要你在探索，在前进，你在走一条别人不愿走的路或者别人没有意识到的路，那肯定是孤独的。这是常态，所以不要怕。你是正常人，我看你一点问题都没有，不是自闭症，没问题的。至于那种"阿多尼斯的园子"，它愿意开放就开放吧，但我们也要从事一些精耕细作，拿出东西来给人家看，比如，我多写几篇好文章，让作家看了也很开心，好多作家看了说："哎，这文章写得很有诗意，很有思想，给人很多启发。"让人家加强对文学的信心，这就可以啦。好多人说文学要终结了，不会的，文学还是有它独到的价值所在。大家看后能够得到启示，增强对文学的信心，那当然生命的力量也就增强了，这就够了。

问：老师，我觉得您刚才讲了很多点，我想就其中两点问您一些问题。首先，您刚才在讲"文学的危机"的时候提到了新媒介的兴起，然后其中您提到的有两点：第一点，您强调文学是与自我的融合，强调读者跟世界原本的沟通的作用；第二点，您进行了一个媒介批评，批判了一种视觉艺术。但是我觉得您既然强调文学是和自我融合的，那只有在这种状态下文学才能对个体发生作用。而在当今这种情况下，人们通过新媒介去认识世界是有合法性的，因为这一代人就是在新媒介的语境下成长起来的，新媒介是他们认识世界的最直接的中介。就像在19世纪的时候，那些学院还会用拉丁语和中古英语，但是当时是个英语的世界，那个时候的人也觉得拉丁语更高贵。因此，您在这儿强调文学与自我的融合是不是和那个时候的人们强调拉丁语的作用是一样的？

答：你说的那个拉丁语是语言的等级问题，是不同的语言之间的差异。现在的媒体语言，跟我们一般说的语言是不一样的。我理解你的意思，是想问我怎样看待这个新媒介。

问：不是，我是觉得只有新媒介才是跟当下人最接近的最能够跟自我融合的一种认识世界的中介，您刚才举了一连串的文学家、批评家、理论家，但是那一连串的人，他们都是生活在印刷时代的。

答：你说得没错，这也正是我在忧虑的一个问题。新媒介的蓬勃发展是势不可当的，所以现在的"90后"甚至包括往前推的"80后"，也就是"80后"到"90后"中大多数人都是通过手机，通过屏幕来接触很多东西的，如果文学不通过这个跟读者见面就产生不了影响。很多作家的小说写出来了都没有什么影响，而一旦拍成电影、拍成电视剧上了网络，影响就很大了。其实这是种趋势，不可阻挡，也培养了新一代人接触世界的方式。这是值得我们深思的。有的时候我们思考问题不一定要顺着这个潮流，实际上有些组织也在发起一些运动——关掉电视，给孩子固定读书的时间。台湾龙应台等几个作家就呼吁要让孩子多读书，我有几个朋友也是尽量不让小孩子玩手机、电脑之类的东西，让他多读书。为什么要这样呢？因为这关系到文化传承的问题。我曾经批评过一些搞新媒介研究的人，我说，做新媒介研究的很多人是很前卫的，他们的论文非常新潮，有种超前性，但是你再超前也要思考一个问题：我们的孩子未来会怎么样。如果都顺着这个时代的这个趋势走下去，我们的孩子会是什么样？当我们的孩子都是通过新媒介的方式来理解世界、接触世界，而不再通过我们传统的那种语言方式来理解、接触世界的时候，我们的孩子将会怎么样？在我看来，这个未来状态就像什么呢？就像 20 世纪那个新文化运动，白话文取代了文言文，造成的恶果就是一种文化的断裂，我们用白话文教育出来的学生读不懂"四书""五经"呀，有些古籍我们就更不懂了。有一次我就公开质问那些教授们，我说："在座的这么多教授、博士生导师，谁敢拍着胸脯说我不借助那些专家的注释就能把《论语》看懂，把《庄子》《老子》看懂，把《易经》看懂？"前辈的学者是能够做到这点的，可是我们现在的学者做不到，至少我是做不到的。我现在看《论语》都要翻好几种注本，参照着读，才能琢磨出东西来。如果丧失了这个能力，那这个文化传统就断裂了。我现在做学问，深深地感觉到没有国学的根基是做不下去的，这是我的切身体验。所以我思考更多的是未来会怎么样。我不否认这种趋势，但是我们人文学者有的时候就要做一些逆向的事情，而不是顺势的事。

问：那您觉得我们为了读懂莎士比亚是不是还应该传承中古英语？

答：对于外国语言文学专业而言，老师肯定要求学生学习、传承中古英语，但更重要的是学习、传承它所承载的文化传统。这是一个非常专业化的工作，社会大众不一定都能够掌握，尤其是对于身处异质文化的人们来说。有的时候我觉得，人文学者就是要反思、批判这个社会，即使看到了社会趋势，也要"明知不可为而为"。如果没有人这么呼唤的话，文化的断裂就会越来越可怕，以后孩子都不看纸质文本，白话文都不懂，更不要说文言文，那20世纪的文化对他来说又是一个断裂。以后的小孩没有那种语言感，没有对文字的感受能力，没有那种破解能力，比我们还弱智。所以我们应该考虑一个很现实的问题——在这种新的媒介语境下，怎么教育我们的孩子，而不是推波助澜、顺势而为。我们的现代教育模式已经证明基本上失败了，这只要看我们培养出怎样的学者、专家就知道。为什么会有"钱学森之问"？为什么我们培养不出有创造性的人才？我们一方面承认有这种趋势，另一方面我们要思考这种趋势会造成什么恶果。基于这种警觉，我们再来研究该怎么解决这些问题。而且不要以为符合这个趋势就自然而然对啦，历史有的时候是有人在背后推着它往前走的，我们为什么不把它拉一下呢？

问：听了您的讲座我就想到一个问题，为什么有很多的同学都得颈椎病，因为缺乏感性的东西，当感受力不够丰富，它就硬了，硬了它就病变了，所以要用背脊骨来感受。我觉得您这个题目，尤其是纳博科夫说的那段话，应该还谈到疾病。

答：如果是全身心的、全方位的，读者的生命是一种活动的状态，活跃的状态，那可能他的血液是畅通的，不是阻塞的，颈椎病或许就少了。关于这个话题，我觉得可以不断地讨论下去，挺有意思的。它有一种现实的东西在里面，可以引发我们的很多思考。

主持人（胡疆锋） 关于今天的讲座，我简单谈一下自己的一些想法。吴老师的讲座跟以往我们请来的学者做的讲座不太一样。比如，上周我们请的是张志平教授，他的演讲完全是哲学层面的、理论层面的，以往大多数教授也都有类似的特点，理论化比较重。但是今天吴老师的讲座是很别致的，他谈了很多自己感性的体验，使我们的讲座增加了鲜活的感受，这是第一点印象。第二点呢，吴老师自己也从事很多的理论研究，今天的讲座尽管是从文学阅读开始，但是里面渗透了很多学科前沿的问题，很有高度和深度。第三点是我印象最深的，就是吴老师在讲座中体现的强烈的现实关怀。他谈论的问题，我刚才梳理了一遍，里面涉及很多方面，比如，有文学研究的困境、文学无用论，还有一些关于文学意义、文学阅读的方法等问题，大大小小加起来，可能有七八个，其中包括一些文学教授的现状。总之，鲜活的感受、理论的高度、强烈的现实关照，是吴老师留给我的三点印象。

大家感兴趣的话，可以回去百度一下吴老师的新浪博客。今天的讲座内容也在他的博客里面，吴老师和他的夫人安琪一同创作的一些诗歌也在上面。希望同学们在网络等新媒体上和吴老师进一步地接触。好，再一次以热烈的掌声感谢吴老师。

（录音整理：宋玉雪）

时间：**2013 年 11 月 26 日（周二）下午三点**
地点：**首都师范大学北一区文科楼 602 学术报告厅**

主讲人简介

孙绍振　著名学者，诗歌研究专家，福建师范大学中文系教授、福建省作家协会副主席、福建省写作学会会长、中国文艺理论学会副会长、中外文论学会常务理事。著有诗集《山海情》（合作），散文集《面对陌生人》《美女危险论——孙绍振幽默散文选》，论文集《美的结构》《孙绍振如是说》《文学创作论》《孙绍振幽默文集》（三卷）及《论变异》《幽默五十法》等。《文学创作论》获福建省十年优秀成果奖、台湾郭枫文学奖、全国写作学会一等奖，《美的结构》获福建省社科优秀成果二等奖等。

《红楼梦》女性死亡与安娜·卡列尼娜之死

孙绍振

　　首先，先讲一下我选此题的原因。现在我们研究任何一种文学现象，大理论以及宏观理论已经泛滥，那么我们运用宏观理论有无意义？至少，宏观理论像一切事物一样，具有它的局限性，而且有些致命的局限性，可能大家没有来得及细想，我经过长期研究发现，宏观理论有着极大的局限性。我们的文学理论是依附于西方的，从西方引进的，以前我们没有这样一套文学理论，我们不知道浪漫主义、现实主义，也不知道典型、个性、话语等概念以及小说的叙述者等理论，我们引进这些理论，运用这些理论，在运用的过程中，当然取得了一些进展，但也产生了一些问题，产生问题的根源在哪里？我不是说只有这样一条路：用文学理论来解释我们的文本，然后再以文学理论引出新的理论。是不是只有这一条路呢？这条路是不是完美无缺呢？我们是不是还有别的一种路可以走呢？

比如说，我们研究《红楼梦》，我们看到研究《红楼梦》的文章已如汗牛充栋，我看见都害怕了，所以我坚决不看，我只看一个脂砚斋的评本，还稍稍地看了俞平伯的文章。而其他的文章基本不看，因为很多是根据现代的文学理论去套，这种套法是非常可怕的，鲁迅就讲："一本《红楼梦》，经学家看见《易》，道学家看见淫，才子看见缠绵，革命家看见排满，流言家看见宫闱秘事。"毛泽东看到阶级斗争，孙绍振看到人的危机——接班人的危机。可谓仁者见仁。可是，文学理论没告诉我们如何面对这种现象，把问题理论化，就要抽象，就要牺牲特殊性，它付出了必要的代价；尤其是美学理论化，文学的特殊性就更少了，为什么呢？它涵盖了绘画、音乐、书法等，文学的特殊性就更少、更稀薄了。从这个意义上讲，我们许多文学理论文章的选题，都有一个毛病，就是拿来西方的观念，将中国的材料作为一个例证，来证明它，当然也有一些具体的分析，这是一个办法。但是，这个办法是一个非常具有局限性的办法。

我觉得从选题开始，我们就有一种大同小异的感觉，现在，我们的研究生、博士生、副教授、教授这么多，每个人都发文章，文章发不出去，很苦恼，为什么？首先，我觉得选题就没特点，选题都选在人头攒动的领域中，大家都从那个领域选取。比如，研究鲁迅，从最初茅盾所讲的国民性，一直到后来汪晖所讲的"中间物"等，实际上，都是在研究鲁迅的思想，很少把鲁迅作为一个艺术家来研究。从思想上去研究文艺理论是可以的，特别是现在的文化批评，但作为艺术家来研究，我就不选这种题目。我曾经在你们这里讲过一次《鲁迅笔下的八种死亡》，绝对没有人写过这样的题目，为什么这样讲呢？我换了另外一种思路。大多数人研究鲁迅，基本上是根据里面的概念来做的，如国民性、民族国家话语、民族寓言等，诸如此类。我就从另外一个角度，从鲁迅的母题上思考，我独立地看出中国文学的历史有两个特征，也就是写得最集中的爱和死。爱，当然包括恋爱，写得最多的是亲子之爱、友爱等；死亡，往往与爱有关系，有些则与爱无关，如战争的死亡。我研究了鲁迅笔下的八种死亡，并把这八种死亡系统化。第一种死亡是阿Q的死亡，它是一个悲剧，却被写成了喜剧。第二种死亡是祥林嫂之死，可谓悲剧性的死亡，其悲剧色彩浓郁沉重，但所有的人都没有感到这是个悲剧，只有一个外来户"我"感到无限的悲愤、内疚，感到有不可推卸的责任。这是沉重的悲剧。第三种死亡是孔乙己的死亡，它是一个悲剧，但它的出现是带有微微的喜剧色彩的，但在他死亡之后、消退之后，既没有悲也没有喜。作为研究生的老师，根据我的选题，只将死亡做甲乙丙丁式的分类是没有含金量的，关键是要将它们之间的内在逻辑联系找出来。比如说，第一种死亡本是一个悲剧，作者把它写成喜剧，这是一种创造。第二种死亡，它是一个悲剧，但是造成悲剧的原因是没有刽子手，是人（甚至包括她自己）的脑子里有一个观念——对寡妇的歧视。祥林嫂死了之后，没有人感到悲，大家都兴高采烈地祝福。那么在讲完第二种死亡之后，不能将第一种死亡丢掉，它们之间有一种内在的联系，第二种死亡是一个悲剧，但是没有人感到悲哀，只有一个外来户"我"感到有不可推卸的责任。在第三种死亡中，孔乙己是个废料，又是小偷，但是他本身是个悲剧，出场后给大家带来了欢笑，当然他自己没有欢笑，但他在消失、死亡之后，既没有悲也没有喜。那么这三种死亡之间的联系不是甲乙丙丁、ABCD之间的联系，是一种内在的联系。第四种死亡是非常荒谬的，就是《铸剑》中的死亡，一个义士、一个复仇者、一个暴君，他们三个人的头在锅里煮，煮后无法分开，要为暴君造墓，无法分出暴君的头颅，因此无法造出，只好将义士、复仇者与暴君放在一起埋葬，这是非常荒谬的。第五种是孤独者的死亡，以自己人生信条的失败来取得世俗的胜利，死亡是一种自我的嘲弄，死者脸上还带着冷笑。此外，还有三种死亡，其中有一种是一笔带过的，就是《伤逝》中子君的死亡。另有一种死亡，就是《白光》中的陈士成，一个去考秀才考不起，然后幻想自己留了一笔钱，死于水中。我觉得子君的死亡是不值一提了，因为鲁迅没有正面描写它，而是在一个忏悔的过程中去展示它的影响。那么，《白光》中的陈士成之死，我认为写得比较差，不能代表鲁迅整体的写作水平。我告诉大家一个办法，在选题之后，第一个任务是分类，分类时要警惕不要罗列现象，不要讲第二点时，第一点就丢掉了，讲了甲乙丙丁还必须讲一二三四，这是毛泽东批评过的"开中药铺"的办法，而是要寻求它们的内在联系。我得出一个结论：鲁迅写死亡写得丰富多彩，就一个作家而言，至少其中有五六种死亡是写得相当的精彩，一个人写死亡往往是自我重复的，鲁迅善于写死亡，但不善于写爱情。他写过的唯一有关爱情的作品就是《伤逝》，但这是个失败的爱情故事。对于爱情，他采取的是一种讽喻的态度，如诗歌《我的失恋》里面，直到与许广平相恋很久，鲁迅才有信心说："我是可以爱的。"鲁迅不会写爱情是与擅长写死亡相对立的。

世界上最伟大的作家往往是既会写死亡又会写爱情的。在中国的传统小说里面，除了《红楼梦》以外，会写爱情的少之又少，写死亡的倒是多种多样，但是写得非常好的很少，写得最差的就是《封神演义》，其中所有的人死了都是一样的，不论好人坏人，对立的双方最后都由姜子牙来封神，这是没道理的，与鲁迅的原则是相反的。还有一种死亡是郑重其事的，即大英雄的死亡，如关公之死。孙权将关公害死后，并将人头送给曹操，关公之死意味着孙权与刘备的军事政治同盟破裂，孙权很怕刘备复仇便将关公首级送给曹操。在当时，曹操代表"中央政权"，曹操担心关公之死会引起刘备的误解，自己会多出一个敌人，便将关公加以厚葬。因此，关公之死引起了一系列的戏剧性后果，如刘备产生了军事冒险主义思想，为了践行"不愿同年同日生，但愿同年同日死"的誓言，刘备以为关公复仇的名义去攻打孙权，结果败在"小孩子"陆逊手里，造成刘氏王朝从此一蹶不振。诸葛亮之言被束之高阁。张飞强烈地要求为关羽复仇，并下令所有的军队都穿着白盔白甲，命令裁缝三天内做出白旗白甲，三军挂孝伐吴，无法完成便处死。而这一任务肯定无法完成，"与其他杀我，不如我杀他"，于是裁缝就在夜晚将张飞杀害，投奔东吴。关公之死是一个大英雄的死亡，这里有一个明显的中国文学传统写法，写得好的不是写死亡，而是写死亡所引起的后果，死亡引起的非常戏剧化的反应：曹操的反应、孙权的反应、刘备的反应、张飞的反应以及诸葛亮的反应，都是不一样的；一个死亡，产生五重错位的反应，这形成了它的动人之处。但它还有一个反应是迷信的，即关公死后变为神。杀死关公的吕蒙，正在庆祝喝酒之时，被关公附身，关公显灵，打吕蒙，骂孙权；吕蒙疯了，后来便死了。

《三国演义》写死亡的水平是比较高的，它表现了中国古典小说写死亡的一个传统：它不写人物临死之前的心理想法，不写内心的感觉，而是写死亡之后所引起的反应。而我个人感觉，鲁迅写死亡时是偷懒的，阿Q的死亡在《阿Q正传》里是一个很重要的环节，鲁迅毕竟是鲁迅，他突破了中国古典小说（除《红楼梦》以外）的写法，写到了阿Q的麻木，游街了还爱出风头。还写到了阿Q的恐惧，想起了年轻时候碰到的一头狼。死是什么样的感觉呢？鲁迅用了一句话"觉得全身仿佛微尘似的迸散了"，微尘就是一颗小颗粒，也就说身体就像小颗粒一样轻飘飘地就完了，这是鲁迅对死亡的感觉，如果笔止于此，鲁迅算不得有才气。鲁迅的才气表现在写阿 Q 的死亡引起了种种不同的反应，这是中国的一个传统。城里人作为看客的一种，对阿 Q 的死亡感到不过瘾，本来等着囚徒赴刑场时唱戏，阿 Q 没唱，城里人很失望，很扫兴；未庄的举人老爷，因为无法追赃而号啕大哭，而秀才因为报官被剪了辫子还破费了二十个的赏钱，也号啕大哭了。因此，鲁迅并不写死亡时的感觉，而是写死亡引起了的心理错位。祥林嫂的死亡也是如此，鲁四老爷说："不早不迟，偏偏要在这时候——这就可见是一个谬种！"短工说："还不是穷死的！"所有的人都很冷漠，只有一个外来户感到无限的沉重。从这个意义上而言，鲁迅对死亡的描写是具有开拓性的，也非常的了不起，但是我觉得鲁迅对死亡的描写与世界文学经典如《红楼梦》和托尔斯泰的作品相比较还是有差距的。死亡是很难写的，而爱是比较好写的。世界上有一个很伟大的作家写死亡写得很精彩，他就是托尔斯泰，他在非常年轻的时候写塞瓦斯托波尔战争故事时，笔下有一个军官叫柏拉斯库欣，他正在走路，看见地上有一个炸弹，炸弹上有一条引线，在嗞嗞地响，然后看见紫色的光，嘭的一下，他就失去了知觉。等他恢复知觉时，第一感觉是谢天谢地自己还没死，由于他看到了紫色的光，他想到了情人头上紫色的帽子。然后就联想到自己大概要死了吧，但很可惜，还有一笔赌债未还，接着就感觉到很多的士兵从自己身边跑过，而不知为什么，士兵在把墙往自己身上推，越推越重，他就呻吟起来，并慢慢地哼起来，哼到自己都听到自己的声音了，然后就死了。因为托尔斯泰自己有过战争的经历，并受过伤，这里大概充满了他的想象。再举一例，托尔斯泰的《战争与和平》中，安德烈最后是生病死掉的，他是怎么写的呢？"他的心理感觉是一种错觉，一切都消失了，剩下的是关起来的门，他要去关门，但他的腿不肯动，他恐惧，感觉自己在向门边爬，但是有一种力量在推门，在向里边挤，这就是死。他顶住，门敞开了，他死了，他记着自己是睡的，他挣扎地又醒了，他觉得死就是一种觉醒，于是他的灵魂立即亮起来。"他写的是思维感觉失去控制的情景，感觉都无序了，他却感觉灵魂反而亮起来了，这是托尔斯泰的宗教观念在起作用，"到上帝那里去了"。可以说，世界上正面写死亡最成功的就是托尔斯泰，而写死亡效果最佳的有《三国演义》等。

《红楼梦》里有许多的死亡，如贾母的死亡、贾敬的死亡，此处不讲。我们主要讲少女的死亡、美女的死亡，因为《红楼梦》最重要的是写金陵十二钗。在此，我觉得《红楼梦》主要写了九个女子的死亡。第一个死亡的是秦可卿，这是一个有些混乱的死亡，原题为"秦可卿淫丧天香楼"，她是与其公公贾珍通奸被发现后而莫名其妙地死去。第二个是金钏儿之死，金钏儿与贾宝玉相处时习惯开玩笑，有一次，金钏儿在给王夫人捶腿时，贾宝玉跑去与其胡混，恰巧王夫人醒来并惩罚了金钏儿，将金钏儿赶出，此处写得很简单，后来便得到消息，金钏儿投井自杀了。由这件事引起了以后很多的事情：贾宝玉被打，这是一个大场面，引起了连锁反应，如宝玉被打时贾母、王夫人拼死相救；宝玉受伤后，从薛宝钗到林黛玉许多人先后来慰问，但是每个人的动机都不一样，特别是薛宝钗和林黛玉，许多人都哭了，薛宝钗没有哭，她是一个有个性的人，非常理性，就送了一些调伤的药给宝玉，而林黛玉把眼睛都哭红了，因此，金钏儿死亡之后是一个大高潮，它本身是很突然的，情节没有正面展开，只是侧面交代，它的价值在于引起了后面的一系列的错位的反应，从贾母到王夫人再到薛宝钗、林黛玉，主要的是将薛宝钗和林黛玉做对比。在此插入一句，写多种死亡时会碰到一个问题：写多了会容易使人厌，所以《三国演义》的评论家毛宗岗提出了一个范畴，是中国人文学创作的一个范畴，一个叫"犯"，一个叫"避"。什么是犯呢？多次写火烧，如"火烧赤壁""火烧新野""火烧葫芦谷"等，写过一次火烧，再写就为犯，就要避开写火烧，如果不避，就要有水平，不避，就是犯。不犯是很重要的，但是每一次犯都要不一样。而《三国演义》虽然没避，但不犯，因为每次写法都是不同的。

就《红楼梦》而言，金钏儿之死与秦可卿之死不会犯。然后，同样是一个丫头之死，晴雯之死与金钏儿之死很可能会犯，但是很不一样，这就是曹雪芹的功夫。金钏儿之死是不在场的，只是写后来的反应，引起了大高潮。晴雯之死，是正面写的，只因王夫人看其不顺眼，看不惯晴雯的漂亮和张扬，就把她赶出怡红院，赶出去便正面描写她怎么死。晴雯很有个性，被冤枉后非常激愤，在死前非常痛苦，非常气愤，没有人来照顾她，这个是正面写的。晴雯之死没有犯，表现在用贾宝玉的眼睛来看晴雯之死，换了一种视角，本是第三人称的视角，这样便多了一层错位，并写到两人互换衬衣，而且晴雯非常后悔没有发生什么实际的关系，这是非常险峻的一笔，是在精神和肉体的边缘上书写，这是非常刚烈的，非常悲剧的。只用贾宝玉的眼睛看这个悲剧是不够的，曹雪芹又从晴雯嫂子的视角来写，在悲剧里带上一丝世俗的喜剧色彩。此外，晴雯之死还引起了高雅的一面，贾宝玉给她写了祭文。这是第三个死亡。第四是司棋之死，司棋也是一个丫头，因此其死也容易犯，就我而言，我对司棋并不同情，司棋之死是因排挤柳家未果，后又与潘又安私通被查引起的，司棋被赶走并没有引起读者的同情。只有一句话引起了我的注意，在司棋要被赶走的时候，作者借凤姐的眼睛看了此事："凤姐见司棋低头不语，也并无畏惧、惭愧之意，倒觉可疑。"此处可以看出司棋还具有担当之心，而其情人潘又安溜走了，这是一个没有担当的男人，此刻，读者对司棋便有些同情了，我们在读的过程中，对司棋的感情便由大快人心变成了同情。后来，潘又安回来了，实际上他已经发财了，为了试探司棋，而没有表明此事，却遭到了司棋母亲的阻挠，司棋最后触壁而死，这是非常震撼的一笔。司棋死后，潘又安才道出自己已经发财的实情，然后也自杀了。司棋之死，本来是非常惊险的犯，却一点也不犯。从这个意义上讲，《红楼梦》的作者真是了不得，在我们的古典小说里面，对这种现实性的死亡描述各有千秋，拉开了很大的距离。就艺术而言，从金钏儿到晴雯再到司棋，这三个人的死亡是没有相犯的，相比较而言，司棋之死与晴雯之死，晴雯的死亡更动人、更震撼，主要是因为司棋的死亡只叙述一下就过去了，没有引起一连串的反应，而晴雯死亡的反应是非常强烈的。这里得出一个结论：中国小说在写人死亡的时候，在传统的写法达到高潮的时候是不相犯的，它主要不是写死人的内心感受，晴雯之死有一点此种描写，但是一笔带过，而是写一个人的死在不同的人那里有不同的反应，有相当距离的错位。有了错位便动人了，便达到了艺术的高度。

第五是尤二姐之死，尤二姐的死亡是一般性的死亡，她甘心懦弱被折磨而死，这里不再展开。第六是尤三姐之死，与尤二姐相比，尤三姐之死却震撼人心，甚至被改编为戏剧，尤三姐之死的本身原因、结果都是非常特殊的。与司棋和潘又安相比，其套路有一些相似之处，但是尤三姐之死要比司棋之死高出很多。尤三姐是一个很复杂的人，在一个版本里，尤三姐与尤二姐是一对近乎妓女的角色，什么人都陪酒陪喝，甚至开一些不雅的玩笑，后来改掉了这种恶习，但遗留着这种成分。就尤三姐而言，她是在污秽的世界中、在恶的环境里生活的，其本身也不是干净的，但是她想保持干净，身处污泥，其心不染，她愿意最后不染，这一点作者是正面写的，写到了尤三姐自己的感觉，这感觉是曹雪芹自己总结的，有些版本不一样。尤二姐婚后问尤三姐安家立命的事情，尤三姐说道："姐姐今日请我，自有一番大礼要说。但妹子不是那愚人，也不用絮絮叨叨提那从前丑事，我已尽知，说也无益。既如今姐姐也得了好处安身，妈也有了安身之处，我也要自寻归结去，方是正理。但终身大事，一生至一死，非同儿戏。"这是通行本，人民文学出版社出版的版本增加了一段："向来，人家看咱娘儿们微息，不知都安着什么心，所以我破着没脸，人家才不敢欺负。"尤三姐是很泼辣的，以至于贾珍都害怕。"我就要办正事，不是我女孩家不知羞耻，必要拣个如意的人才跟他，若凭你们选拔，虽是有钱有势的，我心里进不去，白过了这一世"。"我如今改过守分，只要我拣一个素日可心如意的人方跟他去。若凭你们拣择，虽是富比石崇，才过子建，貌比潘安的，我心里进不去，也白过了一世"。最后尤三姐看中了柳湘莲。尤三姐同样是被人玩弄的，虽然比较放浪、泼辣，但是爱情很专一，因柳湘莲嫌弃，最后婚约被毁。与司棋相比，尤三姐身份低微，但她为情之忠超越生死，其刚烈完全在瞬间喷发，情节结构反差大，身份与内心的浮动错位成正比，特别是后来她一听说柳湘莲毁婚，就马上自杀了。柳湘莲发现自己误解了尤三姐，就出家了。这个手法跟前面是一致的，但多了一个死者的自白，虽然身处淤泥中但在爱情上却力求清白，甚至以生命相殉。首先，尤三姐的死正面写出了她的刚烈；其次，她的死赢得了本来看不起她的柳湘莲的敬重，情人的忏悔、出家又增加了一层错位。尤三姐死导致的错位非常丰富、强烈。与司棋相比，虽然其社会地位低下，但其精神光彩超过了司棋。同时又与尤二姐的软弱善良、轻信自贱形成对比。就曹雪芹而言，出于与贾宝玉的关系，对晴雯之死的正面描写较多，而对尤三姐之死的用笔不是太多。从这个方面而言，如果我们孤立地从文学表现来看，尤三姐之死还是不如晴雯之死动人。

第七是鸳鸯之死。贾母死后，鸳鸯哭得昏了过去，大家扶住捶闹了一阵才醒来，便说"老太太疼我一场我跟了去"的话，大家都没有在意。从这个意义上讲，不能说《红楼梦》是在写阶级斗争，如金钏儿、晴雯、司棋、鸳鸯等离开贾府都要死，如果是阶级斗争的话，应该是在贾府受奴役，若被赶回家应该是一种解放；依我看，更多的是阶级调和。虽然是丫鬟，其身份还是很高贵的，被贾府赶出是一件很丢脸的事情。鸳鸯在死之前曾被贾赦看中，鸳鸯不从，把头发都剪了，贾赦便诬赖鸳鸯爱少年看中宝玉，这完全是无中生有，然而由于贾母的保护，贾赦也无计可施。贾母一死，鸳鸯一方面说老太太死了，自己活着没意思，另一方面感到自己没保障了。这里有叙述的语言，鸳鸯哭了一场，人家都走了，她想："想到自己跟了老

太太一辈子，身子也没有着落，如今大老爷不在家，大太太的这样行为我
也瞧不上。老爷是不管事的人，以后乱世为王起来了，我们这些人不是要
让他们掇弄了吗？谁收在屋子里，谁配小子，我是受不得这样折磨的，倒
不如死了干净。"这是很刚烈的。《红楼梦》很少写到人物在临死时的内心
感觉，如果是托尔斯泰却不会这样写，他会慢慢写死前的感觉，而这里是
用概括的语言将其叙述出来的，当然是很深刻的。鸳鸯是怎么死的呢？这
是中国小说里特有的东西，她死于一种幻觉，鸳鸯走到房间想自杀，眼前
迷迷糊糊出现一个人拿着汗巾子在她面前晃荡，貌似秦可卿，感觉好像是
她教自己如何自杀，鸳鸯果然就将自己吊死了。文中描述鸳鸯把门关上，
免得有人来救，端了一个凳子，自己站上，把汗巾拴上口，套在咽喉，把
脚凳蹬开，"可怜咽喉气绝，香魂出窍，正无处投奔，见秦氏隐隐在前，鸳
鸯的魂急忙赶上说，蓉大奶奶你等等我"。貌似秦可卿的女人便说自己是警
幻之妹，并封鸳鸯掌管情司。这种在幻觉中的死亡有一些神话似的色彩。
鸳鸯之死替曹雪芹阐明关于情爱、关于佛教对情的看法。鸳鸯说自己是最
无情的，怎么会说自己是最有情的呢？秦可卿便说："你还不知道？世人都
把淫欲二字当作'情'，所以做出伤风败化的事情，还自慰风月多情、无关
紧要，不知'情'之一字、喜怒哀乐未发之时，便是个性，喜怒哀乐已发
便是情了。至于你我这个情，正是未发之情，就如那花的含苞一样，欲待
发泄出来，这情就不为真情了。"情与性是两回事，这是曹雪芹对情与欲的
一种看法，也不是很全面，但把它放入鸳鸯之死中，鸳鸯之死便有了两种
色彩：一方面，除了鸳鸯自己刚烈的性情以及没有出路的现实考虑外，表
面是为老太太殉死，借助神话为其封了个名堂；另一方面，鸳鸯之死带来
了一连串的反应，本来与贾宝玉的关系不大，无非就是贾赦曾经诬陷过鸳
鸯对贾宝玉有意，而此时，贾宝玉已有些"神经"。鸳鸯死后，邢夫人说，
"我不料鸳鸯倒有这样的志气，快叫人去告诉老爷"，这是一个反应。"只有
宝玉听到此信，便唬得双眼直竖，袭人等慌忙扶着，说道'你要哭就哭，
别憋着气'。宝玉死命地才哭来出来。心想'鸳鸯这样一个人偏又这样死
法'，又想'实在天际之间灵气独钟在这些女子身上了。她算得了死得其
所，我们究竟是一件浊物，还是老太太的儿孙，谁能赶上她'。忽又喜欢起
来"。那宝钗听见宝玉大哭也赶来，行至跟前却见宝玉在笑，认为宝玉又疯
了。宝钗是一个非常理性的人，是一个冷艳的人。宝钗说"不妨事"，宝玉
听了，更喜欢起来，说道："倒是她还知道我的心，别人哪里知道。"本来

贾宝玉与薛宝钗是不知心的，而在鸳鸯的死这件事上，两人倒是知心了。正在胡思乱想之际，贾政进来，夸鸳鸯好孩子，不枉老太太疼爱一场，由此可见，贾政的封建教条，视人命为草芥，并要求厚葬鸳鸯，之后所有的人都来哭，平儿、袭人、紫鹃都哭了，只有紫鹃哭得最哀。王夫人叫来了鸳鸯的嫂子，类似晴雯的嫂子，遂与邢夫人商量，在老太太项内赏了她嫂子一百两银子，并决定将鸳鸯所有的东西都赏给她，她嫂子磕了头出去，反倒喜欢起来。鸳鸯之死，贾宝玉哭了又笑，贾政夸她好孩子，紫鹃哭得哀是因为同命相怜，而鸳鸯的嫂子反倒喜欢起来，其嫂子还表明自己的"姑娘是有志气的、有造化的，又得了好名声，又得了好发送"。旁边一老婆子说道："罢呀嫂子，这会儿你把一个活姑娘卖了一百两银子便这么喜欢了，那时候儿给了大老爷，你还不知得多少银钱呢，你该更得意了。"一句话戳了其嫂子的心，便脸红走开了。"脸红"说明她还不是太坏。等到后来发丧了，贾政说殉葬的人不可作丫头对待，大家都须行礼，贾宝玉喜不自胜，恭恭敬敬磕了几个头，贾琏也要去行礼，被邢夫人说道，"有一个爷们便罢了，不要折了她的寿"，贾琏只好作罢。在此刻，最没感情的薛宝钗都有感情了，薛宝钗听了好不自在。贾宝玉磕头她没反应，邢夫人不让贾琏磕头，却让薛宝钗很不自在，薛宝钗虽没有感情却是个正派人物，有许多论文认为薛宝钗内里藏奸，我是不同意的。薛宝钗说道："我原不该给她行礼，但只老太太去世，咱们都有未了之事，不敢胡为，她肯替咱们尽孝，咱们就该托托她好好地替咱们服侍老太太西去，也少尽一点子心哪。"到了鸳鸯灵柩前，薛宝钗一面奠酒，一面眼泪扑簌簌流下来。这一笔写得太精彩了，因为薛宝钗很少动感情。众人也有说贾宝玉、薛宝钗两个傻子，也有说他们好心肠、知礼节的。不管别人说什么，贾政心里很舒服。

《红楼梦》写人死亡时很少写到其内心深处的感觉，像我刚才讲的柏拉斯库欣和安德烈在死亡临近时的感觉，这一点曹雪芹好像不太擅长，他的重点也不在这里。我觉得这个与中国的史传传统有关，中国的散文与小说都与历史有关系，所以叫《儒林外史》《三国演义》，许多都是历史的演义，而历史演义强调记言记事，就是记人说什么，记人做什么，而不记人想什么，因为历史很少记人想什么。这个非常深刻地影响了中国古典小说，因此，人到死亡高潮的时候，很少正面写他的心里感觉。就是写也只是用简练的语言将其概括出来，不是一种心里的错觉。这是中国小说的特点，这个特点深刻地影响了鲁迅。

第八是王熙凤之死。王熙凤之死是重头戏，但是王熙凤之死也没有正面写，曹雪芹是懂得避的。这里有一个指导思想：王熙凤之死与秦可卿之死相对，秦可卿之死可谓非常隆重，排场多、哭者众。而王熙凤死时，贾府已经败落，因此没有正面描写，是别人告知王熙凤不行了，等薛宝钗与贾宝玉赶过去之后，王熙凤已经停床了，便大放悲声。而只写悲哭并不能体现《红楼梦》的才华，为了衬托王熙凤之死与秦可卿之死的对立——插入一句，许多《红楼梦》专家认为，后四十回的作者高鹗的艺术才华比不上曹雪芹，而我认为，就写死亡而言，其艺术才华毫不逊色——作者在写王熙凤之死时，大家都哭的场面没有写太多。写太多的话会把技巧用光，因为下面还有一个高潮——林黛玉之死。因此，小说换用了一种通俗的笔法，写到了王熙凤的哥哥王仁过来哭了一场，看见诸事将就，心里便不舒服，说道："我妹妹在你家辛辛苦苦当了好几年家，也没有什么错处，你们家该认真地发送发送才是……"而贾琏本与王仁不和，便故意躲避，王仁便找了王熙凤的女儿巧姐过来，说道："你娘在时，本来办事不周到，只知道一味地奉承老太太，把我们的人都不看在眼里，外甥女儿！你也大了，看见我从来沾染过你们没有？如今你娘死了，诸事要听着舅舅的话。……你父亲的为人我也早知道的，那年什么尤姨娘死了，听见人说花了好些银子。如今你娘死了，你父亲倒是这样的将就办去吗？"巧姐说："我父亲巴不得要好看，只是如今比不得从前了，现在手里没钱……"王仁说道："你的东西还少吗？"巧姐说旧年抄家已抄走了。王仁说："我听说老太太又给了好些银子，你该拿出来。"巧姐也不好说已被父亲用去，而王仁便讲道："我知道了，不过是你要留着做嫁妆罢咧。"对一个还未出阁的女孩子说此类话语，是非常没有礼貌的，可见王仁的野蛮。巧姐不敢说话，只好哽咽起来，平儿生气说："舅老爷有话，等我们二爷进来再说。姑娘这么点年纪，她懂什么？"王仁便说："你们是巴不得二奶奶死了，你们就好为王了。我并不要什么，好看些也是你们的脸面。"说着赌气坐着。巧姐想："我妈妈在时，舅舅不知拿了多少东西去，如今说得这么干净。"岂知王仁心里想，"妹妹不知有多少银子，虽今抄了家，那屋里银子会少吗？便是怕我来纠缠他们"，于是便骂巧姐不中用。这里写世态人情、人心凉薄。王熙凤之死，主要是与秦可卿之死做对比。

第九是林黛玉之死，这是高潮。我觉得，林黛玉之死是全世界文学中写死亡之顶峰，而这与托尔斯泰完全是两个流派。林黛玉之死，有正面描写的。正面描写是相当精彩的，林黛玉本来还有一点希望，后来听了傻大姐的话，说贾宝玉要迎娶薛宝钗，受到了沉重的打击。但作者不写其病体更加衰弱，而是写走路更快，行动更加迅速。她再不像先前之善哭，而是痴笑，心里一时麻木，走了一段，一口鲜血吐了出来。这是正面描写。医家的解释是："一时激怒，迷了本性。"待她镇静下来，心里渐渐明白，此时反而不伤心了。打击之下，正面描写是伤心得一口血吐出来了，最可怕的事情发生了，等明白过来，不但没有衰弱下去反而走路更快，不但没有哭反而笑，唯求速死，自我糟蹋身体，晚上睡觉不盖被子，紫鹃给她盖上，她再推掉，只望早死。这是从外部动作来写，记言记事。对外部动作描写后是对言语的描写。此时，林黛玉最贴心的丫头紫鹃，哭得非常伤心。林黛玉却说："哭什么，我还没死呢。"在最悲伤的时候，在最亲近的人的面前讲最无情的话，恰恰表现了她们两个最知心。贾母来时，林黛玉讲了一句话："老太太你白疼了我了。"这句话讲得非常精彩。做一个最粗浅的分析，这句话有两层意思：一是对贾母有怨恨，既然疼我，为什么不让我和宝玉在一起；二是对贾母有歉疚，你这么疼我，但我不能按照你的愿望生活。林黛玉在弥留之际，又讲了一句话"宝玉，你好……"，说到"好"字，浑身冷汗，不作声了，紫鹃急忙扶住，而黛玉身子渐渐变冷了。这里面的"好"字、"白疼了"是具有重要意义的，中国人善于记言记事，对对话、外部动作的描写非常精彩，但心理分析是很少的。"好"字里的怨、怒、恨、爱、悲、苦都是负面的含义，但是用了一个正面的"好"字来表现。这是正面的描写，这个是中国小说记言记事的特点。而中国小说特别是《红楼梦》，其着重点是死亡之后的反应，黛玉死后，来了大约七八批人，每个人都哭了，每个人的哭法、原因、逻辑都不一样。为什么在写王熙凤死时，大哭一场就完了，我想是写小说人的一种心理，要将技巧用在主要人物身上。

第一层是紫鹃的反应，她见黛玉垂危，竟无人来看望，感觉实在是狠毒冷淡。紫鹃对黛玉最贴心，尤其是对宝玉更是咬牙切齿，紫鹃哭到被子都湿了。第二层反应是向来与世无争的寡妇李纨的，她见紫鹃哭得眼泪湿了被子，说，"好孩子，你把我的心都哭乱了，快收拾她的东西吧，再一会儿就不得了了"，否则黛玉的身体都硬了。与紫鹃相比，第二层反应要稍冷静。第三层反应是《红楼梦》的毒笔，是王熙凤出的主意，让薛宝钗冒充林黛玉与贾宝玉结婚，又怕贾宝玉不信，便叫紫鹃去陪奉，让贾宝玉感觉紫鹃陪的必然是林黛玉，这一层实属狠毒，遭到了紫鹃的拒绝。黛玉之死是紫鹃最可怕、最伤心、最悲剧的时候，居然让她去作假骗人。第四层是平儿的反应，平儿是比较善良的，觉得让紫鹃作假太残酷，就提出一个建议让雪雁去替代紫鹃。雪雁也是林黛玉的贴身丫鬟，但不如紫鹃贴心。她觉得宝玉说玉丢了、头脑昏了，其实是在装出傻样子来，好娶宝钗。这又多了一层反应，是第五层反应。同样的一件事情，每个人反应的逻辑都不一样。第六层是贾宝玉的反应，贾宝玉看到雪雁来了，以为真的是与黛玉完婚，乐得手舞足蹈，待到宝玉发现不是黛玉而是宝钗时，以为是梦中，便呆呆地坐着，当着新娘薛宝钗的面口口声声说只要找林妹妹，接着连日饮食不进，哭道："我要死了，我有一个心里的话，只求你们回禀老太太，横竖两个必然都是要死的，死了越发难张罗，不如腾一处空房子，趁早将我同林妹妹两个人抬到那里，活着也好一处服侍，死了也好一处停放。"第七层反应是薛宝钗的，贾母叫凤姐去请宝钗安歇，宝钗置若罔闻，也便和衣在内暂歇。我觉得中国的小说受历史家记言记事的影响太深，这种叙述实际上属于春秋笔法，即寓褒贬于叙事之中，只记录事实，不分析人物的想法。宝玉喊着要死，薛宝钗置若罔闻，可见薛宝钗是一个理性、冷峻又很值得同情的人物。贾宝玉一直要找林黛玉，但自己并不知道林黛玉已死，所有的人都不敢告诉贾宝玉林黛玉已死，只有薛宝钗告诉贾宝玉林妹妹已死，宝玉不禁放声大哭倒在床上，薛宝钗是很冷静的，她认为迟早要将林黛玉之死告诉宝玉，让他死了这条心。薛宝钗是一个冷艳的女人，在曹雪芹的笔下，薛宝钗之美是排在第二位的，但她最大的问题是内心不美，她的内心是空洞的，没有感情的。我们讲美要讲审美价值、情感价值。她是一个很漂亮的女人，她的品行端方，她没有做什么有意坑害、打击人的事情，她和林黛玉的矛盾并不是因为是情敌，林黛玉曾误会她，并向她检讨，她一听说金玉良缘就觉得没意思，有意躲着贾宝玉，她不想自己做主，以致在后来，薛姨妈与贾母商量将宝钗嫁给疯癫的宝玉之时，她心里是不太愿意的，但她非常理性，她遵循古代妇女的整个道德规范，她说，"这样的事情怎么能来问我呢，父亲在时，问父亲，父亲不在，问哥哥"。可见，薛宝钗的原则性非常强。综合起来，"当时黛玉气绝、正是宝玉娶宝钗的这个时辰，紫鹃等都大哭起来，李纨、探春想她素日可疼，今日更加可怜，便也伤心痛苦，因潇湘馆离新房子甚远，所以那边并没有听见，一时大家痛哭了一阵，只听远远一阵音乐之声，侧耳一听，却没有了，探春、李纨走出院外，再听时，唯有竹梢风动，月影移墙，好不凄凉冷淡！"此处是让与贾宝玉关系并不深的人来感受这种凄凉。最后出现的反应是贾母的，这是第八层反应。贾母当然是爱林黛玉的，在黛玉死后，她涕泪交横地表白："是我弄坏了她，这丫头也是太傻气。"她眼中的泪有自谴也有自我开脱之意。这样一个悲剧性的死亡，它的正面描写与侧面反应相比，大约占到四分之一，外界的反应通过叙述来表现，这就是说我们中国小说的悲剧性不是从正面来表现的，而主要是从侧面来表现。它不是着重写林黛玉之死，而是用八重的错位来渲染，在悲剧性的丰富上，在悲剧氛围的沉郁上，都达到了全书的最高潮。在全世界悲剧艺术史上，展示了中国古典小说悲剧艺术的辉煌的顶峰，可以说，它把全书主要人物都带动起来，用各自不同的方式合奏了一首悲痛的交响曲。

为了说明这一点，我把林黛玉之死与托尔斯泰的安娜·卡列尼娜之死相比，我的感觉是相反的。安娜·卡列尼娜感觉沃伦斯基并没有把全部的心思放在自己身上，没有全心全意地投入爱情，她感到不满，便以自杀的方式惩罚他，安娜的自杀是有反应的，沃伦斯基也开枪自杀，但最终被救，但这个后果在《安娜·卡列尼娜》中是隔了好几章才被提起的，安娜走向死亡的过程大致写了五千字，三节，沃伦斯基自杀后没死是到了后面有一个人侧面提了一下。我从这里感觉到：中国的传统小说在艺术表现上重叙事，重外部的记言记事，我的猜测可能是受中国的史观的影响，即"左史记言，右史记事"。所以中国的小说缺少人物内心分析，也没有斯丹达尔的那种内心分析，也没有产生意识流。为了说明这一点，我念一点材料。

安娜卧轨自杀了，整整花了三个小节的篇幅，译成中文是五千字左右，她为自杀从乘马车到投向月台，都是以安娜个人的心理反应、自白、纷纭的回忆、情感的片段，以及外部环境的断续感知、无序的思绪展开的，带有某种意识流的非逻辑性的色彩，自始至终，都以安娜单一的内心视角展开。第一，她沉浸在自己对情敌极大的仇恨和妒忌之中。第二，她无法摆脱怨恨，抱着恶的情绪，连仆人的动作都惹她生气。这自我折磨的意识在层层的潜意识里翻腾，连她自己都不认识自己，有时竟忘了自己的动机。第三，对陌生人、没有任何关系的人，哪怕是小孩莫名其妙地反感。第四，有时又随着意识的火花，体会到伏伦斯基对她的爱，其实已经不是爱，而是一种征服一个漂亮女性的虚荣心和胜利感。第五，她在纷乱的思绪中，得出了一些哲理："爱情已结束，仇恨就开始了。"第六，所有这些是在不连贯的印象和断断续续的意识中呈现的，在乘马车的过程中，她感觉全世界都互相仇视，爱情变成了仇恨，她想自杀，"哦，让我想想，为了幸福，我希望是什么呢？"她逐渐走向一种幻觉，幻觉中还有理性，"我苦恼万分，赐予我理智就是为了摆脱苦恼，摆脱就是自杀，如果再也没有可看的，而且一切看起来都让人生厌的话，为什么不把蜡烛熄灭呢？"托尔斯泰经常写到蜡烛的光，安德烈死时也写到过。"为什么乘务员要跑过去？"这是意识流，"为什么下面那辆车厢的那些青年人在大声喊叫呢？这全是虚伪的！全是谎话！全是欺骗！全是罪恶！"她的内心深处的东西同化了外部纷纭的感觉，整篇都是安娜从内心到外部世界的感知、错觉、幻觉、情绪的交织，表面上无序、无理，其中仇视、虚伪、欺骗、罪恶完全是她内心潜意识里思绪的飞溅，托尔斯泰追求的是安娜看似混乱的思维中明确化的自杀决心，直到最后死亡，也没有像《红楼梦》一样，在他人的世界中感知死亡，如"黛玉的手已经凉了"。只是安娜自己的幻觉，甚至不矛盾，她画了个十字，笼罩着一切的黑暗破灭了，已经从身边过去的全部的辉煌、欢乐瞬间呈现在她面前，接着便向车轮跪了下去。同一瞬间，她想到了什么，吓得毛骨悚然，这是内心自我的一种体验。"我这是在哪儿、我在干什么？"她想站起来，甚至仰到后面，但是什么巨大的无情的东西撞在她的头上，在她的背上碾过。"上帝，饶恕我的一切吧"，那支蜡烛，那曾经借着它的烛光浏览了充满苦难、虚伪、悲哀、罪恶之书的蜡烛，比以往更加明亮地闪亮起来，为她照亮黑暗的光亮摇曳起来，开始永远地熄灭了。

从这里我们可以看到，中国小说的叙述传统与西方是有很大的区别的，我为什么要讲这些，原因在于我们的研究要寻找一个新的视角、新的选题，不要盲目学习美国人、英国人，大谈全球化、权力、话语等，要懂艺术，要看到别人所没有看到的，包括题目，都要具有特色。

（录者整理：孙丽君）

时间：**2013 年 12 月 9 日（周一）9:00**
地点：**首都师范大学北一区文科楼 623 文学院古代文学教研室**

主讲人简介

沈钟伟 复旦大学中文系语言专业学士；美国伯克利加利福尼亚州大学语言学硕士，语言学博士。师从王士元教授。博士论文"The Dynamic Process of Sound Change"（《音变的动态过程》）被评为出色论文（passed with distinction）。

现任美国阿默斯特马萨诸塞州大学语言、文学和文化系教授。美国纪念李方桂先生中国语言学研究学会执行委员会委员，执行秘书长。美国 *Journal of Chinese Linguistics*（《中国语言学报》）副主编，*Bulletin of Chinese Linguistics*（《中国语言学集刊》）主编。学术专长为音变理论、语音学、动态语言学、官话起源。主要科研成果有《语音变化的机制和数学模型》《汉语官话的早期历史》（根据古代民族文字，如契丹文字、女真文字、八思巴字、波斯文字中的汉语转写）以及《汉语标准语历史》《吴语浊音的发音机制》等。

拉施特《史集·中国史》中所见元代官话口语特征

沈钟伟

前　言

拉施特（1247~1318）是波斯伊利汗王朝（1256~1353）的杰出政治家、史学家和医师，犹太血统，全名为拉施都丁·法兹鲁拉·本·阿利·

哈马丹尼（Rashid al-Din Fazl Allab Ibn Abual-Khayr Ibn 'Ali Hanadani）。1298 年开始执掌宰相，任职近 20 年，1318 年被腰斩处死。

拉施特一生著述丰富。他将自己的著作按内容分为两类：一为宗教、哲学类，二为历史、地理、科学类。历史、地理、科学类的第一编是历史巨著《史集》，讲述世界各民族的历史、系谱和地理情况（王一丹，2006）。

其中《中国史》是根据一部现已失传的汉文史书，于 1304 年翻译编写而成。书中记载了中国从盘古到南宋、辽、金共 36 个王朝的简史和 267 个帝王的世系。《史集·中国史》是现存最早的一部由西域学者编译的中国通史。从历史背景来说，13 世纪后，蒙古人地跨欧亚的蒙古大帝国的建立，为东西各国间的文化交流提供了便利。

从中国史学研究的角度来看，《中国史》并不能提供有价值的历史材料，但由于是用波斯文编译的，此书中的人名、帝王名和地名为了解元代汉语的语音提供了难得的珍贵材料。德国中国历史学家法兰克（Herbert Franke）1951 年曾根据此书的英文译本，对《史集·中国史》做了一个简要的研究。

法兰克认为（Franke 1951：25）："拉施特的音译显示，协助他翻译汉语原文的学者所说的语言和现代官话并无根本性差别。"①重要的是，在这篇文章中，他指出《史集·中国史》所据的底本和署名为念常的《佛祖历代通载》的内容高度相似。因此，拉施特《中国史》中用波斯文拼写的人名、帝王名和地名，可以依照《佛祖历代通载》可靠地转译成中文。

波斯文《中国史》一书已经由王一丹翻译成汉语，《波斯拉施特〈史集·中国史〉研究与文本翻译》（昆仑出版社，2006）。② 本研究的语音转写完全根据此书中所提供的汉语波斯音译转写。拉施特的《中国史》是根据当时两位中国（Khitay）学者带去波斯的一个版本来编译的。由于书中的音译源于口语发音，其性质与传统韵书《中原音韵》和《蒙古字韵》相当不同。③ 音译材料是对字音的即时记录，有具体语音信息（phonetic

---

① 英文原文是："Rašid's transcription shows that the scholars who assisted him in interpreting and translating the original Chinese source spoke a dialect which is not radically different from the Mandarin of today."（Franke 1951：25）

② 谨在此感谢刘迎胜教授告知这一材料。

③ 本文主要参考参考杨耐思《中原音韵音系》（1981）和沈钟伟《蒙古字韵研究》（Zhongwei Shen，2007）。

information）。而韵书是根据音类，整理排列汉字，基本提供语音类别信息（categorical information）。本文是对波斯音译中反映的汉语语音的一个分析。

一 音译说明

波斯文字在 14 世纪时即为阿拉伯文。从波斯文拼写来看，《史集·中国史》的汉语音译中似乎没有增添字母。这与同时代的，也是拉施特编著的波斯文《脉诀》的波斯文拼写不同。波斯文《脉诀》在汉语音译中增添了不少专门用来音译汉语的字母（龙果夫，1931；远藤光晓，1997）。

（一）辅音字母

表 1 列出用来表示汉语中声母的波斯字母译写（a）及其国际音标（b）、八思巴字拼写的音译（c），以及例子和《史集·中国史》页码。

表 1　表示汉语中声母的波斯字母译写及其国际音标、八思巴字拼写音译、例子及《史集·中国史》页码一览

a	b	c	例子				页码
p	[ph]	b-<ph-	盘	pān*	盘 古	pāngū	557
b	[b]	p-	北	bū	北乡侯	būshānkkhū	576
t	[th]	th-	汤	tānk	成 汤	shīnktānk	567
d	[d]	t-	丁	dīnk	沃 丁	ūdīnk	567
ch	[tʃh]	tʃh	楚	chū	楚 州	chūjīū	563
j	[dʒ]	tʃ	州	jīū	梁 州	lānkjīū	563
k	[kh]	kh	康	kānk	少 康	shūkānk	567
f	[f]	f	废	fī	废 帝	fīdī	581
s	[s]	s	孙	sūn	孙 亮	sūn lānk	578
z	[z]	ɻ	人	z. n	人皇氏	z. nkhūānkshī	558
sh	[ʃ]	ʃ	叔	shū	叔 带	shūtī	572
zh	[ʒ]	r	仁	zhīn	仁 宗	zhīnzūn	591
kh	[x]	x-	和	khūā	和 帝	khūādī	576
ḥ	[h]	ɦ->x-	怀	ḥūī	怀 帝	ḥūīdī	578
;	[ʔ]	o-	安	'ān	安 王	'ānvānk	570

＊ 本文转写不用大写字母拼写词首字母。

续表

a	b	c	例子				页码
m	[m]	m-	愍	*mīn*	愍　帝	*mīndī*	578
n	[n]	n-	南	*nām*	南　庚	*nāmkīnk*	569
l	[l]	l-	骊	*lī*	骊连氏	*līl. nshī*	561
y	[j]	j-	扬	*yānk*	扬　州	*yānkjĭū*	563
v	[w]	v-	文	*vīn*	文　帝	*vīndī*	577

在韵尾位置上，转写中出现了两个罕用的辅音字母 *q* 和 *r*（见表2）。

表2　q 和 r 的国际音标例子、原书页码一览

辅音字母	国际音标	例子				页码
q	[ɢ]	跋	*būq*	冯　跋	*fūn būq*	582
r	[r]	二	*īr*	二世胡亥	*īrshī hūkhūī*	573

两个鼻音字母 *m*、*n* 和一个"*n+k*"组合用来表示汉语中的三个鼻韵尾（见表3）。

表3　m、n 及"n+k"组合的国际音标、八思巴字音译、例子及原书页码一览

鼻音字母	国际音标	八思巴字音译	例子				页码
m	[m]	-m	南	*nām*	南　庚	*nāmkīnk*	568
n	[n]	-n	丹	*tān*	丹　朱	*tānjū*	565
ŋk	[ŋ]	-ŋ	扬	*yānk*	扬　州	*yānkjĭū*	563

波斯字母中没有表示齿龈音塞擦音的字母。汉语中的 *ts* 替代为 *z* 或 *s*，*tsh* 替代为 *s*。本文以下的例子中包括《史集·中国史》原书中的页码、中古音地位，以及《蒙古字韵》中八思巴字拼写的音译（见表4）。

表4　波斯字母 z、s 在《史集·中国史》中的例子、页码，
以及中古音地位、八思巴字音译一览

例子				页码	中古音地位	八思巴字音译
祖	*zū*	祖　丁	*zūdīn*	568	遇开一上姥精	tsu
祖	*sū*	祖　辛	*sūsīn*	568	遇开一上姥精	tsu

续表

例子				页码	中古音地位	八思巴字音译
节	sī	节闵帝	sīmīndī	583	山开四入屑精	tsɛ
宗	zūn	高宗	kāūzūn	585	通开一平冬精	tsuŋ
宗	sūn	太宗	tāīsūn	584	通开一平冬精	tsuŋ
蔡	sāī	蔡叔度	sāī shūdū	573	蟹开一去泰清	tshaj
青	sīnk	青州	sīnkjīū	563	梗开四平青清	tshiŋ

（二）元音字母

汉语中的元音区别没有完全得到体现。波斯文字中的三个字母 l ‘、و w 和 ى y，表示辅音 [ʔ]、[w] 和 [j]。同时也用来表示长元音 [aː]、[uː] 和 [iː]。在波斯音标转写中通常用字母 ā、ū 和 ī 表示。

其他的元音没有特定字母表示。波斯语中的短元音不标。复元音 [aj] 和 [aw] 用韵尾 y 和 w 表示。

中古开口三等的主元音 [e] 或 [ɛ] 有时用 [i] 来表示（见表 5）。

表 5　《史集·中国史》中的例子、页码、中古音地位、八思巴字音译一览

例子				页码	中古音地位	八思巴字音译
献	shīn	献文帝	shīnfīndī	583	山开三去愿晓	hɛn
显	hīn	显宗	hīnzūn	596	山开四上铣晓	hɛn

有的拼写中则根本不标（见表 6）。

表 6　《史集·中国史》中的例子、页码、中古音地位、八思巴字音译一览

例子				页码	中古音地位	八思巴字音译
天	t. n	葛天氏	gūt. nshī	561	山开四平先透	thɛn
连	l. n	骊连氏	līl. nshī	561	山开三平仙来	len
宣	sūn	宣王	sūnvānk	569	山合三平仙心	swɛn
摄	sh.	摄提纪	sh. tīkī	558	咸开三入叶书	ʃɛ

后元音 [o] 通常用 [u] 和 [a] 表示（见表 7）。

表7　《史集·中国史》中的例子、页码、中古音地位、八思巴字音译一览

例子				页码	中古音地位	八思巴字音译
和	*khū*	和　帝	*khūdī*	580	果合一平戈匣	ɦɯo
和	*khūā*	和　帝	*khūādī*	576	果合一平戈匣	ɦɯo
何	*hā*	萧　何	*sū hā*	574	果开一平歌匣	ɦo
末	*mū*	末　帝	*mūdī*	590	山合一入末并	mɯo

元音或介音［y］基本都用［u］表示（见表8）。

表8　《史集·中国史》中的例子、页码、中古音地位、八思巴字音译一览

例子				页码	中古音地位	八思巴字音译
吕	*lū*	吕　光	*lū kūānk*	582	遇合三上语来	ly
元	*ūn*	元　帝	*ūndī*	581	山合三平元疑	Owɛn
宣	*sūn*	宣　王	*sūnvānk*	569	山合三平仙心	swɛn

（三）音节结构

现代波斯语的音节结构是（C）V（C）（C）。14世纪时的波斯语音节结构如果相差不大的话，和当时的汉语音节结构就有差别。汉语音节中的结构成分因此可能在译写中没有充分表达，汉语语音结构-VG、-GVG和-GVN，在波斯音译中出现如下简化：-VG>-G，-GVG>-GG，-GVN>-GN 或-VN［C＝辅音，V＝元音，G＝介音或韵尾（j，w），N（C）＝鼻韵尾，括号（　）表示其中的音段可有可无］

1. -VG>-V（见表9）

表9　《史集·中国史》中的例子、页码、中古音地位、八思巴字音译一览

例子				页码	中古音地位	八思巴字音译
带	*tī*	叔　带	*shūtī*	572	蟹开一去泰端	daj
哀	*ī*	哀　帝	*īdī*	574	蟹开一去哈影	Oaj
考	*kū*	考　王	*kūvānk*	569	效开一上皓溪	khaw
少	*shū*	少　康	*shūkānk*	567	效开三去笑书	ʃew
小	*sīū*	小　甲	*sīūkīā*	568	效开三去小心	sɛw
守	*shūū*	守　绪	*shūūsū*	557	流开三上有书	ʃiw

2. -GVG>-GG（见表 10）

表 10　《史集·中国史》中的例子、页码、中古音地位、八思巴字音译一览

例子				页码	中古音地位	八思巴字音译
槐	*hūy*	槐	*hūy*	567	蟹合二平皆匣	fiwaj
怀	*hūī*	怀 帝	*hūīdī*	578	蟹合二平皆匣	fiwaj

3. -GVŋ>-Vŋ（见表 11）

表 11　《史集·中国史》中的例子、页码、中古音地位、八思巴字音译一览

例子				页码	中古音地位	八思巴字音译
庄	*jūnk*	庄 王	*jūnkvānk*	569	宕开三平阳庄	tʃoŋ
方	*fūnk*	东 方	*tūnkfūnk*	574	宕合三平阳帮	faŋ
芒	*mūnk*	芒	*mūnk*	567	宕合一平唐明	maŋ
光	*kūn*	后汉光武	*khūkhān kūnfū*	575	宕合一平唐见	kwaŋ

4. -jVŋ>-Vŋ（见表 12）

表 12　《史集·中国史》中的例子、页码、中古音地位、八思巴字音译一览

例子				页码	中古音地位	八思巴字音译
良	*lānk*	张 良	*jānk lānk*	574	宕开三平阳来	lɛŋ
相	*sānk*	曹丞相	*sū chīnksānk*	576	宕开三平阳心	sɛŋ

二　音系特征

《史集·中国史》的编译工作是在波斯进行并完成的。书中音译反映的语音是当时在波斯的中国学者的口语。令人最感兴趣的是当时在波斯参与编译工作的中国学者使用什么具体方言。以下是对音译中反映的各种音系特征的分析。

（一）全浊声母清化

中古浊塞音和塞擦音声母（全浊声母）显示明显清化，平声送气，仄声不送气。

1. 中古平声字（见表13）

表13　《史集·中国史》中的例子、页码、中古音地位、八思巴字音译一览

例子				页码	中古音地位	八思巴字音译	
盘	*pān*	盘 古	*pānkū*	557	山合一平桓並	b-	ban>ph-
平	*pīnk*	平 王	*pīnkvānk*	569	梗开三平庚並	b-	biŋ>ph-
提	*tī*	摄提纪	*sh. tīkī*	558	蟹开四平齐定	d-	di>th-
陶	*tāū*	陶唐氏	*tāūtānkshī*	565	效开一平豪定	d-	daw>th-
唐	*tānk*	陶唐氏	*tāūtānkshī*	565	宕开一平唐定	d-	daŋ>th-
承	*chīnk*	曹丞相	*sū chīnksānk*	576	曾开一平蒸禅	z-	ʒiŋ>tʃh-

2. 中古仄声字（见表14）

表14　《史集·中国史》中的例子、页码、中古音地位、八思巴字音译一览

例子				页码	中古音地位	八思巴字音译	
度	*dū*	蔡叔度	*sāī shūdū*	573	遇合一去暮定	d-	du>t-
地	*dī*	地皇氏	*dīkhūānkshī*	559	止开三去至定	d-	di>t-
大	*tāī*	大庭氏	*tāītāīshī*	561	蟹开一去泰定	d-	daj>t-
悼	*tāū*	悼 王	*tāūvānk*	569	效开一去号定	d-	dau>t-
沌	*dūn*	混沌氏	*hūndūnshī*	561	臻合一上混定	d-	dun>t-
定	*dīn*	定 王	*dīnvānk*	569	梗开四去径定	d-	diŋ>t-
铎	*dāū*	曹叔铎	*sū shūdāū*	573	宕开一入铎定	d-	daw>t-
仲	*jūnk*	仲 丁	*jūnkdīn*	568	通合三去送澄	d-	dʒyŋ>tʃ-
赵	*jū*	赵	*jū*	582	效开三上小澄	d-	dʒew>tʃ-
肇	*jū*	史弘肇	*shū khūjū*	590	效开三去小澄	d-	dʒew>tʃ-
直	*jī*	帝 直	*dījī*	562	曾开三入职澄	d-	dʒi>tʃ-

　　波斯文中没有字母表示舌根浊塞音，不同舌根音声母都用同一个字母表示，不作区别（见表15）。

表 15　《史集·中国史》中的例子、页码、中古音地位、八思巴字音译一览

		例子		页码	中古音地位	八思巴字音译	
康	*kānk*	卫康叔	*wī kānksū*	573	宕开一平唐溪	kh-	khaŋ
孔	*kūnk*	孔　甲	*kūnkkīā*	567	通合一上董溪	kh-	khuŋ
葛	*kū*	葛天氏	*kūt. nshī*	561	山开一入曷见	k-	ko
金	*k. m*	金天氏	*k. mt. nshī*	563	深开三平侵见	k-	kim
公	*kūnk*	鲁周公	*lūū jūkūng*	573	通合一平东见	k-	knŋ

这样，中古全清、次清、全浊声母字的声母在音译中就完全相同（见表 16）。

表 16　《史集·中国史》中的例子、页码、中古音地位、八思巴字音译一览

		例子		页码	中古音地位	八思巴字音译	
共	*kūnk*	共工氏	*kūnkkūnkshī*	561	通合三去用群	g-	gyŋ>k-
工	*kūnk*	共工氏	*kūnkkūnkshī*	561	通合一平东见	k-	kuŋ
孔	*kūnk*	孔　甲	*kūnkkīā*	567	通合一上董溪	kh-	khuŋ

（二）中古微母字

中古微母字在现代官话中变为介音 -w-。在古官话中仍然作为唇齿辅音独立存在。在波斯音译中有 *v*、*w* 和 *f* 三种表现形式。从这三个语音形式推断，微母字不是其中任何一个，最可能的音值应当是 [v]。

1. 中古微母字音译为 *v*-（见表 17）

表 17　《史集·中国史》中的例子、页码、中古音地位、八思巴字音译一览

		例子		页码	中古音地位	八思巴字音译
万	*vān*	万	*vān*	555	臻合三去愿明	van
无	*vū*	无怀氏	*vūkhūāshī*	561	遇合三平虞明	vu
微	*vī*	宋微子启	*sūn vīzī chī*	573	止合三平微明	vi
文	*vīn*	文宗	*vīnzūn*	587	臻合三平文明	vun

2. 中古微母字音译为 w-（见表 18）

表 18　《史集·中国史》中的例子、页码、中古音地位、八思巴字音译一览

例子				页码	中古音地位	八思巴字音译
武	*wū*	武 乙	*wūyī*	568	遇合三上麌明	vu
武	*wū*	武 丁	*wūdīn*	568	遇合三上麌明	vu

3. 中古微母字音译为 f-（见表 19）

表 19　《史集·中国史》中的例子、页码、中古音地位、八思巴字音译一览

例子				页码	中古音地位	八思巴字音译
文	*fīn*	简文帝	*kīnfīndī*	580	臻合三平文明	vun
文	*fīn*	文 帝	*fīndī*	581	臻合三平文明	vun
武	*fū*	武 帝	*fūdī*	580	遇合三上麌明	vu
武	*fū*	武 宗	*fūzūn*	587	遇合三上麌明	vu

（三）中古日母字

中古日母字用齿龈或舌叶浊擦音来音译。波斯文中有表示 *r*（读作 re）的字母。由于波斯语中的 *r* 是颤音，和汉语中的近音（无摩擦通音）的发音方法相去甚远。因而采用听感上更接近的浊擦音来表示。这个现象和北京话中的日母字以前一直用卷舌浊擦音 [ʐ] 来表示，是同一现象（见表20）。

表 20　《史集·中国史》中的例子、页码、中古音地位、八思巴字音译一览

例子				页码	中古音地位	八思巴字音译
人	*z. n*	人皇氏	*z. nkhūānkshī*	558	臻开三平真日	-ɲ	rin
人	*zh. n*	燧人氏	*sūīzh. nshī*	559	臻开三平真日	-ɲ	rin
仁	*zhīn*	仁 宗	*zhīnzūn*	591	臻开三平真日	-ɲ	rin
壬	*zh. n*	中 壬	*jūnzh. n*	567	深开三平侵日	-ɲ	rim
壬	*zh. n*	外 壬	*vāīzh. n*	568	深开三平侵日	-ɲ	rim
儒	*zhū*	孺子婴	*zhūz. yīnk*	574	遇合三平虞日	-ɲ	ry

值得重视的是"二"字的音译，字母 r 出现在元音 i 后面。这说明当时的声母已经变为元音的修饰性成分，或者已经变为韵尾，成为儿化韵了（Franke，1951）。这个音译是儿化的一个最早证据（见表21）。

表21 《史集·中国史》中的例子、页码、中古音地位、八思巴字音译一览

例子				页码	中古音地位	八思巴字音译	
二	īr	二世胡亥	īrshī hūkhūī	573	止开三去至日	ɲ-	ri

（四）中古入声字

音译材料显示辅音韵尾已经失落（见表22）。

表22 《史集·中国史》中的例子、页码、中古音地位、八思巴字音译一览

例子				页码	中古音地位	八思巴字音译	
伏	fū	伏羲	fūkī	560	东合三入屋并	-k	vu>fu
穆	mū	穆帝	mūdī	580	东合三入屋明	-k	vu
石	shī	石勒	shīl. h	582	梗开三入昔禅	-k	ʒi>ʃi
沃	ū	沃丁	ūdīnk	567	通合一入沃影	-k	0υ
北	bū	北乡侯	būshānkkhū	576	曾开一入德帮	-k	pej
郭	kū	郭威	kū vī	590	宕开一入铎见	-k	kwaw
恶	ū	恶来	ūlī	570	宕开一入铎影	-k	0aw
叔	sū	卫康叔	wī kānksū	573	通合三入屋书	-k	ʃy
洛	lāū	洛京*	lāūkīn	556	宕开一入铎来	-k	law
铎	dāū	曹叔铎	sū shūdāū	573	宕开一入铎定	-k	daw
伯	bāy	吴太伯	wū tāybāy	573	梗开二入陌帮	-k	paj
葛	kū	葛天氏	kūt. nshī	561	山开一入曷见	-t	ko
妲	dā	妲己	dākī	570	山开一入曷端	-t	ta
桀	kī	桀	kī	567	山开三入薛群	-t	ge>ke
发	fā	发	fā	567	臻开三入月帮	-t	fa
乙	yī	祖乙	sūyī	568	臻开三入质影	-t	0i
甲	kīā	太甲	tāīkīā	567	咸开二入狎见	-p	kja

* 但是也有单元音的变体，如洛京 lākīn，见《史集·中国史》，第572页。

中古带-k 的入声音节出现复元音的形式（见表 23）。

表 23　《史集·中国史》中的例子、页码、中古音地位、八思巴字音译一览

例子				页码	中古音地位	八思巴字音译	
洛	*lāū*	洛京	*lāūkīn*	556	宕开一入铎来	-k	law
铎	*dāū*	曹叔铎	*sū shūdāū*	573	宕开一入铎定	-k	daw
伯	*bāy*	吴太伯	*wū tāybāy*	573	梗开二入陌帮	-k	paj

有几个入声音节有韵尾出现，似乎是短调和喉塞音的反映（见表 24）。

表 24　《史集·中国史》中的例子、页码、中古音地位、八思巴字音译一览

例子				页码	中古音地位	八思巴字音译	
合	*khīh*	合熊纪	*khīhkhūnkī*	559	咸开一入合匣	-p	fio
甲	*kīh*	河亶甲	*khūtānkīh*	568	山开一上狎见	-p	kja
跋	*būq*	冯跋	*fūn būq*	582	山合一入末並	-t	bwa
勒	*l, h*	石勒	*shīl. h*	582	曾开一入德来	-k	ləj

（五）中古宕江摄庄组声母字

中古宕江摄庄组声母字音节开口字出现唇介音-w-。《中原音韵》中有，但是《蒙古字韵》中尚未出现（见表 25）。

表 25　《史集·中国史》中的例子、页码、中古音地位、八思巴字音译一览

例子				页码	中古音地位	八思巴字音译
庄	*jūnk*	庄王	*jūnkvānk*	569	宕开三平阳庄	tʃɒŋ
庄	*jūn*	孝庄帝	*shūjūndī*	583	宕开三平阳庄	tʃɒŋ
庄	*jūn*	唐庄宗	*tān jūnzūn*	589	宕开三平阳庄	tʃɒŋ

（六）中古二等开口字

以下音译中的 *īā* 显示中古二等开口音节已经有腭介音-j-（见表 26）。

表 26 　《史集·中国史》中的例子、页码、中古音地位、八思巴字音译一览

例子				页码	中古音地位	八思巴字音译
甲	*kīā*	孔甲	*kūnkkīā*	566	咸开二入狎见	kja
简	*kīn*	简文帝	*kīnfīndī*	583	山开二上产见	kjan
降	*kīānk*	不降	*būkīānk*	567	江开二去绛见	kjaŋ
夏	*shīā*	夏禹王	*shīāyūvān*	566	假开二上马匣	ɦja
孝	*hīā*	孝王	*shīāvānk*	569	效开二去效晓	hjaw

（七）央化元音（舌尖元音）

古官话已经有舌尖元音。《中原音韵》的支思韵独立，《蒙古字韵》的拼写也明确显示其存在（Shen，2007）。但是在波斯音译中，有关音节大部分用元音［i］来表示（表27）。

表 27 　《史集·中国史》中的例子、页码、中古音地位、八思巴字音译一览

例子				页码	中古音地位	八思巴字音译
子	*zī*	宋微子启	*sūn vīzī chī*	573	止开三上止精	tsɿ
思	*sī*	思王	*sīvānk*	570	止开三平之心	sɿ

有时不用元音表示，有时用元音［u］表示。这些拼写似乎都暗示了舌尖元音（见表28）。

表 28 　《史集·中国史》中的例子、页码、中古音地位、八思巴字音译一览

例子				页码	中古音地位	八思巴字音译
子	z.	孺子婴	*zhūz. yīnk*	574	遇合三平虞日	tsɿ
史	*shū*	史弘肇	*shū khūjū*	590	效开三去小澄	ʃɿ

（八）元音［y］的音译

中古鱼虞韵的精组和见系字，在现代北方官话中的反映是［y］。在古官话中是［iu］还是［y］尚有争论。《蒙古字韵》中写成前化的［u］，即

［y］。波斯文中没有表示［y］的字母，用音值相近的字母［u］和［i］来表示（见表29），如果说是［y］的转写形式，也说得通。

表29　《史集·中国史》中的例子、页码、中古音地位、八思巴字音译一览

例子				页码	中古音地位	八思巴字音译
吕	*lū*	吕　光	*lū kūānk*	582	遇合三上语来	ly
女	*nī*	女娲氏	*nīvāshī*	560	遇合三上语娘	ny

（九）中古麻韵三等字的主元音

"泻"字的转写中用了的 *h* 字母，但是字音和 *h* 无关。在波斯音译中，字母 *h*（读作 he）也可以用来表示元音［e］（见表30）。在波斯语音译《脉诀》中经常可见。

表30　《史集·中国史》中的例子、页码、中古音地位、八思巴字音译一览

例子				页码	中古音地位	八思巴字音译
夜	*yī*	长夜宫	*jīnkyīkūn*	570	假开三去祃以	je
泻	*s. h*	泻	*s. h*	567	假开三去祃心	sɛ

入声字音译中也有一例。其中的字母 *h* 代表的音也应该是 *e*（见表31）。

表31　《史集·中国史》中的例子、页码、中古音地位、八思巴字音译一览

例子				页码	中古音地位	八思巴字音译
勒	*l, h*	石　勒	*shīl. h*	582	曾开一入德来	-k ləj

（十）上声字的声调

在一些上声字的音译中使用了两个同样的字母。可能是对上声类似现代北京话曲折调的调形记录（见表32）。

表 32 《史集·中国史》中的例子、页码、中古音地位、八思巴字音译一览

例子				页码	中古音地位	八思巴字音译
友	*yūū*	友 珪	*yūūkī*	589	流开三上有云	ŋiw
友	*yūū*	友 贞	*yūūq，n*	589	流开三上有云	ŋiw
有	*yūū*	有虞氏	*yūūyūshī*	566	流开三上有云	ŋiw
守	*shūū*	守绪	*shūūsū*	557	流开三上有书	ʃiw
吕	*lūū*	齐吕望	*sī lūūvānk*	573	遇合三上语来	ly
鲁	*lūū*	鲁周公	*lūū jūkūnk*	573	遇合一上姥来	lu
祖	*zūū*	梁高祖	*lān kāūzūū*	581	遇开一上姥精	tsu

三　音系特征总结

根据以上分析，《史集·中国史》中的波斯音译中所显示的汉语音系特征可以归纳如下：

（1）中古全浊声母清化，平声送气、仄声不送气；

（2）中古疑母字失落鼻音声母；

（3）中古日母字声母是卷舌近音；

（4）中古微母字声母是非鼻音唇齿音；

（5）中古鼻音尾-m-n-ŋ 仍然保存；

（6）中古塞音尾-p-t-k 已经失落；

（7）中古带-k 入声音节韵母的复元音化；

（8）中古宕摄三等开口庄组字出现-w-介音；

（9）中古二等开口字出现-j-介音；

（10）舌尖元音已经出现；

（11）出现卷舌元音；

（12）前高圆唇元音［y］似乎已经存在；

（13）中古麻韵三等字的元音已经高化；

（14）上声字的调形应该已经是曲折调。

以上分析得出 14 条汉语音系特征。其中的中古全浊声母清化［（1）］、中古微母失落鼻音［（4）］、中古鼻音韵尾保存［（5）］、塞音韵尾失落［（6）］、中古宕摄三等开口庄组字出现-w-介音［（8）］等都表明是和《中原音韵》和《蒙古字韵》接近的官话标准音系。中古带-k 入声音节韵母的

复元音化，进一步显示是以现代北京话为代表的北方官话方言的早期形式。有些特征，如出现卷舌元音［（11）］、曲折调形的上声声调［（14）］，更是北方官话特征的最早记录。这样，当时这些在波斯的中国"访问学者"在编译《史集·中国史》的过程中使用的汉语是元代标准语音，也就是以元朝国都大都方言为标准的古官话音系。

　　和另一个同时代的波斯音译材料、波斯文音译《脉诀》相比，① 《史集·中国史》的音译并没有采用新的字母来音译汉语，因而不反映语音中的一些细节。但是，从总体来观察，音系特征依然明显。由于音译材料记录的是当时的个人口语，为研究 14 世纪汉语官话音系以及当时标准语的具体发音提供了真实语言证据。其价值也是《中原音韵》和《蒙古字韵》所不能替代的。

参考文献

丁声树：《古今字音对照手册》（新一版），中华书局，1981。

念常：《佛祖历代通载》，江苏广陵古籍刻印社，1333/1993。

王一丹：《波斯拉施特〈史集·中国史〉研究与文本翻译》，昆仑出版社，2006。

杨耐思：《中原音韵音系》，中国社会科学出版社，1981。

Dragunov, A. 1931, "A Persian Transcription of Ancient Mandarin," *Bulletin de l'Académie des Sciences de l'URSS* (Classe des sciences sociales) 3：359-375.

Endō, Mitsuaki, 遠藤光暁 1997，〈王叔和（脉訣）ペルシャ語訳に反映した 14 世紀初中國音〉，余靄芹，遠藤光暁編《橋本萬太郎紀念中國語學論集》，61～77。東京，内山書店。

Franke, Herbert 1951, "Some Sinological remarks on Rašid ad-Din's," *History of China*. Oriens 4.1：21-26.

Kaye, Alan S. 1996, "Adaptations of Arabic Script," *The World's Writing System*, ed. by Peter T. Daniels, and William Bright, 743-762, New York and Oxford：Oxford University Press.

Mahootian, Shahrzad. 1997, *Persian*, London：Routledge.

---

① 从方言特征角度来观察，《脉诀》的音译中出现明显的非官话特征，如入声字时常带有塞音韵尾等（远藤光暁，1997）。

Shen, Zhongwei 2007, "Sino-Khitan phonology" *Bulletin of Chinese Linguistics* 1.2: 147–211.

Shen, Zhongwei 2008, "*Studies on the Menggu Ziyun*," *Language and Linguistics Monograph Series* No. A–16, Taipei: Institute of Linguistics, Academia Sinica.

（录音整理：何诗田）

时间：**2013 年 12 月 11 日**
地点：**首都师范大学北一区文科楼 602 学术报告厅**

主讲人简介

郑家建 福建师范大学文学院院长、教授、博士生导师，中国现代文学研究会理事，中国鲁迅研究会副秘书长，福建省美学学会副会长。主要著作有《〈故事新编〉诗学研究》（2001）、《中国文学现代性的起源语境》（2002），《历史向自由的诗意敞开》（2005）、《东张西望：中国现代文学论集》（2008）、《清华国学研究院述论》（2010）、《仰看流云：重读〈朝花夕拾〉》（2011）。

鲁迅的六种形象

郑家建

关于鲁迅的六种形象的提法，源于我正在撰写的《鲁迅传》体例。我的《鲁迅传》不是根据时间顺序来叙述的，而是力求从六个方面来展现鲁迅作为一个个体和一个思想者的复杂而丰富的内心世界。

我之所以产生如此的传记写作的基本构想，是基于我的人生体察和思考。我认为，虽然很多人的一生可能只有一个名字，但是，每个人在他的一生中可能有很多种形象，甚至一个人在一天之内，由于场合的不同、诉求的不同、语境的不同、对象的不同，其展现的形象可能也是各不相同的。这就是一般情况下所谓的人性的复杂和人性的丰富。个体在每一瞬间所展现给别人的形象可能只是冰山之一角，并且，往往是短暂而破碎的。正是这些短暂的、破碎的形象暗示着性格的复杂性、人性的复杂性和内心的诸多秘密。在生活中，人们常常会遭遇如此的矛盾与不安：一个跟你十分亲近的人，有时候你会觉得他离你非常遥远，有时候你会觉得他在你心目中非常清晰，有时候你又会觉得他在你心里非常模糊。这样一种矛盾的状态就形成一种人性的苦恼。实际上，每个人都有自己诸多不同的形象，在某一个具体的环境中就会呈现某种具体的形象，在这一具体环境中所形成的这一形象只是冰山露出的浅浅一角，更多的复杂性则隐藏在海平面之下。这就是我今天演讲的基本立场。站在这个立场，我试图透过对鲁迅的六种形象的解读来理解人性的复杂。

当我们回忆自己所走过的人生道路的时候，人生就像一把打开的扇子缓缓地合上。但是，当我们来书写另外一个人的人生的时候，人生则像慢慢地打开一把扇子，每一个瞬间都可能带给我们欣喜，带给我们发现，带给我们期待。我今天就把对鲁迅六种形象的演讲当作打开一把扇子的过程。

一　文学世界中的鲁迅

文学世界中的鲁迅形象是大家非常熟悉的。大家一听到鲁迅这个名字，一定就会和那些很具体的散文、小说、杂文、散文诗等作品联系在一起，比如，《狂人日记》《孔乙己》《药》《祝福》《纪念刘和珍君》《为了忘却的记念》《中国人失掉了自信力吗？》，等等。鲁迅所创作的小说、散文、杂文、散文诗、诗歌，以及一生中所写的日记、书信，就构成了一个文学世界。仅就这个文学世界而言，鲁迅的形象也是丰富而复杂的。在这个文学世界里有不同的文体，在不同的文体中的鲁迅形象是不一样的，比如，小说中的鲁迅形象、散文中的鲁迅形象、散文诗中的鲁迅形象、日记中的鲁迅形象、杂文中的鲁迅形象、书信中的鲁迅形象，在这几种不同的文体中，鲁迅所展现给他人的思想、情感、意志极为不同，即使是在同一文体中，鲁迅形象也是变化发展的。

（一）小说中的鲁迅形象

人们一般是把鲁迅的小说作为一个整体来研究，尤其是把《呐喊》《彷徨》作为一个紧密相连的整体来看待。事实上，这种认知有其片面之处。我认为，在《呐喊》《彷徨》《故事新编》这三部小说集中，鲁迅的形象各有不同。《呐喊》源于鲁迅的心灵呐喊和心灵自传，他因为有感于思想界的寂寞而发出启蒙的呐喊，表达的是一种虽然有寂寞感但相对激昂的情感状态。到了《彷徨》，文本的情感基调明显有了落差，更多的是一种难以排遣的寂寞和悲哀，文本的深处已经低沉到透着一种悲剧感，深刻地反映出在五四落潮之后启蒙知识分子的内心悲伤。到了《故事新编》，已不是表达悲哀的情绪，而是表达人生的一种荒诞感，他完全把自己内心中对于生命的荒诞感投入小说的叙述之中，所有有价值的东西在"新编"之中都被消解了，所有神圣的东西在"新编"之中都被颠覆了。为什么在《故事新编》中这种荒诞感可以如此充分地展开？这是晚年鲁迅内心的秘密。他在对神话传说的再想象、再创造中把生命体验的荒诞感表现出来，在我看来，这是典型的后现代主义。我认为，这种后现代主义特征是理解《故事新编》的一把钥匙。从《呐喊》到《彷徨》，再到《故事新编》，鲁迅走过了一个怎样不同的精神历程；在这三部小说中，鲁迅展现了怎样不同的自我复杂性和扑朔迷离的情感世界？

（二）散文中的鲁迅形象

　　一谈到鲁迅的散文，大家一定会首先想到《朝花夕拾》，事实上，除此之外，在鲁迅创作的杂文集中还有大量脍炙人口的散文名篇，如《纪念刘和珍君》《为了忘却的记念》《忆韦素园君》《忆刘半农君》《关于太炎先生二三事》《因太炎先生而想起的二三事》《我的第一个师父》《"这也是生活"》《死》《女吊》《在钟楼上》《〈凯绥·珂勒惠支版画选集〉序目》等，其中，那些回忆性的散文写得特别好，鲁迅散文的独特之处就在于特别会写人。大家知道，小说比较擅长塑造人物，而散文则擅长记叙、抒情、议论。散文的基本功能是记叙、写景、抒情、议论，而鲁迅恰恰在散文的审美功能最薄弱的地方焕发出光芒。比如，在《朝花夕拾》这本散文集中，鲁迅塑造了一系列人物形象，如阿长、范爱农、藤野先生等，这些人物形象显然可以和小说中的人物形象媲美。在中国古代散文中，塑造人物形象最成功的是史传文学，特别是《史记》和《汉书》，留下了许多栩栩如生的人物形象。在某种意义上来说，《朝花夕拾》就受到史传文学的深刻影响。鲁迅散文中所留下了的这些十分鲜明的人物形象，和他小说中的人物形象一样，历久弥新。

　　然而，如何分析散文从来都是一个难题。在我看来，散文分析虽然不可能像分析小说那样，有一套叙事理论作为支持，但是，我们也可以建立散文分析的结构与方法：在审美结构中，所有散文的第一层次，一定是作家的所见、所闻、所历、所读，也就是说，首先要分析散文写了什么，写了哪些事、哪些景、哪些所读的书。其次，散文的第二个层次是作家对所见、所闻、所历、所读有所感，具有第二个层次，散文就基本成型了。最后，优秀的散文一定是要有所思，就在这有所思的地方，可以区别散文表现的精神深度，只有那些具有本体性的价值之思、历史之思、生命之思的散文作品，才有可能成为名篇。所闻、所感、所思这三个层次是有机递进的。一篇优秀的散文总是能透过个体对生命、历史、文化、自然等命题的感悟，贴近本体性的意义，如信仰和形而上的价值关怀等。

在散文结构中，最难达到的就是有所思层次。如何表现这种有所思，往往成为散文审美创造的挑战之一，比如，有的所思跃然纸上，有的所思深藏不露，有的所思游离不定，各有风度，然而，何者为胜呢？众说纷纭。比如，周作人散文，有的就以不切题为要，东拉西扯，信马由缰，似乎马在四处溜达，但缰绳始终在他手上。有的就像水一样漫溢开来，一派湿润。如果说，周作人的散文结构常常是以曲为直，那么，鲁迅的散文结构则是以抑为扬，这在他写人的散文中表现得最为典型，也形成了鲁迅散文独特的抒情方式。

一个作家在散文中的抒情方式值得我们研究。抒情方式是散文创作中一个很精妙、很复杂的结构技巧，鲁迅最善于利用抒情方式的变化来形成一种审美风格，比如，他常常以远为近，寓否定于肯定之中，通过情感的矛盾性及其矛盾性的曲折化解过程来展现自己的内心世界。鲁迅给我们留下许多优秀的散文篇章，我们若打开视野就会发现，其中有不少可谓是千古奇文，如《女吊》写出了中国文化中一个最美的鬼魂；《无常》突出了"无常"的情与理，退掉了恐惧的面目，成为黑暗中的精灵。当然，鲁迅散文中最杰出的篇章还是《朝花夕拾》，《朝花夕拾》展现了鲁迅从童年到少年的生活历程，它是一部回忆性的散文集，鲁迅以非常鲜活的笔触，把从童年到少年的过程中自己所承受的屈辱、困惑，所得到的人生温暖，所感受到的人生欢欣……总之，一个人在成长过程中可能遭遇的各种不同的情感经验，都在这个文本中充分地表现出来。在这个文本中，鲁迅尽管饱尝苦痛，饱受创伤，仍不失赤子之心。

（三）《野草》中的鲁迅形象

《野草》是鲁迅心灵的黑暗之旅，鲁迅把内心中最隐蔽、最虚无的情感曲折地展现出来。阅读《野草》，仿佛是随着鲁迅巡视他的心灵地狱，虽然只是匆匆一巡。此时此刻，他的内心过于黑暗，当他独自审视自己内心黑暗的时候，他自己都感到害怕。《野草》也是鲁迅所有作品里最复杂的一个文本，准确地说，是一个未完成的文本。为什么这样说呢？在我看来，创作《野草》就是鲁迅打开自己如地狱般黑暗的内心世界，带领读者进入他的内心世界，也就在这时候，他发现自己的内心世界过于黑暗和虚无，他自己都感到一种恐慌，于是，他很快地关上了自己的心灵之门，所以《野草》明暗不一。在非常诡谲的意境中，鲁迅叩问着存在的意义，反思着什么是死亡，什么是生命的意义，什么是有价值的活着，我是谁，我从哪里来，我到哪里去。如果我们要探究鲁迅的内心世界，《野草》是一个非常好的通道。遗憾的是，在《野草》中鲁迅过早地关上了自己的内心之门，所以，我们无法读到一部更丰富更复杂的心史。我一直有一个困惑，《野草》的黑暗、虚无与绝望，为什么没有淹没鲁迅的反抗。直到我读到特蕾莎修女的自传，才有所领悟。特蕾莎修女把她一生的爱都奉献给全世界的穷人，默默地作着黑暗中的微光，然而，当人们整理特蕾莎修女的书信时，却发现她在信中反复地讲述着自己内心的黑暗和冰冷。但是，尽管如此，她仍没有放弃对于苦难的承担、对于上帝的信仰、对于爱的奉献。在《野草》中，我们看到，鲁迅也始终没有屈服于黑暗与虚无的侵袭，在对黑暗与虚无的审视背后，我们看到的是一种坚忍和永不妥协的坚持，这正是鲁迅精神最可贵所在，他并没有被黑暗和虚无所吞没，而是穿越了黑暗和虚无。长期以来，学术界过多地关注《野草》中的黑暗和虚无，却很少关注鲁迅对于黑暗和虚无的一种审视。在我看来，透过《野草》，看到的是鲁迅精神深层的另一面，即《野草》作为一部伟大诗篇的精神意义。在艺术表现形式上，《野草》是一部象征主义的文本。《秋夜》写的是一支生命的交响曲，展现了不同形态的生命。比如，枣树、小粉红花、扑火的小青虫等，都象征着不同的生命形态。秋夜是寂静的，但秋夜中又有一种十分紧张的生命搏杀。《野草》的象征资源来自哪里呢？是屠格涅夫、尼采、波德莱尔的作品吗？这是《野草》研究中必须解决的重要诗学问题。除了西方的象征主义诗学资源外，《野草》又具有很传统的一面，比如，苏雪林就说过《野草》受到佛经的影响很深，这也是《野草》研究中值得破解的问题。在我看来，《野草》在幽深的意境创造上则和李贺诗学有异曲同工之妙，遗憾的是，这个问题仍有待于学术界的深入探讨。在《野草》中，鲁迅不断地叩问一系列本体性的问题：如何向死而生，生命的意义和存在的价值，精神的力量来自哪里等，这正是《野草》的精神哲学，也是《野草》扣人心弦之处。比如，在《过客》中，过客不愿意接受少女的布施，他也明白再往前走便是坟，但是，他又不得不走下去，他不想回到起点，却不知道"我是谁，我从哪里来，我往哪里去"，只能不断向前，这就是一种对生命存在的追问，这种追问的紧张感和精神深度是中国文学中所没有的，它属于一种现代主义的精神高度，因此，《野草》也成为中国文学中最具有现代主义思想特征的文本。

通过《野草》，鲁迅把我们带进黑暗的内心世界，但他自己也感到害怕，于是他过早地关上了大门，所以才有后来的《故事新编》。《故事新编》的精神不是和《呐喊》《彷徨》相近，而是和《野草》相接，《野草》中未完成的状况在《故事新编》中得到展开，这个脉络似乎从未有人谈及。

（四）杂文中的鲁迅形象

杂文是鲁迅一生最重要的文化遗产。在他的杂文中，鲁迅以冷静而又充满反讽的话语方式来表达对国民性的批判、对民族文化心理的深刻审视。鲁迅的杂文既深刻、锋利，又充满着一种解构的快感，所有正统的、神圣的、道貌岸然的东西，在他的笔下，都变得分崩离析，都显示了它们的真面目。阅读鲁迅的杂文，能感受到一种解构的快感，尤其是那些对国民性审视和批判的杂文，具有一种鲁迅式的解构智慧，他总是能看出现实、深层的矛盾性，总是能在光滑中看到裂痕，正如他曾希望大家多读野史，认为从中可以看到历史的裂缝，而历史真相恰恰就藏在这些历史的裂缝中。通过解构来呈现某种真实状态，这一点和福柯的知识考古学的分析方法，有着异曲同工之妙。在福柯看来，所有正义的背后都有一种压迫性，福柯尖锐地看到了在历史和现实中权力结构的无所不在，以及权力对真相的扭曲、遮蔽，对自由的抑制。比如，在《疯癫与文明》中，他深刻探讨了文明与理性对自由感性的一种压抑。现实中的统治者总是乐于把世界描绘成一幅完整光滑的图景，而鲁迅却可以找到了光滑背后的裂痕。过去的鲁迅研究重在讨论他的杂文对国民性的批判，在我看来，鲁迅如何看待事物、如何发现矛盾的思维方式，则更为重要。对矛盾的发现、寻找和解构，是鲁迅杂文的生命力所在。

晚年的鲁迅，生活在文网森严的时代，但他以独特的文化游击战方式，不断寻找文网的漏洞，发出自己的声音，他的思想没有被森严的文网所控制、所扼杀，他晚年创作的杂文就淋漓尽致地体现他的这种独特的文化智慧和生存智慧。

鲁迅凭借以少胜多、以小胜大、以曲为直、以隐为显的方式进行着文化的游击战。借此，他成功地击退了无数次残酷的文化围剿，发展出一套文化反围剿的战略。当我们研究鲁迅杂文时，更要关注他如何做到了这一点。比如，《伪自由书》意在揭穿自由之伪，《准风月谈》总是谈出一些风月之外的东西。鲁迅在杂文中所展示的这种反文化围剿的智慧和独特的话语方式，直接影响了鲁迅杂文的文体特征，也成就了鲁迅杂文"嬉笑怒骂皆成文章"的话语风格。

鲁迅杂文不是一本正经的说理，也不是满腔怒火的斥骂，他以反讽的话语方式和理趣的风度进行着社会批评和文化批评，形成其杂文独特的文体之美。我认为，在这点上，鲁迅既受到卢奇安的影响，又受到李贽的影响，这两人的文章都是通过反讽和嬉笑怒骂的话语方式在其文字中表现一种独特的思想魅力。精妙的反讽，并不是所有人都能做到的，只有把反讽的话语结构充分阐释出来，才能回答为什么说鲁迅的杂文是一种具有独特美学意义的文学样式。

（五）书信中的鲁迅形象

鲁迅一生写了许多书信，他忙碌着给母亲、学生、朋友甚至陌生人写信。书信展现了鲁迅内心的另一面，这一面是人们在小说、诗歌、散文中看不到的。当他给学生写信的时候，他是一个老师，循循善诱；当他给母亲写信的时候，他是一个儿子，拳拳孝心；当他和朋友通信的时候，则常常披肝沥胆地倾诉着自己在当时生存处境中的种种困惑。书信展示了鲁迅非常私人化、个体化的一面；在书信中，鲁迅扮演了各种不同的形象，展示自身性格的多样性：柔情、决绝、坚强以及无可奈何的人生苦恼。

要想深度解读鲁迅，书信是一个很重要的通道。在这里，有多样性的人性面相，有多样性的人生苦恼，同时，也有许多欲盖弥彰的遮蔽、许多言不由衷的尴尬。从中我们可以看到鲁迅的深情和坦诚，但也能看到他的多疑和狭隘。

从常理上说，从书信世界里可以看到一个人和其他人沟通、交流时的状态。在书信世界里，一般不须要对自己进行多余的遮蔽与修饰，但是，内在于鲁迅自我结构中的对于社会责任的担当和批判的意识，必然会使他的表达交流有时变得前后矛盾、欲言又止甚至反复无常。而人活着，却要接受如此的束缚，那心灵将是多么的沉重与痛苦。

（六）日记中的鲁迅形象

鲁迅的日记，作为学术研究来说，是非常有价值的。作为作品来阅读时，却是了无意趣的。他的日记总是记录着那些很琐屑、毫无诗意的世俗与日常生活细节，今天给谁写信了、今天收到谁的钱了、今天向谁借钱了、今天碰到什么事情了，诸如此类。透过他的日记来看他一天天的生活，可以看到他生活中很世俗的一面。简单地说，这个生活是了无意趣的，这是一个完全世俗化的生活。于是，琐屑灰暗的鲁迅形象就在日记中出现了，请注意，这也是一个真实的鲁迅。

值得注意的是，在其晚年的日记中，我们可以有限度地体会到他所过的那种秘密的地下室式的生活状况。在晚年，他的交往是十分有限的，主要通过几位亲近可靠的朋友和学生，如胡风和冯雪峰来认识了解外部世界，朋友的交往也变得十分单一、有限，秘密的地下室式的生活状况也使得他无法掌握外部世界更加全面、真实的信息，这在不同程度上影响了他晚年的思想立场和思想判断。

比较而言，在书信世界里的鲁迅，虽然释放了很大一部分的自我，但是，在社会上毕竟要扮演不同的角色，必然会戴上不同的面具，其中多少有一些伪装修饰的成分。因为书信是一个互为他者的世界，也是一个互为镜像的世界。但是，在日记世界里，那是鲁迅与自我的交往，是对于自己生活的记录，是对于自我的一种记录。可以看到，在这个世界中的鲁迅，是极其简单、极其琐碎、极其日常感性的。

我曾经期待从鲁迅日记中，通过统计鲁迅和周作人写信的日期和频率，以及周作人回信的频率，获得关于他们兄弟关系的一点蛛丝马迹。虽然最终无功而返，但还是能有限复原他们关系的基本面貌：他们之间的关系一开始还是十分融洽的，鲁迅在这对年轻的夫妻面前扮演着一个好大哥的角色。周作人给鲁迅寄信的时候偶尔也会附带一页羽太信子写的信件。很有可能这封信件是请求鲁迅帮助资助羽太信子的父母在东京的生活，因为鲁迅曾多次给羽太信子的父亲寄钱。从日记中记录下来的鲁迅所欠债务，可以看出鲁迅的生活并不宽裕的。但是，当时鲁迅近乎单身汉的生活并不需要这么大的家庭开销，很可能其中大部分的花费是用在周作人一家身上的。

深究这个问题就变得极其有意思，鲁迅作为大哥，长兄如父般地承担起了这个家族的生活重担，鲁迅与周作人的关系更甚于与周建人的，有可能是和日本留学经历有关，毕竟两个人在异乡亲密生活了多年。尽管需要借债，尽管家庭收支始终处在一个紧张的状态，但是鲁迅还是凭借一己之力来承担。如果刚回到故乡的鲁迅能够苦苦支撑生活的话，那么他不会远赴日本要求周作人回国了，这一段生活对于鲁迅而言是十分不容易的。但是反观周作人，抗战爆发，他以家累所拖作为自己留在北平的借口，面对内外的压力，他更多的是一种回避，无力的反抗挣扎，最后任由命运摆布，如果学术界能对鲁迅与周作人的日记做一个比较阅读与研究，一定会有诸多出乎意料的发现。

二　艺术世界中的鲁迅

鲁迅一生和现代美术结下了深厚的渊源，他是中国现代版画艺术的重要推动者，又是现代西方美术的重要介绍者，他具有极高的艺术鉴赏力，既喜欢线条粗犷有力、色调明暗分明的现代版画，也喜欢那些具有颓废气息的西方现代艺术，又喜欢风格阴郁的古代画像砖拓片的艺术形式，可以说，有一个特别的鲁迅形象，就存在于光影、色彩、明暗、线条所构成的艺术世界之中，而这个艺术世界中的鲁迅，常常把他在文学世界中所不能表达的情感、思想独特地传递出来。

关于艺术世界中的鲁迅形象，我们可以从以下几个方面进行建构。

（一）鲁迅是现代版画最重要的倡导者

鲁迅不仅在理论上提倡现代版画，而且身体力行。比如，鲁迅组织了多次版画展览，并且亲临现场做细致的指导。鲁迅对版画艺术的热爱，或许是因为版画有力的线条能把他的内心世界进行呈现。那么，版画的线条感和放刀直干的刻法与他杂文的创作风格有怎样的内在相通性呢？这个问题可以留给大家深思。

（二）鲁迅和西方现代艺术的关系

从《近代西洋美术思潮史》的翻译中，可以看出鲁迅对现代艺术的观点相当前卫。当他接触西方现代艺术时，他内心喜欢的是那些具有颓废之美的艺术形式，如比亚兹莱的绘画。在鲁迅的卧室里曾挂有三幅画，其中一幅画特别有意味：一个裸体的少女在旷野中迎风奔跑，在奔跑之中，少女的长发在风中有力而舒展地飘扬。如此前卫、如此意境、如此美感和我们对鲁迅的一般性想象截然不同。每当我面对这一细节时，我总会问自己一个问题：当鲁迅欣赏这幅画的时候，他内心感受到什么？是没有终点的奔跑时的孤独与无奈，还是这其中所具有的力量、热情、坚持与青春？鲁迅在对现代艺术作品的凝视中，一定流淌着某些在文学世界中所没有的东西，对鲁迅的一生来说，这只是短暂的瞬间。人的一生不可能每时每刻都在凝视，但是，有时候人的一瞬间的意义甚至大于他一生的。有的人一生都没有停下脚步，他不知道什么是凝视、什么是眷顾，这样的人生很可悲。因为，在这短暂的凝视中，人可以和自我实现很复杂的内在交流。

鲁迅有许多机会直面西方现代艺术，陈丹青就说鲁迅对西方现代艺术的理解远远超过了当时的艺术家。当夜深人静之际，鲁迅凝视着这些现代艺术的时候，呈现的是一个怎样的内心世界呢？他看到的是旷野的荒凉、青春的短暂，还是奔跑时的激情？当他出神地沉浸在这一艺术世界的时候，他的内心又是如何地敞开呢？他和他喜爱的艺术之间形成怎样的对话和倾诉？当我们理解鲁迅的时候，我们总是非常关注鲁迅一生都在和哪些人论争，但是关注鲁迅凝视出神的瞬间，也同样重要。

（三）鲁迅对古代画像砖拓片的兴趣

汉画像砖的拓片一般表现的是秦汉时期人们的一种想象世界，在这个想象的世界中幽明两界没有区别。因此，对在死后的黑暗世界中仍保留着现世的热情与欢娱的表现，常常是秦汉墓室画像砖的主题之一。墓室画像砖的拓片经过几千年的沉积、变迁和淘洗，已变得斑驳、黑暗和阴郁。一般人对于来自墓室的东西总是避之唯恐不及，而鲁迅却非常喜欢把玩这些来自黑暗岁月的东西，非常沉迷这种阴郁之美。在这些拓片的图案中隐匿着阴郁、颓废和死亡的召唤。对于阴郁之美的沉迷、对于颓废之美的欣赏、对于死亡之美的凝视，传递一个非常复杂的、飘忽的、深邃的且不易捕捉的鲁迅形象。

鲁迅对死亡的豁达与超脱是众所周知的，这或许是因为他的人生承受了太多的苦难，从而敢于直视黑暗与死亡，敢于在黑暗中点起一盏灯，照亮自己的内心世界。他一生收集了几千张画像砖的拓片，我想每当在深夜中看着这些东西，他的内心世界一定充满着死亡的狂欢与想象，一定透亮着生命的喜悦与沉醉，从中可以看到鲁迅独特的、怪异的、与众不同的审美取向，以及鲁迅复杂的内心世界。在这一方面，至今学术界的研究仍然很不够。

（四）　鲁迅和西方现代版画艺术的关系

在西方现代美术史上，比亚兹莱一般被认为是颓废派画家，但是，鲁迅非常喜欢比亚兹莱的作品。这其中就有一个矛盾：在文学世界中所展示的反抗的批判的鲁迅形象，和在艺术世界中所看到的欣赏颓废的阴郁的艺术形式的鲁迅形象，是完全不同的。这两个鲁迅形象看似矛盾，实则统一。我认为，正是这个艺术世界的存在，使得鲁迅可以把内心深处的复杂情绪，甚至潜意识中的某些情结，通过对这一艺术世界的凝视而倾泻出来。

为了帮助年轻版画家的成长，鲁迅介绍了许多西方现代版画艺术，比如，比利时、德国的版画家等，这其中他和珂勒惠支的关系特别值得研究。1936 年，鲁迅写下了长文《〈凯绥·珂勒惠支版画选集〉序目》，集中对珂勒惠支的版画做了自己的解读。在文中，鲁迅对珂勒惠支版画的风格提出了很多精辟的见解，值得注意的是，鲁迅深悟珂勒惠支版画中的悲哀情绪与死亡气息。在某种意义上说，鲁迅对珂勒惠支版画的理解，其实是对自己的内心世界的解读，这二者之间有一种十分密切的心灵交流，实际上，他对珂勒惠支的解读映照的是自己的内心形象。

早在 1931 年，鲁迅就给《北斗》刊物寄过一幅版画，这幅版画就是珂勒惠支的《牺牲》，画的是一个裸体的母亲献出孩子，据他自己说，他刊出这幅版画的目的是为了纪念当时刚刚被杀害的左联五烈士之一的柔石。当鲁迅寄出这幅版画的时候，他的内心一定是很复杂的，寄托着同样作为父亲的他，对于年轻生命牺牲的一种悲痛。鲁迅在后来的多篇文章里，一再感慨在当时并不是很多人知道这幅画的意义之所在。

鲁迅在《〈凯绥·珂勒惠支版画选集〉序目》这一长文中，反复强调珂勒惠支以深广的慈母之爱，为被侮辱者、被损害者奔走、呼喊。我觉得，此时此刻，他读画就如同读自己的心灵一样，他的一生不也是以深广的慈父之爱为被侮辱者、被损害者奔走、呼喊吗？他的一生的劳作，难道不是渴望着能够唤醒他们、照拂他们，使他们能够过上独立而有尊严的生活吗？

无论欣赏也好，解读也好，这个艺术世界只是瞬间生成的，在鲁迅充满独战与横站的一生中，也只是那么出神的一刻，然而，就是在这出神的一瞬间，他的内心获得一种尽情的宣泄。

在我看来，鲁迅对珂勒惠支版画的解读，不是一种单纯的艺术批评，而是有其方法论价值的。我们知道，鲁迅晚年写过多篇回忆性散文。引人注意的是，在晚年的回忆性散文中，鲁迅两次写到对于自己老师章太炎先生的评价。他认为，章太炎先生是一个有学问的革命家，希望人们在评价章太炎先生时，不仅要看到他学问的一面，还要看到他反抗与革命的一面，这是鲁迅非常独特的理解、评价他人的一个方式，这或许也可以成为我们解读鲁迅自身的一种方式。回到鲁迅对于珂勒惠支版画的解读上来，我们说，在这种解读中，鲁迅看到的是自己的内心世界；同样的，他对于其他西方版画的解读，他看到的也是自己的内心世界。许多作家正是在对别人的解读中，找到了一面镜子，照见了自己的内心世界。鲁迅解读珂勒惠支版画的过程，内含着许多阐释学的意义与方法，比如，鲁迅从什么角度进入珂勒惠支版画世界，发现了什么，为什么会有这种发现？这些解读的角度、方法、途径、路线图，都是值得我们借鉴的。

（五）鲁迅非常喜欢笺谱

晚年鲁迅花了很多时间甄选笺谱，集成了《北平笺谱》等。大家知道，笺谱的艺术是明清时期文人趣味的集中体现。如果你翻阅过笺谱，就会发现，笺谱的整个基调是清雅古朴的，充满了意趣之美。鲁迅为什么会对充满士大夫气味的笺谱如此钟情和喜爱呢？我想，在对这样趣味的沉浸和投入中，鲁迅让自己在粗糙的现实生活中找到一点诗意，让自己荒凉的灵魂获得一线清泉。我一直有这样的想象：鲁迅对于笺谱的欣赏就像是一个艰辛跋涉的旅人在一片粗犷的荒漠上忽然看到一线清泉。在现实生活中，鲁迅内心始终是十分紧张的，不断地卷入各种各样的斗争的旋涡之中，使得他的灵魂变得万般的粗糙而荒凉，正如他自己所言的那样，过的是飞沙走石、遍体鳞伤的生活。对笺谱的沉迷使他粗糙的灵魂有所栖居，使得他能够再一次地整装出发。

总的来说，当鲁迅注视着他眼前所喜爱的艺术世界的时候，无论是版画、西方现代艺术，还是古代画像砖的拓片、笺谱，他都沉浸在一种宁静的心境之中，那些模糊、飘忽的情绪就在这凝视的瞬间倾泻而出。如果我们能对鲁迅在一生不同阶段及不同语境下凝视、出神的瞬间多加关注，就会发现，在这一瞬间生成的艺术观照中，鲁迅既表达了对于民间的想象，又表达了他对于现代艺术超前性的体验，更寄托了他内心隐蔽的诉求。在日常生活中，每个人都会经常陷入一种千言万语不知从何说起的困境，文字不能表达我们内心所有的一切，很多时候，内心的复杂根本无法用文字来表达，这个时候，人们可以在对艺术世界的凝视中获得一种精神自由。我们可以不断想象如此的场景：当夜深人静之际，鲁迅独自凝视着眼前所喜爱的艺术作品，在凝视的瞬间，他内心油然而生一种沉静和力量，从而穿透和照亮他内心的黑暗世界。在这一凝视和出神的瞬间，他找到了和自己黑暗的内心世界和谐共处的方式，找到了安放灵魂所需要的一线清泉、一抹诗意和一片绿洲。这就是我们所强调的在艺术世界中存在着一个非常复杂的、飘忽的、深邃的而且不易捕捉的鲁迅形象。我之所以反复讲述这个艺术世界中的鲁迅形象，那是因为我们的生活也非常需要这样一个出神的凝视的瞬间，如果没有这样的瞬间，那么我们内心的许多焦虑就无法得到宣泄。生活的紧张总会让我们感到焦虑，出神与凝视就是缓解我们焦虑的一个非常好的方式，也许在这个瞬间恰恰能把我们内心中最纠结的情绪暂时地平复下来。

三　被丢失的鲁迅形象

人们对自己记忆的丢失，就是对自我的丢失。从 1909 年至 1917 年，是鲁迅从日本回国到他走向新文化运动之间寂寞的八年。虽然鲁迅在《呐喊·自序》中对自己在这八年间的思想、精神以及痛苦得如被毒蛇缠住一般的灵魂，有过一段深刻的回顾，但是，关于这个八年，鲁迅所留下的史料非常之少，近乎完全丢失。如果我们不能重建这八年鲁迅的心路历程，不能了解这八年鲁迅究竟想了什么，对于中国文化做了哪些思考，经受了怎样的精神折磨，那么，我们就很难理解此后鲁迅的思想发展。

我认为，鲁迅一生思想的基本结构就是在这个时期形成的，这寂寞的八年，确立了他基本的体验深度。关于这一点，我和日本学术界的观点有巨大的差异。大家知道，日本学者在鲁迅研究上水平很高，不少学者都持有一个观点，即认为鲁迅的思想起点是在日本留学时期形成的，这一论断的主要依据是鲁迅在日本时期写成的五篇论文。他们认为，这五篇论文中的思想是鲁迅思想的原点。其实，鲁迅在撰写这些文章的时候非常年轻。据有关学者的详细考证，这五篇文章主要是拼凑他人的观点而成的。并且，细读之下，你会发现其中有不少观点是前后矛盾的。我认为，国内学术界对鲁迅早期五篇论文的细读与阐释仍然相当粗糙。事实上，日本学者提出这样的观点，隐蔽着一个别有用心的学术立场，他们据此可以认为，中国乃至世界近代最杰出的思想家鲁迅是由日本文化哺育出来的，是在日本文化的土壤上成长起来的。鲁迅在日本期间发表的五篇文章，我不认为这是鲁迅思想的源头，原因有三：首先，这五篇文章中有很多思想是借鉴他人的，甚至是直接引用。其次，这时期他的思想还不成熟，容易受日本当时流行思潮的影响，还未形成独立的思考。最后，这五篇文章不仅彼此矛盾，而且每一篇文章内在的思想逻辑也是前后不一。关于这一点，似乎国内学术界未做充分的文本细读。这八年的寂寞期，对于鲁迅的历史观、人生观、世界观、价值观，以及对于国民性的思考等一系列思想的形成与发展，具有独特的意义，因此，如何反驳日本学术界的有意误读，也是我正在撰写《鲁迅传》的题中应有之义。

对鲁迅而言，这是寂寞的八年。他的内心的寂寞像一条毒蛇一样缠绕着他，让他回到古代，沉入国民。那么，这寂寞的八年，他想到了什么，看到了什么，体验到了什么？我们今天很难找到有效的文献来重建鲁迅的心路历程，所能看到的只有几篇简短的书信。何谓回到古代，何谓沉入国民？在这个修辞的背后，鲁迅当时真正在思考什么？因此，重建这八年的心路历程，就显得意义重大，否则，我们就无法理解为什么鲁迅一走上五四文坛，他的思想就比同时期的其他人来得复杂、深邃、理性和清醒，我想这和鲁迅在绝望中的思考有关。进一步的追问是，在绝望和虚无中，他又做了怎样的反抗，是什么力量使他没有被黑暗所吞噬？这些追问也都是十分重要的。是的，在痛苦和绝望中的思索，造就了他思想的深邃。毫无疑问，如果我们不能重建这八年鲁迅的心路历程，那么，对于鲁迅此后思想的研究都是无源之水、无本之木。如果我们不能合理地重建这八年鲁迅的心路历程，那么就很难理解后来鲁迅何以能对中国文化做出如此深邃的剖析。这个被丢失的八年，恰恰是鲁迅思想最动荡也最为刻骨铭心的八年。在绝望的状态下，人们对人生、历史、文化的思考，一定是出乎意料的清醒与透彻。

既然有效的文献如此缺乏，那么今天的学术界是否仍有可能重建这被丢失的八年心路历程呢，重建的方法、途径又有哪些呢？这些都是鲁迅研究者要共同思考的问题。在我看来，这种重建是可能的，只不过其路线图应该是一种想象性的真实和迂回性的进入。在这里，我举希区柯克的影片分析为例。大家知道，希区柯克是一个著名的电影大师，同时，也是一个虔诚的天主教徒，他在现实生活中是非常严谨并且极端遵循清规戒律的，但是，在他的电影里面恰恰表现了许多惊恐的地方，表现了许多人性的阴暗，那么，这截然不同的两个希区柯克，哪个才是真实的呢？我曾经看过一本书，叫作《天才的阴暗面》，就是通过希区柯克的电影画面来分析希区柯克内心的复杂性。因此，尽管鲁迅这八年的时间丢失了，但是，我们可以通过这八年鲁迅的阅读、播迁、谋生、交往，来重建他这八年的内心世界。尽管没有第一手的史料，但可以通过间接的方式来寻找这丢失的八年。如果能重建这丢失的八年，那么，鲁迅的形象将会变得相对完整，并且可以为研究鲁迅思想的发展变化，找到一个有意义与价值的源头。

四　翻译世界中的鲁迅形象

　　如果没有对西方文学的借鉴，就不可能有中国现代文学，如果没有对西方文学的翻译与传播，就不可能有我们的今天所看到的中国现代作家多样性的审美风格。文学翻译可以分为两种类型：一种是翻译家的翻译，比如，朱生豪对莎士比亚戏剧的翻译、汝龙对契诃夫小说的翻译等，他们借助精粹与娴熟的语言素养和技巧进入翻译世界。另一种是作家的翻译，就像鲁迅和周作人的翻译，在这种翻译之中，往往隐藏着更为复杂的译者的内在诉求。比如，周作人在1960年代翻译了《卢奇安对话集》，卢奇安是古罗马晚期的思想家，他在著作中，表达了很多"非圣无法"的思想，对当时古罗马晚期的正统价值进行了尖锐批判。为什么在1960年代周作人会选择这样一部"非圣无法"的作品来翻译？回到历史的语境中，我们知道，那时正是中国意识形态控制森严的特殊时代，在这个时代，所有自由的、民主的思想根本不可能存在。对《卢奇安对话集》的翻译，周作人隐秘地表达对于那个时代的意识形态控制的曲折而无声的抗议。有意思的是，在翻译中，鲁迅常常偏爱对具有阴郁风格作品的选择，其目的也是通过翻译来表达、来宣泄自己的内心情绪。通过翻译这样一种语言转化的内在过程，我们可以看到一个活生生的跳动的心灵，也可以看到译者的一股流淌的情绪。因此，透过对鲁迅翻译作品的解读，我们可以看到又一个被遮蔽的和被隐藏着的鲁迅形象。鲁迅翻译有几个重要特点。

第一，鲁迅一生都在强调直译，但是，鲁迅对其翻译的作品，常常写有后记，而后记的内容多是译者借题发挥，表达自己翻译时内心的体会。翻译不是简单地外在于鲁迅的另一项文字工作，在某种意义上说，翻译是他一生事业的有机组成部分，透过翻译来表达自己内心在别的地方所不能表达的情绪和情感。因此，如果缺少翻译的世界，鲁迅的精神世界是残缺的，若缺少了翻译者这一面向，那鲁迅形象也是不完整的。

在我看来，翻译对鲁迅而言，其实是借他人的酒杯来浇自己心中的块垒，尽管翻译构筑的是一个他人的文字世界，但是，在这样的翻译世界里，则存在一个我们今天未被充分重视的鲁迅形象。鲁迅对译作的选择及翻译的过程，究竟存在着怎样的特殊性呢？比如，鲁迅为什么喜欢选择意境非常阴暗、神秘的作品来翻译？这其中又潜藏着怎样的情感意义呢？

第二，除了果戈理的作品，他一生中翻译的许多作品都不是第一流的。鲁迅的创作和果戈理的关系，是一个十分有趣的问题。果戈理精致的讽刺艺术，不仅影响了鲁迅的小说，也影响了他的杂文，在我看来，他们都是世界文学史上杰出的讽刺艺术大师，讽刺艺术是他们文学世界中最生动、最鲜活、最永久的生命力。鲁迅有着很高的审美鉴赏力，然而，为什么他所选择翻译的作品常常不是第一流的？如此之高的审美鉴赏力和他如此不对称的对翻译作品的选择之间所存在的矛盾性，说明了什么？这些问题，似乎还未引起鲁迅研究界的必要关注。

第三，对于翻译作品的选择，鲁迅多是喜欢阴冷基调的作品，如安特莱夫等人的创作，这在鲁迅思想的前期，还可以理解。但是，在其思想的后期，这种选择就让人困惑不已。比如，当鲁迅已成为左翼精神领袖的时候，他翻译的作品恰恰是在苏联已被批判的同路人文学，而不是普罗文学。当时，他作为左翼的精神领袖，一方面思想立场很坚定；但另一方面，美学观念和文学趣味完全不一样。怪不得当时左联中的许多年轻人会觉得他很落伍。一个人的美学理论主张和内心的审美趣味，存在着距离，这是左翼文学的一个潜在而十分重要的现象，从中可以看到左翼文学内在的复杂性。鲁迅在对同路人文学翻译的背后，交织着批判与同情，并巧妙地保持了一个合理的距离，于是在他的思想世界的深处，理论和审美趣味就形成适当的张力，当然，这也有助于缓解他内心的紧张。当他成为左翼精神领袖之后，他不能轻易地在其文学世界中表达内心的阴暗面和虚无感，这时，翻译或许是他所能找到的最好的表达内心的通道，这就是为什么在这时候他所翻译的作品往往是同路人文学中有阴冷气氛的作品。

第四，鲁迅往往在其思想和艺术发展出现危机的阶段，把大量的时间投入翻译之中。这就提醒我们，翻译对于鲁迅走出自己思想和艺术的危机，究竟起了怎样的作用？鲁迅对于译作的选择以及翻译的过程，显然是一个心灵的对话过程。他要想通过翻译来表达他内心的一种感受。值得注意的是，在他心理出现危机的时候，往往是他翻译最为有成就的时期，翻译成为他解放自己的内心世界、缓和自我与现实之间的尖锐矛盾、审视危机的前因后果的一面镜子。通过翻译，他或许最终能跨越自己思想与艺术的危机关口。

第五，鲁迅的翻译和同一时期创作之间，构成一种深刻的互文性关系。也就是说，当你要研究他的翻译作品的时候，须要了解他同一时期的创作，当你要解读他的某一时期的创作时，也要研究其同一时期的翻译。敏感的读者一定会发现，他者文本在鲁迅世界中始终是深刻存在的，彼此之间构成一个复杂的互文性关系，这对分析鲁迅具有另一种方法论的意义。

五　古典世界中的鲁迅形象

五四一代作家不是横空出世的，他们和传统有着密不可分的关系。海外著名汉学家林毓生先生对五四一代作家与传统的关系考察后认为，他们在感性上有对传统的眷恋，但是在理性上是强烈地反传统。而我认为，事实并非如此简单，而是充满着复杂的缠绕。五四一代作家一方面具有鲜明而尖锐的现代性意识，另一方面又和传统保持了深厚的历史联系。这其中既有不可调和的对立冲突，又有与生俱来的和谐共处。

关于鲁迅与传统之间的复杂关系，可以从以下几个方面展开。

（一）　鲁迅的传统性

我们都知道，鲁迅是现代中国最具有现代意识的思想家，但是，鲁迅的一生无论在感情上还是在思想上，都和传统文化保持着一种血脉相连的密切关系。鲁迅既是一个激烈的反传统者，对于中国传统文化做出许多激烈深刻的批判，又是一个非常杰出的中国古典文化的阐释者、研究者。从学术史角度来说，他对中国古代文化所做出的贡献是非常重要的。他的《中国小说史略》直到今天仍是中国小说研究的奠基之作，已有的很多中国小说史都是在鲁迅的观点上加以延伸完成的。他用二十余年的时间十多次校勘《嵇康集》，直到今天鲁迅所校勘的《嵇康集》仍是最好的版本。他研究中国文字变迁，为此写过《门外文谈》。他研究汉文学史，为此写过《汉文学史纲要》。他对唐宋传奇也颇有研究，并在钩沉与整理上有诸多创获。因此，从学术贡献上来说，存在着一个古典文化世界中的鲁迅形象。当他置身古代文化世界时，有着独特的感受、认识与内心的宁静，但是，他又如此尖锐地批判中国传统文化。那么，怎么理解这个传统和现代之间的矛盾性呢？我们必须认识到，传统不是一个物品，它不能外在于人的情感、意志、价值观、信仰体系和思维方式等内在结构而传承，在这个意义上说，我们每一个人都既是现代的又是传统的。因此，有必要打破业已形成的传统和现代的二分法惯性思维模式。任何时候，传统和现代都不是一枚硬币的两面，那么，二者之间又是一种怎样的结构关系呢？这个问题仍然值得我们深思。这也是鲁迅研究中一个非常复杂的、也最容易引起歧义的问题。毋庸回避的是，在五四一代思想家中，鲁迅对于传统文化的批判最为激进、最为猛烈，他甚至说，不要读中国书，应该多读外国书，外国书即使是颓唐的，那也是一种向上的颓唐；他不无极端地认为传统文化是一个大染缸。因为这一系列思想主张，他也因此被认为是一个反传统主义者的典型。要厘清这些问题的内在复杂结构，绝不能采取一个非此即彼的一元论的价值观和思维模式。

首先，谈论一个作家和传统关系的时候，需要认清的是，究竟指哪一阶段的传统，又是传统中的哪一种价值形态。比如，周作人就反复强调他只和原始儒家有关系。其次，还要讨论作家看待传统的具体性，如论述传统是基于怎样的价值诉求等，这些提问都是讨论的前提。也就是说，任何一次对传统的认知与讨论，都存在着具体的意义架构和参照体系。我们知道，鲁迅在批判传统时，都有具体的时间、空间，都是在具体的语境下进行的。比如，鲁迅多次谈到孔子，小说《出关》以及杂文、散文中都谈到过孔子，但是，每一次谈到孔子，都是在一种明确的背景和语境下进行的，这其中既有好感又有尖锐的嘲笑，鲁迅批判的是那个被统治者所利用的作为文化工具的孔夫子，而不是那个知其不可为而为之的可以作为精神资源的孔夫子。在鲁迅的笔下，没有一个历史人物或者一种传统价值体系得到他无条件的肯定，他总是看到了事物的两面性。而且，在具体的不同语境下，他总能看到传统的多重性与歧异性。

横看成岭侧成峰，这往往是我们认知传统、认知历史的思维困境。事实上，即使是个体对自我的认识，也常常是远近高低各不同的。比如，林纾在有生之年，最欣赏自己的画作，却乏善可陈，而他自己最不屑的翻译，则载入史册，影响深远。时间和他开了一个不小的玩笑，这就是自我认识常有的悖论与遮蔽。

个体的自我认识尚且如此，对历史的认识就更是复杂。比如，晚明是中国现代文化史上谈论较多的话题，在现代作家的眼中有许多种完全不同的关于晚明的历史想象，比如，周作人看到的是一个闲适性灵的晚明，鲁迅看到的则是一个血腥的充满杀戮的晚明。历史上只有一个晚明，但为什么会有如此巨大的差异？我相信，今天的知识分子也一定会对晚清产生各种不同的历史想象，会对洋务运动、戊戌变法等历史事件产生不同的想象与阐释，这种想象必然会既接近历史事实的本相，又不可避免地遮蔽了历史的某些真实。

回到鲁迅和传统的关系上来。我们知道，鲁迅对中外文化传统的评价都有一个价值立场，那就是，要看这一切文化传统的存在是否有利于个体的温饱、生存和发展。在《我们现在怎样做父亲》一文中，鲁迅对于传统文化的基本态度和价值立场表达得淋漓尽致。更宏观地说，他是把是否有利于民族的生存与发展，作为一个价值衡量的天平，如果不利于民族的生存和发展，那么无论是什么都要踏倒重来。这种价值立场，是我们重新评价鲁迅的反传统时所要清醒地意识到的。

值得注意的是，鲁迅在学术方法方面，也并非无师自通的，而是有一个非常明确的师承关系，那就是章太炎古文经学的传统——注重实证和考辨。正是这种注重实证和考辨的传统，才使得蔡元培认为鲁迅的学术研究深得清学之精华。从学术方法的有所继承的这一面，也可以看出他和传统的密切关系。当然，从鲁迅和章太炎的关系起，再往上便可以追溯到浙东学派，这之间就会勾勒出鲁迅学术方法的一个相对完整的谱系。遗憾的是，学术界对此的探究还很不够。

（二）鲁迅的人格取向

对于鲁迅文化心理中人格取向的分析，是一个很有意思的问题。一方面，中国的政治生态一贯是外儒内法；另一方面，在儒、道、释三者之间，孰轻孰重、孰是孰非，中国知识分子在文化心理结构上又表现它独有的复杂性。一般地说，中国知识分子常常以某种人格取向作为主体，在不同的处境下会发生人格取向的偏离。但也有极少数的中国知识分子的文化心理结构是多重人格取向的综合体。

鲁迅的一生都面对着许多的绝望，但是他没有被绝望所吞没，始终不渝地对绝望做出反抗，在这个意义上说，他的人格结构的主体意识是传统儒家知其不可为而为之的担当意识。正是中国传统儒家的担当意识，才使得鲁迅没有放弃对国民性改造的希望和民族文化与民族精神新生的信心，没有沉沦在时代旋涡的搏击之中，这是鲁迅人格取向中非常重要的维度。比如，在《影的告别》中，影毅然地走向黑夜，承担起整个黑暗，这正是鲁迅人格的自我写照，这种承担意识也是鲁迅人格中十分伟大的地方。这种勇于担当的责任伦理，在《颓败线的颤动》《过客》《这样的战士》等散文诗中都获得了象征性的表达。

在我看来，鲁迅的人格取向中还有法家的向度，鲁迅获得法家智慧的许多启发。法家对于人性的理解非常深刻，我认为，鲁迅对于国民劣根性的批判和洞察力，很大程度上是来自传统法家对人性恶的理解。鲁迅一生都有一种很深刻的对人性恶的忧患意识，正是对人性黑暗面的体察，使得他对于改造国民性的艰巨，始终保持着足够清醒的警惕，并且充满着理性的悲观主义。在情感方面，鲁迅又十分向往道家的自由，他曾说过："我也何尝不中庄周韩非的毒，时而很随便，时而很峻急。"按我的理解，这里的"随便"，是对于自由的精神境界的向往，"峻急"就是对人性恶的深刻理解。如果我们给鲁迅的人格取向建立一个结构模式的话，那么从中可以看到，在中间的主体的是儒家，左边是法家，右边是道家。儒家代表着承担，代表着入世的价值立场。当他处在逆境的时候，法家就会激发起他内在的创伤体验，使他偏向法家对人性恶的体察，当他介入对国民性的深度批判时，法家智慧使鲁迅不断激发深刻的思想批判的力度与锋芒。当他处在顺境的时候，就会偏向于道家，去追求一种自由的超脱境界，道家使鲁迅内在紧张的情感不时得以纾解，使他在极度无助之际，可以退回到内心的自由之中。所以说，儒家、法家、道家构成了鲁迅人格结构的三个维度。

　　在这里，我还要对鲁迅与法家的关系多说几句，因为这个问题，尚未引起学术界的充分关注。鲁迅对法家有着独到的理解，主要表现在关于人性的幽暗意识方面。法家对人性黑暗一面的认识，在中国传统思想中是最为深刻、独到的，鲁迅从法家思想中接受了许多这样的资源，由此促进了他对国民劣根性的深刻认识。鲁迅对于国民性的剖析是十分尖锐的，他从不会被伪善的温情所遮蔽，但是这种清醒、冷静和苛刻的剖析又深深地刺伤了自己。如果一个人在世界上生活，内心没有美好的东西，那么，他怎么能活下去呢？如果一个人把一切东西都放在恶的面前加以拷问，把一切价值都想得很透彻，那么，他活下去的意志与生趣又从何而来呢？学术界对法家在制度史和思想史的两方面影响，一直以来分析得都很不够。中国政治制度结构的内法外儒，既使这一政治制度具有较为稳定的结构基础，又使这一政治制度只能滋生出专制性的运作规则。这是法家思想的第一个悖论。法家基于人性恶的判断，对这个世界有着与众不同的清醒与深刻认识，但是，当一个人把一切都看得如此黑暗的时候，他又能去哪里寻找创造意义与价值承担的勇气呢？这是法家思想的第二个悖论。尽管如此，我们不能抹杀法家在思想史上的地位，其实，新儒家也吸收了法家的思想资源，新儒家强调个体要注重修身养性，是因为新儒家从法家的思想资源中看到了人很容易放纵自己，人的内心、欲望、感性是十分强大的，不可抑制的，这正是法家式的对人性恶的体认。因此，可以说，中国知识分子中最深刻、最清醒的那些人，在其思想结构中往往是外儒内法的。若用这样分析模式来研究中国知识分子的精神史，或许能独具慧眼。

　　法家思想是建立在人性恶的立场上的，正是对人性恶的体察才使我们能够看到被道貌岸然的正统性所遮蔽的另一面，才使我们能对生活中的各种各样的幽暗性，保持着一种清醒和理性。但是，这种洞察也会使个体和现实生活产生一种紧张的关系。这种紧张的让人纠结的关系也使鲁迅不堪忍受。所以，当他和现实生活的紧张关系变得无法纾解的时候，他就会渴望退回到道家内心的自由中，产生对自由的精神境界的向往。在这个意义上说，鲁迅是典型的中国现代知识分子，尽管受到西方思想的深刻影响，但是，在人格结构上仍然是典型的中国式的。实际上，我们每个人的人格结构都有儒、道、法三个维度，只不过由于我们置身的精神处境、生活的环境、价值立场的不同，呈现不同的特征。我们一样有对道家的超脱与自由境界的向往，这是我们生活中少有的出神瞬间。但是，我们在更多的时候，是处在现实的紧张与磨砺中，人格结构更多地表现为儒家与法家的艰苦博弈，也就是责任与逃脱、乐观与悲观、信念与绝望、爱恋与憎恨的纠结，永无止境。一个人如果想人格不分裂，就必须在这种博弈张力之中建立起一种弹性的平衡，就必须意识到，人的一生都是在寻找这种平衡机制中度过的。然而，为什么这种平衡又会轻易地被打破，什么时候又能回到平衡呢？这种平衡又在什么条件下会再一次被打破，又再一次重新建立起一种新平衡呢？这一系列的内在复杂机制，就是个体人格变化发展的秘密与动力所在。

（三）鲁迅对于魏晋风度的精神认同

在对历史文化的想象和认同中，有一个时代让中国知识分子念念不忘，那就是百家争鸣的时代，这个时代被认为是思想最自由的时代。然而，对于历史的后设性想象与认同总是充满悖论的，当我们想象某一个历史场景的时候，往往会将残酷的一面抹去。百家争鸣是这个时代思想自由的一面，但要知道，这种自由是笼罩在这个时代的腥风血雨和百般残酷之下的。

鲁迅在精神上认同于魏晋时期，刘半农曾赠给鲁迅一副对联："托尼学说，魏晋文章。"1927 年，鲁迅在广州做了一场演讲，题为《魏晋风度及文章与药及酒之关系》，这是一篇非常有名的文章。在这篇文章里，他表达了对于魏晋风度的理解。鲁迅对魏晋的精神认同是非常复杂的精神文化现象。首先，这其中曲折地表达了他内心的感同身受，魏晋时期是中国社会最为动荡的一个时代，在这样一个历史时期，所有的价值体系都面临着分崩离析的危机，所有人的生命都处在朝不保夕的境地。在这个时期，最痛苦的当然是当时那些敏感的知识分子，面对这样一个动荡不安的历史情境，许多知识分子都做出了艰难的人生选择，比如，大家熟知的阮籍与嵇康。鲁迅对于这个时代知识分子内心的痛苦与矛盾性，是非常了解的，对于魏晋知识分子所艰苦探索的精神与思想出路，充满着深切的同情，他既对这个时代中国知识分子的人生选择、价值立场充满无限敬意，又对他们的死亡无比痛惜。所以，在鲁迅一生中，有很多的笔墨用来讲述魏晋时期中国知识分子的精神风采。可以说，他对于魏晋时期中国知识分子的内心解读，实际上传达着他对于魏晋风度的一种精神认同。正是这种精神认同，使鲁迅能够跨越时空，和历史对话、和古人对话、和某一种他认为神圣的价值体系对话。因此，鲁迅对魏晋风度的精神认同，是一种跨越时空的灵魂之旅、对话之旅、思想之旅，在这个意义上说，鲁迅如何理解魏晋风度，就是他对自己内心的理解。鲁迅如何看待魏晋时期中国知识分子的精神立场、精神价值、精神出路，就是看待自己在现实生活中的精神立场、精神价值、精神出路，这是一个历史与现实、自我与他者相互交融的精神过程。比如，他一次又一次校勘《嵇康集》，嵇康的遭遇引起他深切之同情，他也从嵇康的身上得到很多精神的认同。在校勘过程中，他把自己的内心完全投入其中，这一过程，既是在解读一段心灵的历史，又是在把魏晋风度自我对象化。这种移情的方式，这种把自己的灵魂完全地投入的方式，这种跨越时空的历史对话，就形成了鲁迅学术研究的一个重要特点，那就是一种有感情的学问、一种有价值关怀的学问、一种有人文底蕴的学问。事实上，在研究中如果缺少了情感的认同，那么，就很难有独到的视野，这是一个方面。另一个方面，这种情感认同也能使学术研究摆脱功利主义的追逐，有力地跨越许多世俗的障碍。我认为，沉浸在魏晋风度的精神认同之中，这是鲁迅心中最温暖的一段秘密，从此，他找到了可以依存的精神世界的兄弟姐妹，在寂寞孤单之中，照亮自己的前行。

　　通过以上三个方面的阐释，在这里，我们可以提出一个非常重要的学术命题：如果鲁迅不是简单地反传统，那么他和传统又是一个什么样的关系呢？这其中有一个方法论的立场，即我们必须探究鲁迅是怎样找到对传统的反思和审视立场的？我认为，很重要的一点就是他发现了传统的异质性。鲁迅敏锐地认识到，中国传统并不是铁板一块，传统内部始终在不断发生变异，比如，不断地发生裂变，不断地出现正统和异端的矛盾，不断地出现各种反叛的新质和异质。也就是说，在传统的内部始终存在着反传统性，反传统性并非绝对地来自传统之外。正是发现了传统中不断有新的异质的出现，他才找到了一种反传统的资源与力量，也正是对于传统内部的异质的发现，才使得鲁迅获得了独特的对传统的批判与审视的立场，以及与现代对话、沟通的通道。如果说，胡适是在传统之外，立足于西方的价值资源来反传统，那么鲁迅则不是，他在传统内部进行反传统，通过寻求传统中的异端的力量，通过对异端力量的再发现和再阐释，找到了自己反传统的价值立场，这是一个具有独特意义的方法论，在这一方法论视野中，传统和现代并非是硬币的两面，也不是非此即彼，而是可以产生有机的融合。一种现代性，如果不是从传统内部生长出来的，那么这个现代性一定是没有生命力的。一个有生机的传统，也一定不是铁板一块的，它总是处在发展与裂变的过程中，会不断地产生自己的反对者和异端的力量等新质，正是这样一种复杂性的动力结构，才使得传统不断地生长。如果传统是铁板一块的，那么，这样的传统必将是没落的、腐朽的、停滞不前的。这就是我们从古典世界中的鲁迅形象身上发掘出来的方法论价值。

六　被误读的鲁迅形象

1936 年 9 月 16 日凌晨，鲁迅去世了，但他依然活着，这就进入一种我称之为"后鲁迅时代"的鲁迅形象。在鲁迅去世后，就不断有意识形态化的纪念活动。总的来看，在不同的历史时期，官方对于鲁迅的纪念与宣传，既有一致性，也有差异性，这背后反映了意识形态的复杂变迁。由于官方是基于构建新型意识形态的功利性目的的，其所塑造的鲁迅形象，必然是一种变形的鲁迅形象。

当然，对于鲁迅形象塑造的最重要的历史时期，从新中国成立就已开始，从此，鲁迅成为意识形态体系中的一个高度政治化的符号。关于鲁迅的阐述，成为官方意识形态体系的一个专属性话语；关于鲁迅的解读，只能有一种声音，且必须符合官方意识形态的规定性。一旦鲁迅成为意识形态体系的一个话语和符号，所塑造的鲁迅必然是一个身躯高大但是内心空洞的形象，也就是说，一方面神化了鲁迅，另一方面又远离了鲁迅。

日本学者藤井省三写有一部著作，名为《〈故乡〉的阅读史》，分析了在不同的历史时期，教材、教师、学生是怎样理解《故乡》这篇小说，不同时期的教案又是怎么编写，在这种不同的背后，是怎样传递在不同的历史时期意识形态变化的。作者通过对《故乡》的阅读历史的分析，看到其背后意识形态复杂的变迁，以及意识形态对于中学语文教育的限制与操纵，这样的分析路径很有启发性。

关于鲁迅思想及作品的阐释，既是意识形态的应有之义，又是一种建构意识形态的资源、符号。比如，关于鲁迅的纪念活动，谁出席，谁没有出席，谁主持，都具有敏感的意识形态性，即使是纪念活动的海报，也有许多值得分析的地方。这一切信息都悄悄地传递着意识形态的潜在意义，因此，对鲁迅的纪念，有时就会成为意识形态的宣示。

然而，神化鲁迅是一种误读，贬损鲁迅也是一种误读。

我们知道，鲁迅和右翼知识分子之间有许多矛盾，实际上，他和左翼知识分子也有许多矛盾。值得注意的是，我们应该怎样理解鲁迅和左翼知识分子的矛盾呢？虽然，鲁迅是左翼阵营的精神领袖，但是，他和左翼内部一些知识分子又有许多不可调和的矛盾。我认为，要回答这个问题，就必须联系更为广阔的历史语境，中国现代革命背后有很复杂的国际力量的博弈，这其中既有苏联的因素，也有西方政治力量的介入，所以，有的历史学家就把中国现代革命称为中间地带的革命。鲁迅和左翼知识分子的矛盾，折射出中国现代革命内部的矛盾，也折射出中国现代革命的背后更为复杂的国际政治力量的纵横交错。

尽管鲁迅与左翼内部知识分子的矛盾纷繁复杂，但毕竟是同处一个阵营，并非是立场的分歧，而是对某一具体问题的思想方法的差异。比如，对"革命"的不同理解。首先，鲁迅认为年轻的革命知识分子把"革命"过于简单化，他们认为，一种先进的思想可以在一夜之间直接灌进人们的头脑之中，并改造其主观世界；而鲁迅认为，思想的转变并没有那么容易，思想启蒙仍然是必须坚持的主题，改造国民性始终是思想启蒙与思想革命要承担的使命。其次，年轻的知识分子把革命的过程想得过于简单，他们认为，革命胜利之后到来的就是一个黄金世界，而鲁迅则追问道：如果在这黄金世界中仍然有流血、有牺牲的话，你还参不参与革命？很多年轻的革命知识分子在这个残酷的问题上，是无法经受得起考验的。这恰恰暴露了他们对于革命的幼稚性的理解。最后，当时一些左翼知识分子以一种集团式的唯我独尊的姿态出现，这和鲁迅一生所坚持的个人的独立的思想立场与价值立场，也有很尖锐的冲突，这一切都造成了鲁迅与左翼知识分子之间的矛盾。

除此之外，鲁迅一生还有不少的论争值得讨论。

第一，鲁迅和体制内知识分子的论争。比如，鲁迅和陈西滢、梁实秋的论争。我认为，当你研究中国现代思想文化史上有关论争的问题时，首先要明白论争的双方各是一种怎样的状态。关于鲁迅和陈西滢、梁实秋的论争，在今天，许多人都把同情给了陈西滢和梁实秋，认为鲁迅是如此的刻薄和狭隘。请大家注意，陈西滢和梁实秋当时都是大学的教授，按今天的说法，他们都是体制中的人物。在某种意义上说，这场论争是一个独立在体制之外的人和一群体制内的人进行的论争，是鲁迅一个人在和陈西滢背后的一股强大政治力量所进行的一种对抗。在陈西滢的背后，有章士钊在为其撑腰，而鲁迅仅仅是以"女师大"兼职教师的身份卷入这场论争的。说到鲁迅与梁实秋的论争，则更为复杂些。大家知道，国民党在北伐胜利之后，建立了一个相对巩固的政府。从 1927 年到抗战爆发，这是现代中国发展的稳定时期。在这十年间，尽管国共摩擦不断，军阀冲突时断时续，但是，政治运行毕竟相对稳定。国民政府的建立与运转需要大批人才，在这种情况下，大量从外国留学归来的知识分子就顺理成章地进入了这个体制，梁实秋就是这个强大体制中的一员，而鲁迅在这时候仍然过着地下室式的秘密生活。所以，在某种意义上说，鲁迅和梁实秋的论争，是一个人独自和一个体制的论争，那么，在这一不对称的结构中，究竟谁是弱者谁是强者？如果我们抽离了历史语境，可能会觉得鲁迅很刻薄，但是当我们认识到当时鲁迅处在一种地下室式的生活状态，是作为独立的个体和体制进行对抗时，就会知道，从一开始，这场论争力量就是不对称的。梁实秋在这一不对称的论争中，还不断地暗示鲁迅和共产党有着密切的关系，这种别有用心的暗示，在当时会造成极其严重的政治和人身迫害的。因此，我们不要轻易跨过历史的时空，做一个简单的是非判断。难能可贵的是，鲁迅虽然是一个人过着秘密的地下室式的生活，一个随时有生命危险的生活，但是，他一个人独自扛起了反抗体制的大旗，义无反顾。

第二，鲁迅和周作人的论争，又是另一种方式。兄弟两人在文章里有十分复杂的潜对话。周作人的很多文字是有针对性和指向性的，而鲁迅针对京派（以周作人作为精神领袖）、针对朱光潜的批评，实际上是指向周作人的，这种复杂的潜对话，在中国现代文学中是一个很曲折很有趣的问题，遗憾的是，至今尚未得到充分的解读。

不可否认的是，鲁迅在论争的某些具体判断上，也会有所遮蔽，陷入有形无形的宗派主义的陷阱。由于地下室式的生活状态，其所得到的真实信息十分有限，其思想在判断的某一时刻也必然会有所迷失。比如，在 1930 年代，鲁迅评价苏联，就存在着历史性的遮蔽。当斯大林已经开始进行残酷的大清洗的时候，鲁迅仍对当时的苏联和斯大林赞赏有加。这是鲁迅的悲剧，也是时代的悲剧，更是思想史的悲剧。

（录音整理：景立鹏）

后 记

　　自 2013 年初开始，受张桃洲教授的委托，教务处主办、文学院承办的《燕京论坛》的具体工作由我们三人负责。大致分工如下：语言、文字方向由陈英杰负责，古代文学方向由刘尊举负责，文艺学、现当代文学及其他方向由胡疆锋负责。这一年度我们和其他老师一共邀请了海内外的近 30 位专家学者，论坛议题延续了以往的传统，聚焦于文化的传承与担当，关注社会文化热点。

　　同以往一样，这一年度论坛的顺利进行，离不开王德胜教授领导的教务处同人如马啸老师、刘昕老师的大力支持和协助，离不开方敏教授率领的图书馆团队的积极配合，在此特别表示感谢。文学院的左东岭教授、吴相洲教授、王光明教授、齐军华副教授、凌燕副教授、孙晓娅副教授、艾尤副教授、黄华副教授、陈继华老师、李颖老师、黄翠华老师等为论坛联系专家，为论坛的组织和宣传奉献了宝贵的时间，也让我们感佩不已。

　　论坛各种工作的展开得到了邱运华教授、马自力教授、牛亚军书记、张桃洲教授、冯新华副院长的关心和指导。相关专业的研究生参与了录音整理，本文集的出版离不开他们的热情参与和付出，这里一并致以谢忱。本文集的校对工作由刘尊举副教授和陈英杰副教授承担。

　　最后感谢社会科学文献出版社的责任编辑张倩郅和吴超，也感谢宋月华女士为本书出版所做的辛苦而细致的工作。

陈英杰　刘尊举　胡疆锋

2015 年 3 月

图书在版编目（CIP）数据

燕京论坛. 2013/首都师范大学文学院编. —北京：社会科学
文献出版社，2015.11
ISBN 978 - 7 - 5097 - 7209 - 6

Ⅰ.①燕…　Ⅱ.①首…　Ⅲ.①社会科学 - 文集　Ⅳ.①C53

中国版本图书馆 CIP 数据核字（2015）第 048514 号

燕京论坛 2013

编　　者/首都师范大学文学院

出 版 人/谢寿光
项目统筹/宋月华　吴　超
责任编辑/吴　超　张倩郢

出　　版/社会科学文献出版社·人文分社（010）59367215
　　　　　地址：北京市北三环中路甲 29 号院华龙大厦　邮编：100029
　　　　　网址：www. ssap. com. cn
发　　行/市场营销中心（010）59367081　59367090
　　　　　读者服务中心（010）59367028
印　　装/三河市尚艺印装有限公司

规　　格/开　本：787mm×1092mm　1/16
　　　　　印　张：25　字　数：422 千字
版　　次/2015 年 11 月第 1 版　2015 年 11 月第 1 次印刷
书　　号/ISBN 978 - 7 - 5097 - 7209 - 6
定　　价/99.00 元